Das Recht der Übernahmeangebote im Vereinigten Königreich
und der Bundesrepublik Deutschland

Europäische Hochschulschriften

Publications Universitaires Européennes
European University Studies

Reihe II
Rechtswissenschaft

Série II Series II
Droit
Law

Bd./Vol. 4396

PETER LANG
Frankfurt am Main · Berlin · Bern · Bruxelles · New York · Oxford · Wien

Sebastian Elsner

Das Recht der Übernahmeangebote im Vereinigten Königreich und der Bundesrepublik Deutschland

Eine rechtsvergleichende Analyse

PETER LANG
Europäischer Verlag der Wissenschaften

Bibliografische Information Der Deutschen Bibliothek
Die Deutsche Bibliothek verzeichnet diese Publikation in der Deutschen Nationalbibliografie; detaillierte bibliografische Daten sind im Internet über <http://dnb.ddb.de> abrufbar.

Zugl.: Kiel, Univ., Diss., 2005

D 8
ISSN 0531-7312
ISBN 3-631-55230-0

www.peterlang.de

Meiner Mutter

Danksagung

Diese Arbeit wurde im Wintersemester 2005/2006 an der Christian-Albrechts-Universität zu Kiel als Dissertation angenommen.
Besonderer Dank gebührt Frau Prof. Dr. Dorothee Einsele, die diese Arbeit betreut und das Erstgutachten erstellt hat. Sie hat diese Arbeit durch wertvolle Anregungen gefördert. Ebenfalls bedanken möchte ich mich bei Herrn Prof. Dr. Joachim Jickeli für die zügige Erstellung des Zweitgutachtens.
Ferner möchte ich Frau Katharina Kleinertz für die Übernahme der Korrekturarbeiten danken.
Ein herausragender Dank gebührt meiner Mutter Annegret Elsner, deren Unterstützung mir das Jurastudium und die Anfertigung dieser Arbeit erst ermöglicht hat. Ihr ist dieses Buch gewidmet.

Inhaltsverzeichnis

1. Kapitel: Grundlagen — 17
  A. Einleitung — 17
  B. Grundbegriffe — 19
    I. Möglichkeiten der Unternehmensübernahme — 19
    II. Übernahmeangebot — 21
      1. Begriff — 21
      2. Begriffliche Abgrenzung — 24
    III. Ökonomischer Hintergrund — 24
    IV. Die Beteiligten und ihre Interessen — 26
      1. Der Bieter — 27
      2. Die Aktionäre der Zielgesellschaft — 27
      3. Die Leitungsorgane der Zielgesellschaft — 29
      4. Die Gesellschafter des Bieters — 30
      5. Sonstige Beteiligte — 30
      6. Zusammenfassung und Gang der weiteren Untersuchung — 30

2. Kapitel: Europarechtliche Vorgaben — 33
  A. Die Entwicklung auf europäischer Ebene — 33
  B. Inhaltlicher Überblick über die Übernahmerichtlinie — 39

3. Kapitel: Das Recht der Übernahmeangebote im Vereinigten Königreich und in der Bundesrepublik Deutschland — 43
  A. Rechtslage im Vereinigten Königreich — 43
    I. Überblick über die gesetzlichen Regelungen — 43
    II. Überblick über die nichtgesetzlichen Regelungen — 45
      1. City Code on Takeovers and Mergers — 45
        a) Anwendungsbereich — 46
        b) Panel on Takeovers and Mergers — 47
          1) Zusammensetzung und Struktur — 47
          2) Sanktionen — 48
          3) Gerichtliche Überprüfung — 53
        c) Aufbau und Prinzipien — 55
      2. Rules Governing a Substantial Acquisition of Shares — 56
    III. Zusammenfassung — 57

B. Das Wertpapiererwerbs- und Übernahmegesetz (WpÜG) 58
I. Ziele des WpÜG 58
II. Aufbau des WpÜG 58
III. Anwendungsbereich und Allgemeine Grundsätze 59

4. Kapitel: Das Angebotsverfahren nach britischem und deutschem Recht - Eine rechtsvergleichende Analyse - 61
A. Einleitung 61
B. Rechte und Pflichten vor Abgabe des Übernahmeangebots (Vorbereitungsphase) 61
I. Pflichten im Vorbereitungsstadium nach britischem Recht 63
1. Geheimhaltungspflicht vor Veröffentlichung, Insider Dealing 64
2. Information der Zielgesellschaft über ein bevorstehendes Übernahmeangebot 67
3. Veröffentlichungspflichten in der Vorbereitungsphase 67
a) Vorabveröffentlichungspflichten (Pre bid announcements) 68
1) Voraussetzungen 68
2) Zuständigkeit 70
3) Inhalt und Verfahren 71
b) Veröffentlichung der festen Absicht ein Übernahmeangebot abzugeben 71
4. Pflicht zur unabhängigen Beratung 73
5. Ergebnis 75
II. Pflichten im Vorbereitungsstadium nach deutschem Recht 76
1. Pflichten vor Abschluss des Entscheidungsprozesses 76
a) Geheimhaltungspflicht 76
b) Erwerbsbeschränkungen, Insiderhandelsverbot 81
c) Vorabveröffentlichungspflichten gemäß § 15 WpHG 82
2. Veröffentlichung der Entscheidung ein Übernahmeangebot anzugeben 86
a) Zeitpunkt der Veröffentlichungspflicht 87
b) Inhalt der Veröffentlichung 90
III. Rechtsvergleichende Diskussion und Stellungnahme 90
C. Die Abgabe des Übernahmeangebots 94
I. Die Angebotsunterlage 94
1. Pflichten des Bieters bei der Erstellung der Angebotsunterlage nach britischem Recht 95
a) Zeitliche Vorgaben 97

b) Inhaltliche Anforderungen 97
1) Angaben zum Bieter 97
(a) Formelle Angaben 98
(b) Angabe wirtschaftlicher Daten des Bieters 98
(1) Anzugebende wirtschaftliche Daten bei reinen Barangeboten 99
(2) Anzugebende wirtschaftliche Daten bei Umtauschangeboten 99
(c) Offenlegung von Beteiligungen des Bieters 100
2) Angaben bzgl. der Wertpapiere der Zielgesellschaft 101
3) Art und Höhe der angebotenen Gegenleistung 102
(a) Pflicht zum Barangebot oder zur Ausstattung des Angebots mit einer Barangebotsalternative 102
(b) Mindestpreis bei Vorerwerben 103
4) Bedingungen 104
(a) Obligatorische Bedingungen 104
(b) Fakultative Bedingungen 106
5) Angaben über die Finanzierung 110
6) Angaben über die wirtschaftlichen Auswirkungen der Übernahme 111
7) Angaben über Sonderleistungen 114
8) Haftung 114
c) Ergebnis 114
2. Die Angebotsunterlage nach deutschem Recht 115
a) Zeitliche Vorgaben bei der Erstellung der Angebotsunterlage 116
b) Gestattung der Veröffentlichung 118
c) Inhaltliche Anforderungen 120
1) Angaben zum Bieter 123
(a) Formelle Angaben zum Bieter 123
(b) Angabe wirtschaftlicher Daten 124
(c) Offenlegung von Beteiligungen 124
2) Art und Höhe der angebotenen Gegenleistung 126
(a) Art der Gegenleistung: Bar- oder Umtauschangebot 127
(1) Barangebot 127
(2) Umtauschangebot 129
(b) Höhe der Gegenleistung: angemessene Gegenleistung 131
3) Bedingungen 135

4) Angaben über die Finanzierung 140
5) Angaben über Absichten des Bieters 143
6) Angaben über Sonderleistungen 145
7) Haftung für die Richtigkeit und Vollständigkeit der Angebotsunterlage 146
3. Rechtsvergleichende Diskussion und Stellungnahme 151
II. Das Pflichtangebot 153
1. Die Pflichtangebotsregeln im britischen Recht 155
a) Voraussetzungen der Angebotspflicht 156
1) Art und Weise der Kontrollerlangung 157
2) Beschränkungen der Kontrollerlangung 158
b) Zurechnung von Stimmrechten; persons acting in concert 161
c) Befreiung von der Angebotspflicht 166
d) Sonderbestimmungen für Pflichtangebote 170
1) Angebotspflichtiger 171
2) Umfang der Angebotspflicht 171
3) Gegenleistung 172
e) Zusammenfassung 172
2. Die Pflichtangebotsregeln im deutschem Recht 173
a) Voraussetzungen der Angebotspflicht: Erlangen der Kontrolle 174
1) Art und Weise der Kontrollerlangung 176
2) Zwischenergebnis 178
b) Berechnung der Stimmrechtsschwelle 179
1) Zurechnung von Stimmrechten gemäß § 30 WpÜG136 180
(a) Zurechnung gemäß § 30 I WpÜG 181
(b) Zurechnung gemäß § 30 II WpÜG 184
(1) Abstimmung auf Grund einer Vereinbarung oder in sonstiger Weise 185
(2) In Bezug auf die Zielgesellschaft 185
2) Nichtberücksichtigung von Stimmrechten 190
c) Befreiung von der Angebotspflicht, § 37 WpÜG 192
1) Art der Kontrollerlangung 193
2) Mit der Kontrollerlangung beabsichtigte Zielsetzung 194
3) Nur vorübergehende Kontrollerlangung 195
4) Beteiligungsverhältnisse an der Zielgesellschaft 196
5) Tatsächliche Möglichkeit der Kontrollausübung 196
6) Abwägung zwischen Bieter- und Anlegerinteressen 197
d) Sonderbestimmungen für Pflichtangebote 199

1) Angebotspflichtiger ____ 200
2) Umfang der Angebotspflicht ____ 201
3) Gegenleistung ____ 203
3. Rechtsvergleichende Diskussion und Stellungnahme ____ 203
D. Die Angebotsphase (Rechte und Pflichten nach Veröffentlichung des Übernahmeangebots) ____ 208
I. Pflichten der Leitungsorgane der Zielgesellschaft ____ 209
1. Pflicht zur Stellungnahme ____ 209
a) Die Pflicht zur Stellungnahme im britischem Recht ____ 211
b) Die Pflicht zur Stellungnahme im deutschem Recht ____ 213
c) Rechtsvergleichende Diskussion und Stellungnahme ____ 217
2. Verhaltenspflichten der Leitungsorgane der Zielgesellschaft in Bezug auf Abwehrmaßnahmen, Vereitelungsverbot ____ 218
a) Das Vereitelungsverbot im britischem Recht ____ 219
1) Zustimmungserfordernis der Hauptversammlung bei angebotsvereitelnden Maßnahmen ____ 223
(a) Zustimmungsbedürftige Maßnahmen ____ 224
(1) Ausgabe von Stimmrechten ____ 224
(2) Verbot der Veräußerung von wesentlichen Vermögensgegenständen (crown-jewel defense) ____ 225
(3) Verbot der Vornahme außergewöhnlicher Rechtsgeschäfte ____ 226
(4) Rückerwerb eigener Aktien ____ 226
(5) Einschaltung der Gerichte ____ 227
(b) Keine Zustimmung der Hauptversammlung erforderlich ____ 229
(1) Vertragliche Verpflichtung vor Beginn der Angebotsphase ____ 229
(2) Suche nach einem konkurrierendem Angebot (white knight) ____ 230
(aa) Gebot der Bietergleichbehandlung in informationeller Hinsicht ____ 231
(bb) Zulässigkeit von Verträgen zwischen Bieter und Zielgesellschaft ____ 232
2) Ergebnis ____ 232
b) Das Vereitelungsverbot im deutschem Recht ____ 233
1) Grundsatz: Verbot der Ergreifung angebotsvereitelnder Maßnahmen § 33 I S.1 WpÜG ____ 237
2) Ausnahmen vom Vereitelungsverbot de lege lata ____ 238

(a) Maßnahmen der ordnungsgemäßen Geschäftsführung § 33 I S.2 1. Var. WpÜG 239
(b) Zustimmung des Aufsichtsrats § 33 I S. 2 3. Var. WpÜG 242
(c) Ermächtigung durch die Hauptversammlung § 33 II WpÜG 246
(1) Ermächtigung durch Vorratsbeschluss 246
(2) Ermächtigung durch ad hoc Hauptversammlungsbeschluss 250
(d) Suche nach einem konkurrierenden Bieter 252
3) Zwischenergebnis 257
c) Rechtsvergleichende Stellungnahme 263
II. Weitere dem Bieter und der Zielgesellschaft während der Angebotsphase obliegende Pflichten 268
1. Informationsverbreitung während der Angebotsphase insbesondere Zulässigkeit und Reglementierung von Werbung 269
a) Werbung während der Angebotsphase im britischem Recht 270
b) Werbung während der Angebotsphase im deutschem Recht 275
c) Rechtsvergleichende Diskussion und Stellungnahme 280
2. Restriktionen und Rechtsfolgen von Transaktionen mit Wertpapieren der Zielgesellschaft während der Angebotsphase 282
a) Restriktionen und Rechtsfolgen von Transaktionen mit Wertpapieren der Zielgesellschaft im britischem Recht 282
b) Restriktionen und Rechtsfolgen von Transaktionen mit Wertpapieren der Zielgesellschaft des Handels im deutschem Recht 286
c) Rechtsvergleichende Diskussion und Stellungnahme 287
3. Pflicht zur Veröffentlichung der vom Bieter aktuell gehaltenen Wertpapiere der Zielgesellschaft („Wasserstandsmeldung“) 288
a) Pflicht zur Veröffentlichung der aktuellen Beteiligungsquote des Bieters im britischem Recht 289
b) Pflicht zur Veröffentlichung der aktuellen Beteiligungsquote des Bieters im deutschem Recht 291
c) Rechtsvergleichende Diskussion und Stellungnahme 293
4. Veränderung der Angebotskonditionen (revised offer) 296

a) Veränderung der Angebotskonditionen im britischem Recht 297
b) Veränderung der Angebotskonditionen im deutschem Recht 302
c) Rechtsvergleichende Diskussion und Stellungnahme 305
E. Die Nachangebotsphase 307
I. Pflichten des Bieters bei einem Scheitern des Übernahmeangebots 310
II. Pflichten des Bieters bei einem erfolgreichem Übernahmeangebot 312

5. Kapitel: Zusammenfassung der Ergebnisse 315
A. Ergebnisse des Rechtsvergleichs 315
B. Thesen in Bezug auf die Weiterentwicklung des deutschen Übernahmerechts 315

Literaturverzeichnis 323

Abkürzungsverzeichnis 355

1. Kapitel: Grundlagen

A. Einleitung

Übernahmeangebote gehören zweifelsohne zu den spektakulärsten Ereignissen des Wirtschaftsgeschehens. Bis Ende der achtziger Jahre glaubte man in der Bundesrepublik Deutschland allerdings, dass es sich hierbei um ein rein angelsächsisches Phänomen handele[1]. Insbesondere feindliche Übernahmeangebote wurden hierzulande nicht als legitimes Mittel der Kontrollerlangung an einer anderen Gesellschaft erachtet, sondern vielmehr selbst von liberalen Wirtschaftslenkern als „Irrweg des amerikanischen Kapitalismus" (*A. Herrhausen*)[2] oder gar als „verbrecherische Neigung" (*H. J. Abs*)[3] disqualifiziert.
Mittlerweile gehören Übernahmeangebote aber auch in Deutschland nicht mehr zu einer Rarität, sondern stellen ein effizientes und oftmals verwendetes Mittel der Kontrollerlangung an einer börsennotierten Gesellschaft dar[4].
Vor allen Dingen die Übernahme der Mannesmann AG durch die *Vodafone Airtouch plc.* im Jahr 2000 hat das Übernahmerecht in den Mittelpunkt der öffentlichen und der rechtswissenschaftlichen Diskussion gerückt.
Auch der Gesetzgeber hat die wachsende Bedeutung des Übernahmerechts erkannt und mit dem am 1. 1. 2002 in Kraft getretenen Wertpapiererwerbs- und Übernahmegesetz (WpÜG) erstmals ein Regelwerk erlassen, welches die Durchführung eines Übernahmeangebotes umfassend regeln möchte. Ausweislich der Regierungsbegründung verfolgen die Vorschriften das Ziel, Leitlinien für ein faires und geordnetes Übernahmeverfahren zu schaffen[5]. Ein vergleichbares Regelungsziel verfolgt auch das für die Durchführung eines Übernahmeangebots im

1 *Peltzer* in: ZIP 1989, 68 (72); *Mertens* in: AG 1990, 252 (254); *Krause* in: ZGR 2002, 500 (501); *Assmann/Bozenhardt* in: *Assmann/Basaldua/Bozenhardt/Peltzer*, Übernahmeangebote, Seite: 1 (2); *Wymeersch* in: AG 1995, 299 (307); *Neye* in: ZIP 1995, 1464 (1464).

2 FAZ vom 23. Dezember 1988, Seite: 12.

3 Welt am Sonntag vom 8. März 1987, Seite: 35.

4 Seit dem Inkrafttreten des WpÜG wurden in der Bundesrepublik Deutschland 111 Erwerbs- und Übernahmeangebotsverfahren durchgeführt (Stand: 13. Dezember 2004). Quelle: Bundesanstalt für Finanzdienstleistungsaufsicht (BaFin), www.bafin.de.

5 Begr.-RegE. BT-Drucks. 14/7034, Seite: 1.

Vereinigten Königreich maßgebliche Regelwerk, der *City Code on Takeovers and Mergers*[6] *(CC)*.
Der *CC* bewährt sich seit über 30 Jahren am wichtigsten Finanzplatz Europas. Seine Regelungsziele und Kernnormen wurden von den meisten europäischen Staaten adaptiert. Der britische Markt für Übernahmeangebote ist mit Abstand der bedeutendste in Europa, da in der Londoner City Übernahmeangebote schon seit den 50er Jahren zu einem festen Bestandteil des dortigen Wirtschaftslebens gehören. So wurden seit dem Inkrafttreten des *CCs* im Jahre 1968 bereits mehr als 7000 Übernahmeangebote durchgeführt[7]. Der *CC ist* kein starres Gesetz, sondern ein flexibler Kodex, der von seinem ebenfalls nichtstaatlichem Aufsichtsorgan, dem *Panel on Takeovers and Mergers*, ständig aktualisiert wird. In der Praxis aufgetretene Probleme werden im britischen Recht zeitnah durch den Erlass neuer Regeln gelöst[8].
Das britische Recht der Übernahmeangebote erfüllt eine Vorbildfunktion und eignet sich deshalb in hervorragender Art und Weise als Maßstab für die Analyse des noch jungen deutschen Rechts.
Damit ist auch schon der Untersuchungsgegenstand dieser Arbeit umschrieben: Anhand der Durchführung eines Übernahmeangebotes soll herausgearbeitet werden, welche Interessenkonflikte und Regelungsprobleme hierbei auftreten und mit Hilfe welcher Regelungen das britische und das deutsche Recht versuchen, diese Konflikte einer angemessenen Lösung zuzuführen.
Zu diesem Zweck wird das Übernahmeverfahren in vier Abschnitte unterteilt: Die Vorbereitungsphase[9], die Angebotsabgabe[10], die Angebotsphase[11] und die Nachangebotsphase[12].
Ziel dieser rechtsvergleichenden Analyse ist die Gewinnung wertvoller Erkenntnisse für die Weiterentwicklung des deutschen Übernahmerechts. Bevor jedoch untersucht werden kann, in welchen Bereichen das deutsche Recht der Übernahmeangebote novellierungsbedürftig ist, und wo es bereits, wie vom Gesetzgeber beabsichtigt, dem internationalen Standard entspricht[13], sind zunächst die we-

6 *Introduction Section 1 (a) CC: The Code is designed principaly to ensure fair and equal treatment of all shareholders in relation to takeovers. The Code also provides an orderly framework within which takeovers are conducted.*
7 *Remnant* in: *Button*, A Practitioners Guide, 1 (17).
8 *Pennington* in: FS *Duden*, 379 (382); *Remnant* in: *Button*, A Practitioners Guide, 1 (8).
9 Siehe: 4. Kap. B.
10 Siehe: 4. Kap. C.
11 Siehe: 4. Kap. D.
12 Siehe: 4. Kap. E.
13 vgl.: Begr.-RegE. BT-Drucks. 14/7034, Seite: 1.

sentlichen Grundbegriffe des Übernahmerechts zu definieren[14]. Ferner ist zu untersuchen, welche europarechtlichen Vorgaben der deutsche Gesetzgeber zu beachten hat[15].

B. Grundbegriffe

Zunächst ist die Rechtsfigur des „Übernahmeangebots“ zu definieren und begrifflich abzugrenzen. Ferner ist herauszuarbeiten, welche juristischen und natürlichen Personen von der Abgabe eines Übernahmeangebotes in rechtlicher und/oder wirtschaftlicher Hinsicht betroffen sind.
Beginnen möchte diese Arbeit jedoch mit einer Analyse der verschiedenen Möglichkeiten der Kontrollerlangung an einer börsennotierten Gesellschaft.

I. Möglichkeiten der Unternehmensübernahme

Wenn sich eine juristische oder natürliche Person dazu entschließt, eine börsennotierte Gesellschaft zu übernehmen, muss sie nicht notwendigerweise ein Übernahmeangebot abgeben, um die Kontrolle an dieser Gesellschaft zu erlangen.
Der Bieter hat -zumindest theoretisch- auch die Möglichkeit, die Aktien der Zielgesellschaft an der Börse zu kaufen. Ein Aufkauf der Aktien der Zielgesellschaft über die Börse bewirkt jedoch ceteris paribus, dass der Aktienkurs der Zielgesellschaft aufgrund der gesteigerten Nachfrage ansteigt. Möchte der Bieter dies vermeiden, ist er gezwungen über einen längeren Zeitraum kleinere Aktienpakete der Zielgesellschaft zu erwerben[16]. Dies vermeidet zwar einen rasanten Kuranstieg, ist aber sehr zeitintensiv und erschwert deshalb eine längerfristige unternehmerische Planung[17]. Mithin steht der Bieter vor dem Dilemma, entweder größere Aktienpakete an der Börse zu erwerben, die zu spekulativen Kurssteigerungen führen können, oder er hält seine Käufe in einem bescheidenen Rahmen und nimmt in Kauf, dass sich die Zeitdauer seiner Transaktion verlängert. Darüber hinaus ist zu beachten, dass der Bieter nicht unbeschränkt anonym Aktien der Zielgesellschaft erwerben kann. Vielmehr treffen den Bieter ab Erreichen be-

---

14 Siehe: 1. Kap. B.

15 Siehe: 2. Kap. A.

16 *Blättchen* in: *Blättchen/Wegen*, Übernahme börsennotierter Unternehmen, Seite: 10 (12).

17 *Strotmann* in: Feindliche Unternehmensübernahmen in den USA, Seite 11; *Assmann/Bozenhardt* in: *Assmann/Basaldua/Bozenhardt/Peltzer*, Übernahmeangebote, Seite: 1 (10); *Otto* in: DB 1988, Beilage 12/88, 1 (3).

stimmter Beteiligungsschwellen Veröffentlichungs- bzw. Meldepflichten. Im deutschen Recht normiert § 21 I S.1 WpHG die Pflicht des Erwerbers, die Bundesanstalt für Finanzdienstleistungsaufsicht in Kenntnis zu setzen, sobald der Erwerber einen Anteil von 5 % an der Zielgesellschaft erworben hat[18]. Im britischen Recht trifft nach den Regeln des *Companies Act 1985* jede Person, die an mehr als 3 Prozent des Stammkapitals der Zielgesellschaft ein *„notifiable interest"* erwirbt, eine Veröffentlichungspflicht gemäß *sec. 198 (1) (a) Companies Act 1985* i. V. m. *sec. 199 (2) (a) Companies Act 1985*[19].
Ein heimlicher Aktienkauf ist im Vereinigten Königreich somit unbemerkt nur bis zu einer Beteiligungsquote von 3 Prozent möglich.
Ein Bekanntwerden des Beteiligungsaufbaus oder gar der Übernahmeabsicht wird regelmäßig zu spekulativen Steigerungen des Aktienkurses der Zielgesellschaft führen und damit die Transaktionskosten des Bieters deutlich erhöhen.
Die vollständige Übernahme einer börsennotierten Aktiengesellschaft mittels Marktkäufen stellt somit keine für den Bieter ökonomisch attraktive Variante der Kontrollerlangung dar. Dennoch erscheint es sinnvoll, dass er seinen Angriff auf die Zielgesellschaft mittels eines heimlichen und damit geringen Vorerwerbs von Aktien über die Börse einleitet. Denn der Besitz einer Beteiligung zu Beginn des Übernahmeversuchs erhöht die Chancen des Erfolgs des Angebotes. Es ist nicht nur die Zahl der zur Überschreitung der Kontrollschwelle hinzuzuerwerbenden Aktien geringer, sondern zugleich unterstreicht der Besitz einer Sockelbeteiligung die Ernsthaftigkeit der Übernahmeabsicht[20]. Es ist somit festzuhalten, dass anonyme Marktkäufe zwar kein geeignetes Instrument zur Übernahme einer börsennotierten Gesellschaft sind, es aber sinnvoll ist, wenn der Bieter seinen Übernahmeversuch mit dem anonymen Erwerb eines kleineren Aktienpaktes einleitet.
Der Bieter kann auch versuchen die Kontrolle an der Zielgesellschaft durch außerbörslichen Aufkauf eines oder mehrerer Aktienpakete zu erlangen. Durchgeführt wird der Kontrollwechsel in diesem Fall in beiden Rechtsordnungen mittels eines einfachen Kaufvertrages zwischen dem Übernehmer und den Aktionären. Vorzugswürdig erscheint diese Art der Kontrollerlangung, wenn sich die Wertpapiere der Zielgesellschaft in den Händen von einigen wenigen Großaktionären

18 *Hüffer* in: *Hüffer*, Kommentar zum AktG, Anhang zu § 22 AktG Rn. 1;*Opitz* in: *Schäfer*, Kommentar zum WpHG, § 21 WpHG Rn. 3; *Witt* in: NZG 2000, 809 (810).

19 Die Art und Weise der Veröffentlichung bestimmt *sec. 202 Companies Act 1985*. Demnach muss die Veröffentlichung innerhalb von zwei Tagen nach Kenntniserlangung erfolgen, ferner muss die Summe derjenigen Papiere angegeben werden, an denen der Verpflichtete ein *„interest"* hat, vgl. zu den Einzelheiten *Arden/Prentice* in: *Buckley* on Companies Act I, sec. 202/1ff.

20 *Liebscher* in: ZIP 2001, 853 (855); *Assmann/Bozenhardt* in: *Assmann/Basaldua/Bozenhardt/Peltzer*, Übernahmeangebote, Seite: 65.

befinden[21]. Zwar werden die Großaktionäre für ihre Verkaufsbereitschaft einen erheblichen Aufschlag verlangen, den sog. Paketzuschlag. Zu bedenken ist aber, dass auch die im Rahmen des Übernahmeangebots offerierte Gegenleistung über dem Börsenkurs der Aktien der Zielgesellschaft liegen muss, damit sich die Annahme des Angebots aus der Sicht der Aktionäre der Zielgesellschaft als attraktiv darstellt. Auf der anderen Seite ist das gemeinsame Aushandeln der Angebotskonditionen aus Sicht des Bieters jedoch dann aus ökonomischen und praktischen Gründen wenig sinnvoll, wenn das Aktienkapital der Zielgesellschaft weit gestreut ist[22]. In diesem Fall ist die Abgabe eines Übernahmeangebots der geeignete Weg der Kontrollerlangung.
Die aufgezeigten alternativen Methoden der Kontrollerlangung an einer börsennotierten Gesellschaft sind somit dann aus Sicht des Bieters unattraktiv, wenn sich die Anteile der potentiellen Zielgesellschaft in der Hand vieler verschiedener Aktionäre befinden.
Deshalb ist es nicht überraschend, dass sich das Übernahmeangebot in beiden Rechtsordnungen zum wichtigsten Instrument der Kontrollerlangung entwickelt hat, wenn das Zielobjekt eine große börsennotierte Publikumsgesellschaft ist.

II. Übernahmeangebot

Obwohl Übernahmeangebote je nach Ausgestaltung durch die Rechtsordnungen einzelner Länder ganz unterschiedliche Erscheinungsformen aufweisen können, soll versucht werden, die in beiden Rechtsordnungen typischen Merkmale eines Übernahmeangebots herauszuarbeiten und zu einem Grundtatbestand zu verdichten.

1. Begriff

Der deutsche Gesetzgeber hat den Begriff im neuen WpÜG legal definiert. In § 29 I WpÜG sind Übernahmeangebote als Angebote definiert, die auf den Erwerb der Kontrolle gerichtet sind. Die Kontrolle über eine Gesellschaft soll gemäß § 29 II WpÜG vorliegen, wenn der Bieter mindestens 30 Prozent der Stimmrechte hält. Der Begriff des Angebots wiederum ist in § 2 I WpÜG als ein freiwilliges oder auf Grund einer Verpflichtung nach diesem Gesetz erfolgendes

---

21 *Weinberg/Blank* in: On Takeovers and Mergers, Rn 1-1002; *Blättchen* in: *Blättchen/Wegen*, Übernahme börsennotierter Unternehmen, Seite: 10 (12).
22 *Weinberg/Blank* in: On Takeovers and Mergers, Rn 1-1006; *Blättchen* in: *Blättchen/Wegen*, Übernahme börsennotierter Unternehmen, Seite: 10 (12).

öffentliches Kauf- oder Tauschangebot zum Erwerb von Wertpapieren einer Zielgesellschaft legal definiert.
Der die Durchführung eines Übernahmeangebots umfassend regelnde britische *CC* hat leider keine derart eindeutige Legaldefinition zu bieten. In der *Definition Section* wird zwar die Bedeutung des Begriffs Angebot (*offer)* festgelegt[23]. Aus dieser geht jedoch nur hervor, dass der Begriff *offer* neben anderen Erwerbsformen, auch den Wertpapiererwerb mittels Übernahmeangebot erfasst[24]. Auf eine exakte Definition des Begriffs Übernahmeangebot verzichtet der *CC* jedoch bewusst. Dadurch soll deutlich gemacht werden, dass der *CC* nicht nur bei öffentlichen Übernahmeangeboten anwendbar ist, sondern einen wesentlich weiteren Anwendungsbereich hat[25].
Eine Legaldefinition des Begriffs *Takeover offer* findet sich noch in *sec. 428 (1) Companies Act 1985*. Ein *Takeover offer* sei demnach ein Angebot, welches auf den Erwerb aller Wertpapiere, oder zumindest auf den Erwerb aller Anteile einer Klasse von Wertpapieren der Zielgesellschaft gerichtet ist, wobei für alle Wertpapierinhaber dieselben Angebotskonditionen gelten. Diese Definition passt jedoch hier nicht, weil der britische Gesetzgeber hiermit nicht ein Übernahmeangebot im Sinne von § 29 II WpÜG meint, sondern vielmehr ein Erwerbsangebot umschreibt, welches im deutschen Recht als *Squeeze Out* – Möglichkeit beschrieben wird und in den §§ 327a ff. AktG geregelt ist. Ein *Takeover Offer* im Sinne von *sec. 428 (1) Companies Act 1985* ist somit kein Erwerbsangebot, das auf die Kontrollerlangung gerichtet ist, sondern ein Erwerbsangebot welches der kontrollierende Gesellschafter, der bereits mehr als neunzig Prozent der Anteile hält, gegenüber den Minderheitsaktionären abgibt, um diese aus der Gesellschaft herauszukaufen[26].
In der britischen Literatur wird der Begriff des Übernahmeangebots (*Takeover bid*) als Unterfall der Unternehmensübernahme beschrieben, ohne dass jedoch eine exakte Definition gegeben wird[27]. Unter einer Unternehmensübernahme (*Takeove*r) sei eine Transaktion oder eine Serie von Transaktionen zu verstehen, durch die eine Person die Kontrolle über die Zielgesellschaft erlange. Die Kon-

---

23 *Definition Section CC: „Offer includes, wherever appropriate, takeover and merger transactions however effected, including reverse takeovers, partial offers, Court schemes and also offers by a parent company for shares in its subsidiary (...).* "

24 *Marchant* in: *Button*, A Practitioners Guide, 23 (26); *Johnston* in: Take-Over Code, Seite: 194.

25 *Johnston* in: Take-Over Code, Seite: 194.

26 *Morse* in: Company Law, Seite: 601; *Stedman* in: Takeovers, Seite: 321; *Stamp* in: Company Law I, Seite: 352.

27 *Weinberg/Blank* in: On Takeovers and Mergers, Rn. 1-1002; Ffrench in: Takeovers and Mergers, Seite: 199.

trollerlangung erfolge unmittelbar, wenn der Erwerber durch die Transaktion Inhaber der erlangten Wertpapiere werde[28]. Das Übernahmeangebot (*Takeover bid*) sei ein Unterfall der Unternehmensübernahme, das sich anbiete, wenn sich die Wertpapiere der Zielgesellschaft in den Händen vieler Aktionäre befinden[29]. Im Umkehrschluss bedeutet diese Aussage, dass im britischen Rechtskreis ein Übernahmeangebot ein Angebot darstellt, welches sich zumindest an mehr als einen Inhaber von Wertpapieren der Zielgesellschaft richtet.

Aus der rechtlichen Einordnung des Übernahmeangebots als Unterfall der Unternehmensübernahme ergibt sich, dass das Übernahmeangebot auf den Erwerb einer beherrschenden bzw. kontrollierenden Position gerichtet ist. Die Rechtsfigur „*Takeover bid*“ beschreibt somit im Vereinigten Königreich ein Erwerbsangebot, welches inhaltlich dem Erwerbsangebot gleicht, den das deutsche Recht mit dem Begriff „Übernahmeangebot“ umschreibt.

Der Begriff des Übernahmeangebotes bzw. *Takeover bid* lässt sich deshalb länderübergreifend als die Unterbreitung eines öffentlichen, zeitlich begrenzten Aktienkauf- oder Tauschangebotes an die Aktionäre einer anderen Gesellschaft (sog. Zielgesellschaft, *target*) beschreiben, welches mit der Absicht abgegeben wird, die Aktienmehrheit oder zumindest eine kontrollierende Stellung in der Zielgesellschaft zu erlangen oder zu verfestigen[30].

Er gliedert sich in die folgenden drei wesentlichen Tatbestandsmerkmale:

- Angebot auf Abschluss eines Kauf bzw. Tauschvertrages zwischen Bieter und jeweiligem Aktionär der Zielgesellschaft.
- Intention des Bieters die Kontrolle zu erlangen.
- Öffentlichkeit des Übernahmeangebots.

Diese drei Voraussetzungen müssen im deutschen Recht zwingend vorliegen, damit die ausschließlich für öffentliche Übernahmeangebote geltenden Regeln des 4. Abschnitts des WpÜG Anwendung finden. Anderenfalls handelt es sich um ein einfaches Erwerbsangebot. Wenn diese Tatbestandsmerkmale vorliegen, so handelt es sich in jedem Fall auch um ein den Regeln des britischen *City Codes* unterliegendes Übernahmeangebot.

---

28 *Weinberg/Blank* in: On Takeovers and Mergers, Rn. 1-1002; Ffrench in: Takeovers and Mergers, Seite: 199.

29 *Weinberg/Blank* in: On Takeovers and Mergers, Rn. 1-1006; *Morse* in: Company Law, Seite: 601; *Begg* in: Corporate Acquisitions, Rn. 4. 03.

30 *Schaaf* in: RIW 1985, 273 (273); *Meier-Schatz* in: ZHR (149) 1985, 75 (78); Behrens in: ZGR 1975, 434 (436); *Assmann/Bozenhardt* in: *Assmann/Basaldua/Bozenhardt/Peltzer* in: Übernahmeangebote, Seite: 8; *Morse* in: Company Law, Seite: 601; *Davies* in: Gowers Company Law, Seite: 704; *Farrar* in: Company Law, Seite: 588; *Kopp/von Dryander* in: German Takeover Law, § 2 Rn. 4.

2. *Begriffliche Abgrenzung*

Abzugrenzen ist der Begriff des Übernahmeangebots vor allen Dingen von der Unternehmensfusion, dem *Merger*. Die begriffliche Abgrenzung zwischen diesen beiden Begriffen wird selbst in der juristischen Fachwelt nicht immer sauber vorgenommen. Oftmals werden die Begriffe Fusion und Übernahme (*Merger & Acquisition*) synonym verwendet[31]. Oder ein Kontrollwechsel mittels Übernahmeangebot im oben verstandenen Sinne wird gar gegenüber der Öffentlichkeit als Fusion dargestellt. Die Ursache für diese juristische Ungenauigkeit ist darin zu sehen, dass sich eine Fusion und insbesondere eine Fusion unter Gleichen (*merger of equals*) gegenüber der Öffentlichkeit und den Arbeitnehmern besser kommunizieren lässt, als ein Kontrollwechsel mittels Übernahmeangebot. Ein anschauliches Beispiel für diese These liefert die gescheiterte Übernahme der Dresdner Bank AG durch die Deutsche Bank AG im Jahre 2000. Die Dresdner Bank AG brach die Gespräche nicht zuletzt deshalb ab, weil sie zunächst glaubte, es handele sich um eine Fusion unter Gleichen, wohingegen die Deutsche Bank AG von einem Kontrollwechsel mittels Übernahmeangebot ausging[32].
Inhaltlich unterscheiden sich Übernahmeangebot und Fusion jedoch signifikant und lassen sich klar voneinander abgrenzen. Während bei einem erfolgreichen Übernahmeangebot die rechtliche Identität der Zielgesellschaft erhalten bleibt, werden Zielgesellschaft und Bieter bei einer Fusion aufgelöst und es entsteht eine neue dritte Gesellschaft[33]. Auf diese neue Gesellschaft werden bei einer Fusion die gesamten Vermögenswerte der Zielgesellschaft und des Bieters übertragen[34]. Demgegenüber wird bei einem erfolgreichen öffentlichen Übernahmeangebot lediglich die Mehrheit der Wertpapiere der Zielgesellschaft von den Aktionären der Zielgesellschaft an den Bieter übereignet. Die rechtliche Identität der Zielgesellschaft bleibt unberührt.

III. Ökonomischer Hintergrund

Die volkswirtschaftlichen Effekte von Übernahmeangeboten werden höchst konträr beurteilt.

---

31 *Farrar* in: Company Law, Seite: 589.

32 Dazu FAZ vom 6. April 2000, Seite: 1.

33 *Boisi/O' Toole* in: *Rock*, M & A, Seite: 357 (360); *Horn* in: *Horn*, Cross-Border Mergers, Seite: 3 (4); *Stamp* in: Company Law I, Seite: 326.

34 *Horn* in: *Horn*, Cross-Border Mergers, Seite: 3 (4); *Stamp* in: Company Law I, Seite: 326, *Decher* in *Horn*, Cross-Border Merger, Seite: 105 (105).

Einige Autoren beurteilen Unternehmensübernahmen aufgrund der damit einhergehenden Effizienzgewinne für volkswirtschaftlich begrüßenswert [35] und fordern deshalb zum Teil eine völlige Dereglementierung dieses Rechtsgebiets[36]. Demgegenüber erachten andere Stimmen Übernahmeangebote für volkswirtschaftlich neutral und behaupten, dass es infolge einer Überbezahlung durch den Bieter lediglich zu einer sozial neutralen Umverteilung von den Aktionären der Bietergesellschaft zu den Aktionären der Zielgesellschaft kommt[37]. Schließlich wird noch vereinzelt vertreten, dass sich insbesondere die volkswirtschaftlichen Auswirkungen von feindlichen Übernahmeangeboten auf eine reine Umverteilung von Wohlstand mit negativen sozialen Folgen verschiedenster Art reduzieren lassen[38].

Anzumerken ist ferner, dass sich eine empirische Analyse der gesamtwirtschaftlichen Auswirkungen auch deshalb als kompliziert darstellt, weil ein Vergleich der Vor- und Nachteile immer auf unsicheren Prognosen und Unwägbarkeiten beruht[39]. Zu beachten ist nämlich, dass die Alternative zu der erfolgreichen Übernahme die Fortführung der Zielgesellschaft in der bisherigen Form gewesen wäre, über deren Erfolg allenfalls spekuliert werden kann.

Im Ergebnis lassen sich die gesamtwirtschaftlichen Vor- bzw. Nachteile nicht zuverlässig beurteilen. Dieser Befund führt zu der Konsequenz, dass ein Übernahmegesetz regulationspolitische Neutralität wahren sollte. Demgemäß möchte auch der deutsche Gesetzgeber Übernahmeangebote weder fördern noch hemmen[40].

Es ist somit festzustellen, dass es keine hinreichenden Gründe dafür gibt, dass der Gesetzgeber mittels eines Gesetzes Übernahmeangebote hemmen sollte. Genausowenig Argumente liefert die Ökonomie jedoch auch für die Anhänger einer vollständigen Deregulierung des Marktes für Unternehmenskontrolle.

---

35 *Easterbrook/Fischel* in: 94 Harvard Law Review (1981), 1161 (1174); *Gilson* in: *Romano*, Foundations of Corporate Law, Seite: 271 (273); *Lowenstein* in: 83 Columbia Law Review 1988, 249 (310) *Jensen/Ruback* in: *Romano*, Foundations of Corporate Law, Seite: 244 (249); *Adams* in: AG 1989, 333 (333); *ders.* in: AG 1990, 243 (245); *Ferrarini* in: *Hopt/Wymeersch*, Capital Markets, 223 (241).

36 Für eine vollständige Dereglementierung traten in den 80er Jahren insbesondere die Anhänger der *Chicago Law School* ein, vgl. nur: *Easterbrook/Fischel* in: 94 Harvard Law Review (1981), 1161 (1174).

37 *Reul* in: Pflicht zur Gleichbehandlung der Aktionäre, Seite: 137; *Houben* in: WM 2000 1873 (1873), *Krause* in: Übernahmeangebote, Seite: 107; *Lutter/Wahlers* in: AG 1989, 1 (2) für LBOs; *Fleischer* in: AG 1996, 494 (499f.) für LBOs.

38 So für feindliche Übernahmeangebote: *Werner* in: Probleme „feindlicher" Übernahmeangebote, Seite: 1 (8).

39 *Mertens* in: AG 1990, 252 (253).

40 *Möller/Pötzsch* in: ZIP 2001, 1256 (1260).

Ein Übernahmegesetz muss somit andere Regelungsziele vorweisen, um seine Daseinsberechtigung zu rechtfertigen. Ein Regelungsziel wird dabei sicherlich die Schaffung eines geordneten Rahmens für den Ablauf eines Übernahmeangebotes sein müssen. Des Weiteren sollte ein Gesetzgeber bemüht sein, etwaige strukturell oder individuell bedingte Ungleichheiten der am Angebotsverfahren Beteiligten auszugleichen. Kurz gesagt sollte ein Übernahmegesetz somit sowohl funktionsschutzrechtliche Aspekte im Sinne eines funktionierenden Marktes für Unternehmenskontrolle enthalten als auch eine sachgerechte Lösung der konfligierenden individualschutzrechtlichen Interessen der Beteiligten liefern[41]. Für letzteres ist zu untersuchen, welche natürlichen und juristischen Personen an einem Übernahmeverfahren beteiligt sind.

IV. Die Beteiligten und ihre Interessen

Gegenstand des folgenden Abschnitts ist die Darstellung der an einem Übernahmeverfahren beteiligten bzw. der von einem Angebot betroffenen Personen und Gesellschaften.
Als potentielle Vertragsparteien sind bei einem öffentlichen Übernahmeangebot zunächst der Bieter und die Aktionäre der Zielgesellschaft zu nennen. Folglich ist es nahe liegend, dass für eine sachgerechte Betrachtung der während eines Übernahmeverfahrens auftretenden Regelungsprobleme in erster Linie ihre Interessen zu berücksichtigen sind.
Zu beachten ist jedoch, dass von einem Übernahmeangebot nicht nur die Vertragsparteien betroffen sind, sondern darüber hinaus noch die wirtschaftlichen und rechtlichen Interessen weiterer Personen berührt werden. Zu nennen ist zunächst die Zielgesellschaft und insbesondere die Leitungsorgane derselben. Des Weiteren sind auch die Gesellschafter des Bieters hier zu nennen. Sie sind in erster Linie in wirtschaftlicher Hinsicht betroffen, da vom Gelingen bzw. Scheitern des Übernahmeangebotes der Wert ihrer Anteile abhängt[42]. Schließlich können noch die Arbeitnehmer, die Gläubiger und die Allgemeinheit an sich vom Ausgang des Übernahmeverfahrens betroffen sein.
Ziel dieses Abschnitts ist die Herausarbeitung der Interessen der an einem Übernahmeverfahren beteiligten natürlichen und juristischen Personen in einer generalisierenden Art und Weise. Es soll aufgezeigt werden, welche Interessenkonflikte zwischen den Beteiligten bestehen. Herausgearbeitet werden soll außerdem,

---

41 So auch *Meier-Schatz* in: ZHR 1985, 77 (80f.).

42 *Zinser* in: Übernahmeangebote, Seite: 30.

welche dieser Interessenkonflikte das Recht der Übernahmeangebote harmonisieren kann und welche besser durch andere Rechtsgebiete geregelt werden sollten.

1. Der Bieter

Als Ausgangspunkt des Übernahmeangebotes ist zunächst der Bieter zu nennen. Der Bieter hat das Ziel die Übernahme- bzw. Transaktionskosten so gering wie möglich zu halten. Um sich eine optimale Verhandlungsposition zu verschaffen, ist ihm an einem Minimum an Publizität sowohl gegenüber den Aktionären der Zielgesellschaft als auch gegenüber der Zielgesellschaft selbst sowie gegenüber den Aufsichtsbehörden und der Öffentlichkeit gelegen[43]. Des Weiteren wird er bestrebt sein, seine Übernahmepläne so lange wie möglich geheim zu halten, um einerseits gegenüber den Aktionären der Zielgesellschaft den Entscheidungsdruck zu erhöhen und um andererseits zu verhindern, dass die Zielgesellschaft wirkungsvolle Abwehrmaßnahmen ergreifen kann[44]. Zudem wird er auch an einer möglichst kurzen Angebotsfrist interessiert sein, da dies zum einen wiederum den Entscheidungsdruck auf die Aktionäre der Zielgesellschaft erhöht und weil dadurch die Wahrscheinlichkeit geringer wird, dass konkurrierende Bieter ebenfalls eine Offerte abgeben. Auch wird er ein größtmögliches Maß an Deregulierung hinsichtlich etwaiger Pflichtangebots- und Mindestpreisregeln anstreben. Er wird schließlich an einem Vereitelungsverbot der Leitungsorgane der Zielgesellschaft interessiert sein, da etwaige Abwehrmaßnahmen ebenfalls die Übernahmekosten erhöhen würden.

2. Die Aktionäre der Zielgesellschaft

Von der Entscheidung des einzelnen Aktionärs[45] der Zielgesellschaft, seine Anteile zu veräußern oder zu behalten, ist der Erfolg des Übernahmeangebotes abhängig. Mithin kommt ihm eine Schlüsselstellung zu. Für ihn stellt sich ein Übernahmeangebot als eine Chance dar, den Ertrag aus seiner Kapitalanlage zu verbessern, indem er den Anteil verkauft (und damit einen um die Kontrollprämie

---

43 *Bozenhardt* in: Freiwillige Übernahmeangebote im deutschen Recht, Seite: 19.
44 *Bozenhardt* in: Freiwillige Übernahmeangebote im deutschen Recht, Seite: 19.
45 Es soll davon ausgegangen werden, dass die Aktionäre der Zielgesellschaft keine strategischen Absichten verfolgen, sondern mit ihrem Aktienbesitz regelmäßig „nur" eine Gewinnmaximierung erstreben. Es sollen somit die Interessen eines Privatanlegers in Form eines Kleinaktionärs analysiert werden.
Eine blumige Beschreibung des sog. „Kleinaktionärs" findet sich bei *Großfeld* in: AG 1985, 1 (1ff.)

erhöhten Preis erzielt) oder in Anteile umtauscht, die einen höheren Ertrag versprechen[46].
Er ist bei seiner Desinvestitionsentscheidung jedoch zweierlei Risiken ausgesetzt. Es besteht für ihn nämlich einerseits die Gefahr, dass er seine Anteile zu schnell und zu billig veräußert[47]. Entschließt er sich jedoch die Anteile zu halten, dann läuft er andererseits Gefahr in die Position eines Minderheitsaktionärs zu geraten, was den Wert seiner Anteile mindern kann[48]. Die Aktionäre der Zielgesellschaft befinden sich nach Erhalt eines Übernahmeangebotes in einer Situation, die als Gefangenendilemma (*Prisoners Dilemma*[49]) beschrieben wird[50]. Sie sehen sich mangels Kommunikationsmöglichkeit mit den anderen Anteilseignern gezwungen, ein aus ihrer Sicht suboptimales Übernahmeangebot anzunehmen, um sich nicht nach geglückter Übernahme in der unerwünschten Position eines Minderheitsaktionärs wieder finden zu müssen[51]. Zur Befreiung aus diesem Dilemma benötigt der Kleinaktionär der Zielgesellschaft nicht nur fundierte Informationen hinsichtlich der Angemessenheit der Konditionen des Angebotes, sondern idealiter auch bezüglich der Einstellung der anderen Aktionäre der Zielgesellschaft[52]. Ein Informationsinteresse haben die Aktionäre der Zielgesellschaft auch gegenüber dem eigenen Management. Ihnen ist daran gelegen, dass auch dieses sie umfassend über das Angebot informiert, um der nahe liegenden Gefahr einer einseitigen Information durch den Bieter zu begegnen[53].
Vom eigenen Management drohen den Aktionären der Zielgesellschaft jedoch auch Nachteile. Falls das Management der Zielgesellschaft die Übernahme verhindern möchte, wird es unter Umständen zu kostenintensiven Abwehrmaßnahmen greifen, die den Wert der Anteile der Zielgesellschaft verringern[54]. Folglich haben sie regelmäßig ein Interesse daran, dass die Leitungsorgane der Zielgesell-

46 *Kirchner* in: WM 2000, 1821 (1822).
47 *Bozenhardt* in: Freiwillige Übernahmeangebote im deutschen Recht, Seite: 19, Zinser in: Übernahmeangebote im englischen und deutschen Recht, Seite: 29; *Röhrich* in: Feindliche Übernahmeangebote, Seite: 35.
48 *Bozenhardt* in: Freiwillige Übernahmeangebote im deutschen Recht, Seite: 19; *Zinser* in: Übernahmeangebote im englischen und deutschen Recht, Seite: 29; *Röhrich* in: Feindliche Übernahmeangebote, Seite: 35.
49 Mit dem aus der Spieltheorie stammenden Begriff *Prisoners Dilemma* wird die Situation bezeichnet, in der sich Personen befinden, die sich mangels Absprache jeweils zu einem geringeren Übel entschließen, um nicht das größtmögliche Übel auf sich zu ziehen; alternativ könnten sie sich absprechen und jedwedes Übel abwenden. Vgl.: *Witt* in: NZG 2000, 809 (811).
50 *Witt* in: NZG 2000, 809 (811ff.).
51 *Witt* in: NZG 2000, 809 (811ff.).
52 *Berger* in: ZIP 1991, 1644 (1646); *Witt* in: NZG 2000, 809 (812).
53 *Mertens* in: KK-AktG, § 76 Rn. 26.
54 *Röhrich* in: Feindliche Übernahmeangebote, Seite: 35.

schaft während des Übernahmeverfahrens keinerlei Maßnahmen ergreifen, die geeignet sind, den Wert ihrer Beteiligung zu verringern.

3. Die Leitungsorgane der Zielgesellschaft

Gemeinsames typisches Merkmal der britischen *public company* und der deutschen Aktiengesellschaft ist das Auseinanderfallen von Eigentum und Kontrolle. Die Leitung der Zielgesellschaft obliegt somit in beiden Rechtsordnungen nicht den Aktionären, sondern dem jeweiligem Leitungsorgan der Zielgesellschaft, dem *Board of directors* bzw. dem Vorstand. Das Leitungsorgan hat bereits nach allgemeinem Gesellschaftsrecht die Pflicht, sein Handeln ausschließlich am wohlverstandenen Unternehmensinteresse auszurichten. Die Berücksichtigung eigener Interessen ist in beiden Rechtsordnungen rechtswidrig[55]. An dieser Rechtslage ändert auch die Abgabe eines Übernahmeangebotes nichts. Vielmehr weisen *CC* und WpÜG jeweils an herausgehobener Stelle noch einmal ausdrücklich darauf hin, dass die Leitungsorgane auch während der Angebotsphase keine eigenen Interessen bei ihrem Handeln berücksichtigen dürfen, *General Principle No 9 CC* bzw. § 3 III WpÜG. Insbesondere bei feindlichen Übernahmeangeboten wird der Bieter die Leitungsorgane der Zielgesellschaft jedoch nach erfolgreicher Übernahme austauschen, da er die Zielgesellschaft in tatsächlicher Hinsicht erst dann kontrolliert, wenn er die Führungspositionen mit Leuten seines Vertrauens besetzt hat[56].
Es liegt daher der Verdacht nahe, dass die Leitungsorgane versuchen werden diesen Ansehens- und Prestigeverlust zu vermeiden, indem sie Maßnahmen ergreifen, die geeignet sind, den Erfolg des Übernahmeangebotes zu vereiteln. Es erscheint auch nicht besonders unwahrscheinlich, dass sie dieses rechtlich nicht anerkannte Eigeninteresse auch dann verfolgen werden, wenn ein Erfolg des Übernahmeangebots den wohlverstandenen Interessen der Zielgesellschaft entsprechen würde.
Zusammenfassend kann man somit sagen, dass während eines Übernahmeverfahrens ein potentieller Interessenkonflikt zwischen den Leitungsorganen der Zielgesellschaft einerseits und den Aktionären der Zielgesellschaft andererseits hinsichtlich der Ergreifung von Abwehrmaßnahmen besteht.

---

55 *Weinberg/Blank* in: On Takeovers and Mergers, Rn. 4-7145f.; *Kirchner* in: WM 2000, 1821 (1821).

56 *Bozenhardt* in: Freiwillige Übernahmeangebote im deutschen Recht, Seite: 20; *Kirchner* in: WM 2000, 1821 (1824).

4. Die Gesellschafter des Bieters

Die Interessen der Eigentümer der Bietergesellschaft sind in erster Linie wirtschaftlicher Natur, da ihre Rechtsposition durch das Übernahmeangebot nicht beeinträchtigt wird. In wirtschaftlicher Hinsicht müssen sie befürchten, dass ihr Management eine unrentable Gesellschaft erwirbt und sich dadurch der Wert ihrer Beteiligung verringert.

5. Sonstige Beteiligte

Als weitere am Übernahmeverfahren Beteiligte sind die betroffenen Arbeitnehmer, die Gläubiger der Zielgesellschaft und insbesondere bei größeren Übernahmen wohl auch die Allgemeinheit schlechthin zu sehen. Die Arbeitnehmer laufen Gefahr, dass der Bieter nach erfolgreicher Übernahme Arbeitsplätze abbaut, um Synergieeffekte zu realisieren. Die Gläubiger der Zielgesellschaft müssen befürchten, dass der Bieter Vermögensgegenstände der Zielgesellschaft veräußert, die ihnen möglicherweise als Kreditsicherheit dienen. Schließlich kann auch die Allgemeinheit von dem Ausgang des Übernahmeangebots betroffen sein. Zu denken ist hier etwa an den Fall, dass ein exponierter ausländischer Staat oder eine Terrororganisation versucht, die Kontrolle über ein Rüstungsunternehmen zu erlangen[57]. In diesem Fall kann die Abgabe eines Übernahmeangebots dem öffentlichen Interesse widersprechen.

6. Zusammenfassung und Gang der weiteren Untersuchung

Das Recht der Übernahmeangebote kann und möchte die teilweise konfligierenden Interessen der Beteiligten jedoch nicht umfassend regeln.
Deshalb ist zu untersuchen, welche Rechtsbeziehungen das Übernahmerecht regelt und welche nicht.
Hierfür sind zunächst diejenigen Interessenkonflikte und Rechtsbeziehungen zu eliminieren, die bereits durch andere Rechtsnormen geregelt werden, für die es somit keines neugeschaffenen Übernahmegesetzes bedarf.
Die Rechtsverhältnisse zwischen der Zielgesellschaft und ihren Arbeitnehmern werden umfassend spezialgesetzlich durch das Arbeitsrecht geregelt. Darüber hinaus hat ein Übernahmeangebot auch keine Auswirkungen auf dieses Rechtverhältnis, weil sich nicht die rechtliche Identität der Zielgesellschaft verändert, sondern lediglich ihre Eigentümerstruktur. Die Rechtsbeziehung zwischen Arbeitnehmer und Zielgesellschaft ist deshalb nicht Regelungsgegenstand eines

57 *Weinberg/Blank* in: On Takeovers and Mergers, Rn. 4-1026.

Übernahmegesetzes. Aus denselben Erwägungen ist auch die Rechtsbeziehung zwischen der Zielgesellschaft und ihren Gläubigern nicht Regelungsgegenstand eines Übernahmegesetzes.

Ebenfalls nicht regeln sollte das Recht der Übernahmeangebote das Rechtsverhältnis zwischen der Bietergesellschaft und ihren Gesellschaftern. Welche Akquisitionen die Leitungsorgane der Bietergesellschaft aus eigener Machtvollkommenheit durchführen dürfen, wird durch das Gesellschaftsrecht umfassend geregelt. Außerdem verändert sich auch die rechtliche Stellung der Anteilseigner nicht, so dass eine spezialgesetzliche Normierung ihrer Interessen in einem Übernahmegesetz nicht notwendig ist.

Als Regelungsgegenstand eines Übernahmegesetzes verbleiben deshalb nur die wechselseitigen Rechtsbeziehungen zwischen Bieter, Wertpapierinhaber der Zielgesellschaft und Leitungsorgan der Zielgesellschaft.

Bevor jedoch untersucht wird, wie das britische und das deutsche Recht die zwischen diesen drei Beteiligten bestehenden Interessenkonflikte harmonisieren, soll zunächst ein Überblick über die Rechtslage in der Europäischen Union erfolgen.

2. Kapitel: Europarechtliche Vorgaben

In diesem Kapitel soll analysiert werden, welche europarechtlichen Vorgaben die nationalen Gesetzgeber zu beachten haben.

A. Die Entwicklung auf europäischer Ebene

Die europäische Diskussion um Übernahmen von börsennotierten Aktiengesellschaften und deren rechtliche Ausgestaltung lässt sich bis in die siebziger Jahre zurückverfolgen[58]. Die Bestrebungen, eine Vereinheitlichung des europäischen Übernahmerechts herbeizuführen, begannen im Jahre 1974 mit der Beauftragung des englischen *Professors Pennington* durch die EU-Kommission. *Pennington* verfasste seinerzeit einen „*Report on Takeover and other general bids*", der als Vorentwurf für eine spätere Richtlinie dienen sollte[59]. Der „*Pennington*-Entwurf" war sehr von den Vorstellungen des 1967 erarbeiteten britischen Regelwerkes, dem *City Code on Takeovers and Mergers*, geprägt[60]. Der „*Pennington*-Entwurf" wurde in den Mitgliedsstaaten kontrovers erörtert. Zu der Verabschiedung einer entsprechenden Richtlinie kam es damals aber nicht. Die Kritiker des Entwurfes setzten sich vor allen mit dem Argument durch, dass eine explizite Regelung mangels vermehrten Auftretens von Übernahmeangeboten auf dem europäischen Festland nicht notwendig sei[61].

Nachdem es in den 80er und 90er Jahren in Europa verschiedene Initiativen gab, eine Übernahmerichtlinie zu verabschieden, die kollektiv scheiterten, verabschiedete der Ministerrat am 19. Juni 2000 einstimmig einen gemeinsamen Standpunkt zum „Geänderten Vorschlag für eine 13. Richtlinie des Europäischen Parlaments und des Rates auf dem Gebiet des Gesellschaftsrechts betreffend Übernahmean-

58 *Behrens* in: ZGR 1975, 433 (434); *Zschocke* in: DB 2002, 79 (79); *Krause* in: ZGR 2002, 500 (501).

59 EG-Komm. Dok. XI/56/74; dazu: *Behrens* in: ZGR 1975, 433ff.

60 *Krause* in: ZGR 2002, 500 (501); *Peltzer* in: *Assmann/Basaldua/Bozenhardt/Peltzer* Übernahmeangebote, Seite: 180.

61 *Bess* in: AG 1976, 206 (209); *Krause* in: ZGR 2002, 500 (501).

gebote vom November 1997"[62]. Auch die Kommission akzeptierte diesen Standpunkt am 26. 7. 2000. Rechtsgrundlage für die EU-Übernahmerichtlinie war Art. 44 EGV, der das Mitentscheidungsverfahren gemäß Art. 251 EGV vorsieht[63]. Bei diesem Rechtsetzungsverfahren verfügt das Europäische Parlament über die gleichen Befugnisse wie der Rat[64]. Demgemäß leitete der Rat die EU-Übernahmerichtlinie[65] dem Europäischen Parlament gemäß Art. 251 II EGV mit der Bitte um Stellungnahme zu.

Schnell zeichnete sich jedoch ab, dass das EU-Parlament dem Vorschlag nicht ohne weitreichende Änderungen zustimmen würde[66]. So kündigte der Berichterstatter des Ausschusses für Recht und Binnenmarkt, der deutsche Abgeordnete *Klaus-Heiner Lehne*, an, im Rahmen der Beteiligung des Parlaments auf wesentliche Änderungen hinzuwirken[67]. Insgesamt gab das europäische Parlament nach kontroversen Beratungen am 13. 12. 2000 eine Stellungnahme mit fünfzehn Änderungsvorschlägen zum Richtlinienvorschlag ab. Die Änderungswünsche betrafen zumindest teilweise die Substanz der materiellen Regelungen. Insbesondere wurde eine weitreichende Abschwächung des Vereitelungsverbots des Vorstandes der Zielgesellschaft gefordert[68]. Ferner verlangte man eine stärkere Einbeziehung der Arbeitnehmer der Zielgesellschaft, eine Konkretisierung der Vorschriften betreffend die Angemessenheit des Angebotspreises und die Einführung einer *Squeeze Out* Regelung[69].

Die Kommission ihrerseits vermochte sich den Änderungswünschen des Parlaments nicht anzuschließen. Deshalb kam es aufgrund der Einigungsprobleme zwischen Rat und Kommission auf der einen und dem Europäischen Parlament auf der anderen Seite zur Durchführung eines Vermittlungsverfahrens gemäß Art.

---

62 Der Gemeinsame Standpunkt des Rates; Dok. 8129/00 vom 19. 6. 2000, ist abgedruckt in: Abl. EG Nr. C 23 vom 24. 1. 2001, Seite: 1-8; Ferner ist er abgedruckt in: AG 2000, 296-301.

63 *Geiger* in: Kommentar zum EUV/EGV, Art. 44 Rn. 4.

64 *Neye* in: ZIP 2001, 1120 (1121).

65 In der Fassung des Gemeinsamen Standpunktes vom 19. 6. 2000.

66 *Dimke/Heiser* in: NZG 2001, 241 (257); *Neye* in: ZIP 2001, 1120 (1121).

67 *Neye* in: ZIP 2001, 1120 (1121).

68 *Koch* in: Die Neutralitätspflicht des Vorstandes, Seite: 76; *Neye* in: ZIP 2001, 1120 (1121).

69 *Lehne*-Bericht vom 29. 11. 2000: Empfehlung für die zweite Lesung betreffend den Gemeinsamen Standpunkt des Rates im Hinblick auf den Erlass der Richtlinie des Europäischen Parlaments und des Rates auf dem Gebiet des Gesellschaftsrechts über Übernahmeangebote, Dok. PE 294.900. Der *Lehne*-Bericht ist auch unter: http://www.europarl.eu.int abrufbar; *Neye* in: ZIP 2001, 1120 (1121) bemängelt, dass der Textvorschlag des Parlaments das Produkt mehrerer miteinander nicht kompatibler Einzelanträge verschiedener Abgeordneter sei. Deshalb sei der *Lehne*-Bericht als rechtstechnisch misslungen einzustufen.

251 IIIa EGV. Das Ergebnis dieses Verfahrens war der am 6. 6. 2001 vorgelegte „Kompromissvorschlag für eine 13. Richtlinie auf dem Gebiet des Gesellschaftsrechts über Übernahmeangebote zur Regelung von Unternehmensübernahmen in Europa“[70]. Die zur Billigung dieses Kompromissvorschlages gemäß Art. 251 V EGV notwendige absolute Mehrheit der Stimmen des Europäischen Parlaments wurde jedoch am Tag der Abstimmung, dem 4. Juli 2001, denkbar knapp verfehlt[71]. Von den 568 anwesenden Abgeordneten stimmten bei 22 Enthaltungen 273 dafür und ebenso viele Abgeordnete dagegen[72]. Befürworter des Richtlinienentwurfs waren die Liberalen sowie die Briten und Iren aus allen Fraktionen. Dagegen stimmten mehrheitlich die Abgeordneten der Europäischen Volkspartei (EVP) und die Sozialisten, darunter fast geschlossen die deutschen Abgeordneten[73]. Nach der Geschäftsordnung des EU-Parlaments ist bei Stimmenpatt das Gesetzgebungsvorhaben im Mitentscheidungsverfahren im Sinne des Art. 251 EGV endgültig gescheitert[74]. Die ablehnende Haltung Deutschlands war damit maßgeblich für das Scheitern der EU-Übernahmerichtlinie (EU-ÜRL) verantwortlich[75]. Während die Bundesregierung zunächst noch zu den Befürwortern der Richtlinie zählte, kam es gerade im Hinblick auf die den Leitungsorganen der Zielgesellschaft gestatteten Abwehrmaßnahmen im Frühjahr 2001 zu einem Wandel. Seit diesem Zeitpunkt befürwortete die Bundesregierung die Zulässigkeit von Vorratsbeschlüssen der Hauptversammlung, die den Vorstand für einen bestimmten Zeitraum zur Ergreifung von Abwehrmaßnahmen ermächtigen[76]. Zwar sah auch der gescheiterte Richtlinienentwurf die Möglichkeit einer Kapitalerhöhung auf Vorrat vor, diese Regelung ging der Bundesregierung jedoch nicht weit genug. Sie befürchtete, dass die Umsetzung den Ausverkauf deutscher Unternehmen durch ausländische Unternehmen oder Investoren zur Folge gehabt hätte, da das deutsche Übernahmegesetz den Vorständen nur wenig Möglichkeiten eröffne, potentielle Zielgesellschaften durch strukturelle Vorkehrungen gegen Übernahmen zu schützen[77]. Man fürchtete, wenn nun auch noch der Weg abge-

70 Der Text des Kompromissvorschlags vom 6. 6. 2001 ist abgedruckt in: ZIP 2001, 1120-1128 (mit einer Einführung von *Neye*).

71 *Francis* in: *Button*, A Practitioners Guide, 271 (271); *Hommelhoff/Witt* in: RIW 2001, 561 (561); *Pluskat* in: WM 2001, 1937 (1938); *Krause* in: BB 2002, 2341 (2341).

72 Handelsblatt vom 5. Juli 2001, Seite: 2; FT vom 5. Juli 2001, Seite: 1.

73 *Francis* in: *Button*, A Practitioners Guide, 271 (271); FT vom 5. Juli 2001, Seite: 13.

74 Vgl. *Geiger* in: Kommentar zum EUV/EGV, Art. 251 Rn. 15.

75 So die FAZ vom 5. Juli 2001, Seite: 13f.

76 *Krause* in: BB 2002, 2341 (2341); *Zech* in: Abwehrmaßnahmen, Seite: 12; *Wackerbarth* in: WM 2001, 1741 (1741).

77 *Dauner-Lieb* in: DStR 2003, 555 (555). Einen Überblick über die im deutschen Recht zulässigen präventiven Abwehrmaßnahmen liefern: *Steinmeyer/Häger* in: *Steinmeyer/Häger*, Kommentar zum WpÜG, § 33 Rn. 53-60.

schnitten würde, konkrete Abwehrmaßnahmen zu ergreifen, dass deutsche Unternehmen ungeschützt ihren Angreifern ausgesetzt wären[78]. Die veränderte Haltung der Bundesregierung manifestierte sich durch die erstmalige Einführung von Vorratsbeschlüssen der Hauptversammlung zur Durchführung von Abwehrmaßnahmen im Regierungsentwurf, § 33 II Reg-E WpÜG[79]. Der Referentenentwurf vom 12. 3. 2001 stimmte noch mit dem insoweit maßgeblichen Art. 5 EU-Richtlinie überein, indem er Vorratsbeschlüsse der Hauptversammlung grundsätzlich ausschloss. Diese Kehrtwende konnte die Bundesregierung vollziehen, da sie zu diesem Zeitpunkt nicht mehr den Konflikt mit einer EU-Übernahmerichtlinie fürchten musste[80].
Innerhalb der EU-Kommission setzte sich nach dem Scheitern des Richtlinienentwurfs die Erkenntnis durch, dass eine europäische Vereinheitlichung von Übernahmetransaktionen politisch nur vermittelbar sei, wenn die Rahmenbedingungen für die Unternehmen in den einzelnen Mitgliedsstaaten ebenfalls vereinheitlicht werden[81]. Eine europaweite Erleichterung von Unternehmensübernahmen sei politisch nämlich nur realisierbar, wenn britische und italienische Unternehmen die gleiche Chance zur Übernahme der Kontrolle über ihre französischen und holländischen Wettbewerber haben wie umgekehrt[82]. Herzustellen sei demnach zumindest europaweit eine Waffengleichheit zwischen den Unternehmen der verschiedenen Mitgliedsstaaten, ein sog. *level playing field* für Unternehmensübernahmen[83]. Solange jedoch einzelne EU-Staaten ihre Unternehmen präventiv mit Hilfe von Mehrfachstimmrechten, Höchststimmrechten und goldenen Aktien gegen feindliche Übernahmen schützen, erscheint ein striktes Vereitelungsverbot des Leitungsorgans während der Angebotsphase der Zielgesellschaft nicht konsensfähig.

78 *Zech* in: Abwehrmaßnahmen, Seite: 12; *Wackerbarth* in: WM 2001, 1741 (1741).

79 *Potzsch/Möller* in: ZIP 2001, 1256 (1260); *Pluskat* in : WM 2001, 1937 (1940).

80 *Pluskat* in: WM 2001, 1937 (1940); *Zschocke* in: DB 2002, 79 (79).

81 *Dauner-Lieb* in: DStR 2003, 555 (555); *Wiesner* in: ZIP 2002, 1967 (1967); *Zschocke* in: DB 2002, 79 (85); vgl. auch: FAZ vom 5. Juli 2001, Seite: 14. So wurde insbesondere von deutscher Seite bemängelt, dass von einem einheitlichen europäischen Regelungsrahmen für Übernahmeangebote keine Rede sein könne, solange man sich in einigen Mitgliedsstaaten noch mit Höchst- Mehrfachstimmrechten und mit Hilfe von *golden shares* gegen unerwünschte Übernahmeversuche zur Wehr setzen könne.

82 *Dauner -Lieb* in: DStR 2003, 555 (555); *Dauner-Lieb/Lamandini* in: BB 2003, 265 (266); *Krause* in: BB 2002, 2341 (2342).

83 *Dauner-Lieb/Lamandini* in: BB 2003, 265 (266); *Arnold* in: BB 2003, 267 (267); *Wiesner* in: ZIP 2002, 208 (208); *Hirte* in: KK-WpÜG, Einl. Rn. 68.

Anfang September 2001 hat der zuständige EU-Kommissar *Frits Bolkestein* deshalb eine hochrangige Expertengruppe, die sog. „*Winter-Gruppe*“[84] eingesetzt, die die Kritik am gescheiterten Richtlinienentwurf aufarbeiten und auf dessen Grundlage eine neue Empfehlung für die Durchführung von Übernahmeangeboten erarbeiten sollte[85]. Insbesondere sollte sich die Expertengruppe mit der Frage beschäftigen, wie zumindest für die Angebotsphase ein *level playing field* für Übernahmeangebote hergestellt werden könnte[86].

Die Winter-Gruppe legte im Januar 2002 ihren Abschlussbericht vor[87]. Bemerkenswert an diesem Bericht sind vor allen Dingen diejenigen Aspekte, die auf die Schaffung gleicher Ausgangsbedingungen für Übernahmeangebote in den einzelnen Mitgliedstaaten gerichtet sind. So empfahl die Expertengruppe ein Festhalten am strengen Vereitelungsverbot. Die Entscheidung über die Vorteilhaftigkeit solle allein den Aktionären der Zielgesellschaft vorbehalten bleiben. Sie sollten stets in der Lage sein zu entscheiden, ob und zu welchem Preis sie ihre Anteile an einen Bieter veräußern wollen[88]. Auch von der Hauptversammlung gefasste Vorratsbeschlüsse könnten keine ausreichende Grundlage für die Entscheidung über die Angemessenheit des Angebots durch die Unternehmensführung schaffen, weshalb sie ebenfalls als unzulässig zu qualifizieren seien[89]. Im Hinblick auf die Problematik des fehlenden *level playing field* erstreckten sie ihre Empfehlungen auch auf präventive Abwehrmaßnahmen, indem sie die inzwischen berühmte „Durchbruchsregel“ entwickelten. Diese besagt, dass zumindest während der Angebotsphase der Grundsatz *one share one vote* zu gelten habe. Denn wer am Risikokapital beteiligt sei, müsse auch entsprechend seiner Kapitalbeteiligung über das Angebot entscheiden können, weil er das gleiche Risiko trage[90]. Davon sind zunächst und vor allen Dingen die Mitgliedsstaaten betroffen, in denen die in

---

84 Die Mitglieder des *Winter Committees* sind: *Jaap Winter (NL, Chairman), Jose Maria Garrido Garcia (E), Klaus J. Hopt (D), Jonathan Rickford (UK), Jan Christensen (DK) und Joelle Simon (F).*

85 *Seibt/Heiser* in: ZIP 2002, 2193 (2193); *Dauner-Lieb* in: DStR 2003, 555 (555).

86 Neben dem *Winter* Committee bildeten Finanzmarktinstitutionen ein „*Committee of Practioners of Takeover Regulation*“, welches sich ebenfalls mit der Ausarbeitung einer künftigen Übernahmerichtlinie beschäftigte. Mitglieder dieser von der *Federation of European Stock Exchanges*, der *European Banking Federation* sowie dem *Panel on Takeovers and Mergers* unterstützten Expertengruppe sind: *Jaap Peters (NL, Chairman), Paul Arlmann (Brüssel), Eduard Brunet (E), Noel Hinton (UK), Michael Vercnocke (Brüssel) und Christian Zschocke (D).*

87 Der *Winter*-Bericht ist im Internet abrufbar unter: www.europa.eu.int/comm_internal market/en/company/company/news/HLG-report-TOB-en.pdf

88 *Winter*-Bericht, Seite: 3.

89 *Winter*-Bericht, Seite: 8.

90 *Winter*-Bericht, Seite: 4.

Deutschland abgeschafften Höchst- und Mehrfachstimmrechte noch als wirksame Abwehrwaffe eingesetzt werden können[91]. Hat der Bieter ein Übernahmeangebot angekündigt, soll die Durchbruchsregel diese präventiven Übernahmehindernisse auf zwei Ebenen aushebeln können. Zunächst gilt in der Hauptversammlung der Zielgesellschaft, die über etwaige Abwehrmaßnahmen zu entscheiden hat, der Proportionalitätsgrundsatz, d. h. Höchst- und Mehrfachstimmrechte haben hier keine Wirkung[92]. Hat der Bieter nach Durchführung des Angebotsverfahrens eine bestimmte Anteilsschwelle erreicht, die die Mitgliedsstaaten mit höchstens 75 Prozent ansetzen dürfen, soll er die Zielgesellschaft ungeachtet aller satzungsmäßigen Beschränkungen beherrschen dürfen[93]. Bei einer Umsetzung der Durchbruchsregel wären gesellschaftsrechtlich vermittelte Kontrollrechte, (Mehrfach- und Höchststimmrechte) somit während der Angebotsphase von Anfang an ausgehebelt. Die eingeforderten einheitlichen Rahmenbedingungen könnten insoweit realisiert werden[94].
Zusätzlich beflügelt wurden die Bemühungen um gleiche Ausgangsbedingungen für Unternehmensübernahmen noch durch die Goldene Aktien-Urteile des europäischen Gerichtshofs (EuGH) vom 4. 6. 2002[95]. Mit diesen Urteilen setzte der Europäische Gerichtshof der Zulässigkeit von Goldenen Aktien enge Grenzen, indem er befand, dass Erwerbsbeschränkungen und staatliche Sonderstimmrechte an privatisierten Unternehmen (Goldene Aktien) grundsätzlich einen Verstoß gegen die Kapitalverkehrs- und die Niederlassungsfreiheit begründen und deshalb als gemeinschaftswidrig einzustufen seien, sofern kein übergeordneter Rechtfertigungsgrund eingreife[96].
Trotz dieses Rückenwindes blieb der am 2. Oktober 2002 von der EU-Kommission vorgelegte Richtlinienentwurf, der am 16. 12. 2003 vom Europäischen Parlament angenommen wurde, hinter den Empfehlungen der Winter-Gruppe zurück[97]. Die EU-Kommission verzichtete bewusst auf eine „eins zu eins"-Umsetzung der Empfehlungen der Winter-Kommission, sondern wählte eine nur politisch begründbare Kompromisslösung, um jedenfalls einen Teil der bestehenden Übernahmehindernisse abbauen zu können[98].

---

91 *Wiesner* in: ZIP 2002, 208 (209); *Krause* in: BB 2002, 2341 (2342).

92 *Winter*-Bericht, Seite: 9.

93 *Winter*-Bericht, Seite: 9.

94 *Wiesner* in: ZIP 2002, 208 (209).

95 EuGH, Urteile v. 4. 6. 2002- Rs C-503/99 (Kommission/Belgien), 483/99 (Kommission/Frankreich und C-367/98 (Kommission/Portugal)= EuZW 2002, 429ff. Die Urteile besprechen *Krause* in: NJW 2002, 2747 und *Bayer* in: BB 2002, 2289.

96 *Krause* in: NJW 2002, 2747 (2748); *Bayer* in: BB 2002, 2289 (2290).

97 Abrufbar unter: www.europa.u.int/eur-lex/de/com/pdf/2002/com2002-0534de01.pdf.

98 *Seibt/Heiser* in: ZIP 2002, 2193 (2199); *Dauner-Lieb/Lamandini* in: BB 2003, 265 (267); *Kallmeyer* in: DB 2002, 2695 (2695).

B. Inhaltlicher Überblick über die Übernahmerichtlinie

Der nach mehr als 25jährigen Bemühungen verabschiedete Richtlinienentwurf basiert im wesentlichen auf dem im Jahre 2001 gescheiterten Entwurf[99]. Insbesondere die Vorschriften über allgemeine Grundsätze, das Verfahren, das Pflichtangebot und den angemessenen Preis wurden nur unwesentlich verändert[100].

In Art. 2 RL werden die wesentlichen Begriffe definiert, es wird insbesondere klargestellt, dass die Richtlinie nicht nur obligatorische sondern auch freiwillige Angebote erfasst. Art. 3 RL enthält die allgemeinen Grundsätze wie etwa das Gleichbehandlungsgebot, das Transparenzgebot, das Marktverzerrungsverbot und die Pflicht der Leitungsorgane der Zielgesellschaft im Gesellschaftsinteresse zu handeln.

Das Pflichtangebot ist in Art. 5 RL geregelt. Die Höhe der Kontrollschwelle, die ein Pflichtangebot an die restlichen Aktionäre auslöst, wird allerdings offengelassen. Damit scheiterte der Versuch, die in vielen EU-Staaten übliche Höhe von 30 Prozent einheitlich festzuschreiben. Die vom Bieter bei einem Pflichtangebot zu offerierende Gegenleistung muss mindestens dem höchsten Preis entsprechen, den der Bieter in einem Zeitraum zwischen mindestens sechs und höchstens zwölf Monaten vor Angebotsabgabe für Wertpapiere der Zielgesellschaft gezahlt hat. Aus dieser Vorschrift ergibt sich ein Anpassungsbedarf im deutschen Recht, da gemäß § 4 WpÜG-AngVO nach deutschem Recht zur Zeit nur ein Referenzzeitraum von drei Monaten zu berücksichtigen ist. Diese Norm muss daher für Pflichtangebote richtlinienkonform novelliert werden, d. h. in concreto muss der Referenzzeitraum auf mindestens sechs Monate ausgedehnt werden.

Die umfassenden Informationspflichten über das Übernahmeangebot werden in Art. 6 RL festgeschrieben. Nach Abs. 3i hat der Bieter auch Angaben über seine Absichten zur zukünftigen Geschäftsentwicklung der Bieter- und Zielgesellschaft sowie zur Weiterbeschäftigung ihrer Beschäftigten und der Geschäftsleitung, einschließlich etwaiger wesentlicher Änderungen der Beschäftigungsbedingungen zu machen.

Die (politisch) sensiblen Vorschriften über die einheitlichen Rahmenbedingungen bzw. die potentiellen Abwehrmaßnahmen finden sich in den Art. 9-12 RL, wobei die Abwehrwaffen in den Art. 9 und 11 RL zunächst abgerüstet und dann durch das in Art. 12 RL verankerte Optionsmodell wieder aufgerüstet werden. Art. 9 II, III RL wiederholen zunächst das schon in den Vorentwürfen enthaltene strenge Vereitelungsverbot der Geschäftsleitung der Zielgesellschaft. Demnach dürfen die Leitungsorgane der Zielgesellschaft angebotsvereitelnde Maßnahmen nur mit

99 *Dauner-Lieb/Lamandini* in: BB 2003, 265 (265); *Krause* in: BB 2002, 2341 (2341).
100 *Wiesner* in: ZIP 2004, 343 (346).

vorheriger und zweckgerichteter Zustimmung der Hauptversammlung vornehmen. Ausgenommen hiervon sind Maßnahmen der gewöhnlichen Geschäftsführung und die Suche nach einem konkurrierenden Angebot.
In Art. 10 RL werden allen börsennotierten Gesellschaften in einem elf Punkte umfassenden Katalog weitgehende Transparenzpflichten auferlegt, die auf die Vorschläge der Winter-Gruppe zurückgehen und die den Kapitalmarkt durch Offenlegung im Lagebericht über Strukturen und etwaige Übernahmehindernisse informieren sollen. Sie betreffen die Zusammensetzung des Kapitals, Beschränkungen der Übertragbarkeit der Wertpapiere, bedeutende direkte und indirekte Beteiligungen, besondere Kontrollrechte und Arbeitnehmerbeteiligungen, Stimmrechtsbeschränkungen, Vereinbarungen zwischen Aktionären zur Beschränkung der Übertragbarkeit von Wertpapieren oder der Stimmrechte, Ernennung und Ersetzung sowie Befugnisse der Organmitglieder, wesentliche Vereinbarungen bei Kontrollwechseln und Abfindungsvereinbarungen. Gestrichen wurde dagegen der Kommisionsvorschlag, dass die Unternehmensleitung diese Angaben begründen und alle zwei Jahre in der Hauptversammlung zur Diskussion stellen muss. Trotzdem müssen diese weitgehenden Transparenzvorschriften zum großen Teil noch ins deutsche Recht implementiert werden, wobei sich natürlich die Frage stellt, ob das WpÜG angesichts des weiteren Anwendungsbereichs der o. g. Veröffentlichungspflichten hierfür der geeignete Standort ist.
Die oben bereits erwähnte Durchbruchsregel findet sich in Art. 11 RL. Sie erklärt bestimmte Übernahmehindernisse während der Annahmefrist für unwirksam. Ausgesetzt werden zum einen vertragsrechtliche Übertragungsbeschränkungen wie Vorkaufsrechte oder Vertragsstrafen. Auch satzungsrechtliche Übernahmehindernisse wie vinkulierte Namensaktien und satzungsrechtliche Stimmrechtsbeschränkungen (Höchststimmrechte) werden ausgesetzt, es sei denn, die Stimmrechtsbeschränkungen beruhen auf einer bloßen gesetzlichen Grundlage wie etwa das Volkswagen-Gesetz. Schuldrechtliche Stimmrechtsbeschränkungen werden nur durchbrochen, sofern der Vertrag nach der Annahme der Richtlinie geschlossen wurde. Dieser Bestandsschutz für Altverträge fand erst kurz vor der Einigung Eingang in den Richtlinientext. Die heftig umstrittenen Mehrfachstimmrechte gewähren im Übernahmefall künftig nur eine Stimme. Sofern der Bieter nach Ablauf der Annahmefrist über mehr als 75 Prozent der Stimmrechte verfügt, haben die genannten Beschränkungen auch in der dem Angebot nachfolgenden Hauptversammlung keine Wirkung.
Das in Art. 12 RL geregelte Optionsmodell spiegelt nicht nur das Herzstück des politischen Kompromisses wider, es nimmt der Durchbruchsregel auch seine Sprengkraft. Es überlässt es den Mitgliedsstaaten, die Art. 9 II, III RL (Vereitelungsverbot) und/oder Art. 11 RL nicht zur Anwendung zu bringen. Sie haben also die Wahl, allen Gesellschaften ihres Hoheitsgebietes die in Art. 11 RL ge-

nannten Übernahmehindernisse zu belassen und/oder das Vereitelungsverbot außer Kraft zu setzen. Entscheiden sie sich für diese Option, werden damit alle Gesellschaften des betreffenden Landes als konservativ eingestuft (B-Klasse). Die Unternehmen haben allerdings das Recht, sich für kapitalmarktorientiert zu erklären und in die A-Klasse aufzurücken[101]. Dazu bedarf es der Zustimmung der Hauptversammlung. Der Beschluss ist mit der nach nationalem Recht für eine Satzungsänderung notwendigen Mehrheit zu fassen.

Heftig umstritten war in der Endphase der Brüsseler Beratungen, ob diese Entscheidung reversibel sein soll. Art. 12 II stellt nunmehr ausdrücklich klar, dass eine Rückkehr in die B-Klasse möglich ist. Auch können die Mitgliedstaaten regeln, dass sich ein Mitglied der A-Klasse gegen einen Angriff eines B-Klasse Unternehmens verteidigen darf. Erforderlich hierfür ist gemäß Art. 12 III RL ein Vorratsbeschluss der Hauptversammlung, der frühestens 18 Monate vor Bekanntgabe des Angebots ergehen darf.

Angesichts des Optionsmodells ist zwar immer noch kein *level playing field* für Unternehmensübernahmen in Europa hergestellt. Die in § 33 WpÜG vorgesehene Möglichkeit der Ergreifung von repressiven Abwehrmaßnahmen ohne zustimmenden Hauptversammlungsbeschluss ist weiterhin genauso zulässig wie die in Schweden zugunsten der Familie *Wallenberg* normierten präventiven Abwehrmaßnahmen in Form von Mehrfachstimmrechten. Zu bedenken ist aber, dass die durch das Optionsmodell hergestellte Transparenz idealiter einen kapitalmarktinduzierten Druck auf die Unternehmen auslösen wird, der sie dazu zwingen wird, in der Satzung verankerte präventive Abwehrmaßnahmen zu streichen und auf den Einsatz von repressiven Abwehrmaßnahmen zu verzichten. Außerdem sollte die Bedeutung des Vereitelungsverbots nicht überschätzt werden, dieses ist zwar politisch sehr heikel, übernahmerechtlich jedoch allenfalls von geringer Relevanz. Denn zum einen sind die allermeisten Übernahmeangebote nicht feindlich und selbst bei den seltenen feindlichen Übernahmeversuchen setzen die Zielgesellschaften meistens nicht auf den Einsatz technischer Abwehrmaßnahmen, sondern versuchen die Gunst ihrer Aktionäre mit Hilfe von Werbemaßnahmen von der eigenen Strategie zu überzeugen (*winning the argument*)[102]. Der Grund für den Nichteinsatz von Abwehrmaßnahmen dürfte darin liegen, dass es sich eine Zielgesellschaft nicht leisten kann, eine Abwehrmaßnahme zu ergreifen, da sie

---

101 Für den Fall, dass sich der Gesetzgeber für ein Opt-Out entscheidet, ist somit ein neuer Paragraph in das WpÜG einzufügen, der es den Gesellschaften ermöglicht, ist im Wege des Opt-In selbst dem Vereitelungsverbot zu unterwerfen, vgl. dazu: *Hopt/Mülbert/Kumpan* in: AG 2005, 109 (113); *Seibt/Heiser* in: ZGR 2005, 200 (231ff).

102 *Becker* in: ZHR 165 (2001), 280 (281); *Underhill/Austmann* in: *Payne*, Takeovers, Seite: 87 (119).

hierfür an den Kapitalmärkten mit einem Bewertungsabschlag bestraft werden würde[103]. So verzichtete während der bekanntesten deutschen Übernahmeschlacht Vodafone/Mannesmann die angegriffene Mannesmann AG auch auf den Einsatz repressiver Abwehrmaßnahmen und setzte vielmehr darauf, ihre Aktionäre mittels einer Werbekampagne von der eigenen Strategie, sprich der Nichtannahme des Übernahmeangebotes zu überzeugen[104]. Auch die Tatsache, dass in den letzten zwei Jahren kein deutsches Unternehmen von der in § 33 II WpÜG vorgesehenen Ermächtigung zu Abwehrmaßnahmen mittels Vorratsbeschlusses Gebrauch gemacht hat, ist zum Teil damit zu erklären, dass ein solcher Beschluss vermutlich von den Kapitalmarktteilnehmern mit einem Bewertungsabschlag honoriert werden würde[105].

Außerdem ist das Vereitelungsverbot bei weitem nicht die einzige Kernnorm des Rechts der Übernahmeangebote. Vielmehr tragen auch die ebenfalls in der Übernahmerichtlinie normierten Transparenzvorschriften und die Pflichtangebotsregel erheblich zur Gewährleistung eines fairen und geordneten Rahmens für den Ablauf eines Übernahmeverfahrens bei. Deshalb wäre es zwar wünschenswert gewesen, wenn die im Winter-Bericht gemachten Vorschläge auch rechtsverbindlich in die Übernahmerichtlinie übernommen worden wären. Eine Übernahmerichtlinie, die auf ein Verbot von Abwehrmaßnahmen verzichtet, aber die übrigen Rahmenbedingungen für Übernahmeangebote regelt, ist aber trotzdem als Schritt in die richtige Richtung und damit als Erfolg zu werten.

103 *Underhill/Austmann* in: *Payne,* Takeovers, Seite: 87 (119).
104 *Becker* in: ZHR 165 (2001), 280 (281).
105 *Seibt/Heiser* in: ZIP 2002, 2193 (2196) für das Jahr 2002.

3. Kapitel: Das Recht der Übernahmeangebote im Vereinigten Königreich und in der Bundesrepublik Deutschland

Bevor die materiellen Regelungen des britischen und des deutschen Übernahmerechts analysiert werden können, hat zunächst ein Überblick über die wesentlichen Rechtsquellen des Rechts der Übernahmeangebote in den beiden Staaten zu erfolgen.

A. Rechtslage im Vereinigten Königreich

Dieser Abschnitt hat die Funktion, dem Leser einen Überblick über das Recht der Übernahmeangebote im Vereinigten Königreich zu verschaffen. Neben der Darstellung der wichtigsten Regelwerke, soll auch ein Überblick über die rechtliche Stellung der britischen Aufsichtsbehörde dem *Panel on Takeovers and Mergers* geliefert werden.

Im Vereinigten Königreich gibt es seit über dreißig Jahren mit dem bereits mehrfach erwähnten *City Code on Takeovers and Mergers (CC)* ein Regelwerk, welches die Übernahme börsennotierter Gesellschaften umfassend regelt.

Daneben gibt es aber noch eine Reihe gesetzlicher und freiwilliger Regelwerke, die bei einem Übernahmeverfahren für die Parteien relevant werden können.

I. Überblick über die gesetzlichen Regelungen

Eine umfassende positivrechtliche Kodifizierung des Übernahmerechts findet sich im Vereinigten Königreich nicht. Dennoch gibt es einige gesetzliche Regelwerke, welche die Beteiligten bei einem Übernahmeverfahren zu beachten haben. Zunächst ist der *Companies Act 1985* zu nennen[106]. Er normiert unter anderem die Pflicht zur Veröffentlichung einer Änderung der Beteiligungsverhältnisse an einer Gesellschaft, *sec. 198-220 Companies Act 1985*. Daneben untersagt er der Zielgesellschaft, den Bieter bei seiner Akquisition finanziell zu unterstützen, *sec.*

106 Das Gesetz stellte die neueste Fassung der seit 1948 erlassenen fünf *Companies Acts* dar. Er war notwendig, da die *Companies Acts* nebeneinander anwendbar waren. Er diente somit der Vereinheitlichung und Übersichtlichkeit. Eine kurze Übersicht über die Regelungen des *Companies Act 1985* findet sich bei *Meinhardt* in: RIW 1987, 10ff.

151-155 Companies Act 1985. Schließlich erklärt er, dass bestimmte Abfindungszahlungen an die Direktoren im Zusammenhang mit einem Übernahmeangebot der Zustimmung der Hauptversammlung bedürfen, *sec. 312, 314 Companies Act 1985*[107]. Der *Companies Act* regelt das Übernahmeverfahren jedoch weder umfassend noch systematisch. Außerdem finden sich die genannten Regelungsbereiche allesamt auch im *CC* wieder. Insbesondere bei der Offenlegung der Beteiligungsverhältnisse geht der *CC* weit über die Pflichten des *Companies Act* hinaus, indem er eine Veröffentlichungspflicht schon ab einer Beteiligung von einem Prozent und nicht erst ab einer Beteiligungsquote von drei Prozent verlangt. Die praktische Relevanz des *Companies Act 1985* im Rahmen des Angebotsverfahrens ist folglich gering.

Eine gewisse praktische Relevanz im Rahmen dieser Arbeit erlangt jedoch ein weiteres britisches Gesetz, der *Criminal Justice Act 1993*. Dessen 5. Kapitel sanktioniert nämlich den Insiderhandel im Vereinigten Königreich.

Das dritte in diesem Zusammenhang zu nennende Regelwerk ist der *Financial Services and Markets Act 2000 (FSAMA)*, der am 1. Dezember 2001 in Kraft getreten ist[108]. Der *FSAMA* hat das System der Finanzaufsicht in Großbritannien radikal verändert. Er ist die gesetzliche Grundlage für die Arbeit der neuen Allfinanzaufsicht, der *Financial Services Authority* (*FSA*)[109]. Hinsichtlich des Anwendungsbereichs ergeben sich Überschneidungen zwischen den Bestimmungen des *FSAMA* und den Bestimmungen des *CCs*. Diese liegen insbesondere auf den Gebieten der Veröffentlichung von Informationen in Zusammenhang mit Übernahmeangeboten und dem Gebot der Verhinderung von Marktverzerrungen[110]. Beide Regelungsbereiche wurden in der Vergangenheit vom *Panel* überwacht. Nunmehr existiert mit der *FSA* eine zweite Aufsichtsbehörde, wodurch die Gefahr von parallelen Ermittlungen und unterschiedlichen Entscheidungen besteht. Um dieses ineffiziente und der Rechtssicherheit abträgliche Nebeneinander zu verhindern, findet sich in *sec. 120 FSAMA* die sog. *safe harbour rule*[111]. Diese besagt, dass die Beteiligten nicht gegen die gesetzlichen Regeln des *FSAMA* verstoßen, sofern ihr Verhalten keinen Verstoß gegen die Bestimmungen des *CCs*

---

107 *Stamp* in: Company Law I, Seite: 316; *Stedman* in: Takeovers, Seite: 57.

108 *Drayton* in: *Payne*, Takeovers, Seite: 65 (66); *Sykes* in: *Button*, A Practitioners Guide, Seite: 257 (257).

109 *Remnant* in: *Button*, A Practitioners Guide, Seite: 1 (15). Einen umfassenden Überblick über die Entstehungsgeschichte des FSAMA liefert *Toube* in: *Perry*, The FSAMA Act, Seite: 1ff.

110 *Sykes* in: *Button*, A Practitioners Guide, Seite: 257 (266); *Drayton* in: *Payne*, Takeovers, Seite: 65 (70).

111 *Toube* in: *Perry*, The FSAMA Act, Seite: 193 (210); *Sykes* in: *Button*, A Practitioners Guide, Seite: 257 (267).

begründet. Durch diese Regel wird der nichtgesetzliche *CC* somit per Gesetz zum vorrangigen Regelwerk bei Übernahmeangeboten qualifiziert. Die Auslegung des *CCs* verbleibt jedoch trotz *sec. 120 FSAMA* bei der *FSA*. Dadurch ist die oben skizzierte Gefahr der unterschiedlichen Auslegung des *CCs* während der Angebotsphase zumindest theoretisch weiterhin gegeben[112]. Um dies zu verhindern hat der *Chairman* der *FSA*, *Sir Howard Davis*, erklärt, dass er das *Panel* vor einer Entscheidung konsultieren werde und der Auffassung des *Panels* sehr großes Gewicht beimessen werde. Außerdem werde die *FSA* sich grundsätzlich nicht in ein Angebotsverfahren einmischen und ihre Befugnisse nicht ausüben, sofern auf die kritisierte Verhaltensweise auch der *CC* anwendbar ist[113]. Aufgrund der Kooperation zwischen *FSA* und *Panel* hat sich somit durch die Einführung des *FSAMA* de facto nichts an der inhaltlichen Ausgestaltung des Rechts der Übernahmeangebote im Vereinigten Königreich geändert. Trotz der sich überlappenden Regelungsbereiche bleibt der *CC* das maßgebliche Regelwerk hinsichtlich der Veröffentlichungs- und Sorgfaltspflichten bei Übernahmeangeboten.
Das nicht positivrechtlich normierte *Common law* erlangt im Rahmen des Übernahmeverfahrens an zwei Stellen eine eigenständige Bedeutung. Zum einen bei der Bestimmung der den Direktoren der Zielgesellschaft gegenüber der Gesellschaft und den Aktionären obliegenden Treuepflichten und zum anderen bei der Bestimmung der Fahrlässigkeit im Rahmen von Haftungsfragen[114].

II. Überblick über die nichtgesetzlichen Regelungen

Im Vereinigten Königreich gibt es mehrere nichtgesetzliche Regelwerke, die bei der Durchführung eines Übernahmeangebots Relevanz erlangen. Von entscheidender Bedeutung für die zu behandelnde Thematik wird von diesen jedoch nur der *City Code on Takeovers and Mergers* sein.

1. City Code on Takeovers and Mergers

Der *CC*, aufgrund der Farbe seines Einbands auch „*Blue Book*“ genannt, ist das zentrale Regelungswerk für Übernahmeangebote im Vereinigten Königreich[115]. Er enthält detaillierte und umfassende Regelungen betreffend Übernahmeangebote.

---

112 Drayton in: *Payne*, Takeovers, Seite: 65 (70).
113 *Toube* in: *Perry*, The FSAMA Act, Seite: 193 (210); *Sykes* in: *Button*, A Practitioners Guide, Seite: 257 (268).
114 *Stamp* in: Company Law I, Seite: 317.
115 *Zinser* in: RIW 2001, 481 (481).

In *Introduction Section 1 (c)* heißt es:

The Code has not, and does not seek to have, the force of law.

Er ist somit kein gesetztes Recht, sondern vielmehr die schriftlich niedergelegte Meinung aller professionell an Übernahmen Beteiligten, *Introduction Section 1 (a) CC*. Es handelt sich um einen Verhaltenskodex, der auf dem Prinzip der freiwilligen Selbstregulierung basiert[116]. Der *CC* entstand durch eine Initiative der *Bank of England,* die zu diesem Zweck einen gemeinsamen Arbeitskreis der wichtigsten Institutionen der *Londoner City* ins Leben rief, die *City Working Party*[117]. Die Entstehung des *CCs* beruhte damit auf einer Eigeninitiative der britischen Wirtschaft, die das Ziel verfolgte, das Eingreifen des Gesetzgebers und die Errichtung einer staatlichen Aufsichtsbehörde zu verhindern[118]. Die *City Working Party* hat den *Code* erstmals mit Wirkung zum 28. März 1968 verabschiedet[119]. Damit bewährt sich der *Code* in der Londoner Finanzwelt schon seit über dreißig Jahren bei Übernahmeangeboten[120]. Mittlerweile ist die abgeänderte siebte Auflage des *CC* in der Fassung vom 24. Juli 2003 gültig[121].

a) Anwendungsbereich

In den Anwendungsbereich des *CCs* fallen Übernahmeangebote, wenn die Zielgesellschaft ihren Sitz im Vereinigten Königreich, auf den Kanalinseln oder der Isle of Man hat, *Introduction Section 4 (a) CC*. Erfasst werden *public* und *private companies*. Bei einer *public company* als Zielgesellschaft ist es unerheblich, ob sie an der Börse gelistet ist oder nicht. Außerdem ist *der CC* gemäß *Introduction Section 4 (a) (i)-(iii) CC* auch auf *private companies* anwendbar, sofern ihre Wertpapiere innerhalb der letzten zehn Jahre vor Abgabe des Übernahmeangebots an einem der in *Introduction Section 4 (a) (i)-(iii) CC* aufgeführten Wertpa-

---

116 Vgl. aber auch *Hopt* in: ZHR 161 (1997), 368 (403f.), der den britischen *CC* aufgrund der effektiven Aufsicht und der effizienten Durchsetzung der *Rules* nicht mehr als freiwillige Selbstkontrolllösung (scil.: wie den deutschen Übernahmekodex) einordnet, sondern ihn vielmehr als eine Art „Mischsystem" zwischen freiwilliger Selbstkontrolle und Gesetz qualifiziert.

117 *Johnston* in: Take-Over Code, Seite: 37; *Schaaff* in: RIW 1985, 273 (274).

118 *Stedman* in: Takeovers, Seite: 64; *Schaaff* in: RIW 1985, 273 (274).

119 *Johnston* in: Take-Over Code, Seite: 38; *Stedman* in: Takeovers, Seite: 64.

120 Eine umfangreiche Darstellung der Entstehungsgeschichte des *CCs*, sowie eine Übersicht über die inhaltlichen Änderungen im Laufe der Jahre findet sich bei *Johnston* in: Take-Over Code, Seite: 30-98.

121 Die aktuelle Fassung ist unter: www.thetakeoverpanel.org.uk/code/codedefinitions abrufbar.

piermärkte gehandelt wurden. Damit ist der Anwendungsbereich des *CCs* weiter als der seines deutschen Pendants[122]. Gemeinsames Merkmal beider Regelwerke ist, dass ihre Anwendbarkeit vom Sitz der Zielgesellschaft abhängt.

b) Das Panel on Takeovers and Mergers

Überwacht wird die Einhaltung des *CCs* durch das *Panel on Takeovers and Mergers*. Dieses sanktioniert jedoch nicht nur eventuelle Verstöße, sondern novelliert den *CC* auch, um ihn an neue Entwicklungen anzupassen.

1) Zusammensetzung und Struktur

Die Mitglieder des *Panel on Takeovers and Mergers* werden teilweise vom Gouverneur der *Bank of England* und teilweise von Organisationen der Londoner City ernannt[123].

Das *Panel on Takeovers and Mergers* gliedert sich in seiner Binnenstruktur zunächst in das *Full Panel* und das *Panel Executive* auf. Im *Full Panel* sind Vertreter aller relevanten Organisationen der *Londoner City* vertreten. Zu seinen Aufgaben gehört der Erlass neuer Vorschriften und die Modifikation bestehender. Die Novellierung des *CCs* obliegt einem vom *Full Panel* gebildeten Committe, dem *Code Committe*[124]. Das *Panel* überwacht somit nicht nur die Einhaltung des *CC* und sanktioniert ggf. die Nichteinhaltung der Regeln, sondern ist darüber hinaus auch Normgeber[125]. Das Tagesgeschäft überlässt es dem *Panel Executive*, einer Geschäftsstelle mit einem Mitarbeiterstab, der sich teils aus beim *Panel* angestelltem Personal und teils aus von Banken, von der Börse und von

---

122 Das Wertpapiererwerbs- und Übernahmegesetz erfasst gemäß § 1 WpÜG nur Angebote von Wertpapieren, die zum Handel an einem organisierten Markt zugelassen sind.
Als potentielle Zielgesellschaft kommen nach § 2 III WpÜG Aktiengesellschaften und Kommanditgesellschaften in Betracht, die ihren Sitz in der Bundesrepublik Deutschland haben.

123 Gemäß *Introduction 2 (a) CC* sind folgende Organisationen im *Panel* vertreten: *Association of British Insurers, Association of Investment Trust Companies, British Bankers Association, Confederation of British Industry, Institute of Chartered Accountants, London Stock Exchange, National Association of Pension Funds, London Investment Banking Association, Association of Unit Trusts and Investment Funds, London Investment Banking Association, Investment Management Regulatory Organisation und die Securities and Futures Association.*

124 *Remnant* in: *Button*, A Practitioners Guide, Seite: 1 (14); *Davies* in: Gowers Company Law, Seite: 707.

125 *Remnant* in: *Button*, A Practitioners Guide, Seite: 1 (12); *Heinle* in: *CC*, Seite: 39.

Anwaltskanzleien abgestelltem Personal zusammensetzt[126]. Das *Full Panel* tritt grundsätzlich nur dann zusammen, wenn der *Panel Executive* eine Entscheidung über die Anwendung des *CCs* oder eine Disziplinarmaßnahme getroffen hat und die betroffene Partei dagegen einen Rechtsbehelf beim *Full Panel* eingelegt hat[127]. Darüber hinaus kann das *Panel Executive* eine Frage, bei neuen und schwierigen Problemen, bei besonders hohem Transaktionswert, oder bei großer Publizität der Übernahme zum Zwecke der grundsätzlichen Entscheidung auch sofort an das *Full Panel* weiterleiten[128]. Die britische Literatur spricht jedoch meist vom *Panel*, unabhängig davon ob im Einzelfall das *Full Panel* oder das *Panel Executive* gemeint ist[129]. Neben dem *Full Panel* und dem *Panel Executive* gibt es noch ein drittes Organ, das *Appeal Committee*. Das *Appeal Committee* steht als Rechtsmittelinstanz gegen Sanktionsentscheidungen des *Full Panels* und bei einer behaupteten Kompetenzüberschreitung des *Full Panel* zur Verfügung, *Introduction Section 3 (f) CC.*

2) Sanktionen

Obwohl es sich bei dem *CC* um einen Verhaltenskodex handelt, dessen Einhaltung nicht wie gesetztes Recht zwangsweise durchgesetzt werden kann, kommt es nicht nur darauf an, dass alle Beteiligten freiwillig die Wohlverhaltensregeln einhalten. Vielmehr steht dem *Panel* ein großes Arsenal an Sanktionsmöglichkeiten zur Verfügung.

Als unmittelbare Sanktionen stehen dem *Panel* zunächst die Richtigstellung falscher Angaben (*announcement*), die private Rüge (*private reprimand*) und die öffentliche Rüge (*public censure*) zur Verfügung[130]. Daneben hat das *Panel* auch die Möglichkeit, einen Beteiligten zur Zahlung von Schadenersatz zu verpflichten. Im Rahmen der Übernahme der *Distillers plc* durch die *Guinness plc* ver-

---

126 *Davies* in: Gowers Company Law, Seite: 707; *Remnant* in: *Button*, A Practitioners Guide, Seite: 1 (13).

127 *Davies* in: Gowers Company Law, Seite: 707; *Remnant* in: *Button*, A Practitioners Guide, Seite: 1 (14)

128 *Farrar* in: Company Law, Seite: 591; *Davies* in: Gowers Company Law, Seite: 707. Auch in dieser Arbeit wird der Begriff *Panel* sowohl für das *Full Panel* als auch für das *Panel Executive* verwendet.

129 *Farrar* in: Company Law, Seite: 590; *Remnant* in: *Button*, A Practitioners Guide, Seite: 1 (13).

130 *Davies* in: Gowers Company Law, Seite: 709; *Remnant* in: *Button*, A Practitioners Guide, Seite: 1 (17).

pflichtete das *Panel* beispielsweise den Bieter, *Guinness*, den Aktionären der Zielgesellschaft insgesamt 75 Millionen Pfund zu zahlen[131].
Schließlich steht dem *Panel* auch die Möglichkeit der mittelbaren Sanktionierung eines Verstoßes gegen den *CC* offen, die in *Introduction Section 3 (d) iii* als: *„reporting the offendors conduct to another regulatory authority"* beschrieben wird. Bei dieser mittelbaren Sanktionierung beschränkt sich die Rolle des *Panels* darauf, den Anstoß für die eigentliche Maßnahme, zu geben, indem das festgestellte Fehlverhalten einer anderen Organisation mitgeteilt wird. Die Möglichkeit der mittelbaren Sanktionierung ist eine Folge der starken Vernetzung zwischen dem *Panel* und dem durch den *Financial Services Act 1986* (*FSA 1986*) etablierten Organisationen[132]. Der gemeinsame Regelungsansatz des *FSA 1986* und des *FSAMA 2000* besteht darin, das Betreiben von *„investment business"* unter Erlaubnisvorbehalt zu stellen[133]. Dieser ist so ausgestaltet, dass zum Betreiben von *investment business* im Vereinigten Königreich grundsätzlich eine Autorisierung der *Financial Services Authority (FSA)*[134] vorausgesetzt wird, *sec. 19 FSAMA 2000*[135].

---

131 *Takeover Panel Year Annual Report Year ending 31 March 1989*, Seite: 1 (8); *Remnant* in: *Button*, A Practitioners Guide, Seite: 1 (16); *Farrar* in: Company Law, Seite: 593.

132 *Morse* in: JBL 1991, Seite: 509 (520); *Farrar* in: Company Law, Seite: 592.

133 *Perry* in: *Perry*, The FSAMA Act, Seite: 79 (81); *Davies* in: Gowers Company Law, Seite: 707; Zu beachten ist, dass der Begriff des *investment business* sehr extensiv zu interpretieren ist und folglich mit Kapitalanlagegeschäften im weitesten Sinne gleichzusetzen ist, vgl. dazu *Heinle* in: *CC*, Seite: 75.

134 Ungewöhnlich ist das rechtliche Fundament der *FSA*: Gemäß *sec. 1 I FSAMA* ist sie in der Rechtsform einer *Company Limited by Guarantee* organisiert, es handelt sich mithin um eine privatrechtlich organisierte Kapitalgesellschaft, die öffentliche Aufgaben wahrnimmt. Demgemäß ist die *FSA* kein Hoheitsträger und ihre Mitglieder und Mitarbeiter sind nicht als Regierungsangestellte zu qualifizieren. Motiv für die privatrechtliche Organisation war die Hoffnung der größeren Nähe zu den Bedürfnissen der Praxis, *Fleischer* in: RIW 2001, 817 (819).

135 *Perry* in: *Perry*, The FSAMA Act, Seite: 79 (80). Welche Voraussetzungen für die Zulassung zum *investment business* im Einzelnen erfüllt sein müssen, ergibt sich aus *sec. 41 FSAMA 2000* in Verbindung mit *schedule 6*. Im Mittelpunkt des Zulassungsverfahrens steht der *„fit and proper"*-Test, der gemäß *sec. 56 FSAMA 2000* auch relevant wird, wenn eine Verbotsverfügung gegen einen einmal zugelassenen Marktteilnehmer erlassen werden soll. Mit der Pflicht zur Autorisierung verfolgt der britische Gesetzgeber zwei Ziele. Zum einen soll eine Zugangskontrolle aufgebaut werden, um sicherzustellen, dass nur solche Personen bzw. Gesellschaften *investment business* betreiben, die dafür geeignet sind. Zum anderen soll erreicht werden, dass diejenigen, welche die Autorisierung erlangt haben, Regelungen unterstehen, die das Geschäftsgebaren detailliert und branchenspezifisch regulieren.

Die *FSA* -als Allfinanzaufsicht des britischen Finanzmarkts[136]- verfügt nicht nur über die oben beschriebene Möglichkeit, Unternehmen vom *investment business* und damit vom Londoner Finanzplatz auszuschließen, sondern ihr stehen auch sonst noch weitreichende Eingriffsbefugnisse zu[137]. Sie erlässt *Statements of Principles,* welche die *Self Regulatory Organisations (SRO)* und deren Mitglieder, d.h. die Gesamtheit der britischen Finanzmarktakteure, einzuhalten haben. *Principle 3* der *Statements of Principles* normiert, dass die Finanzmarktakteure die Regeln des *CCs* zu befolgen haben. Die Anerkennung der Regeln des *CCs* ist somit eine Voraussetzung für die Genehmigung zur Vornahme von Kapitalanlagegeschäften und Finanzdienstleistungen in Großbritannien[138].
Die Nichteinhaltung des *CCs* kann folglich auch von der *FSA* und anderen *SRO's* sanktioniert werden, zu denen das *Panel* nur den Anstoß gibt, indem es die Regelverletzung der *FSA* mitteilt[139]. Die Art und Weise der mittelbaren Sanktion ist dabei nicht einheitlich. Je nachdem, welche Organisation das *Panel* benachrichtigt, werden verschiedene Maßnahmen ergriffen. Eine mögliche Sanktion ist zum Beispiel der zeitweise oder dauerhafte Entzug der Autorisierung zum *investment business*, indem die Person oder Gesellschaft von der *FSA* gemäß *sec. 56 FSAMA 2000* als nicht mehr *„fit and proper"* zur Durchführung von Kapitalanlagegeschäften eingestuft wird[140].
Falls das Unternehmen oder die Person, die gegen den *CC* verstoßen hat, kein *investment business* betreibt, gibt es die Sanktionsform des *„cold shouldering"*[141]. Die Grundlage für das *„cold shouldering"* bilden die *cold sholder rules*, welche Bestandteil der *conduct of business Rules* der *FSA* sind. Sie fordern ein entsprechendes Verhalten von den über sie autorisierten Unternehmen und Personen,

136 *Fleischer* in: RIW 2001, 817 (819). Die Blair-Regierung ließ sich bei der organisatorischen Ausgestaltung der neuen Börsen- und Kapitalmarktaufsicht von der Kernidee leiten, die Kontrollkompetenzen bei einer einzigen Behörde zu konzentrieren. Zu diesem Zweck hat sie die zuvor verstreuten Zuständigkeiten des SIB, der verschiedenen Selbstregulierungsbehörden, der *Bank of England*, der Bausparkommission, der Versicherungsabteilung des Finanzministeriums und der Unterstützungskassenkommission auf die *FSA* übertragen., die nunmehr das gesamte Banken-, Börsen und Versicherungswesen überwacht und demgemäß auch als *„super regulator"* bezeichnet wird. Eine genaue Darstellung des alten dreistufigen Kontrollsystems nach dem *FSA 1986* findet sich bei *Heinle* in: *CC*, Seite: 71 ff.

137 *Davies* in: Gowers Company Law, Seite: 710; *Remnant* in: *Button*, A Practitioners Guide, Seite: 1 (18).

138 *Habersack/Mayer* in: ZIP 1997, 2141 (2143).

139 *Heinle* in: CC, Seite: 84.

140 *Davies* in: Gowers Company Law, Seite: 710; *Defriez* in: *v. Rosen/Seifert,* Übernahme börsennotierter Unternehmen, Seite: 37.

141 Natürlich kann das *cold shouldering* auch gegenüber Firmen angewandt werden, die *investment business* betreiben.

wenn das *Panel* darum nachsucht[142]. Bei dieser Sanktionsform wird das betroffene Unternehmen auf Anregung des *Panel* am Finanzmarkt isoliert, indem die zum *investment business* autorisierten Unternehmen dem Betroffenen gemäß *Introduction Section 3 (d) iv CC* die Zusammenarbeit verweigern. Die negative wirtschaftliche Folge des *cold shouldering* für das betroffene Unternehmen besteht nicht nur darin, dass es die aktuellen Übernahmeaktivitäten nicht weiterführen kann, sondern es behindert die gesamte Unternehmensführung, da es sich auch auf alle anderen aktuellen und geplanten Aktivitäten am britischen Kapitalmarkt auswirkt[143]. Das *cold shouldering* trifft das sanktionierte Unternehmen schwer und nachhaltig. Es ist deshalb für das *Panel* ein ultima ratio Mittel, von dem es nur Gebrauch macht, um eine Person bzw. ein Unternehmen, das nachhaltig negativ aufgefallen ist, von weiteren Verstößen gegen den *CC* abzuhalten[144].
In Wirkung und rechtlicher Grundlage anders funktioniert die mittelbare Sanktionierung über die Londoner Börse, die *London Stock Exchange*. Wird der Börse ein Verstoß gegen den *CC* vom *Panel* mitgeteilt, besteht die Möglichkeit, dem betroffenen Unternehmen die Einrichtungen der Börse vorzuenthalten. Dies bedeutet in concreto die Aussetzung der Börsennotierung und im Extremfall den Widerruf der Börsenzulassung. Rechtliche Grundlage für diese Sanktionsmöglichkeit mittels der *London Stock Exchange* ist aber nicht eine staatliche Norm, sondern die freiwillige Unterstützung des *Panels* durch die Börse[145].
Weitere Sanktionsmöglichkeiten werden in *Introduction Section 3 (d) CC* mit der Formulierung „*requiring further actions to be taken as the panel thinks fit*" angedeutet.

---

142 *Davies* in: Gowers Company Law, Seite: 710.

143 *Davies* in: Gowers Company Law, Seite: 710.

144 *Krause* in: Das obligatorische Übernahmeangebot, Seite: 47; *Morse* in: JBL 1992, 428 (430) berichtet über die Anwendung des *cold shouldering* gegenüber *Mr. Drummond* und *Mr. Prentice* bei dem Versuch der Übernahme von *Dundee Football Club plc.*: Die genannten Herren hatten zusammen über 30 Prozent der Anteile an der Zielgesellschaft erworben. Um ihr Vorgehen zu verschleiern, haben sie mittels verschiedener Gesellschaften gehandelt. Infolge der Höhe der erworbenen Beteiligung hätten sie gegenüber den verbliebenen Aktionären von *Dundee Football Club plc.* ein Pflichtangebot abgeben müssen, was sie jedoch unterließen. Daraufhin wurde eine Anhörung zu diesem Fall abgehalten, bei welchem das *Full Panel* ein *acting in concert* der Herren *Prentice* und *Drummond* annahm und damit einen Verstoß gegen *Rule 9. 1. CC* feststellte. Es entschied daraufhin, die Betroffenen öffentlich zu rügen und sie am Finanzmarkt zu isolieren.

145 Über die Zusammenarbeit wird in den *Listing Rules* der *London Stock Exchange* Auskunft gegeben. Daraus geht hervor, dass die *London Stock Exchange* den *CC* und die *Rules Governing a Substantial Acquisitions of Shares* unterstützt, beide aber nicht Bestandteil der *Listing Rules* sind.

Dahinter verbergen sich Maßnahmen ganz unterschiedlicher Art, deren Gemeinsamkeit darin besteht, dass es außer dem Willen des *Panels*, die Maßnahmen zu gebrauchen, keine rechtliche Grundlage für sie gibt. Dass sie trotzdem durchgeführt werden können, offenbart die allgemeine Autorität, die das *Panel* besitzt. Eine weitere Maßnahme kann darin bestehen, dass das *Panel* dem Bieter einen bestimmten Umgang mit Anteilen auferlegt, wenn sein Verstoß gegen den *CC* in Zusammenhang mit dem Erwerb dieser Anteile steht. So hat das *Panel* beispielsweise beim Versuch der Übernahme der *Crest International Securities Ltd.* durch die *Ashbourne Investment Ltd.* dem Bieter auferlegt, die erworbenen Stimmrechte nicht auszuüben[146]. Bei einem weiteren Übernahmeversuch hat das *Panel* verlangt, dass der Bieter die erworbenen Aktien wieder veräußert[147]. Eine andere Option des *Panels* in der Form einer *further action* liegt darin, die vom Regelverstoß benachteiligte Partei von Bestimmungen des *CCs* freizustellen, das sog. „*Waiver of the Code*“[148]. Die genannten Sanktionsmöglichkeiten des *Panels* sind keineswegs abschließend, vielmehr hat das *Panel* die Möglichkeit, entsprechend der Fallsituation neue Maßnahmen zu entwickeln oder auch mit Änderungen des *CCs* auf Missstände zu reagieren.

Die Darstellung der Sanktionsmöglichkeiten verdeutlicht, dass das *Panel* aufgrund seiner starken Einbindung in die Londoner Finanzwelt eine machtvolle Position innehat, die durchaus geeignet ist, eine gewisse Abschreckungswirkung auf die Beteiligten auszuüben. Mithin ist festzustellen, dass es sich beim *Panel on Takeovers and Mergers* zwar um einen *self-regulatory body* handelt, der de jure keine staatliche Macht hat. De facto ist aber nicht zuletzt die einflussreiche Position des *Panels* für die gesetzesgleiche Verbindlichkeit des *CCs* in der britischen Finanzwelt verantwortlich. Die gesetzesgleiche Verbindlichkeit des *CCs* beruht jedoch nicht nur auf den weitreichenden Sanktionsmaßnahmen, die dem *Panel* selbst und in Verbindung mit anderen Organisationen zur Verfügung stehen. Vielmehr ist die Autorität und Reputation des *Panels* daneben auch auf dessen personelle Zusammensetzung, seine Arbeitsweise und dem *Goodwill*, den andere Organisationen ihm entgegenbringen, zurückzuführen[149].

---

146 Panel Statement *on Ashbourne Investments Ltd* in: JBL 1975, 44 (45).

147 *Morse* in: JBL 1991, 65 (66) berichtet über eine solche Auflage des *Panel* im Rahmen der Übernahme der *Timpson plc.* durch die *Automatic Holdings plc.*

148 *Bittner* in: RIW 1992, 182 (186), die die Möglichkeit nennt, dem Bieter zu erlauben entgegen *Rule 35. 1. CC* innerhalb von zwölf Monaten ein weiteres Übernahmeangebot abzugeben, falls das Scheitern des ersten Übernahmeangebots auf die Anwendung einer unerlaubten Verteidigung durch die Zielgesellschaft zurückzuführen sei.

149 Ausführlich zu diesen weiteren Gründen *Heinle* in: *CC*, Seite: 97-101.

3) Gerichtliche Überprüfung

Angesichts der Machtfülle des *Panel on Takeovers and Mergers* erscheint es konsequent, dass der *Court of Appeal* sich 1986 für die grundsätzliche gerichtliche Überprüfung (*judicial review*) der Entscheidungen des *Panels* ausgesprochen hat[150].

Judicial review ist ein Verfahren, bei dem die Gerichte das hoheitliche Verhalten von staatlichen Organen überprüfen[151].

Da ein *judicial review* folglich grundsätzlich nur gegenüber Behörden oder öffentlich-rechtlichen Körperschaften möglich ist, lag es für das *Panel* nahe, sich mit dem Argument zu verteidigen, es sei eben keine hoheitliche Einrichtung, sondern ein *non-statutory body*. Während das *Panel* vor dem *High Court of Justice* mit dieser Argumentation noch Erfolg hatte, unterlag es in der Berufungsinstanz[152]. Das Berufungsgericht, der *Court of Appeal*, bejahte in der *Datafin*-Entscheidung die aufgeworfene Frage, ob die Entscheidungen des *Panels* Gegenstand eines *judicial review* sein können[153]. In diesem Verfahren klagte das Unternehmen *Datafin plc.* gegen eine Entscheidung des *Panel. Datafin* unterlag zuvor im Übernahmekampf um das Unternehmen *McCorquodale*. In diesem Übernahmekampf hatte das *Panel* entschieden, dass der siegreiche Bieter *Norton Opax* nicht gemeinsam (*acting in concert*) mit einem anderen Unternehmen, *Kupait Investment Office,* gehandelt habe[154]. Eine gegenteilige Entscheidung hätte zur Folge gehabt, dass *Norton Opax* gemäß *Rule 9.1. CC* verpflichtet gewesen wäre, allen restlichen Aktionären von *McCorquodale* ein Pflichtangebot zu unterbreiten, was die Chancen von *Datafin plc* gesteigert hätte, den Übernahmekampf letztlich doch noch zu gewinnen[155].

---

150 *R. v. Panel on Takeovers and Mergers ex parte Datafin plc. and another* in: All E. R. 1987, Seite: 564: *(...) Having regard to the wide ranging nature and importance of the matters covered by The CC on Takeovers and Mergers and to the public consequences of non – compliance with the code, the Panel on Takeovers and Mergers was performing a public duty when prescribing and administering the code and its rules and was subject to public law remedies. Accordingly, an application for judicial review of its decisions would lie in an appropriate case(...).*

151 *Prentice* in: *Kreuzer* (Hrsg.), Öffentliche Übernahmeangebote, Seite: 133 (136).

152 *Lord Alexander of Weedon QC* in: MLR Vol. 52 (1989), 240 (241); *Habersack/Mayer* in: ZIP 1997, Seite: 2141 (2146).

153 *R. v. Panel on Takeovers and Mergers ex parte Datafin plc. and another* in: All E. R. 1987, Seite: 564.

154 *Lord Alexander of Weedon QC* in: JBL 1990, 203 (213), *Prentice* in: *Kreuzer* (Hrsg.) Öffentliche Übernahmeangebote, Seite: 133 (136); *Farrar* in: Company Law, Seite: 591.

155 *Lord Alexander of Weedon QC* in: JBL (1990), 203 (213).

Das Gericht argumentierte dabei, dass für die Frage, ob ein *judicial review* in Betracht komme, nicht allein die formelle Herleitung der Befugnisse entscheidend sei. Vielmehr komme es darauf an, ob eine Körperschaft tatsächlich öffentlich-rechtliche Funktionen wahrnehme. Dies sei beim *Panel* der Fall. Dass der *Secretary of State* auf die gesetzliche Regulierung des Übernahmerechts verzichtet habe, ändere nichts daran, dass das *Panel* öffentlich-rechtliche Pflichten wahrnehme und ein *judicial review* seiner Entscheidungen zulässig sein müsse[156]. Deshalb müsse aufgrund der weitreichenden Macht des *Panel* und weil es eine öffentliche Pflicht erfülle, eine gerichtliche Überprüfung seiner Entscheidungen möglich sein[157].
Der *Court of Appeal* hatte jedoch nicht nur die Frage zu beantworten, ob ein *judicial review* der Entscheidungen des *Panel* überhaupt möglich sei, sondern er hatte auch zu entscheiden, welcher Prüfungsmaßstab hierbei anzulegen sei[158]. Denn die inhaltliche Ausgestaltung des *judicial review* liegt im Ermessen des Gerichts[159]. Das Gericht entschied, dass Entscheidungen des *Panels* nicht in dem gleichen Umfang nachprüfbar seien wie Entscheidungen formeller öffentlicher Einrichtungen. Dies begründeten die Richter mit dem Bedürfnis einer zügigen Abwicklung des Übernahmeverfahrens („*need for speed*") und der Gefahr, dass die Gerichte ansonsten zur Behinderung der Übernahme benutzt werden könnten[160]. Deshalb ist das *judicial review* grundsätzlich nur auf die ex post Überprüfung beschränkt. Lediglich wenn das *Panel* grob willkürlich („*breach of natural justice*") handele, sei ein Eingriff in ein laufendes Übernahmeverfahren ausnahmsweise möglich[161].
Da eine grob willkürliche Entscheidung des *Panel* kaum vorstellbar erscheint, beschränkt sich der *judicial review* folglich auf die ex-post Korrektur von *Panel*-Entscheidungen[162]. Diese Auffassung hat der *Court of Appeal* in der *Guinness*-Entscheidung im Jahre 1989 bestätigt[163].

---

156 *John Donaldson MR* in: R v. Panel on Takeovers and Mergers ex parte Datafin plc. and another in: All E. R. 1987, Seite: 564 (587).
157 *Nicholls* in: *R. v. Panel on Takeovers and Mergers ex parte Datafin plc. and another* in: All E. R. (1987), Seite: 564 (587).
158 *Prentice* in: *Kreuzer* (Hrsg.), Öffentliche Übernahmeangebote, Seite: 133 (137).
159 *Heinle* in: CC, Seite: 93.
160 *R.. v. Panel on Takeovers and Mergers ex parte Datafin plc. and another* in: All E. R. (1987), Seite: 564 (565).
161 *R.. v. Panel on Takeovers and Mergers ex parte Datafin plc. and another* in: All E. R. (1987), Seite: 564 (565).
162 *Krause* in: Das obligatorische Übernahmeangebot, Seite: 48.
163 *R. v. Panel on Takeovers and Mergers ex parte Guinness plc.* in: All E. R. 1990, Seite: 509.

c) Aufbau und Prinzipien

Der *CC* besteht aus insgesamt 38 Regeln (*Rules*), denen zehn allgemeine Prinzipien (*General Principles*), sowie eine Einleitung (*Introduction Section*) vorangestellt sind. Zu den einzelnen Regeln bestehen Anmerkungen (*Notes*) des *Panel on Takeovers and Mergers*. Ferner sind die wichtigsten Begriffe in einem gesonderten Abschnitt festgelegt, der *Definition Section.*

Die *General Principles* beschreiben mit allgemeinen Worten den Regelungszweck des *Codes* und stellen, entsprechend dem Selbstverständnis des *Panels*, die guten Standards geschäftlichen Gebahrens („*good standards of commercial behaviour*") dar[164].

Die zehn *General Principles* lassen erkennen, dass der *CC on Takeovers and Mergers* im Wesentlichen folgende vier Regelungsziele verfolgt:

- Gebot der Gleichbehandlung der Aktionäre der Zielgesellschaft, *General Principle 1 CC*[165],
- Transparenzgebot, d.h. vollständige und richtige Informationspflicht gegenüber allen Anteilseigner, *General Principle 2, 4 CC*,
- keine Irreführung des Kapitalmarkts, *General Principle 3, 5 CC*,
- Handeln der Leitungsorgane nur im Interesse der Anteilseigner ohne Rücksicht auf möglicherweise divergierende eigene Interessen, *General Principle 7, 9 CC.*

Der *CC* möchte somit sowohl die Funktionsfähigkeit der Kapitalmärkte als auch die Interessen der Aktionäre der Zielgesellschaft schützen.

Dagegen gehört die volks- und vor allem die betriebswirtschaftliche Vorteilhaftigkeit von Übernahmen nicht zu den Tatbeständen, die der *CC* regelt. Dies sei vielmehr eine Frage, über welche die Beteiligten selbst zu entscheiden haben[166].

Bei der Auslegung der *General Principles*, welche durch das *Panel* erfolgt, ist nicht nur ihr Wortlaut, sondern auch und vor allem der Geist (scil: Sinn und Zweck) des *CCs* zu berücksichtigen[167]. Die im deutschen Recht selbstverständliche Möglichkeit einer teleologischen Auslegung durch das *Panel* stellt eine Aus-

---

164 Vgl.: *Introduction Section 3 (a) CC*: Die *General Principles* sind „*essentially standards of commercial behaviour*".

165 *General Principle No. 1 CC*; Vgl. auch die *Introduction Section 1. (a) CC*: *The Code is designed principally to ensure fair and equal treatment of all shareholders in relation to takeovers.*

166 *Introduction Section 1 (a): The Code is not concerned with the financial or commercial advantages or disadvantages of a takeover. These are matters for the company and its shareholders.*

167 Vgl. dazu *CC, General Principles, Introduction: Accordingly , persons engaged in offers should be aware that the spirit as well as the precise wording of the General Principles and the ensuring Rules must be observed.*

nahme im britischen Rechtsystem dar und verdient deshalb eine besondere Erwähnung[168].
Die *38 Rules* konkretisieren die *General Principles* und sind folglich entsprechend detaillierter. Die *Rules* sind jedoch nicht als abschließende bzw. starre Regelung des Rechts der Übernahmeangebote zu verstehen. Vielmehr hat das *Panel* die Möglichkeit, den Anwendungsbereich der einzelnen Regeln entsprechend den Besonderheiten des jeweiligen Falles zu modifizieren:

„Moreover, the General Principles and the spirit of the code will apply in areas or circumstances not explicitly covered by any rule"[169]

Die Anmerkungen (*notes*) kommentieren die Regeln und stellen Leitlinien unter Berücksichtigung der Entscheidungen des *Panels* auf, wodurch sie erheblich zum Verständnis des *CCs* beitragen.

2) Rules Governing a Substantial Acquisition of Shares

Als weiteres auf freiwilliger Selbstkontrolle basierendes Regelwerk, sind die *Rules Governing a Substantial Acquisition of Shares („SARS")* zu nennen.[170] .
Bei den *SARS* handelt es sich um standesrechtliche Regelungen des *Panels on Takeovers and Mergers*, welches die Einhaltung derselben auch überwacht. Es handelt sich um insgesamt fünf *Rules*, zu denen jeweils wieder Anmerkungen des *Panels* bestehen. Sie wurden im Jahre 1979 als Reaktion auf die damals verstärkt auftretenden sog. *Dawn raids* erlassen[171]. Ein *Dawn raid* bezeichnet den Erwerb einer mehrheitsfähigen bzw. maßgeblichen Beteiligung innerhalb sehr kurzer Zeit[172]. Regelungsziel der *SARS* ist es, *Dawn raids* zu verhindern, um Marktverzerrungen auszuschließen und um dem Management der Zielgesellschaft die Möglichkeit zu geben, auf den Aktienerwerb zu reagieren und gegebenenfalls Abwehrmaßnahmen zu ergreifen. Ferner soll eine Benachteiligung der (Klein-) Aktionäre verhindert werden, da diese in der kurzen Zeitspanne regelmäßig keine

168 *Herrmann* in: Zivilrechtliche Abwehrmaßnahmen, Seite: 147, der darauf hinweist, dass die britischen Gerichte bei ihrer Auslegung streng an den Wortlaut der entscheidungserheblichen Normen gebunden sind.
169 *CC, General Principles, Introduction.*
170 Auch dieser Text ist abrufbar unter: http://www.thetakeoverpanel.org.uk
171 *Panel Annual Report for Year ending 31 March 1980* in: JBL 1980, 359 (359).
172 *Stedman* in: Takeovers, Seite: 7; *Weinberg/Blank in*: On Takeovers and Mergers, Rn. 4-10003

Chance haben werden, das über dem Marktpreis liegende Angebot anzunehmen[173].

Daher ist ein Aktienerwerb gemäß *Rule 1 SARS* grundsätzlich unzulässig, wenn der Erwerb von mehr als zehn Prozent des Stammkapitals umfasst, innerhalb von sieben Tagen stattfindet und eine Beteiligungsquote des Käufers zwischen fünfzehn und dreißig Prozent zur Folge hat[174]. Zusätzlich besteht gemäß *Rule 3 SAR*S eine Meldepflicht des Erwerbers gegenüber der Zielgesellschaft, dem *Panel* und der Börse, an welcher die Papiere gelistet sind, falls sich durch den Erwerb ein Aktienanteil in Höhe von fünfzehn Prozent gebildet hat oder sich ein solcher Anteil vergrößert hat.

Die *Rules Governing a Substantial Acquisition of Shares* haben die Funktion, den *CC* für den Fall des raschen Erwerbs eines maßgeblichen Anteils zu unterstützen, da dieser diese Fälle nicht erfasst. Sie versuchen, die Regelungsziele des *CCs* in einem Bereich umzusetzen, in dem der *CC* und insbesondere jene die Anlegergleichbehandlung sicherstellende Pflichtangebotsregel noch keine Anwendung finden.

III. Zusammenfassung

Die Darstellung der Rechtsquellen des britischen Rechts der Übernahmeangebote hat gezeigt, dass der *CC* das zentrale Regelwerk auf diesem Gebiet ist. Er regelt die Rechte und Pflichten der an einem Übernahmeverfahren Beteiligten umfassend, detailliert und vollständig.

Der *CC* will vor allen Dingen eine faire und gleiche Behandlung aller Aktionäre der Zielgesellschaft erreichen. Er dient folglich insbesondere dem Anlegerschutz. Daneben möchte der *CC* aber auch die Integrität und Attraktivität des britischen Kapitalmarkts stärken. Er verfolgt damit zumindest mittelbar auch ein funktionales Interesse. Er bewährt sich seit über dreißig Jahren am wichtigsten Finanzplatz Europas. Dies und seine trotz fehlender Gesetzeskraft allgemeine Akzeptanz von Seiten der Finanzmarktakteure, lassen den Schluss zu, dass es sich um ein insgesamt gelungenes Regelwerk handelt.

---

173 *Weinberg/Blank in*: On Takeovers and Mergers, Rn. 4-10002; *Davies* in: Gowers Company Law, Seite: 712.

174 Ausnahmen von dieser Vorschrift bestehen gemäß *Rule 2 SAR*, wenn der Erwerb als Paket von einem einzelnen Anteilseigner erfolgt und den einzigen Aktienerwerb innerhalb der sieben Tage darstellt (*Rule 2 a) SARS*), wenn der Erwerb auf der Grundlage eines öffentlichen Übernahmeangebotes erfolgt (*Rule 2 (b) SARS*) oder wenn der Erwerber unmittelbar nach dem Erwerb die Mitteilung macht, ein freundliches Übernahmeangebot abzugeben (*Rule 2 (c) SARS).*

B. Das Wertpapiererwerbs- und Übernahmegesetz

Das deutsche Übernahmerecht hat mit dem Gesetz zur Regelung von öffentlichen Angeboten zum Erwerb von Wertpapieren und von Unternehmensübernahmen, das in der Fassung der Bundesrats-Drucksache 895/01 zum 1. 1. 2002 in Kraft getreten ist[175], erstmals eine umfassende gesetzliche Regelung erfahren.

I. Ziele des WpÜG

Erklärtes Ziel des Gesetzes ist es, Rahmenbedingungen für Unternehmensübernahmen in Deutschland zu schaffen, die den Anforderungen der Globalisierung der Finanzmärkte angemessen Rechnung tragen und die den Wirtschaftsstandort und Finanzplatz Deutschland auch im internationalen Wettbewerb weiter stärken[176].

Das WpÜG soll ausweislich der offiziellen Regierungsbegründung

- Leitlinien für ein faires und geordnetes Übernahmeverfahren schaffen will, ohne dabei Unternehmensübernahmen zu fördern oder zu verhindern,
- Information und Transparenz für die betroffenen Wertpapierinhaber und Arbeitnehmer bei Unternehmensübernahmen verbessern,
- die rechtliche Stellung von Minderheitsaktionären stärken und
- sich an international üblichen Standards orientieren will[177].

II. Aufbau des WpÜG

Das WpÜG besteht aus insgesamt 68 Paragraphen, die sich in neun Abschnitte gliedern. Die Regelungstechnik der materiellen Bestimmungen des WpÜG folgt dem Baukastenprinzip[178].

Grundlegend für das richtige Verständnis des WpÜG ist dessen Systematik, die einer Dreiteilung öffentlicher Erwerbsangebote folgt, indem es zwischen einfachen Erwerbsangeboten (3. Abschnitt, §§ 10-28 WpÜG), Übernahmeangeboten

---

175 Eine detaillierte Übersicht über den Gesetzgebungsverlauf sowie Fassungen der Bundesrats- und Bundestagsdrucksachen sind im Internet unter http://dip.bundestag.de abrufbar.

176 Begr-RegE. BT-Drucks. 14/7034, Seite: 27.

177 Begr-RegE. BT-Drucks. 14/7034, Seite: 28.

178 *Hirte* in: Wertpapiererwerbs- und Übernahmegesetz, Seite: 5; *Assmann* in: AG 2002, 114 (114), der von einer „kaskadenförmigen Regelungstechnik" spricht, welche er a.a.O. auch graphisch darstellt.

(4. Abschnitt, §§ 29-34) und Pflichtangeboten (5. Abschnitt, §§ 35-39 WpÜG) differenziert.
Die Regelungen über einfache Erwerbsangebote bilden gesetzestechnisch den Grundfall der öffentlichen Erwerbsangebote. Sie gelten kraft ausdrücklicher Verweisung auch für Übernahmeangebote, § 34 WpÜG. Für Pflichtangebote wiederum ist grundsätzlich die Anwendung der Vorschriften für einfache Erwerbsangebote und für Übernahmeangebote angeordnet, § 39 WpÜG. Aufgrund dieser Regelungstechnik folgen alle Erwerbsangebote somit den gleichen Grundregeln[179].
Bemerkenswert ist, dass im 1. Abschnitt des WpÜG nicht nur der Anwendungsbereich bestimmt wird, § 1 WpÜG, sondern dass angelsächsischer Regelungstechnik entsprechend, die wichtigsten Definitionen (§ 2 WpÜG) und die Allgemeinen Grundsätze (§ 3 WpÜG) gleichsam vor die Klammer gezogen worden sind.

III. Anwendungsbereich und Allgemeine Grundsätze

Der Anwendungsbereich erstreckt sich nach § 1 WpÜG auf Angebote zum Erwerb von Wertpapieren, die von einer Zielgesellschaft ausgegeben und zum Handel an einem organisierten Markt zugelassen sind. Nach der Legaldefinition des § 2 II WpÜG sind Wertpapiere, auch wenn für sie keine Urkunden ausgestellt worden sind, Aktien, mit diesen vergleichbare Wertpapiere oder Zertifikate, die Aktien vertreten.
Als Zielgesellschaften gelten gemäß § 2 III WpÜG Aktiengesellschaften oder Kommanditgesellschaften auf Aktien mit Sitz im Inland. Damit folgt der örtliche Anwendungsbereich der Sitztheorie. Die Wertpapiere der Zielgesellschaft müssen im amtlichen Handel oder geregelten Markt an einer Börse im Inland oder im geregelten Markt in einem anderen Markt Staat des Europäischen Wirtschaftsraums zugelassen sein, § 2 VII WpÜG[180].

---

179 *Thoma* in: NZG 2002, 105 (106) kritisiert diesen dem Baukastenprinzip folgenden Gesetzesaufbau. Er moniert, dass das WpÜG aufgrund der Verweisungstechnik keine ausdrückliche Anordnung zur Abgabe eines Pflichtangebots im Falle des Kontrollerwerbs enthält. Aufgrund der wachsenden Bedeutung des WpÜG für ausländische Kapitalmarktteilnehmer wäre jedoch eine eindeutige Regelung vorzugswürdig gewesen.

180 *Mülbert* in: ZIP 2001, 1221 (1227) und *Zinser* in: WM 2002, 15 (16) kritisieren, dass der Anwendungsbereich zu eng sei. Insbesondere *Mülbert* befürwortet eine Ausdehnung des Anwendungsbereiches auf Aktien die lediglich im Freiverkehr zugelassen sind. Er begründet dies mit Art. 3 GG. Er argumentiert, dass die Aktionäre einer im Freiverkehr gehandelten AG im Falle eines Übernahmeangebotes nicht

Gewissermaßen als rechtliche Konkretisierung der oben genannten Zielvorstellungen und Leitlinien[181] sind dem Gesetz Allgemeine Grundsätze vorangestellt, die bei der Auslegung der nachfolgenden Einzelvorschriften zu beachten sind, § 3 I – V WpÜG:

- Gleichbehandlung der Anteilseigner,
- Sicherstellung ausreichender Zeit und Informationen für die Entscheidungsfindung der Aktionäre,
- Handeln des Vorstands und des Aufsichtsrats der Zielgesellschaft im Interesse der Zielgesellschaft,
- Durchführung des Verfahrens in rascher Weise ohne Behinderung der Geschäftstätigkeit der Zielgesellschaft über einen angemessenen Zeitraum hinaus,
- Verhinderung von Marktverzerrungen.

Bei diesen Grundsätzen handelt es sich um die Mussvorschriften zur Gewährleistung eines fairen und geordneten Übernahmeverfahrens[182]. Sie entsprechen dem vom *CC* gesetzten internationalen Standard und finden sich in nahezu allen ausländischen Übernahmereglungen. Die allgemeinen Regelungsziele von *CC* und WpÜG sind im wesentlich identisch. Es gilt daher zu untersuchen, ob sich die beiden Regelwerke bzw. die beiden Rechtsordnungen auch bei den einzelnen Normen ähneln, oder ob es hier signifikante Unterschiede gibt.

---

weniger schutzwürdig seien. Vielmehr seien diese im Gegenteil noch wesentlich schutzwürdiger, da sie nicht in gleichem Maße die Möglichkeit hätten, sich durch den *exit* an der Börse von der AG zu lösen.

181 Siehe oben und Begr-RegE. BT-Drucks. 14/7034, Seite: 27.

182 *Zinser* in: WM 2002, 15 (16).

4. Kapitel: Das Angebotsverfahren nach britischem und deutschem Recht - Eine rechtsvergleichende Analyse -

A. Einleitung

Das nun folgende Kapitel stellt den Schwerpunkt dieser Arbeit dar. Anhand des Ablaufs eines Übernahmeverfahrens sollen die Gemeinsamkeiten und Unterschiede des deutschen und des britischen Rechts der Übernahmeangebote herausgearbeitet werden. Der Vergleich des jungen WpÜG mit dem bewährten *CC* ist in hohem Maße geeignet, wertvolle Impulse und Anregungen für die Auslegung und Weiterentwicklung des deutschen Rechts der Übernahmeangebote zu liefern. Zum Zwecke der rechtsvergleichenden Analyse wird das Übernahmeverfahren in folgende vier Hauptabschnitte untergliedert: die Vorbereitungsphase, die Abgabe des Übernahmeangebots, die Angebotsphase und die Nachangebotsphase.

B. Rechte und Pflichten vor Abgabe des Übernahmeangebots (Vorbereitungsphase)

In diesem Abschnitt soll analysiert werden, welche Regeln des britischen Übernahmerechts die Beteiligten im Vorbereitungsstadium zu beachten haben. Die Vorbereitungsphase beginnt mit der Auswahl der Zielgesellschaft und endet mit der Veröffentlichung der Angebotsunterlage.
Die Planung des Übernahmeangebots wird sich insbesondere bei größeren Transaktionen über einen längeren Zeitraum erstrecken, da umfassende Prüfungen des Bieters in Bereichen des Wettbewerbs, der Kundenreaktion, der Kapitalmärkte, der Finanzierung sowie eine Klärung der rechtlichen und steuerlichen Fragen erforderlich sind[183]. An diesen Prüfungen sind nicht nur innerhalb des Bieterunternehmens mehrere Abteilungen und Entscheidungsebenen beteiligt, sondern auch externe Berater wie beispielsweise Rechtsanwälte, Wirtschaftsprüfer, Unternehmensberater und Banken[184]. Des Weiteren ist es für den Bieter empfehlenswert, bereits in diesem frühen Stadium Gespräche mit der Leitung der potentiellen

183 *Assmann/Bozenhardt* in: *Assmann/Basaldua/Bozenhardt/Peltzer*, Übernahmeangebote, Seite: 55-61; *Riehmer* in: *Haarmann/Riehmer/Schüppen*, Kommentar zum WpÜG, § 10 Rn. 19; *Weinberg/Blank* in: On Takeovers and Mergers, Rn. 4-2003.

184 *Riehmer* in: *Haarmann/Riehmer/Schüppen*, Kommentar zum WpÜG, § 10 Rn. 20.

Zielgesellschaft zu führen, um dessen Haltung zu einem möglichen Übernahmeangebot auszuloten[185]. Die Haltung der Leitungsorgane der Zielgesellschaft ist von großer Bedeutung für die Erfolgschancen des Übernahmeangebots, für die Transaktionskosten, die bei feindlichen Übernahmen naturgemäß höher sind und für die Einschätzung der Integrationsmöglichkeiten durch die Kapitalmärkte im Falle einer erfolgreichen Übernahme[186]. Insbesondere wird der Bieter bemüht sein, im Vorfeld eine *Due Diligence* durchzuführen, damit er die wirtschaftliche Situation der Zielgesellschaft möglichst exakt einschätzen kann[187]. Die Durchführung einer *Due Diligence*, d. h. die rechtliche und wirtschaftliche Überprüfung der Zielgesellschaft ist in Deutschland zum festen Bestandteil im Vorfeld eines Übernahmeangebots geworden.[188] Das britische *Panel* empfiehlt in seinem *Annual Report 1997* sogar die Durchführung einer *Due Diligence*[189]. Schließlich wird der Bieter in dieser Phase versuchen, schon einige Aktien der potentiellen Zielgesellschaft heimlich über die Börse zu erwerben, das sog. Anschleichen[190]. Damit soll zum einen die Ernsthaftigkeit seines Übernahmeversuchs dokumentiert werden und zum anderen erhöht der Besitz einer Beteiligung zu Beginn des Übernahmeverfahrens die Chancen auf einen erfolgreichen Ausgang desselben[191].

---

185 Das WpÜG enthält keine Aussagen darüber, ob Kontakte oder Verhandlungen zwischen Bieter und dem Vorstand der Zielgesellschaft einem Übernahmeangebot vorauszugehen haben. Anders noch Art. 4 ÜK.

186 *Riehmer* in: *Haarmann/Riehmer/Schüppen*, Kommentar zum WpÜG, § 10 Rn. 20; *Weinberg/Blank* in: On Takeovers and Mergers, Rn. 4-2008.

187 *Harrer/Erbacher* in: *v. Rosen/Seifert*, Die Übernahme börsennotierter Unternehmen, Seite: 253ff. Zum Zweck und zum Verfahren einer *Due Diligence* siehe *Billstein* in: *v. Rosen/Seifert*, Die Übernahme börsennotierter Unternehmen, Seite: 223ff. und *Schroeder* in: DB 1997, 2161 (2161). Der *Due Diligence* geht meist ein ausführlicher Fragenkatalog voraus, der dann im Zuge der Prüfung abgearbeitet wird. Ergebnis der *Due Diligence* ist ein ausführlicher Bericht, der sog. *Due Diligence* Report. Das Verfahren der *Due Diligence* als solches ist in Deutschland rechtlich nicht geregelt.

188 *Harrer/Erbacher* in: *v. Rosen/Seifert*, Die Übernahme börsennotierter Unternehmen, Seite: 256. Eine generelle Aussage über die Zulässigkeit einer *Due Diligence* lässt sich mangels gesetzlicher Kodifikation nicht treffen. Die vorherrschende Ansicht geht jedoch davon, dass sie bei einer sorgfältigen Vorbereitung, insbesondere bei Abschluss entsprechender Geheimhaltungsvereinbarungen, regelmäßig als zulässig angesehen werden kann. So auch *Schroeder* in: DB 1997 2161 (2166), dagegen *Lutter* in: ZIP 1997, 613 (618).

189 Panel Report Year Ended 31 March 1997, Seite: 1 (8); *Marchant* in: *Button*, A Practitioners Guide, Seite: 23 (31).

190 *Assmann/Bozenhardt* in: *Assmann/Basaldua/Bozenhardt/Peltzer*, Übernahmeangebote, Seite: 65; *Liebscher* in: ZIP 2001, 853 (855).

191 *Stamp* in: Company Law I, Seite: 327; *Liebscher* in: ZIP 2001, 853 (855).

All dies macht deutlich, dass zwischen den ersten Vorbereitungsmaßnahmen und der Entscheidung zur Abgabe eines Übernahmeangebots regelmäßig eine erhebliche Zeitspanne liegen wird.
In dieser Zeitspanne entsteht folgender Konflikt: Der Bieter hat ein Interesse daran, seine Vorbereitungsmaßnahmen möglichst lange ungestört, d. h. geheim durchzuführen. Demgegenüber birgt eine zu lange Geheimhaltung der Absichten des Bieters die Gefahr in sich, dass es aufgrund von Gerüchten und Spekulationen zu Marktverzerrungen kommt. Mithin könnte eine frühzeitige Veröffentlichungspflicht durchaus im Interesse der Funktionsfähigkeit der Kapitalmärkte sein.
Ein wichtiger Untersuchungsgegenstand dieses Abschnitts ist somit die Frage, zu welchem Zeitpunkt im Vorbereitungsstadium die Übernahmepläne des Bieters veröffentlicht werden müssen.
Ferner gilt es zu untersuchen, inwieweit es dem Bieter gestattet ist, zur Unterstützung seiner Übernahmepläne im Vorbereitungsstadium Wertpapiere der Zielgesellschaft an der Börse zu erwerben. In diesem Zusammenhang werden auch die jeweiligen Vorschriften des Insiderrechts relevant.

I. Pflichten im Vorbereitungsstadium nach britischem Recht

In der Einleitung zu diesem Abschnitt wurde bereits herausgearbeitet, dass die Planung der Transaktion einen beträchtlichen Zeitraum umfassen kann.
Der *CC* schreibt dem Bieter sogar eine sorgfältige und damit zeitintensive Planung seines Übernahmevorhabens vor, indem er verlangt, dass die öffentliche Ankündigung eines Übernahmeangebots erst nach sorgfältigster Abwägung aller Belange erfolgen solle, *General Principles 3 CC*. Auf der anderen Seite bedeutet dies aber auch, dass in diesem Planungsstadium die latente Gefahr besteht, dass die Übernahmepläne des Bieters Dritten bekannt werden, die diese Informationen zu spekulativen Geschäften mit Wertpapieren der Zielgesellschaft nutzen. Dies wiederum widerspricht dem in *General Principle 6 CC* normierten Gebot, dass die Beteiligten alle Anstrengungen unternehmen müssen, um Marktverzerrungen zu vermeiden.
Im Lichte von *General Principle 6 CC* wäre es somit sachgerecht, dem Bieter eine strikte Geheimhaltungspflicht bezüglich seiner Übernahmepläne aufzuerlegen. Flankierend sollten alle Personen, die trotz des Geheimhaltungsgebots Kenntnis von den Übernahmeplänen erlangt haben, nicht nur ebenfalls einer Verschwiegenheitspflicht unterliegen, sondern darüber hinaus sollte ihnen auch der Handel mit Wertpapieren der Zielgesellschaft untersagt sein.

Diese Lösung würde Marktverzerrungen zwar optimal verhindern, kollidiert aber leider auch mit den wohlverstandenen Interessen des Bieters. Dieser hat nämlich ein Interesse daran, sich in persönlichen Gesprächen zunächst die Unterstützung von Investoren und wichtigen Aktionären der Zielgesellschaft zu sichern, bevor er seine Übernahmepläne veröffentlicht. Zudem verlangt eine sorgfältige Planung auch die Einschaltung von Finanz- und Rechtsberatern, um die Realisierbarkeit der Transaktion auszuloten. Würde man dem Bieter die genannten Kontaktaufnahmen untersagen, würde dies die Abgabe eines Übernahmeangebots in einer nicht hinnehmbaren Art und Weise erschweren.
Der Königsweg kann daher in diesem frühen Stadium nur zwischen einer strikten Geheimhaltungspflicht und der kontrollierten Information einzelner Personen liegen.

1. Geheimhaltungspflicht vor Veröffentlichung, Insider dealing

Das britische Recht hat die Bedeutung der Geheimhaltung der Übernahmepläne vor einer öffentlichen Ankündigung erkannt und trägt dieser mit *Rule 2.1. CC* Rechnung.
Demnach müssen alle Personen, die Zugang zu vertraulichen Informationen, insbesondere zu sensiblen Informationen wie den Preis eines Angebots oder eines beabsichtigten Angebots haben, diese als geheim behandeln. Sie dürfen die Informationen nur an einen Dritten weitergeben, wenn es erforderlich ist und wenn dem Dritten der Hinweis auf die Geheimhaltungspflicht erteilt worden ist.
Die Berater haben ihre Mandanten von Anfang an auf die Wichtigkeit der Geheimhaltung der im Zusammenhang mit dem Übernahmeangebot stehenden Informationen hinzuweisen, *Rule 2.1. Note 1 CC*. Sie haben auch die Pflicht ihre Mandanten zu warnen, gegenüber den Medien nicht unkontrolliert Informationen abzugeben[192].
Aus der Formulierung in *Rule 2.1. CC*, dass eine Informationsweitergabe bei Erforderlichkeit gestattet ist, folgt im Umkehrschluss, dass die kontrollierte Information von Dritten über die eigenen Übernahmepläne grundsätzlich zulässig ist. Dieses Ergebnis wird durch *Rule 2.2. (e) CC* verifiziert. Diese verpflichtet den Bieter zur Vorabveröffentlichung seiner Übernahmepläne, sofern der Kreis der „eingeweihten Personen“ zu groß wird. Daraus folgt ebenfalls im Umkehrschluss, dass die Einweihung von Personen zulässig ist, sofern nur eine bestimmte Höchstzahl nicht überschritten wird. Das *Panel* erachtet die Einweihung von bis zu sechs Personen grundsätzlich als zulässig[193].

192 *Weinberg/Blank* in: On Takeovers and Mergers, Rn. 4-2005 und Rn. 4-3009f.
193 *Marchant* in: *Button,* A Practitioners Guide, Seite: 23 (40).

Es ist dem Bieter folglich vor der öffentlichen Ankündigung seiner Übernahmepläne gestattet, bei eigenen Investoren (Hausbank etc.) um Unterstützung zu werben, sofern er die genannten Sicherheitsvoraussetzungen einhält[194].
Als nicht zulässig hat das *Panel* in der Vergangenheit allerdings die gezielte Ansprache einzelner Großaktionäre der Zielgesellschaft erachtet. Dies verstoße gegen *General Principle 2 CC*, wonach alle Informationen allen Wertpapierinhabern in der gleichen Art und Weise zugänglich zu machen seien[195].
Diejenigen, die über die Übernahmepläne vorab informiert werden, haben die Bestimmungen von *Part V* des *Criminal Justice Act 1993* zu beachten, die Insiderhandel unter Strafe stellen[196].
Der *Criminal Justice Act 1993* nennt drei Straftatbestände in Zusammenhang mit Insiderhandel. Erstens ist es einer Person, die Insiderinformationen[197] hat, untersagt, mit Anteilen von Gesellschaften zu handeln, für welche die Insiderinformationen kurserheblich sein können, *sec. 52 (1) Criminal Justice Act 1993.*
Zweitens ist es dem Insider untersagt einen Dritten zu ermutigen, mit Anteilen von Gesellschaften zu handeln, für welche die Insiderinformationen kurserheblich sein können, *sec. 52 (2) Criminal Justice Act 1993.*
Drittens ist es dem Insider untersagt, seine Informationen zu veröffentlichen, es sei den dies steht im Zusammenhang mit seiner Tätigkeit im Rahmen des Übernahmeverfahrens, *sec. 52 (3) Criminal Justice Act 1993.*

---

194 *Stedman* in: Takeovers, Seite: 118, *Marchant* in: *Button,* A Practitioners Guide, Seite: 23 (31).

195 Nachweis bei *Stedman* in: Takeovers, Seite: 118.

196 *Weinberg/Blank* in: On Takeovers and Mergers, Rn. 4–2005; *Boardman/Ride* in: *Button,* A Practitioners Guide, Seite: 53 (80).

197 Eine Insiderinformation liegt gemäß *sec. 56 (1) (a) (d) (3) Criminal Justice Act 1993* vor, wenn folgende vier Kriterien kumulativ erfüllt sind : *First it must relate to particular securities or to a particular issuer (or issuers) of securities and not to securities generally or to issuers of securities generally. The information need not, therefore, relate only to one company or its securities. It may relate, for instance, to all (or some) of the companies in a particular industry sector.*
Secondly the information must be specific or precise. The kind of information which will meet the other tests (in particular the effect on price or value of securities, as to which see below) but which will not be sufficiently specific or precise is not at all clear. The third requirement is that the information is that the information has not been made public. The fourth requirement is that of price sensitivity. The information must be such that, if it were made public, it would be likely to have a significant effect on the price (or value) of any securities.
Ein noch nicht veröffentlichtes Übernahmenangebot erfüllt regelmäßig sämtliche Kriterien sowohl hinsichtlich der Aktien der Zielgesellschaft, der Aktien des Bieters und ggf. der Aktien weiterer Unternehmen, die von der Übernahme mittelbar betroffen wären (z. B.: Konkurrenzunternehmen derselben Branche).

Es ist folglich im britischen Recht grundsätzlich allen Personen, die vor Veröffentlichung von der Existenz des bevorstehenden Übernahmeangebots wussten, untersagt, Aktien des Bieters und Aktien der Zielgesellschaft an der Börse zu kaufen bzw. zu verkaufen.
Fraglich ist jedoch, ob für den Bieter selbst und für von ihm beauftragte Personen, die zur Vorbereitung eines Übernahmeangebots Aktien der Zielgesellschaft an der Börse erwerben möchten, etwas anderes gilt. Wenn die einzige Information die der Bieter besitzt diejenige ist, dass er beabsichtigt ein Übernahmeangebot abzugeben, gerät er nicht mit den Bestimmungen des *Part V Criminal Justice Act 1993* in Konflikt, wenn er vor Veröffentlichung seiner Intention an der Börse Aktien der Zielgesellschaft erwirbt[198]. Diese These wird durch *Rule 4.1. CC* ausdrücklich verifiziert, die den Bieter ausdrücklich vom Handelsverbot mit Wertpapieren der Zielgesellschaft befreit. Etwas anderes gilt jedoch, wenn die Zielgesellschaft dem Bieter, etwa im Rahmen einer *Due Diligence*, unveröffentlichte Informationen auf vertraulicher Basis zur Verfügung gestellt hat, die im Falle ihrer Veröffentlichung eine signifikante Wirkung auf den Aktienkurs hätten und damit als Insiderinformationen zu qualifizieren sind. Verfügt der Bieter über solche weitergehenden Informationen, ist es ihm nicht gestattet, vor Publikmachung seiner Übernahmepläne Aktien der Zielgesellschaft an der Börse zu erwerben[199]. Diese Informationen verlieren ihre Qualität einer Insidertatsache auch nicht mit der Veröffentlichung der Absicht, ein Übernahmeangebot abzugeben, sondern erst mit der Veröffentlichung der entsprechenden Tatsache selbst. Erst recht nicht gestattet ist einem vom Bieter beauftragten und mit preissensitiven Informationen ausgestatteten Dritten, der Erwerb von Wertpapieren der Zielgesellschaft.
Festzuhalten ist folglich, dass der *CC* in dieser frühen Planungsphase dem Bieter zwar nicht untersagt, einen kleinen Kreis von wichtigen Personen vertraulich über seine Übernahmepläne zu unterrichten. Zur Verhinderung von Marktverzerrungen ist es diesen Personen allerdings verboten, mit den Wertpapieren der beteiligten Unternehmen zu handeln. Ausnahmsweise ist einzig dem Bieter der Erwerb von Wertpapieren der Zielgesellschaft gestattet, sofern ihm von der Zielgesellschaft keine Insiderinformationen zur Verfügung gestellt worden sind.
Mit dieser Lösung verhindert das britische Recht die Entstehung von Marktverzerrungen, ohne den Bieter übermäßig bei der Planung seines Übernahmeangebotes zu behindern.

198 *Boardman/Ride* in: *Button*, A Practitioners Guide, Seite: 53 (80); *Stamp* in: Company Law, Seite: 329; *Stedman* in: Takeovers, Seite: 133.
199 *Weinberg/Blank* in: On Takeovers and Mergers, Rn. 4-2010; *Stamp* in: Company Law, Seite: 329; *Boardman/Ride* in: *Button*, A Practitioners Guide, Seite: 53 (80).

Falls es in dieser Phase im Einzelfall dennoch zu Spekulationen mit Wertpapieren der Zielgesellschaft kommt, sieht *Rule 2.2. CC* darüber hinaus ein differenziertes System von Vorabveröffentlichungspflichten vor, um die Ausnutzung von Spezialwissen zu unterbinden (dazu sogleich).
Zunächst hat der Bieter seine Absichten jedoch gegenüber der Zielgesellschaft zu kommunizieren, *Rule 1 CC*.

2. Information der Zielgesellschaft über ein bevorstehendes Übernahmeangebot

Rule 1 (a) CC verpflichtet den Bieter vor der Bekanntgabe des Übernahmeangebots, zuerst die Leitung der Zielgesellschaft oder deren Berater zu informieren. Falls das Übernahmeangebot für eine dritte Person abgegeben wird, ist gegenüber der Zielgesellschaft auch die Identität des Hintermannes offen zu legen, *Rule 1 (b) CC*.
Der Bieter ist somit verpflichtet, vor der Bekanntgabe des Übernahmeangebots Kontakt mit der Zielgesellschaft aufzunehmen und ihr seine Absichten mitzuteilen[200]. Die Art der Kontaktaufnahme kann jedoch höchst unterschiedlich ausgestaltet sein. So ist es bei einem feindlichen Übernahmeangebot durchaus nichts Ungewöhnliches, wenn sich die von *Rule 1 CC* geforderte Kontaktaufnahme in einem Anruf beim *Chairman* der Zielgesellschaft fünf Minuten vor der Veröffentlichung der Übernahmepläne erschöpft[201].
Ferner verlangt der *CC*, dass die Leitung der Zielgesellschaft nach Kenntniserlangung von einem bevorstehenden Übernahmeangebot im Interesse ihrer Aktionäre unabhängigen kompetenten Rat von einem entsprechend qualifizierten Berater einholen müsse[202]. Das Ergebnis der Beratung ist den Aktionären gegenüber zu veröffentlichen, *Rule 3.1. CC*.

3. Veröffentlichungspflichten in der Vorbereitungsphase

Die in der Vorbereitungsphase bestehenden Veröffentlichungspflichten lassen sich in zwei Gruppen unterteilen. Zum einen besteht die Pflicht zur Veröffentlichung der festen Absicht ein Übernahmeangebot abgeben zu wollen. Daneben gibt es noch eine Vielzahl von Tatbeständen, deren Vorliegen ebenfalls eine

---

200 *Marchant* in: *Button,* A Practitioners Guide, Seite: 23 (29); *Weinberg/Blank* in: On Takeovers and Mergers, Rn. 4-2010.

201 *Marchant* in: *Button,* A Practitioners Guide, Seite: 23 (29); *Weinberg/Blank* in: On Takeovers and Mergers, Rn. 4-2010.

202 *Weinberg/Blank* in: On Takeovers and Mergers, Rn. 4-2010. Vgl. die ausführlichen Annmerkungen zum Sinn und Zweck der Hinzuziehung eines Beraters: 4. Kap. B. I. 4.

Veröffentlichungspflicht auslösen kann, eine sog. Vorabveröffentlichungspflicht. Insbesondere die Vorabveröffentlichungspflichten dienen dem von *General Principle 6 CC* aufgestellten Ziel, Marktverzerrungen durch Insiderhandel zu vermeiden[203]. Demgegenüber kommt der Veröffentlichung der festen Absicht, ein Übernahmeangebot abgeben zu wollen, auch eine verfahrenseröffnende Funktion zu.

a) Vorabveröffentlichungspflichten (Pre bid announcements)

Die Vorabveröffentlichungspflichten bilden gewissermaßen ein Korrektiv, falls die dem Bieter obliegenden Geheimhaltungspflichten und die Insiderhandelsverbote des *CCs* bzw. des *Criminal Justice Acts 1993* im Einzelfall nicht ausreichen, um die Entstehung von Marktverzerrungen zu verhindern.

1) Voraussetzungen

Unter welchen Voraussetzungen eine Vorabveröffentlichungspflicht besteht, ist in *Rule 2.2. CC* geregelt.
Anzukündigen ist ein bevorstehendes Übernahmeangebot zunächst unter der Voraussetzung, dass die Zielgesellschaft bereits mit dem Bieter in Kontakt steht und Gegenstand von Gerüchten oder Spekulationen ist, oder wenn die Aktien der Zielgesellschaft ungewöhnlichen Kursschwankungen unterliegen, *Rule 2.2. (c) CC*.
Falls eine Kontaktaufnahme noch nicht erfolgt ist, besteht eine Ankündigungspflicht auch dann, wenn die Leitung der Zielgesellschaft vernünftige Gründe für die Annahme hat, dass die Gerüchte, Spekulationen oder Kursschwankungen auf die Aktivitäten eines potentiellen Bieters zurückzuführen sind, *Rule 2.2. (d) CC*. Praktische Schwierigkeiten bereitet in diesem Kontext insbesondere die Ermittlung des Tatbestandsmerkmals „ungewöhnliche Kursschwankungen". Das *Panel* vertritt hierzu die Auffassung, dass bei einer Schwankung von mehr als fünf Prozent innerhalb eines Tages oder einer Schwankung von mehr als 10 Prozent seit Kontaktaufnahme im Sinne von *Rule 1 CC* eine Veröffentlichung erfolge solle, oder zumindest das *Panel* um Rat ersucht werden müsse[204], es sei denn, die Kursbewegungen sind auf andere Faktoren, etwa Bewegungen des Gesamtmarkts

203 *Davies* in: Gowers Company Law, Seite: 714; *Marchant* in: *Button,* A Practitioners Guide, Seite: 23 (36).
204 Panel Statement Petrocon Group plc/James Wilkes plc, 3/1992, Seite: 1 (3).

oder öffentlich bekannte Tatsachen (z. b.: Bilanzpressekonferenz) zurückzuführen[205].
Jedenfalls besteht für den Bieter und nach Kontaktaufnahme auch für die Leitung der Zielgesellschaft die Pflicht, die Kursbewegungen der Aktien der Zielgesellschaft genauestens zu verfolgen und gegebenenfalls eine entsprechende Veröffentlichung vorzunehmen bzw. mit dem *Panel* in Kontakt zu treten[206].
Ferner besteht gemäß *Rule 2.2. (e) CC* die Pflicht, ein bevorstehendes Übernahmeangebot öffentlich anzukündigen, wenn der Kreis der vorab involvierten Personen eine gewisse Größe überschreitet. Nicht ausdrücklich geregelt ist, ab welcher Personenzahl eine Ankündigungspflicht besteht. Nach Auffassung des *Panel Executive* liegt der Grenzwert bei sechs Personen[207]. Hierbei nicht mitgezählt werden die Personen, die aufgrund ihrer Stellung in den betroffenen Unternehmen oder aufgrund ihrer Tätigkeit Kenntnis von einem möglicherweise bevorstehenden Übernahmeangebot erlangt haben[208].
Gemäß *Rule 2.2. (a) CC* ist eine Ankündigung außerdem erforderlich, wenn die Zielgesellschaft aus zuverlässiger Quelle von einem bevorstehenden Übernahmeangebot erfährt. Eine Veröffentlichungspflicht besteht nicht, wenn die Zielgesellschaft die „Quelle“ nicht als zuverlässig einstuft, etwa weil sie annimmt, dass das Übernahmeangebot nicht ernst gemeint sei, oder weil sie nicht überzeugt ist, dass der Bieter die finanziellen Möglichkeiten hat, ein entsprechendes Angebot abzugeben. In diesen Fällen ist die Zielgesellschaft jedoch verpflichtet, zumindest das *Panel* zu konsultieren[209]. Eine Pflicht zur unverzüglichen öffentlichen Ankündigung besteht gemäß *Rule 2.2. (b) CC* außerdem, wenn Aktienkäufe des Bieters dazu führen, dass die Voraussetzungen eines Pflichtangebots im Sinne von *Rule 9 CC* vorliegen. Diese Vorabveröffentlichungspflicht nimmt in materiell-rechtlicher Hinsicht eine Sonderstellung ein, weil sie durch das Überschreiten einer Beteiligungsschwelle ausgelöst wird, wohingegen die anderen vier Varianten primär entstandene Marktverzerrungen beenden sollen.
Gemeinsamer Zweck aller vier anderen eine Vorabveröffentlichungspflicht auslösenden Tatbestände ist, dass sie eine Sanktion für eine Verletzung der dem Bieter gemäß *Rule 2.1. CC* obliegenden Geheimhaltungspflicht darstellen. Besonders deutlich zeigt sich dies bei *Rule 2.2. (e) CC*, die eine Vorabveröffentli-

---

205 Panel Statement Petrocon Group plc/James Wilkes plc, 3/1992, Seite: 1 (2); *Weinberg/Blank* in: On Takeovers and Mergers, Rn. 4-3019.
206 *Marchant* in: *Button,* A Practitioners Guide, Seite: 23 (38).
207 *Marchant* in: *Button,* A Practitioners Guide, Seite: 23 (40).
208 *Weinberg/Blank* in: On Takeovers and Mergers, Rn. 4-3021.
209 *Weinberg/Blank* in: On Takeovers and Mergers, Rn. 4-3019; *Stedman* in: Takeovers, Seite: 119.

chung verlangt, wenn der Kreis der involvierten Personen zu groß wird[210]. Doch auch Gerüchte, Spekulationen oder plötzliche Kursschwankungen im Sinne von *Rule 2.2. (c)-(d) CC* haben ihre Ursache in einem Leck in der Sphäre des Bieters und beruhen somit letztendlich auch auf einer sorgfaltswidrigen Geheimhaltung der Übernahmepläne durch den Bieter.
Regulatorisches Ziel der Vorabveröffentlichungspflichten ist daher die Verhinderung der weiteren Ausnutzung von Spezialwissen durch eine Information aller Kapitalmarktteilnehmer über die Übernahmepläne.

2) Zuständigkeit

Die Frage, wer im britischen Recht die öffentliche Ankündigung im Sinne von *Rule 2.2. CC* abzugeben hat, wird von *Rule 2.3. CC* geregelt.
Vor Kontaktaufnahme im Sinne von *Rule 1 CC* ist allein der Bieter für die Veröffentlichung zuständig[211]. Nach der Kontaktaufnahme ist die Leitung der Zielgesellschaft für die Durchführung der öffentlichen Ankündigung zuständig[212].
Ab der Kontaktaufnahme ist die Leitung der Zielgesellschaften somit gehalten, Veränderungen ihres Aktienkurses genauestens zu verfolgen, und gegebenenfalls durch die öffentliche Ankündigung des erwarteten Übernahmeangebots zu reagieren, *Rule 2.3. CC*[213].
Der Grund für die Verlagerung der Zuständigkeit auf die Zielgesellschaft nach Kontaktaufnahme liegt darin, dass der Bieter womöglich das Vorliegen der Tatbestandsvoraussetzungen zu ignorieren versucht, um seine Übernahmepläne geheim zu halten[214]. Diese Gefahr besteht bei der Zielgesellschaft nicht. Im Sinne der Verhinderung von Marktverzerrungen ist die Zuständigkeit der Zielgesellschaft somit zu begrüßen. Auf der anderen Seite kann diese Zuständigkeitsverteilung aber auch zu nachteiligen Konsequenzen für die Transparenz des Übernahmeverfahrens führen. Hierauf wird am Ende dieses Abschnitts im Rahmen der rechtsvergleichenden Stellungnahme noch einzugehen sein[215].

---

210 *Marchant* in: *Button,* A Practitioners Guide, Seite: 23 (34); *Stedman* in: Takeovers, Seite: 117.

211 *Davies* in: Gowers Company Law, Seite: 715; *Stedman* in: Takeovers, Seite: 120.

212 Der Bieter ist nach Kontaktaufnahme lediglich noch für die Ankündigung zuständig, dass Aktienkäufe dazu geführt haben, dass die Voraussetzungen eines Pflichtangebots im Sinne von *Rule 9 CC* vorliegen.

213 *Weinberg/Blank* in: On Takeovers and Mergers, Rn. 4-3022; *Marchant* in: *Button,* A Practitioners Guide, Seite: 23 (40); *Stedman* in: Takeovers, Seite: 120.

214 *Marchant* in: *Button,* A Practitioners Guide, Seite: 23 (40); *Weinberg/Blank* in: On Takeovers and Mergers, Rn. 4-3023.

215 Siehe unten: 4. Kap. B. III.

3) Inhalt und Verfahren

An den Inhalt der Veröffentlichungspflicht stellt *Rule 2.4. CC* keine sehr hohen Anforderungen. Der Grund hierfür ist darin zu sehen, dass noch kein fester Entschluss, ein Übernahmeangebot abzugeben, vorliegt. Deshalb genügt die öffentliche Ankündigung, dass Verhandlungen bzw. Gespräche stattfinden, oder dass ein potentieller Bieter ein Übernahmeangebot in Betracht zieht[216]. Eine Verpflichtung, die Identität des Bieters aufzudecken, besteht gemäß *Rule 2.4. CC* ebenfalls nicht[217].

b) Veröffentlichung der festen Absicht ein Übernahmeangebot abzugeben

Von den soeben dargestellten Vorabveröffentlichungspflichten ist die Ankündigung der festen Absicht, ein Übernahmeangebot abgeben zu wollen, zu unterscheiden.

Welche Anforderungen an die Ankündigung der festen Absicht ein Übernahmeangebot abzugeben, zu stellen sind, wird im britischen Recht von *Rule 2.5. CC* geregelt. Der Bieter darf seine feste Absicht, ein Übernahmeangebot abgeben zu wollen, gemäß *Rule 2.5. (a) CC* nur dann veröffentlichen, wenn er vernünftige Gründe für die Annahme hat, dass ihm die Durchführung eines entsprechenden Angebots finanziell möglich ist[218].

Verhindert werden sollen unseriöse Übernahmeangebote, die der Bieter nur zum Schein abgibt, um die Zielgesellschaft in ihrer Geschäftstätigkeit zu behindern, oder um im Anschluss an die Ankündigung Wertpapiere der Zielgesellschaft zu verkaufen[219]. Es sollen somit nicht nur die Wertpapierinhaber der Zielgesellschaft vor dem Erhalt eines finanziell nicht realisierbaren Übernahmeangebotes geschützt werden, sondern auch der Kapitalmarkt und die Zielgesellschaft selbst[220].

Eine konkrete Aussage, zu welchem Zeitpunkt der entsprechende Wille des Bieters als feste Absicht im Sinne von *Rule 2.5. (a) CC* zu qualifizieren ist, trifft der *CC* nicht. Wenn man sich allerdings vergegenwärtigt, dass der Bieter sich mit der

---

216 *Weinberg/Blank* in: On Takeovers and Mergers, Rn. 4-3022; *Stedman* in: Takeovers, Seite: 120; *Marchant* in: *Button,* A Practitioners Guide, Seite: 23 (41).

217 Die eigentliche Veröffentlichung erfolgt durch Mitteilung gegenüber der Londoner Börse, dem Informationsdienst *Newstrack* oder durch Veröffentlichung in zwei überregionalen Zeitungen, *Rule 2. 9. CC.*

218 Vgl. *General Principle No. 3 CC*; *Weinberg/Blank* in: On Takeovers and Mergers, Rn. 4-3025; *Marchant* in: *Button,* A Practitioners Guide, Seite: 23 (44).

219 *Farrar* in: Company Law, Seite: 596; *Stedman* in: Takeovers, Seite: 121.

220 *Stedman* in: Takeovers, Seite: 121.

Veröffentlichung der festen Absicht im Sinne von *Rule 2.5. (a) CC* zugleich verpflichtet, das Übernahmeverfahren auch tatsächlich durchzuführen, *Rule 2.7. CC*, erscheint es sachgerecht, eine Veröffentlichungspflicht erst ab einem hohen Grad der Entscheidungsdichte zu verlangen. Insbesondere vor dem Hintergrund der detaillierten inhaltlichen Angaben, welche der Bieter in seinem „*announcement of a firm intention to make an offer*" zu machen hat, *Rule 2.5. (b) CC*, erscheint diese Forderung angemessen.

Mithin ergibt eine Rechtsfolgenbetrachtung, dass die Entscheidung der festen Absicht ein Übernahmeangebot abzugeben, erst dann veröffentlicht werden sollte, wenn die Organe des Bieters unumkehrbar beschlossen haben, dass ein entsprechendes Übernahmeangebot der Ankündigung im Sinne von *Rule 2.5. CC* nachfolgen soll.

Im Einzelfall kann dies dazu führen, dass zwischen der Ankündigung gemäß *Rule 2.2. CC*, dass Übernahmegespräche stattfinden und der Veröffentlichung der festen Übernahmeabsicht im Sinne von *Rule 2.5. CC*, ein sehr langer Zeitraum liegt. In diesem Zeitraum besteht eine für die Marktteilnehmer und insbesondere für die Zielgesellschaft unbefriedigende Rechtsunsicherheit, die wiederum den Nährboden für Gerüchte und Spekulationen bildet und darüber hinaus die Zielgesellschaft auch von ihrer normalen Geschäftstätigkeit abhält[221]. Auf der anderen Seite ist dem Bieter aber auch ein angemessener Zeitraum zur seriösen Vorbereitung seiner Übernahmepläne zuzubilligen.

Damit der Bieter diesen Zeitraum nicht überzieht, setzt das *Panel* ihm in der Praxis eine Frist, in der er entweder seine Übernahmeabsicht gemäß *Rule 2.5. CC* veröffentlichen muss, oder aber von seinen Übernahmeplänen öffentlich Abstand nehmen muss[222]. Diese Erklärung wird anschaulich als: „*put up or shut up*" – Erklärung bezeichnet[223]. Erklärt er letzteres, ist ihm innerhalb der nächsten sechs Monate die Abgabe eines Übernahmeangebotes untersagt, *Rule 2.8. CC*. Die Länge der dem Bieter gewährten Frist hängt von der Haltung der Zielgesellschaft ab. Verhandelt sie mit dem Bieter über die Angebotskonditionen, kann die Frist einige Monate betragen. Steht sie der Offerte ablehnend gegenüber und verlangt eine Klarstellung, so beträgt die Frist in der Regel nur sechs bis acht Wochen[224].

---

221 Panel Statement Edelman/Storehouse plc, 9/1989, Seite: 1 (2).

222 Panel Annual Report Year Ended 31 March 2001, Seite: 1 (2). Panel Statement Edelman/Storehouse plc, 9/1989, Seite: 1 (1). In diesem Fall hatte der potentielle Bieter, *Mr. Edelman* Anfang des Jahres 1989 wiederholt öffentlich erklärt, dass er ein Übernahmeangebot für *Storehouse plc* in Erwägung ziehe, ohne jedoch eine Erklärung im Sinne von *Rule 2 5. CC* zu veröffentlichen. Das *Panel* forderte ihn deshalb auf, bis zum 14. Juli 1989 eine *put up or shut up*- Erklärung abzugeben.

223 Panel Annual Report Year Ended 31 March 2001, Seite: 1 (2).

224 Panel Annual Report Year Ended 31 March 2001, Seite: 1 (2).

Zuständig für die Ankündigung der festen Absicht im Sinne von *Rule 2.5. CC* ist ausschließlich der Bieter selbst bzw. dessen Berater.
Bezüglich des notwendigen Inhalts der Ankündigung macht der *CC* wesentlich detailiertere Angaben, als bei den einfachen Vorabveröffentlichungspflichten im Sinne der *Rule 2.2. CC*[225]. So muss die Ankündigung im Sinne von *Rule 2.5. (a) CC* sämtliche Angebotsmodalitäten, die Identität des Bieters, sowie Angaben zu sämtlichen bereits bestehenden Beteiligungen des Bieters oder mit ihm zusammen handelnder Personen an der Zielgesellschaft enthalten[226]. Die Veröffentlichung soll klar und eindeutig abgefasst sein, *Rule 2.5. Note 1 CC*. Aussagen, die den Eindruck erwecken könnten, dass Anteilseigner sich verpflichtet haben, sich im Falle eines Übernahmeangebots in einer bestimmten Weise zu verhalten (z. B.: das Übernahmeangebot anzunehmen), sollten vermieden werden, es sei denn, es existiert eine eindeutige unwiderrufliche Verpflichtungserklärung. Wie oben bereits angedeutet, verpflichtet die Ankündigung der festen Absicht, ein Übernahmeangebot abzugeben, den Bieter mit dem Angebotsverfahren innerhalb der nächsten 28 Tage auch tatsächlich zu beginnen, es sei denn, er hat seine Ankündigung mit Zustimmung des *Panels* von einer Bedingung abhängig gemacht, deren Eintritt ausgeblieben ist[227]. Die Bekanntmachung der festen Absicht, ein Übernahmeangebot abzugeben, hat somit im britischen Recht eine verfahrenseröffnende Funktion[228].

4. Pflicht zur unabhängigen Beratung

Zwar werden sich in der Praxis regelmäßig sowohl der Bieter als auch die Zielgesellschaft von den einschlägigen Experten während des Übernahmeverfahrens beraten und begleiten lassen. Das britische Übernahmerecht unterstreicht die besondere Bedeutung der Finanz- und Rechtsberater während des Übernahmever-

225 Siehe oben: 4. Kapitel B. I. 3. a).

226 *Weinberg/Blank* in: On Takeovers and Mergers, Rn. 4-3027.

227 *Marchant* in: *Button,* A Practitioners Guide, Seite: 23 (48). Die Vorbehalte können ihren Grund in noch ausstehenden Erklärungen seitens der Verwaltung der Zielgesellschaft haben oder in noch nicht vorliegenden Angaben zur Wirtschaftslage der Zielgesellschaft. Nicht gestattet ist es jedoch, Vorbehalte zu erklären, die auf einer noch nicht abgegebenen subjektiven Einschätzung seitens der Leitung der Zielgesellschaft beruhen. Eine Änderung der gesamtwirtschaftlichen oder politischen Umstände rechtfertigt auch keine Befreiung von der Angebotspflicht, *Rule 2.7. Note 1 CC*.

228 *Davies* in: Gowers Company Law, Seite: 715. Der Bieter kann auch eine öffentliche Erklärung abgeben, kein Übernahmeangebot abgeben zu wollen. Er ist dann grundsätzlich sechs Monate an diese Erklärung gebunden, *Rule 2.8. CC*.

fahrens jedoch noch einmal, indem es für die Zielgesellschaft generell und für den Bieter bei bestimmten Sachverhalten eine Beratungspflicht vorschreibt.
Die Pflicht zur Heranziehung kompetenter unabhängiger Beratung ist für die Leitung der Zielgesellschaft in *Rule 3.1. CC* festgeschrieben. Die Beratungsergebnisse sind allen Anteilseignern mitzuteilen.
Seit Juni 1982 obliegt auch dem *Board* der Bietergesellschaft in zwei Fällen die Pflicht unabhängige Berater heranzuziehen. Erstens bei einem *reverse takeover*, bei welchem der Bieter zur Erfüllung des Übernahmeangebots sein Stammkapital um mehr als einhundert Prozent erhöhen müsste. Und zweitens, wenn einzelne *Direktoren* durch die Abgabe des Übernahmeangebots in einen Interessenkonflikt geraten, *Rule 3.2. CC*[229].
Auch hier ist das Beratungsergebnis allen Anteileignern zugänglich zu machen.
Welche Anforderungen an den Berater (*adviser*) zu stellen sind bzw. welche Personen vom *Panel* als ungeeignet angesehen werden, ist ebenfalls geregelt. Ungeeignet, weil nicht unabhängig, ist ein Berater, der sowohl für den Bieter als auch für die Zielgesellschaft tätig ist. Zu denken ist hier etwa an MDP´s, deren Beratungssparte für den Bieter tätig ist, während die Wirtschaftsprüfungssparte die Bücher der Zielgesellschaft prüft. Auch die Errichtung von *Chinese Walls* ist nach Auffassung des *Panels* kein taugliches Mittel zur Auflösung dieses potentiellen Interessenkonflikts[230]. Beispielhaft sei hier die Rolle von *Dresdner Kleinwort Benson* (heute: *Dresdner Kleinwort Wasserstein*) während der Übernahme von *Cater Allen* durch *Abbey National* genannt. *Dresdner Kleinwort* war seit der Gründung von *Abbey National* deren Berater und wollte nun auch *Cater Allen* im Rahmen des Übernahmeversuchs durch seinen langjährigen Mandanten *Abbey National* unabhängig beraten. Das *Panel Executive* sah jedoch *Dresdner Kleinwort* aufgrund der gleichzeitigen Tätigkeit für den Bieter nicht als geeignet an, *Cater Allen* unabhängig beraten zu können[231].
Mit der Pflicht zur unabhängigen Beratung (*independent advice*) verfolgt der *CC* folgende Regelungsziele.
Zum einen soll sichergestellt werden, dass die Leitungsorgane keine Eigeninteressen bei der Formulierung ihrer Haltung zum Übernahmeangebot verfolgen. Aus

229 *Marchant* in: *Button,* A Practitioners Guide, Seite: 23 (51). Ein Interessenkonflikt liegt beispielsweise vor, wenn es wesentliche Überkreuzbeteiligungen zwischen Bieter und Zielgesellschaft gibt, wenn mehrere Direktoren für beide Gesellschaften tätig sind oder wenn ein Anteilseigner an beiden Gesellschaften eine wesentliche Beteiligung hält; *Rule 2.2. Note 2 CC.*

230 Panel Statement, Tozer, Kemsley & Millbourn/Molins, 13/1987, Seite: 1 (2).

231 Panel Statement Abbey National/Cater Allen, 7/1997, Seite 1: *Person with recent and continuing corporate finance advisory relationship with an offeror could not provide independent advice under Rule 3.*

diesem Grund ist die Haltung des Beraters selbst dann allen Anteilseignern zugänglich zu machen, wenn sie mit der Haltung der Leitung der beauftragenden Gesellschaft (Bieter- oder Zielgesellschaft) konfligiert. Schließlich stellt der *CC* auch sicher, dass die Berater selbst unabhängig -nicht objektiv- sein sollen. Auch dies dient einer möglichst transparenten Information der Anteilseigner.
Neben einer transparenten und nicht von sachfremden Erwägungen geleiteten Information der Wertpapierinhaber wird durch die Pflicht zur Beratung zugleich die Einhaltung der Regeln des *CCs* erreicht. So obliegt es beispielsweise dem Berater, darauf zu achten, dass der Bieter seine Übernahmepläne frühzeitig kommuniziert, obwohl seine wirtschaftlichen Interessen für eine spätere Kommunikation sprechen. Die Verantwortlichkeit des Beraters für die Handlungen seines Mandanten während des gesamten Übernahmeverfahrens zeigt sich auch daran, dass das *Panel* oftmals auch die Berater für ein Fehlverhalten ihrer Klienten sanktioniert.
Das *Panel* erachtet die Berater somit als Wächter über die Einhaltung der Regeln des *CCs* während des Übernahmeverfahrens.

5. Ergebnis

Der *CC* misst der Verhinderung der Ausnutzung von Spezialwissen durch Insiderhandel eine herausragende Bedeutung in der Vorbereitungsphase bei.
Zur Erreichung dieses Regelungziels haben der Bieter und die von ihm eingeweihten Personen nicht nur die Geheimhaltungspflicht und das Insiderhandelsverbot zu beachten, sondern darüber hinaus hat der *CC* auch ein sehr differenziertes System von Veröffentlichungspflichten installiert.
Während die Veröffentlichung der festen Übernahmeabsicht in erster Linie eine umfassende Information der Wertpapierinhaber der Zielgesellschaft und des Kapitalmarkts über die Konditionen der Übernahmeofferte bezweckt, sollen die Vorabveröffentlichungspflichten vor allen Dingen der Verhinderung von Marktverzerrungen dienen. Dies zeigt sich daran, dass bei einer Vorabveröffentlichungspflicht weder die Identität des potentiellen Bieters offenbart werden muss, noch müssen andere detaillierte Angaben gemacht werden. Vielmehr genügt die Erklärung, dass Übernahmegespräche stattfinden. Alleine diese Erklärung signalisiert den Kapitalmarktteilnehmern jedoch, dass die Zielgesellschaft X ein potentieller Übernahmekandidat ist, so dass diese die Übernahmephantasie einpreisen können, wodurch weiterem Insiderhandel der Boden entzogen wird.
Insbesondere durch die Vorabveröffentlichungspflichten wird die Erreichung des in *General Principle 6 CC* normierten Regelungsziels, Marktverzerrungen zu verhindern, auch dann erreicht, wenn die Abschreckungswirkung der strafbewehrten Handelsverbote des *Criminal Justice Act 93* im Einzelfall nicht aus-

reicht. Auf der anderen Seite besteht durch die partielle Zuständigkeit der Zielgesellschaft für die Bekanntgabe einer Vorabveröffentlichungspflicht aber auch die abstrakte Gefahr, dass die Zielgesellschaft eine Vorabveröffentlichungspflicht zur Erreichung anderer Ziele missbraucht. Zu denken ist hier etwa an die Konstellation, dass die Zielgesellschaft eine Veröffentlichung vornimmt, in der sie erklärt, sie verhandele mit dem Bieter A über die Abgabe eines Übernahmeangebots. Tatsächlich weiß sie aber, dass die Gespräche fruchtlos verlaufen werden und möchte lediglich den potentiellen Bieter B unter Druck setzen.
Es stellt sich deshalb die Frage, ob der vom britischen Recht gewählte Weg tatsächlich als das für die Vorbereitungsphase perfekte Regelungsmodell bezeichnet werden kann. Vor Beantwortung dieser Frage ist jedoch zunächst eine Analyse der vom deutschen Gesetzgeber gewählten Lösung vorzunehmen.

II. Pflichten im Vorbereitungsstadium nach deutschem Recht

Die Normierung des Übernahmeverfahrens durch das WpÜG beginnt in zeitlicher Hinsicht erst mit der Entscheidung zur Abgabe eines Übernahmeangebots, § 10 WpÜG. In der davor liegenden Planungsphase hat der Bieter zumindest keine speziellen übernahmerechtlichen Pflichten zu beachten.

1. Pflichten vor Abschluss des Entscheidungsprozesses

Der Befund, dass das deutsche Übernahmegesetz vor Abschluss des Entscheidungsprozesses im Sinne von § 10 WpÜG noch keine Anwendung findet, bedeutet dreierlei.
Zum einen ist die Frage, ob dem Bieter auch im deutschen Recht eine *Rule 2.1. CC* vergleichbare Geheimhaltungspflicht obliegt, unter Rückgriff auf andere Regelwerke zu beantworten.
Das gleiche gilt für die Frage, ob es dem Bieter gestattet ist, in dieser Phase Wertpapiere der Zielgesellschaft zu erwerben, oder ob er insoweit einem (Insider-) handelsverbot unterliegt.
Schließlich gilt es noch die Frage zu beantworten, ob sich eine *Rule 2.2. CC* entsprechende Pflicht zur Vorabveröffentlichung der Übernahmepläne des Bieters aus § 15 WpHG ergeben kann

a) Geheimhaltungspflicht

Wie bereits angedeutet, normiert das WpÜG keine ausdrückliche Geheimhaltungspflicht des Bieters bzgl. seiner Übernahmepläne. Demgegenüber sah noch der deutsche Diskussionsentwurf eine Geheimhaltungspflicht vor, die sich allerdings auf den Bieter und die mit ihm gemeinsam handelnden Personen beschränkte[232].

Während der im Rahmen des Gesetzgebungsverfahrens stattfindenden Anhörungen wurde diese Bestimmung jedoch als missverständlich kritisiert, weil sie zwar dem Bieter erlaubte, seine Übernahmepläne vorab mit wichtigen Aktionären der Zielgesellschaft zu erörtern, der Wortlaut des § 10 DiskE-ÜG eine gleichlautende Ausnahme für die Leitungsorgane der Zielgesellschaft aber nicht vorsah[233]. Statt jedoch am allgemeinen Geheimhaltungsgrundsatz festzuhalten und eine entsprechende Ausnahme auch für die Zielgesellschaft zu normieren, verzichteten die weiteren Entwürfe und auch die Gesetz gewordene Fassung komplett auf eine Geheimhaltungspflicht.

Dieses Zwischenergebnis bedeutet jedoch nicht, dass die Beteiligten vor Veröffentlichung einer Entscheidung zur Abgabe eines Übernahmeangebots nach § 10 WpÜG nicht geheimhaltungspflichtig sind.

Vielmehr ergeben sich allgemeine Geheimhaltungspflichten für den Vorstand, den Aufsichtsrat und die Rechts- und Finanzberater des Bieters bereits aus dem Gesellschafts- und Dienstvertragsrecht[234].

Vor allen Dingen besteht jedoch eine öffentlich-rechtliche Geheimhaltungspflicht aufgrund Insiderrechts gemäß §§ 12ff. WpHG.

Denn nicht nur die Entscheidung zur Abgabe eines Übernahmeangebots stellt eine dem Insiderhandelsverbot der §§ 14, 38 WpHG unterfallende Insidertatsache gemäß § 13 I WpHG dar[235]. Vielmehr sind auch die der Entscheidungsfindung dienenden Vorbereitungsmaßnahmen, etwa die *Due Diligence* Prüfung oder die

---

232 *Hirte* in: KK-WpÜG, § 10 Rn. 4; *Hopt* in: ZGR 2002, 333 (336).

233 § 10 DiskE-WpÜG: „Geheimhaltungspflicht vor Veröffentlichung der Entscheidung zur Abgabe eines Übernahmeangebots
(1) Der Bieter und die mit ihm gemeinsam handelnden Personen sind vor Veröffentlichung der Entscheidung zur Abgabe eines Übernahmeangebots nach § 11 unbeschadet anderer gesetzlicher Bestimmungen zur Geheimhaltung ihrer Maßnahmen zur Vorbereitung eines Übernahmeangebotes verpflichtet.
(2) Vor der Veröffentlichung der Entscheidung zur Abgabe eines Übernahmeangebotes nach § 11 III kann der Bieter seine Absichten in Bezug auf die Zielgesellschaft mit dieser erörtern sowie mit Aktionären der Zielgesellschaft über den Erwerb von Aktien der Zielgesellschaft verhandeln. Die Zielgesellschaft und ihre Aktionäre sind unbeschadet anderer gesetzlicher Bestimmungen zur Geheimhaltung der ihnen bekannt gewordenen Absichten des Bieters verpflichtet."

234 Zur aktienrechtlichen Geheimhaltungspflicht des Vorstands *Hopt* in: GrossKomm zum AktG, § 93 Rn. 187-221; zu den weiteren Geheimhaltungspflichten *Hopt* in: ZGR 1991, 17 (67).

235 *Assmann* in: AG 2002, 114 (116); *Schäfer* in: *Schäfer*, Kommentar zum WpHG/BörsG/VerkProspG, § 14 WpHG Rn. 74.

Verhandlungen mit dem Vorstand der Zielgesellschaft als Insidertatsachen zu qualifizieren, sofern ihr Bekanntwerden ebenfalls den Kurs der Insiderpapiere erheblich beeinflussen könnte[236].

Für den Bieter stellt sich die Frage, ob er befugt ist, seine Übernahmepläne vor Veröffentlichung den o. g. Personen mitzuteilen. Zur Beantwortung dieser Frage empfiehlt es sich, zwischen den Beratern des Bieters, dem Vorstand der Zielgesellschaft und wichtigen Großaktionären der Zielgesellschaft zu differenzieren.

Maßgebliche Norm für die Beantwortung dieser Frage ist § 14 I S.2 WpHG. Demnach ist es einem Insider untersagt, einem anderen eine Insidertatsache unbefugt mitzuteilen oder zugänglich zu machen. Geht man davon aus, dass der Bieter als Insider zu qualifizieren ist und dass seine Übernahmepläne die Qualität einer Insidertatsache im Sinne von § 13 WpHG aufweisen, kommt es entscheidend darauf an, ob die Informationsweitergabe als „unbefugt" zu qualifizieren ist.

Bei der Abgrenzung zwischen befugter und unbefugter Weitergabe weist der durch § 14 I S. 2 WpHG ins deutsche Recht umgesetzte Art. 3 lit. a EG-Insiderrichtlinie die für die Auslegung dieses Tatbestandsmerkmals maßgebliche Richtung. Art. 3 lit. a EG-Insiderrichtlinie verlangt ein Verbot nämlich nur, sofern die Weitergabe durch die Insider „nicht in einem normalen Rahmen in Ausführung ihrer Arbeit oder ihres Berufes oder in Erfüllung ihrer Aufgaben" geschieht[237]. Externe Berater wie Rechtsanwälte, Wirtschaftsprüfer und Investmentbanker sind zur Erfüllung ihrer Beratungsaufgaben darauf angewiesen vom Bieter detailliert über dessen Übernahmepläne informiert zu werden. Des Weiteren wird durch die Weitergabe zumindest de jure auch nicht das Risiko von Insidergeschäften erhöht, weil die Finanz- und Rechtsberater ebenfalls einem Weitergabeverbot und teilweise sogar einem Geheimhaltungsgebot gemäß § 203 StGB unterliegen. Mithin ist die Weitergabe von Insidertatsachen durch den Bieter an seine Berater als befugte Weitergabe zu qualifizieren und damit zulässig[238]. Dieses Ergebnis deckt sich mit der für das britische Recht erarbeiteten Lösung. Denn auch nach den Regeln des *CC* ist dem Bieter die Vorabinformation seiner Berater gestattet[239].

Die vertrauliche Weitergabe der Übernahmepläne an seine Finanz- und Rechtsberater stellt sich für den Bieter somit nicht als „unbefugte Weitergabe" im Sinne von § 14 I. S.2 WpHG dar.

---

236 *Wittich* in: *v. Rosen*/*Seifert*, Die Übernahme börsennotierter Unternehmen, Seite: 382, sowie allgemein *Assmann* in: AG 1997, 50 (51).

237 *Hopt* in: ZGR 2002, 333 (338); *Assmann/Cramer* in: *Assmann/Schneider*, Kommentar zum WpHG, § 14 Rn. 48.

238 *Hopt* in: ZGR 2002, 333 (338); *Assmann* in: ZGR 2002, 697 (706); *Assmann/Cramer* in: *Assmann/Schneider*, Kommentar zum WpHG, § 14 Rn. 55.

239 siehe oben: 4. Kap. B. I. 3.

Ebenfalls gestattet ist dem Bieter die Informationsweitergabe seiner Überpläne-pläne an die Organe der Zielgesellschaft. Denn ansonsten wäre es dem Bieter nicht möglich, seine Übernahmepläne mit dem Leitungsorgan der Zielgesellschaft zu erörtern und er könnte von diesem auch keine unternehmensrelevanten Daten erlangen. Übernahmeangebote würden auf ein nicht hinnehmbares Maß erschwert, wenn dem Bieter die kontrollierte Information des Vorstands der Zielgesellschaft gemäß § 14 I. S.2 WpHG untersagt wäre. Auf der anderen Seite muss zur Verhinderung von Marktverzerrungen aber auch sichergestellt werden, dass die Zielgesellschaft die Übernahmepläne vertraulich behandelt. Deshalb ist erforderlich, dass sich die Organe der Zielgesellschaft einem ausdrücklichen Geheimhaltungsversprechen unterwerfen, bevor der Bieter seine Übernahmepläne ihnen gegenüber offen legen darf[240].

Auch die gezielte Ansprache von Großaktionären der Zielgesellschaft lässt sich mit dem Argument rechtfertigen, dass deren Zustimmung für den Erfolg des Übernahmeangebotes essentiell ist, da die Durchführung des Übernahmeangebotes anderenfalls für den Bieter unverhältnismäßig erschwert würde. Insoweit besteht eine der Information der Zielgesellschaft vergleichbare Interessenlage, so dass dem Bieter auch die gezielte Ansprache einzelner Großaktionäre gemäß § 14 I S.2 WpHG erlaubt sein sollte, sofern diese ein ausdrückliches Geheimhaltungsversprechen abgeben[241].

Diese den wohlverstandenen Interessen des Bieters entsprechende kontrollierte Vorabinformation birgt jedoch die latente Gefahr des Insiderhandels in sich je mehr Personen vom Bieter informiert werden. Zwar unterliegen alle vom Bieter informierten Personen nicht nur einer Geheimhaltungspflicht sondern als Insider im Sinne des § 13 WpHG auch einem Insiderhandelsverbot[242]. Dennoch erscheint die Ausnutzung des Spezialwissens im Vorfeld eines Übernahmeangebotes besonders unwiderstehlich, weil der Kurs der Wertpapiere der Zielgesell-

240 *Hopt* in: ZGR 2002, 333 (340). Ein solches ausdrückliches Geheimhaltungsversprechen gehört mittlerweile zur bei *Due Diligence* Prüfungen üblichen internationalen Vertragspraxis. Undifferenziert ebenfalls die Informationsweitergabe bejahend: Hirte in: KK-WpÜG, § 10 Rn. 108; *Oechsler* in: NZG 2001, 817 (819); *Riehmer* in: *Haarmann/Riehmer/Schüppen*, Kommentar zum WpÜG, § 10 Rn. 21.

241 *Hopt* in: ZGR 2002, 333 (340). Im Hinblick auf den in § 3 I WpÜG normierten übernahmerechtlichen Gleichbehandlungsgrundsatz ist freilich erforderlich, dass der Bieter alle dem Großaktionär gewährten Informationen spätestens in der Angebotsunterlage auch allen übrigen Wertpapierinhabern der Zielgesellschaft zur Verfügung stellt.

242 *Riehmer* in: *Haarmann/Riehmer/Schüppen*, Kommentar zum WpÜG, § 10 Rn. 1; *Krause* in: NJW 2002, 705 (707), wohl abw. *Assmann/Cramer* in: *Assmann/Schneider*, Kommentar zum WpHG, § 14 Rn. 81.

schaft nach Bekanntwerden der Übernahmeabsicht regelmäßig in Richtung der im Übernahmeangebot offerierten Gegenleistung ansteigt[243].

Eine *Rule 2.2. CC* entsprechende der Verhinderung von Marktverzerrungen dienende Regelung fehlt jedoch im deutschen Recht. Vielmehr tritt eine Veröffentlichungspflicht des Bieters erst ein, wenn er seine Entscheidung zur Durchführung eines Übernahmeangebots gefasst hat, § 10 WpÜG. Falls es trotz Geheimhaltungspflicht und Insiderhandelsverbot im Einzelfall dennoch zu Übernahmegerüchten oder zur Ausnutzung von Spezialwissen kommt, stellt sich die Frage, auf welche Art und Weise die dadurch entstandenen Marktverzerrungen bekämpft werden können.

Das britische Recht weist hier insoweit den Weg, indem es durch eine Veröffentlichung der Übernahmepläne der weiteren Ausnutzung von Spezialwissen den Boden entzieht. Allerdings sollte die in *Rule 2.3. CC* normierte Zuständigkeitsregelung nicht kopiert werden. Zu bedenken ist, dass weder der Bieter noch die Zielgesellschaft geeignet sind, diese Veröffentlichungspflicht sachgerecht vorzunehmen. Der Bieter hat ein Interesse daran, seine Übernahmepläne geheim zu halten und wird deshalb seine Augen vor den Marktverzerrungen verschließen. Aber auch die Zielgesellschaft erscheint nicht der geeignete Absender. Denn zum einen können Marktverzerrungen auch entstehen, ohne dass die Zielgesellschaft Kenntnis von den Übernahmeplänen hat. Zum anderen kann auch die Zielgesellschaft, wie oben gezeigt, mit einer Vorabveröffentlichung zweckfremde Eigeninteressen verfolgen[244].

Vielmehr erscheint meines Erachtens die BaFin die geeignete Stelle zur Abgabe einer solchen allgemein gehaltenen Vorabveröffentlichung der Übernahmepläne des Bieters. Als Ermächtigungsgrundlage für diese Veröffentlichung dient ihr § 4 I WpÜG, der ihr die allgemeine Missstandsaufsicht zuweist. Marktverzerrungen verstoßen gegen § 3 V WpÜG, weshalb ein Eingreifen der BaFin geboten ist. Damit die BaFin ihre Aufsicht effizient ausführen kann sollte der Bieter im deutschen Recht flankierend verpflichtet sein, die BaFin darüber in Kenntnis zu setzen, welche Personen er vorab in seine Übernahmepläne einweihen möchte.

Solche, im Rahmen der allgemeinen Missstandsaufsicht vorzunehmenden Vorabveröffentlichungen, würden sicherstellen, dass es im Vorfeld von Übernahmeangeboten nicht zu Marktverzerrungen kommt, gewähren dem Bieter aber gleichzeitig auch die ökonomisch notwendige Option, Dritte vertraulich über seine

243 *Hopt* in: ZGR 2002, 333 (337); *Assmann/Cramer* in: *Assmann/Schneider*, Kommentar zum WpHG, § 14 Rn. 80. Öffentliche Übernahmeangebote gelten als „locus classicus“ des Insiderhandels.

244 Vgl. dazu das Beispiel im: 4. Kap. B. I. 3. a) 2).

Übernahmepläne zu unterrichten. Sie stellen daher ein zur Sicherstellung der kontrollierten Information der Bereichsöffentlichkeit notwendiges Korrektiv dar.

b) Erwerbsbeschränkungen, Insiderhandelsverbot

Ebenfalls nicht positivrechtlich wird vom WpÜG die praktisch relevante Frage geregelt, ob der Bieter zum Zwecke der Erhöhung der Erfolgsaussichten seines Übernahmeangebots Wertpapiere der Zielgesellschaft erwerben darf.
Bei der Beantwortung dieser Frage ist der Blick nochmals auf das Insiderrecht zu richten. Außerdem ist wiederum zwischen dem Bieter und sonstigen Personen zu differenzieren.
Der Bieter ist zwar als Primärinsider im Sinne des § 13 WpHG zu qualifizieren. Transaktionen eines Insiders in Insiderpapieren sind jedoch nur dann gemäß § 14 I S.2 WpHG unzulässig, wenn sie unter Ausnutzung der Kenntnis von einer Insidertatsache erfolgen. Am Ausnutzen eines Informationsvorsprunges fehlt es jedoch, wenn jemand einen eigenen, unabhängig vom Insiderwissen gefassten Entschluss zum Erwerb von Insiderpapieren in die Tat umsetzt[245]. Mit dem Erwerb von Wertpapieren der Zielgesellschaft setzt der Bieter nur seinen eigenen Plan in die Tat um. Der Erwerb von Wertpapieren der Zielgesellschaft durch den Bieter ist somit kein verbotenes Insidergeschäft und deshalb zulässig.
Eine davon zu unterscheidende Frage ist, ob der Bieter im Vorfeld der Veröffentlichung seiner Übernahmeabsicht eine Hilfsperson (beispielsweise ein Wertpapierdienstleistungsunternehmen) beauftragen darf, für ihn Wertpapiere der Zielgesellschaft zu erwerben.
Oben wurde bereits festgestellt, dass eine Person, die von den Übernahmeplänen des Bieters Kenntnis erlangt als Insider im Sinne des § 13 WpHG zu qualifizieren ist.
Allerdings tätigt sie nur dann ein Insidergeschäft, wenn sie ihr Insiderwissen zweckfremd verwertet. So liegt kein verbotenes Insidergeschäft vor, wenn das den Bieter begleitende Wertpapierdienstleistungsunternehmen vor der Bekanntgabe der Entscheidung im Sinne des § 10 WpÜG für den Bieter Aktien der Ziel-

245 *Cahn* in: ZHR 162 (1998), 1 (18); *Assmann* in: ZGR 2002, 696 (701); Wittich in: *v. Rosen/Seifert*, Die Übernahme börsennotierter Unternehmen, Seite: 380 (381); *Assmann/Cramer* in: *Assmann/Schneider*, Kommentar zum WpHG, § 14 Rn. 81c; *Schäfer* in: *Schäfer*, Kommentar zum WpHG, BörsG, VerkProspG, § 14 WpHG Rn. 74; *Hopt* in: ZGR 1991, 18 (33); *Assmann* in: AG 1994, 237 (253); *Steinmeyer/Häger* in: *Steinmeyer/Häger*, Kommentar zum WpÜG, § 10 Rn. 66 jeweils mit weiteren Nachweisen.

gesellschaft erwirbt[246]. Anders liegt der Fall freilich, wenn ein Mitarbeiter des Wertpapierdienstleistungsunternehmens Papiere der Zielgesellschaft zu privaten Zwecken erwirbt[247].
Der Erwerb von Papieren der Zielgesellschaft durch den Bieter selbst oder mittels beauftragter Dritter dient somit der Umsetzung seines eigenen Gesamtplanes und ist deshalb nicht als Ausnutzung einer Insiderinformation zu qualifizieren[248].

c) Vorabveröffentlichungspflichten gemäß § 15 WpHG

Fraglich ist, ob sich neben der oben geforderten Vorabveröffentlichungspflicht durch die BaFin, auch aus § 15 I WpHG eine Veröffentlichungspflicht der Übernahmepläne für Bieter oder Zielgesellschaft ableiten lässt.
§ 10 VI WpÜG bestimmt, dass § 15 WpHG nicht für Entscheidungen zur Abgabe eines öffentlichen Übernahmeangebots gilt. Die übernahmerechtliche Norm ist damit verdrängende Spezialvorschrift[249]. Die Spezialität bezieht sich aber nur auf

---

246 Ausführlich hierzu und i. E. ebenfalls zustimmend: *Assmann/Cramer* in: *Assmann/ Schneider,* Kommentar zum WpHG, § 14 Rn. 83a-83b.

247 *Assmann/Cramer* in: *Assmann/Schneider*, Kommentar zum WpHG, § 14 Rn. 83b; *Steinmeyer/Häger* in: *Steinmeyer/Häger*, Kommentar zum WpÜG, § 10 Rn. 66.

248 *Schäfer* in: *Schäfer*, Kommentar zum WpHG, BörsG, VerkProspG, § 14 WpHG Rn. 74; *Assmann* in: AG 2002, 114 (117); *Steinmeyer/Häger* in: *Steinmeyer/Häger*, Kommentar zum WpÜG, § 10 Rn. 66. Ganz anders zu beurteilen sind die im Rahmen von Übernahmeangeboten auftretenden Fälle des sog. *warehousing*. Das *warehousing* ist dadurch gekennzeichnet, dass der das Angebot planende Bieter einen Kreis seinem Vorhaben wohlgesonnener Dritter von seinen Absichten unterrichtet und diese ermutigt, ihrerseits vor Veröffentlichung der Entscheidung Wertpapiere der Zielgesellschaft zu erwerben. Der Bieter verspricht sich hiervon eine Absicherung seines Übernahmeangebots, weil er hofft, diese Papiere im Rahmen des Übernahmeverfahrens oder im Anschluss an das Übernahmeverfahren von diesen Dritten erwerben zu können. Darüber hinaus kann der Bieter auf diese Weise die beim Aufkauf von Wertpapieren gemäß § 22 WpHG bestehenden Meldepflichten umgehen. Die im Rahmen des *warehousing* angesprochenen Personen sind als Insider im Sinne des § 13 I S.3 WpHG zu qualifizieren. Folgen die Angesprochenen der Aufforderung des Bieters, um daraus eigene Vorteile zu ziehen, die über eine Provision eines fremdnützigen Verhaltens für den Bieter hinausgehen, ist in diesem Verhalten somit ein Verstoß gegen das Insiderhandelsverbot zu sehen. Ausreichend hierfür ist schon, dass diese Dritten bei Erwerb der Papiere damit rechnen, sie später mit Gewinn veräußern zu können. Aus dem Gesagten ergibt sich, dass das *warehousing* kein erlaubtes Mittel zur Absicherung eines Übernahmeangebots ist. Dazu ausführlich: *Assmann/Cramer* in: *Assmann/Schneider*, Kommentar zum WpHG, § 14 Rn. 83b; *Hopt* in: ZGR 2002, 333 (339).

249 *Assmann* in: ZGR 2002, 696 (717); *Steinmeyer/Häger* in: *Steinmeyer/Häger*, Kommentar zum WpÜG, § 10 Rn. 46; *Geibel* in: *Geibel/Süßmann,* Kommentar zum

die Entscheidung des Bieters, nicht auf andere Tatsachen im Zusammenhang mit dem Angebot, wenn die Veröffentlichung nicht zum obligatorischen Inhalt der Publizitätspflicht nach § 10 III S.1 WpÜG gehört[250]. Darüber hinaus regelt § 10 WpÜG ausschließlich Publizitätspflichten des Bieters. Deshalb bleibt § 15 WpHG im Hinblick auf eventuelle Publizitätspflichten der Zielgesellschaft grundsätzlich uneingeschränkt anwendbar[251].

Bei der Frage, ob eine Vorabveröffentlichungspflicht in der Planungsphase entstehen kann, empfiehlt es sich wiederum, zwischen Bieter und Zielgesellschaft zu differenzieren.

Dem Bieter obliegt keine Pflicht zur Vorabveröffentlichung seiner Übernahmepläne gemäß § 15 WpHG. Dies ergibt sich aus § 10 VI WpÜG, der insoweit abschließend ist.

Fraglich ist jedoch, ob er gemäß § 15 WpHG in Fällen, in denen es zu erheblichen Kursbewegungen, Gerüchten und Spekulationen in Bezug auf ein möglicherweise bevorstehendes Angebot kommt und anzunehmen ist, dass diese Gerüchte auf entsprechende Vorbereitungen des Bieters zurückzuführen sind, verpflichtet sein kann seine Absichten bekannt zu geben.

Unterstellt werden soll hierbei zum einen, dass es sich bei dem Bieter um einen Emittenten von Wertpapieren handelt, dessen Wertpapiere wie von § 15 I S.1 WpHG gefordert an einer inländischen Börse zum Handel zugelassen sind. Außerdem soll unterstellt werden, dass sich die durch die Gerüchte verursachten Kursbewegungen zumindest auch auf die Wertpapiere des Bieters erstrecken[252]. Liegen diese Voraussetzungen nicht vor, scheidet eine Veröffentlichungspflicht des Bieters gemäß § 15 WpHG nämlich von vornherein aus. Schließlich verlangt § 15 WpHG noch, dass die die Veröffentlichungspflicht auslösende Tatsache im Tätigkeitsbereich des Emittenten (Bieter) eingetreten sein müsse. Dies dürfte jedoch bei Tatsachen, die der Vorbereitung des Übernahmeangebots dienen, regelmäßig der Fall sein[253].

WpÜG, § 10 Rn. 107; *Riehmer* in: *Haarmann/Riehmer/Schüppen*, Kommentar zum WpÜG, § 10 Rn. 64.

250 *Steinmeyer/Häger* in: *Steinmeyer/Häger*, Kommentar zum WpÜG, § 10 Rn. 46; *Riehmer* in: *Haarmann/Riehmer/Schüppen*, Kommentar zum WpÜG, § 10 Rn. 64.

251 *Riehmer* in: *Haarmann/Riehmer/Schüppen*, Kommentar zum WpÜG, § 10 Rn. 64; *Hirte* in: KK-WpÜG, § 10 Rn. 100.

252 *Riehmer* in: *Haarmann/Riehmer/Schüppen*, Kommentar zum WpÜG, § 10 Rn. 65; *Geibel* in: *Geibel/Süßmann*, Kommentar zum WpÜG, § 10 Rn. 110; *Hirte* in: KK-WpÜG, § 10 Rn. 101. Eine übersichtliche Darstellung der einzelnen Tatbestandsmerkmale des § 15 WpHG liefert *Wölk* in: AG 1997, 73ff.

253 *Hirte* in: KK-WpÜG, § 10 Rn. 101; *Geibel* in: *Geibel/Süßmann*, Kommentar zum WpÜG, § 10 Rn. 111.

Nimmt man diese drei Voraussetzungen als gegeben an, ist der Bieter dennoch nicht ohne weiteres zur Veröffentlichung verpflichtet. Denn grundsätzlich ist ein Emittent von Wertpapieren nicht verpflichtet, zu Gerüchten im Markt Stellung zu nehmen oder diese richtig zu stellen[254]. Etwas anderes könne jedoch gelten, wenn die Gerüchte der Sphäre des Emittenten zuzuordnen sind, z. B. infolge von missverständlichen Äußerungen oder aufgrund einer sorgfaltgswidrigen Beachtung der Geheimhaltungspflicht[255]. Eine Pflicht des Bieters zur Klarstellung mittels einer Veröffentlichung gemäß § 15 WpHG wird bei diesen Konstellationen in Ausnahmefällen zum Teil tatsächlich unter Bemühung des Rechtsgedankens einer Pflicht aus vorangegangenem pflichtwidrigen Tun erwogen[256].
Diese These zielt zwar materiell-rechtlich in die richtige Richtung und entspricht auch der vergleichbaren Regelung in *Rule 2.2. CC.* Wie oben bereits ausgeführt, sollte die Zuständigkeit für eine Vorabveröffentlichungspflicht jedoch nicht beim Bieter liegen, sondern sollte vielmehr durch die BaFin vorgenommen werden[257]. Nach der hier vertretenen Auffassung obliegt dem Bieter somit keine Vorabveröffentlichungspflicht seiner Übernahmepläne. Im Ausnahmefall kann lediglich die BaFin zur weiteren Verhinderung von Marktverzerrungen eine klarstellende Veröffentlichung der Übernahmepläne vornehmen.
Eine davon zu unterscheidende Frage ist, ob die Zielgesellschaft unter Umständen verpflichtet sein kann, eine Veröffentlichung der Übernahmepläne des Bieters vorzunehmen. Unabhängig vom Vorliegen der rechtlichen Voraussetzungen dürfte eine solche Pflicht nur bei freundlichen Übernahmeangeboten in Betracht kommen. Denn nur bei diesen ist die Zielgesellschaft vorab über die Übernahmepläne des Bieters informiert. Bei feindlichen Übernahmeversuchen scheidet eine Vorabveröffentlichungspflicht der Zielgesellschaft damit mangels Kenntnis der Übernahmepläne schon aus tatsächlichen Erwägungen aus[258]. Unabhängig davon handelt es sich bei den Übernahmeplänen des Bieters in diesem Fall auch nicht, wie von § 15 WpHG gefordert, um eine Tatsache die im Bereich des Emittenten

---

254 *Hopt* in: ZHR 159 (1995), 135 (153); *Hopt* in: ZGR 2002, 333 (347); *Fürhoff/Wölk* in: WM 1997, 449 (455); *Geibel* in: *Geibel/Süßmann,* Kommentar zum WpÜG, § 10 Rn. 114 mit weiteren Nachweisen.

255 *Hopt* in: ZGR 2002, 333 (348); *Geibel* in: *Geibel/Süßmann,* Kommentar zum WpÜG, § 10 Rn. 114.

256 So ausdrücklich *Hopt* in: ZGR 2002, 333 (348). In dieselbe Richtung zielt: *Geibel* in: *Geibel/Süßmann,* Kommentar zum WpÜG, § 10 Rn. 114.

257 Siehe oben: 4 Kap. B. II. 1. a).

258 *Hirte* in: KK-WpÜG, § 10 Rn. 103; *Geibel* in: *Geibel/Süßmann,* Kommentar zum WpÜG, § 10 Rn. 115.

(scil.: der Zielgesellschaft) eingetreten ist[259]. Deshalb besteht Einigkeit darüber, dass eine Veröffentlichungspflicht der Zielgesellschaft nur bei freundlichen Übernahmeangeboten in Betracht kommt und nur dann, wenn der Bieter seine Übernahmepläne vorher mit dem Leitungsorgan der Zielgesellschaft erörtert hat und auf Seiten der Zielgesellschaft bereits Entscheidungen getroffen worden sind[260]. Liegen diese und die übrigen Voraussetzungen des § 15 WpHG vor, wird teilweise die Auffassung vertreten, dass mit dem Abschluss der entsprechenden Vereinbarungen auf Vorstandsebene der Zielgesellschaft eine Publizitätspflicht gemäß § 15 WpHG begründet werde[261].
Andere lehnen eine solche Ad hoc Publizitätspflicht trotzdem kategorisch ab, weil es sich hierbei um ein übernahmerechtliches und nicht um eine insiderrechtliches Problem handele, welches ausschließlich nach den Bestimmungen des Übernahmerechts gelöst werden sollte[262]. Potentielle Gespräche zwischen dem Bieter und dem Vorstand der Zielgesellschaft wären erheblich belastet, wenn der Bieter ständig damit rechnen müsste, dass der Vorstand der Zielgesellschaft die Gesprächsergebnisse in einer Ad hoc Mitteilung publik macht[263].
Die zweite Auffassung zielt in die richtige Richtung. Denn eine Publikmachung der Übernahmepläne durch die Zielgesellschaft widerspricht der Systematik des WpÜG. Dieses hat nämlich die Zuständigkeit zur Veröffentlichung der Übernahmeabsicht ausschließlich dem Bieter zugewiesen, § 10 III WpÜG. Er ist insoweit Herr des Verfahrens. Eine Ad hoc Mitteilung der Zielgesellschaft würde folglich das Regelungsanliegen des § 10 WpÜG, eine kontrollierte Information der Bereichsöffentlichkeit erst herzustellen, nachdem die Entscheidung für die Durchführung des Übernahmeangebots rechtsverbindlich gefallen ist, konterkarieren.

---

259 BaFin in: Pressemitteilung v. 26. 4. 2002, Seite: 1: „Die Zielgesellschaft braucht in der Regel keine Mitteilung zu machen, da es an einer in ihrem Tätigkeitsbereich eingetretenen neuen Tatsache im Sinne des § 15 WpHG fehlt".

260 BaFin in: Pressemitteilung v. 26. 4. 2002, Seite: 1; *Geibel* in: *Geibel/Süßmann,* Kommentar zum WpÜG, § 10 Rn. 115; *Fürhoff/Wölk* in: WM 1997, 449 (452); *Hirte* in: KK-WpÜG, § 10 Rn. 102; *Kümpel* in: AG 1997, 66 (67); *Schander/Lucas* in: DB 1997, 2109 (2112); *Happ/Semler* in: ZGR 1998, 116 (140); *Riehmer* in: *Haarmann/Riehmer/Schüppen,* Kommentar zum WpÜG, § 10 Rn. 66.

261 *Hirte* in: KK-WpÜG § 10 Rn. 103; *Hopt* in: ZGR 2002, 333 (348) der allerdings zusätzlich noch verlangt, dass die Entscheidung infolge von Indiskretionen nach außen gedrungen ist und sich damit inhaltlich an der vergleichbaren Regelung von *Rule 2.2. CC* orientiert.

262 *Schander/Lucas* in: DB 1997, 2109 (2112); *Fürhoff/Wölk* in: WM 1997, 449 (452); *Geibel* in: *Geibel/Süßmann,* Kommentar zum WpÜG, § 10 Rn. 116; *Assmann* in: ZGR 2002, 696 (715).

263 *Geibel/Süßmann,* Kommentar zum WpÜG, § 10 Rn. 116.

Außerdem ist eine solche Veröffentlichungspflicht der Zielgesellschaft auch nicht als ultima ratio geboten, wenn die Übernahmepläne infolge von Indiskretionen durchgesickert sind[264]. Vielmehr ist in solchen Fällen die BaFin der geeignete Absender einer klarstellenden Vorabveröffentlichung.
Im Ergebnis besteht somit weder für den Bieter noch für die Zielgesellschaft eine Pflicht zur Vorabveröffentlichung der Übernahmepläne gemäß § 15 WpHG.

2. Veröffentlichung der Entscheidung ein Übernahmeangebot abzugeben

§ 10 I S.1 WpÜG normiert, dass der Bieter verpflichtet ist, seine Entscheidung zur Abgabe eines Übernahmeangebots unverzüglich zu veröffentlichen. Die Norm ist § 15 WpHG (Ad hoc Publizitätspflicht) nachgebildet und soll wie diese dafür Sorge tragen, dass die Öffentlichkeit frühzeitig über marktrelevante Daten informiert wird, um das Ausnutzen von Spezialwissen zu verhindern[265]. Sie geht aufgrund der ausdrücklichen Anordnung § 15 WpHG vor, § 10 VI WpÜG[266].
Wie § 15 WpHG bezweckt § 10 WpÜG eine kontrollierte Information der Bereichsöffentlichkeit und erfüllt damit eine Präventivfunktion im Hinblick auf die Bekämpfung des Insiderhandels.
Dem § 10 WpÜG kommt jedoch auch eine verfahrenseröffnende Funktion zu: So beginnt ab dem Zeitpunkt der Veröffentlichung der Entscheidung für den Bieter die vierwöchige Frist zur Erstellung und Übermittlung einer Angebotsunterlage zu laufen, § 14 WpÜG. Außerdem beginnt mit der Veröffentlichung im Sinne des § 10 WpÜG der eingeschränkte Rahmen für Maßnahmen der Leitungsorgane der Zielgesellschaft gemäß § 33 WpÜG zu wirken[267].
Mit der Veröffentlichung ist somit das Übernahmeverfahren angestoßen, ein Zurück gibt es jetzt nicht mehr[268].

---

264 So aber *Hopt* in: ZGR 2002, 333 (348) und das britische Recht.

265 Begr-RegE. BT-Drucks. 14/7034, Seite: 39; *Geibel* in: *Geibel/Süßmann,* Kommentar zum WpÜG, § 10 Rn. 3; *Hirte* in: KK-WpÜG, § 10 Rn. 2.

266 Begr-RegE. BT-Drucks. 14/7034, Seite: 39; *Krause* in: NJW 2002, 705 (707); *Assmann* in: ZGR 2002, 696 (717); *Steinmeyer/Häger* in: *Steinmeyer/Häger*, Kommentar zum WpÜG, § 10 Rn. 46; *Geibel* in: *Geibel/Süßmann,* Kommentar zum WpÜG, § 10 Rn. 107; *Riehmer* in: *Haarmann/Riehmer/Schüppen*, Kommentar zum WpÜG, § 10 Rn. 64, *Kümpel/Assmann* in: *Assmann/Schneider,* Kommentar zum WpHG, § 15 Rn. 111.

267 *Riehmer* in: *Haarmann/Riehmer/Schüppen*, Kommentar zum WpÜG, § 10 Rn. 2; *Hirte* in: KK-WpÜG, § 10 Rn. 2; *Geibel* in: *Geibel/Süßmann,* Kommentar zum WpÜG, § 10 Rn. 3.

268 *Thoma* in: NZG 2002, 106 (108); *Geibel* in: *Geibel/Süßmann,* Kommentar zum WpÜG, § 10 Rn. 9.

a) Zeitpunkt der Veröffentlichungspflicht

Die entscheidende Frage in dieser frühen Phase des Übernahmeverfahrens ist deshalb, zu welchem Zeitpunkt der Bieter verpflichtet ist, seinen Willen zur Abgabe eines Übernahmeangebots zu veröffentlichen?

Das Gesetz verlangt, dass der Bieter seine Entscheidung zur Abgabe eines Übernahmeangebots unverzüglich zu veröffentlichen hat, § 10 I S.1 WpÜG. Den Begriff „Entscheidung" definiert es allerdings nicht. Allgemein kann von einer Entscheidung im Sinne des § 10 I S.1 WpÜG gesprochen werden, wenn der Bieter unter Einbeziehung der erforderlichen Gremien den rechtsverbindlichen Entschluss gefasst hat, ein Angebot im Sinne von § 2 I WpÜG abzugeben[269]. Der Bieter ist im Rahmen dieses Entscheidungsprozesses Herr des Verfahrens und kann den konkreten Zeitpunkt der Entscheidung somit autonom festlegen[270]. Welche Gremien der Bieter zur Herbeiführung einer rechtsverbindlichen Entscheidung einzubeziehen hat, richtet sich, sofern der Bieter keine natürliche Person ist, nach den jeweils anwendbaren gesellschaftsrechtlichen Regelungen[271].

Die einzige Vorgabe, die sich aus dem WpÜG ergibt, ist, dass ein erforderlicher Beschluss der Gesellschafterversammlung grundsätzlich nicht abgewartet werden darf, § 10 I S.2 WpÜG. Eine Veröffentlichung der Entscheidung nach einem entsprechenden Gesellschafterbeschluss hätte beispielsweise bei der Aktiengesellschaft zur Folge, dass durch die Einberufung der Hauptversammlung und der damit notwendigerweise zusammenhängenden Bekanntgabe der Tagesordnung auch die Absicht zur Abgabe eines öffentlichen Angebots bekannt gemacht wäre[272]. Dies würde zu Spezialwissen und zu Marktverzerrungen führen und somit den eigentlichen Zweck des § 10 WpÜG, eine kontrollierte und umfassende Information der Bereichsöffentlichkeit zu gewährleisten, konterkarieren. Das Angebot ist deshalb in solchen Fällen unter der Bedingung der Zustimmung der Gesellschafterversammlung abzugeben, deren Beschluss noch vor Ablauf der Angebotsfrist herbeizuführen ist, § 25 WpÜG. Allerdings kann gemäß § 10 I S.3 WpÜG die BaFin dem Bieter gestatten, eine Veröffentlichung ausnahmsweise erst nach einem entsprechenden Beschluss der Gesellschafterversammlung vorzunehmen. Eine solche Gestattung durch das BaFin wird entsprechend dem Regelungsziel des § 10 WpÜG nur dann in Betracht kommen, wenn durch ein Abwarten auf den Gesellschafterbeschluss keine Marktverzerrungen zu befürchten sind. Dies wird nur dann der Fall sein, wenn der Gesellschafterkreis überschaubar

---

269 *Riehmer* in: *Haarmann/Riehmer/Schüppen*, Kommentar zum WpÜG, § 10 Rn. 19.

270 *Riehmer* in: *Haarmann/Riehmer/Schüppen*, Kommentar zum WpÜG, § 10 Rn. 23; *Geibel* in: *Geibel/*Süßmann, Kommentar zum WpÜG, § 10 Rn. 9.

271 BaFin in: Pressemitteilung v. 26. 4. 2002, Seite: 1.

272 Begr-RegE. BT-Drucks. 14/7034, Seite: 40.

und die Vertraulichkeit gewährleistet ist[273]. Deshalb wird ein Antrag auf Suspendierung der Veröffentlichungspflicht an die BaFin praktisch nur Aussicht auf Erfolg haben, wenn es sich bei dem Bieter um eine Personengesellschaft oder um eine stark personalistisch strukturierte GmbH handelt.

Im weitaus häufigeren Fall, in welchem der Bieter als Aktiengesellschaft organisiert sein wird, bleibt es bei der Veröffentlichungspflicht vor Herbeiführung eines entsprechenden Gesellschafterbeschluss.

Auch ohne Abwarten auf einen entsprechenden Hauptversammlungsbeschluss wird es sich bei der AG aber um einen mehrstufigen Entscheidungsprozess handeln.

Deshalb stellt sich die Frage, zu welchem Zeitpunkt im Rahmen eines mehrstufigen Entscheidungsprozesses den Bieter die Veröffentlichungspflicht trifft. Die Regierungsbegründung empfiehlt zur Ermittlung dieses Zeitpunkts auf die zu § 15 WpHG entwickelten Grundsätze zurückzugreifen[274]. Im Rahmen von § 15 WpHG stellt sich die Situation zwar dahingehend etwas anders dar, da als „Emittent" im Sinne des § 15 I S.1 WpHG ohnehin allein eine AG oder KGaA betroffen sein kann und somit immer das Organ des Aufsichtsrats bei der bekanntgebenden Gesellschaft existiert. Aber ähnlich wie bei § 10 WpÜG muss bezüglich der Frage, ab welchem Zeitpunkt eine veröffentlichungspflichtige Entscheidung vorliegt, auch im Rahmen von § 15 WpHG geklärt werden, ab welchem Grad der Entscheidungsdichte eine veröffentlichungspflichtige Tatsache im Sinne des § 15 WpHG vorliegt.

Da bei der Übernahme börsennotierter Aktiengesellschaften auch der Bieter regelmäßig in der Form der AG organisiert sein wird, besteht eine insoweit vergleichbare Lage[275]. Der Verweis der Regierungsbegründung auf die zu § 15 WpHG entwickelten Grundsätze ist deshalb sachgerecht[276].

Nach nahezu einhelliger Ansicht ist im Rahmen des § 15 WpHG eine Entscheidung des Aufsichtsrats erforderlich, um bei mehrstufigen Entscheidungsprozes-

273 *Riehmer* in: *Haarmann/Riehmer/Schüppen*, Kommentar zum WpÜG, § 10 Rn. 27. *Riehmer* nennt als Beispiel für geeignete Vorkehrungen die persönliche Einladung der Gesellschafter, die den Hinweis auf die besondere Vertraulichkeit enthält.

274 Begr-RegE. BT-Drucks. 14/7034, Seite: 39.

275 Zur Rechtslage, falls der Bieter in einer anderen Gesellschaftsform organisiert sein sollte vgl. nur *Riehmer* in: *Haarmann/Riehmer/Schüppen*, Kommentar zum WpÜG, § 10 Rn. 25f.

276 Ebenso *Assmann* in: AG 2002, 114 (117); *Zinser* in: WM 2002, 15 (17); *Schüppen* in: WPg 2001, 958 (963); *Riehmer* in: *Haarmann/Riehmer/Schüppen*, Kommentar zum WpÜG, § 10 Rn. 24; *Hirte* in: KK-WpÜG, § 10 Rn. 34. Eine gegenteilige Auffassung ist nicht ersichtlich.

sen eine veröffentlichungspflichtige Tatsache im Sinne des § 15 WpHG zu begründen[277].

Grundsätzlich trifft in einer AG der Vorstand die Entscheidung zur Abgabe eines Übernahmeangebots, § 76 I AktG. Bei Geschäften von aus Bietersicht signifikanter Größenordnung dürfte jedoch die Zustimmung des Aufsichtsrats erforderlich sein, § 111 IV AktG. Häufig wird ein entsprechender Zustimmungsvorbehalt des Aufsichtsrats für grundlegende Geschäfte bzw. für Geschäfte ab einer gewissen Größenordnung in der Satzung oder in der vom Aufsichtsrat erlassenen Geschäftsordnung für den Vorstand vorgesehen sein[278].

Für die Abgabe eines Übernahmeangebots dürfte daher in der Regel eine Zustimmung des Aufsichtsrats erforderlich sein. Mithin liegt eine veröffentlichungspflichtige Entscheidung im Sinne des § 10 I S.1 WpÜG erst dann vor, wenn Vorstand und Aufsichtsrat zugestimmt haben[279]. Nach der Zustimmung dieser beiden Gremien ist die Entscheidung dann unverzüglich zu veröffentlichen[280].

---

277 *Geibel* in: *Schäfer*, Kommentar zum WpHG, BörsG, VerkProspG § 15 WpHG Rn. 75; *Kümpel* in: *Assmann*/Schneider Kommentar zum WpHG, § 15 Rn. 50; *Hopt* in: ZHR 159 (1995), 135 (152); *Burgard* in: ZHR 162 (1998), 51 (83); *Kümpel* in: WM 1996, 653 (654).

278 *Henn* in: Handbuch des Aktienrechts, Rn. 571; *Grunewald* in: Gesellschaftsrecht, Seite: 243.

279 BaFin in: Pressemitteilung v. 26. 4. 2002, Seite: 1; Assmann in: ZGR 2002, 697 (712). Anders verhält es sich freilich, wenn angesichts des geringen Transaktionsvolumens eine Zustimmung des Aufsichtsrats satzungsmäßig nicht erforderlich ist. In diesem Fall tritt die Veröffentlichungspflicht bereits mit der rechtsverbindlichen Entscheidung des Vorstands ein.

280 Das vom Bieter einzuhaltende Veröffentlichungsverfahren ist in § 10 III WpÜG geregelt. Demnach hat die Veröffentlichung in deutscher Sprache entweder in mindestens einem überregionalen Börsenpflichtblatt oder über ein elektronisch betriebenes Informationsverbreitungssystem zu erfolgen. Der Bieter muss außerdem darauf hinzuweisen, unter welcher Internetadresse die Angebotsunterlage veröffentlicht werden wird. Dadurch wird ein unmittelbarer und rascher Zugriff auf die zur Beurteilung des Übernahmeangebots maßgeblichen Daten erleichtert.
Eine erstmalige Veröffentlichung in anderer Weise ist zum Zwecke der Gewährleistung einer Einheitlichkeit der Veröffentlichungswege ausdrücklich untersagt, § 10 III S.3 WpÜG.
Das vorgegebene Veröffentlichungsverfahren orientiert sich insoweit an § 15 III S.1 WpHG. Jedoch sieht § 10 III WpÜG im Gegensatz zum WpHG keine Möglichkeit einer Befreiung von der Pflicht zur Veröffentlichung der Entscheidung in deutscher Sprache vor.

b) Inhalt der Veröffentlichung

§ 10 WpÜG macht keine konkreten Angaben zum Inhalt der Veröffentlichungspflicht. Aus dem Sinn und Zweck der Regelung ergibt sich jedoch, dass zumindest die Zielgesellschaft konkret bezeichnet werden muss und dass der Bieter auch benennen muss, auf welche Wertpapiere der Zielgesellschaft sich das Übernahmeangebot bezieht[281].
Weitergehende Hinweise zum Inhalt des beabsichtigten Angebots, namentlich zu Art und Höhe der Gegenleistung sind nicht erforderlich, aber auch nicht verboten[282].
Falls die Eckpunkte des Übernahmeangebots im Zeitpunkt der Veröffentlichung bereits feststehen, empfiehlt es sich für den Bieter diese bereits mit zu veröffentlichen. Hierdurch vermeidet er nämlich, dass ihn zusätzlich noch eine Ad hoc Publizitätspflicht gemäß § 15 WpHG hinsichtlich derjenigen Eckpunkte des Angebots trifft, die unabhängig von der Veröffentlichung der Entscheidung zur Abgabe eines Angebots geeignet sind, den Börsenkurs erheblich zu beeinflussen[283]. Letzteres kann etwa der Fall sein, wenn die Konditionen des Übernahmeangebots erheblich über den Erwartungen des Marktes liegen[284]. Denn der Bieter wird von der Veröffentlichungspflicht nach § 15 WpHG nur in dem Umfange befreit, in dem er die Veröffentlichungspflicht nach § 10 WpÜG vornimmt. Dies stellt die Regierungsbegründung zu § 10 VI WpÜG ausdrücklich klar[285].
Mithin ist im Interesse des Bieters und im Interesse einer frühzeitigen und umfassenden Information der Zielgesellschaft und der Kapitalmärkte angezeigt, den konkreten Inhalt des bevorstehenden Übernahmeangebots bereits mit der Veröffentlichung der Entscheidung im Sinne des § 10 I WpÜG zu veröffentlichen.

III. Rechtsvergleichende Diskussion und Stellungnahme

Sowohl das britische als auch das deutsche Recht sind bemüht, eine kontrollierte und umfassende Information der Bereichsöffentlichkeit sicherzustellen. Dadurch

281 Begr-RegE. BT-Drucks. 14/7034, Seite: 39; *Riehmer* in: *Haarmann/Riehmer/Schüppen*, Kommentar zum WpÜG, § 10 Rn. 43.
282 *Assmann* in: AG 2002, 114 (117); *Geibel* in: *Geibel/Süßmann*, Kommentar zum WpÜG, § 10 Rn. 33; *Hirte* in: KK-WpÜG, § 10 Rn. 23.
283 Begr-RegE. BT-Drucks. 14/7034, Seite: 39; *Assmann* in: ZGR 2002, 697 (710); *Hirte* in: KK-WpÜG, § 10 Rn. 23; *Geibel* in: *Geibel/Süßmann*, Kommentar zum WpÜG, § 10 Rn. 33.
284 *Möller/Pötzsch* in: ZIP 2001, 1257 (1258).
285 Begr-RegE. BT-Drucks. 14/7034, Seite: 40.

soll entsprechend den *General Principles* bzw. den Allgemeinen Grundsätzen ein ausreichendes Maß an Transparenz geschaffen werden, wodurch Marktverzerrungen vermieden werden sollen.

Die im Interesse der Funktionsfähigkeit der Kapitalmärkte gebotene Notwendigkeit einer kontrollierten Informationsverbreitung im Vorfeld eines Übernahmeangebots wurde von beiden Normgebern erkannt. Hinsichtlich des „ob" einer Regulierung besteht somit Einigkeit. Unterschiede zeigen sich jedoch bei der inhaltlichen Ausgestaltung bzw. dem „wie" der den Beteiligten auferlegten Veröffentlichungspflichten.

Zunächst ist aber zu bemerken, dass beide Rechtsordnungen versuchen eine unkontrollierte Informationsverbreitung der Übernahmepläne zu verhindern, indem sie dem Bieter eine grundsätzliche Geheimhaltungspflicht auferlegen, welche sie durch ein Insiderhandelsverbot flankieren. Im deutschen Recht besteht angesichts der fehlenden spezialgesetzlichen Ausgestaltung des übernahmerechtlichen Geheimhaltungsgebots für die BaFin die Aufgabe, im Einzelfall festzulegen, welche Ausnahmen dem Bieter vom Grundsatz der Geheimhaltungspflicht zu gestatten sind. Hierbei können die vom *Panel* im Rahmen der langjährigen Anwendung des *CCs* gewonnenen Erkenntnisse wertvolle Impulse liefern. In diesem Lichte sollte dem Bieter die Einweihung seiner Finanz- und Rechtsberater im Vorfeld gestattet sein. Denn zum einen unterliegen diese ebenfalls einer strafbewehrten Geheimhaltungspflicht. Zum anderen ist die Prüfung der rechtlichen und wirtschaftlichen Realisierbarkeit der Übernahme durch die Berater auch erforderlich, um unseriöse Übernahmeangebote zu verhindern. Zweitens sollte dem Bieter auch die gezielte vertrauliche Ansprache einzelner Finanzinvestoren (Private Equity Häuser oder Investmentbanken) gestattet sein. Denn ohne Finanzinvestoren, die dem Bieter das erforderliche Fremd- und/oder Eigenkapital zur Verfügung stellen, ist eine Transaktion praktisch nicht realisierbar. Der *CC* weist jedoch zu Recht darauf hin, dass die Verhandlung mit Banken und Finanzinvestoren die latente Gefahr in sich birgt, dass die Übernahmepläne unkontrolliert an die Öffentlichkeit gelangen. Um dies zu verhindern schreibt das britische Recht vor, dass eine vorherige Konsultation des *Panels* erforderlich ist und dass die Ansprache von mehr als sechs Investoren eine Vorabveröffentlichungspflicht nach sich ziehen kann. Richtig ist an diesem Rechtsgedanken, dass die Gefahr eines vorzeitigen Bekanntwerdens der Übernahmepläne größer wird, je mehr Investoren der Bieter kontaktiert. Die Zahl sechs hat sich hierbei in der langjährigen Praxis des Panels als angemessene Richtschnur herausgebildet. Hieran sollte sich die BaFin orientieren. Wichtiger ist jedoch, dass der Bieter sie vorab darüber informiert, welche Investoren er zu kontaktieren beabsichtigt. Denn nur dann kann die BaFin überprüfen, ob etwaige Gerüchte oder plötzliche Kursschwankungen auf ein Verhalten des Bieters zurückzuführen sind.

Das gleiche gilt für die Vorabinformation der Zielgesellschaft. Ihre Einschaltung liegt im wirtschaftlichen Interesse des Bieters, birgt jedoch die Gefahr in sich, dass die Zielgesellschaft die Übernahmepläne veröffentlicht. Deshalb ist auch in diesem Fall eine Einschaltung der BaFin erforderlich, damit diese prüfen kann, ob sie zur Verhinderung von Marktverzerrungen eine auf § 4 WpÜG gestützte Vorabveröffentlichung vornehmen muss.
Damit ist auch schon der Bogen zu den im britischen Recht gemäß *Rule 2.2. CC* ausdrücklich vorgesehenen Vorabveröffentlichungspflichten gespannt. Diese Vorabveröffentlichungspflichten haben die Aufgabe, Marktverzerrungen zu verhindern, falls im Einzelfall trotz Geheimhaltungspflicht und Insiderhandelsverbot das gesetzgeberische Ziel, die kontrollierte Information der Bereichsöffentlichkeit über die Übernahmeabsicht des Bieters, gefährdet ist. Sie stellen daher ein notwendiges Korrektiv bzw. aus Sicht des Bieters eine Sanktion für vorangegangenes pflichtwidriges Tun dar. Es wurde bereits angedeutet, dass es sinnvoll sei, diese Vorabveröffentlichungspflichten im Einzelfall auch auf das deutsche Übernahmerecht zu übertragen.
Auch wurde bereits dargelegt, dass weder der Bieter noch die Zielgesellschaft der geeignete Absender dieser Vorabveröffentlichungspflicht sein sollten[286]. Deshalb erscheint es auch nicht sachgerecht, eine Ad hoc Publizitätspflicht der Zielgesellschaft gemäß § 15 WpHG begründen zu wollen. Vielmehr sollte die BaFin im Rahmen ihrer Missstandsaufsicht eine neutral formulierte, allgemein gehaltene Veröffentlichung der Übernahmepläne vornehmen, sofern dies im Einzelfall geboten erscheint. An den Inhalt einer solchen Veröffentlichung sollten keine hohen Anforderungen gestellt werden. Ausreichend ist vielmehr die Ankündigung, dass ein Bieter X die Übernahme einer Zielgesellschaft plant. Die Identität der Zielgesellschaft ist offen zu legen, denn ihre Wertpapiere sind es, die zum Spekulationsobjekt in der Planungsphase werden. Demgegenüber ist die Offenlegung der Identität des Bieters nicht erforderlich.
Die wichtigste Frage in diesem Kontext ist jedoch, in welchem Umfang die BaFin von ihrer Misstandsaufsicht Gebrauch machen sollte, d. h. wann eine Vorabveröffentlichungspflicht in Betracht kommt.
Hierfür ist zunächst festzustellen, dass ebenso wie die Ankündigung eines Übernahmeangebots auch die bloße Ankündigung im Sinne von *Rule 2.2. CC*, dass Gespräche zwischen Bieter und Zielgesellschaft stattfinden, nie ohne Auswirkungen auf die Kurse der betroffenen Gesellschaften bleiben wird. Aus diesem Grund verlangt *General Principles 3 CC* vom Bieter auch, ein Angebot erst nach sorgfältiger Überlegung abzugeben. Dieser Grundsatz hat für alle Ankündigungen Gültigkeit. Es gilt mithin unbedacht getätigte Ankündigungen bzw. Ankündi-

286 Siehe: 4. Kap. B. II. 1. c).

gungen ohne ausreichende Tatsachenbasis zu vermeiden. Dies bedeutet für die hier zu untersuchenden Vorabveröffentlichungspflichten, dass sie aufgrund der oben beschriebenen Kursrelevanz, selbst wenn sie lediglich den allgemeinen Inhalt haben, dass Gespräche stattfinden, erst dann veröffentlicht werden sollten, wenn sie auf einer hinreichend fundierten Tatsachenbasis beruhen. Eine hinreichend fundierte Tatsachenbasis besteht in der Vorbreitungsphase eines Übernahmeverfahrens aber regelmäßig erst dann, wenn sich der Bieter verbindlich zur Abgabe eines Übernahmeangebots entschieden hat, im Sinne von *Rule 2.5. CC* bzw. § 10 WpÜG. Ab diesem Zeitpunkt ist der Bieter in beiden Rechtsordnungen verpflichtet, dass Übernahmeverfahren auch tatsächlich durchzuführen. Der Entscheidung zur Abgabe eines Übernahmeangebot bzw. der *firm intention to make an offer* kommt somit eine verfahrenseröffnende Funktion zu. Vorher kann der Bieter, ohne rechtliche Nachteile befürchten zu müssen, von seinen Übernahmeplänen Abstand nehmen. Auch für die Zielgesellschaft hat eine Vorabveröffentlichung, der kein entsprechendes Übernahmeangebot nachfolgt, keine unmittelbaren negativen rechtlichen Konsequenzen.
Festzuhalten ist somit, dass weder der Bieter noch die Zielgesellschaft an den Inhalt der von der BaFin publizierten Vorabveröffentlichungen gebunden sind. Es handelt sich nicht um rechtlich bindende Erklärungen. Bedenkt man nun noch welche weitreichenden wirtschaftlichen Auswirkungen eine Vorabveröffentlichung haben kann, dann liegt der Schluss nahe, diese nur sehr restriktiv und damit als ultima ratio zur Verhinderung von Marktverzerrungen einzusetzen.
Die in *Rule 2.2. CC* vom *Panel* im Laufe der Jahre entwickelten Kriterien können hier wiederum als Maßstab herangezogen werden.
Eine Vorabveröffentlichung sollte deshalb vor allen Dingen in Erwägung gezogen werden, wenn vom Bieter zu viele Personen vorab in die Übernahmepläne eingeweiht wurden, wenn im Markt eindeutige Gerüchte über die Übernahmepläne des Bieters kursieren, oder wenn die Wertpapiere der Zielgesellschaft hohen Kursschwankungen unterliegen. Die BaFin hat allerdings insbesondere bei den Kriterien „Übernahmegerüchte" und „Kursschwankungen" genau zu untersuchen, ob diese auch tatsächlich auf die fehlende Geheimhaltung der Übernahmepläne durch den Bieter zurückzuführen sind.
Ist dies der Fall, ist in allen drei Fällen auch aus der Sicht des Bieters eine Vorabveröffentlichung als angemessen zu qualifizieren, weil er sie durch sein vorangegangenes pflichtwidriges Tun selbst verursacht hat. Erst recht verhältnismäßig ist ein Einschreiten der BaFin, wenn alle drei Kriterien kumulativ vorliegen.
Ein einzelfallbezogener Einsatz von Vorabveröffentlichungen durch die BaFin ist somit das geeignete Mittel zur Verhinderung von Marktverzerrungen, bevor eine verbindliche Entscheidung zur Abgabe eines Übernahmeangebots gefallen ist.

C. Die Abgabe des Übernahmeangebots

Nach Veröffentlichung seiner Übernahmeabsicht ist der Bieter sowohl nach britischem als auch nach deutschem Recht verpflichtet, eine Angebotsunterlage zu erstellen und zu veröffentlichen.
Diese Pflicht zur Verfassung und Publizierung einer Angebotsunterlage stellt den Kern der auf Sicherstellung eines transparenten und informativen Übernahmeverfahrens gerichteten Regelungen dar[287]. Mit ihrer Normierung soll erreicht werden, dass alle von dem Übernahmeverfahren Betroffenen -die Aktionäre der Zielgesellschaft, aber auch deren Leitung und ihre Arbeitnehmer sowie die Aufsichtsbehörden und die Öffentlichkeit selbst- über die Modalitäten des Angebots und dessen Auswirkungen sachgerecht, umfassend und wahrheitsgemäß informiert werden. Insbesondere für die Aktionäre der Zielgesellschaft als primäre Adressaten der Angebotsunterlage soll mittels der Angebotsunterlage eine hinreichend sichere Grundlage für die Entscheidung über die Annahme oder Ablehnung des Übernahmeangebots geschaffen werden[288].
Die Vorschriften betreffend die Ausgestaltung des Übernahmeangebots haben jedoch nicht nur sicherzustellen, dass die Betroffenen alle notwendigen Informationen erhalten. Daneben haben sie auch zu gewährleisten, dass alle Wertpapierinhaber der Zielgesellschaft gleich behandelt werden[289].
Aus diesen Regelungszielen ergibt sich bereits der Untersuchungsgegenstand dieses Abschnitts: Welche inhaltlichen Angaben und sonstigen Vorgaben müssen zur Erreichung der oben genannten Regelungszwecke in einer Angebotsunterlage enthalten sein? (dazu unter I.)
Im Anschluss daran soll, gewissermaßen als eine Art Exkurs, eine weitere wichtige Erscheinungsform des Übernahmeangebots dargestellt und rechtsvergleichend untersucht werden, das Pflichtangebot (dazu unter II.).

I. Die Angebotsunterlage

Die Angebotsunterlage stellt das Kernstück eines öffentlichen Übernahmeangebots zum Erwerb von Wertpapieren dar.

---

287 *Liebscher* in: ZIP 2001, 853 (861); *Steinmeyer/Häger* in: *Steinmeyer/Häger*, Kommentar zum WpÜG, § 11 Rn. 2.

288 *Evans* in: *Button,* A Practitioners Guide, Seite: 183 (184); *Stamp* in Company Law I, Seite: 343; *Liebscher* in: ZIP 2001, 853 (861); *Renner* in: *Haarmann/Riehmer/Schüppen*, Kommentar zum WpÜG § 11 Rn. 10.

289 *Zschocke* in: DB 2002, 77 (78).

Rechtstechnisch handelt es sich bei der Angebotsunterlage zum einen um das verbindliche Angebot des Bieters an die Wertpapierinhaber der Zielgesellschaft zum Abschluss eines Erwerbsvertrages (Kauf- bzw. Tauschvertrag, abhängig von der Art der Gegenleistung).
Zum anderen erfüllt die Angebotsunterlage die Funktion eines Prospekts[290].

1. Pflichten des Bieters bei der Erstellung der Angebotsunterlage nach britischem Recht

Im Laufe der Jahre wurden die Vorgaben, die der *CC* bezüglich des notwendigen Inhalts der Angebotsunterlage (*offer document*) aufstellte, immer detaillierter und umfangreicher. Dies ist zum einen darauf zurückzuführen, dass die Bestimmungen des *CCs* insgesamt an Regelungsdichte zunahmen. Entscheidend für die nunmehr sehr hohe Regelungsdichte ist aber, dass die Wertpapierinhaber der Zielgesellschaft mit der Annahme des Übernahmeangebots eine Vertragsbeziehung (*contractual relationship*) mit dem Bieter begründen, deren Inhalt sich nach dem Inhalt der Angebotsunterlage bestimmt[291].
Der Bieter kann nicht entsprechend dem Grundsatz der Vertragsfreiheit die Angebotsbedingungen selbst festlegen. Vielmehr ist die Gestaltungsfreiheit des Bieters bei der Abfassung der Angebotsunterlage stark eingeschränkt[292]. Gerechtfertigt ist diese Einschränkung aufgrund der Unterlegenheit des Vertragspartners, dem jeweiligen Wertpapierinhaber der Zielgesellschaft, in informationeller und struktureller Hinsicht[293].
Die Angebotsunterlage erfüllt vor allem eine Informationsfunktion[294]. Sie soll dazu dienen, das Übernahmeverfahren transparenter zu gestalten.
Welchen allgemeinen inhaltlichen Anforderungen sie genügen muss, verdeutlichen die *General Principles 4* und *5 CC*, die der Bieter bei der Abfassung der Angebotsunterlage besonders zu beachten hat:

No. 4: Shareholders must be given sufficient information and advice to enable them to reach a properly informed decision and must have sufficient time to do so. No relevant information should be withheld from them.

---

290 *Weinberg/Blank* in: On Takeovers and Mergers, Rn. 4-5002; *Stamp* in Company Law I, Seite: 343.

291 *Evans* in: *Button,* A Practitioners Guide, Seite: 183 (184).

292 *Weinberg/Blank* in: On Takeovers and Mergers, Rn. 4-5007: *The code lays down detailed requirements to what the Offeror must include in the offer document which it send to the shareholders of the target.*

293 Vgl.: 1 Kap. B. IV. 2.

294 *Lee* in: EWS 1990, 241 (244); *Stamp* in Company Law I, Seite: 343.

No. 5: Any document or advertisement addressed to shareholders containing information or advice from an offeror or the board of the offeree company or their respective advisers must, as is the case with a prospectus be prepared with the highest standard of care and accuracy.

Diese beiden Prinzipien werden durch *Rule 19 CC* und *Rule 23 CC* konkretisiert[295]. *Rule 19 CC* verlangt, dass die Angebotsunterlage den höchsten Ansprüchen an Sorgfalt genügen müsse und dass die dargestellten Informationen adäquat und korrekt wiedergegeben werden müssen. Beim Verfassen der Angebotsunterlage hat der Bieter die unterschiedlichen wirtschaftlichen Kenntnisse der Empfänger zu berücksichtigen.

Dies bedeutet insbesondere, dass die in der Angebotsunterlage verwendeten Angaben eindeutig und präzise zu formulieren sind, *Rule 19.1. Note 2 CC*[296]. Für jede in der Angebotsunterlage publizierte Tatsache muss eine Quellenangabe erfolgen[297]. Falls der Bieter Diagramme, Graphiken oder Charts benutzt, haben er und sein Finanzberater sicherzustellen, dass diese nicht die Gefahr einer Fehlinterpretation in sich bergen[298]. Maßgeblich ist, ob die Empfänger, deren wirtschaftliche Kenntnisse unterschiedlich sein können, den Inhalt der Angebotsunterlage hinreichend verstehen können und somit in der Lage sind, die Vor- und Nachteile des Angebots abzuwägen[299].

Der vorgeschriebene Inhalt der Angebotsunterlage ist von dem Grundsatz geprägt, dass alle für das Angebot relevanten Fakten umfassend offen zu legen sind. Damit wird bezweckt, die für die Wertpapierinhaber der Zielgesellschaft bestehende Unsicherheit hinsichtlich der Angemessenheit der Übernahmeofferte abzumildern. Letztendlich soll die Angebotsunterlage ihnen die Möglichkeit verschaffen, in Kenntnis aller relevanten Fakten über die Annahme des Angebots zu entscheiden. Falls dennoch Zweifel bestehen bleiben, wird den Wertpapierinhabern geraten, sich an einen unabhängigen Finanzdienstleister zu wenden. Deshalb hat jede Angebotsunterlage mit den Hinweis zu beginnen, dass der Adressat sich bei Zweifeln bezüglich des Übernahmeangebots an einen unabhängigen, nach

---

295 *Evans* in: *Button,* A Practitioners Guide, Seite: 183 (184); *Farrar* in: Company Law; *Morse* in: Company Law, Seite: 611f.

296 *Stedman* in: Takeovers, Seite: 242.

297 *Rule 19.1. Note 3 CC.*

298 *Weinberg/Blank* in: On Takeovers and Mergers, Rn. 4-5002; *Stedman* in: Takeovers, Seite: 242.

299 *Evans* in: *Button,* A Practitioners Guide, Seite: 183 (184); *Stamp* in Company Law I, Seite: 343.

den Regeln des *Financial Services Act 1986* inkorporierten Finanzdienstleister wenden solle, *Rule 24.2. (d) (i) CC*[300].

Mithin stellt im britischen Recht die Angebotsunterlage ein sehr wichtiges Instrument zur Erfüllung des in den *General Principles* normierten Transparenzgebotes dar. Welche konkreten Vorgaben der *CC* zur Erfüllung dieser Transparenzfunktion aufstellt, soll im Folgenden dargestellt und untersucht werden.

a) Zeitliche Vorgaben

Im Interesse einer raschen Durchführung des Übernahmeverfahrens schreibt *Rule 31.1. CC* vor, dass die Angebotsunterlage grundsätzlich innerhalb von 28 Tagen nach Veröffentlichung der festen Absicht, ein Angebot im Sinne von *Rule 2.5. CC* abzugeben, an die Anteilseigner der Zielgesellschaft zu versenden ist. Falls der Bieter von dieser Vier Wochen Frist abweichen möchte, ist eine vorherige Konsultation des *Panels* erforderlich.

Eine formelle Prüfung der Angebotsunterlage durch das *Panel*, vor Veröffentlichung derselben, ist im britischen Recht nicht vorgesehen. Durch die an verschiedener Stelle im *CC* normierten Konsultationspflichten des Bieters gegenüber dem *Panel* bereits im Vorfeld der Angebotsabgabe ist aber trotzdem sichergestellt, dass keine unvollständigen oder nicht ernst gemeinten Angebotsunterlagen veröffentlicht werden.

b) Inhaltliche Anforderungen

Welche inhaltlichen Angaben die Angebotsunterlage nach britischem Recht enthalten muss, richtet sich im Wesentlichen nach *Rule 24 CC* mit ihren insgesamt dreizehn Unterpunkten.

1) Angaben zum Bieter

Angaben zur Identität des Bieters sowie Angaben zu sämtlichen bereits bestehenden Beteiligungen des Bieters an der Zielgesellschaft müssen bereits in der Veröffentlichung der Übernahmeabsicht im Sinne von *Rule 2.5. CC* enthalten sein.

300 Das erforderliche *heading stating* muss folgenden Wortlaut haben: „*If you are in doubt about this offer you should consult an independent financial adviser authorised under the Financial Services Act 1986*“.

(a) Formelle Angaben

Selbstverständlich muss auch die Angebotsunterlage selbst Angaben zur Identität des Bieters enthalten. Diese formellen Angaben, nämlich Name und Anschrift des Bieters und der Tag der Veröffentlichung des Übernahmeangebots sind gemäß *Rule 24.2. (d) (ii) CC* in die Angebotsunterlage aufzunehmen.
Um der Gefahr einer Identitätsverschleierung des Bieters, insbesondere bei kompliziert aufgebauten Konzernstrukturen zu begegnen, verlangt *Rule 24.8. CC* die Abgabe einer Erklärung, ob Wertpapiere, die aufgrund des Übernahmeangebots erworben werden, später an einen Dritten transferiert werden sollen. Falls keine derartigen Absichten bestehen, ist dies ebenfalls in der Angebotsunterlage anzugeben, *Rule 24. 8. CC.* In der Angebotsunterlage ist somit die Identität etwaiger Hintermänner des formellen Bieters aufzudecken.
Diese Pflicht trägt dem Umstand Rechnung, dass es für die Aktionäre der Zielgesellschaft bedeutsam ist zu wissen, wer hinter dem Angebot steht[301]. Dementsprechend sind in der Angebotsunterlage auch die Anschrift und der Gerichtsstand des „wahren Bieters" anzugeben.

(b) Angabe wirtschaftlicher Daten des Bieters

Die Pflicht zur Veröffentlichung von wirtschaftlichen Kennzahlen ist im britischen Recht von zentraler Bedeutung.
Welche wirtschaftlichen Daten der Bieter in die Angebotsunterlage aufzunehmen hat, hängt formal davon ab, ob es sich bei dem Bieter um eine Gesellschaft handelt, die nach den Regeln des *Companies Act 1985* oder eines seiner Vorgänger inkorporiert wurde und davon, ob ihre Anteile an der Börse gehandelt werden oder nicht, *Rule 24.2. CC*[302]. Der sachliche Unterschied dieser Differenzierung ist jedoch marginal bzw. nicht existent. Falls nämlich die Bietergesellschaft nicht gemäß dem *Companies Act 1985* gegründet wurde, ist sie trotzdem verpflichtet, die gleichen Informationen zu veröffentlichen, die eine *Companies Act* Gesellschaft veröffentlichen muss, *Rule 24.2. (c) (i) CC*[303]. Aus diesem Grund soll hier nur eine Darstellung derjenigen Veröffentlichungspflichten erfolgen, die einer

301 *Stedman* in: Takeovers, Seite: 253; *v. Kapff* in: Übernahmeangebote, Seite: 120.

302 *Evans* in: *Button,* A Practitioners Guide, Seite: 183 (193); *Weinberg/Blank* in: On Takeovers and Mergers, Rn. 4-5013.

303 Panel Report Year Ended 31 March 1990, Seite 1 (7); Vgl. zur geschichtlichen Entwicklung der äquivalenten Informationspflicht bei nicht korporierten Gesellschaften die Darstellung bei *Weinberg/Blank* in: On Takeovers and Mergers, Rn. 4-5013. Die Regelungslücke wurde anlässlich der Übernahme der *House of Fraser Holdings plc.* durch einen nicht korporierten Bieter im Jahre 1990 offensichtlich.

nach dem *Companies Act 1985* inkorporierten und an der Börse gelisteten Bietergesellschaft obliegen.
Der *CC* geht davon aus, dass für die Wertpapierinhaber der Zielgesellschaft die wirtschaftliche Verfassung des Bieters von besonderer Relevanz ist. Deshalb verpflichtet er den Bieter zu einer umfangreichen Aufnahme von betriebswirtschaftlichen Daten in die Angebotsunterlage. Er erkennt jedoch auch, dass Informationen betreffend die Ertragslage der Bietergesellschaft bei Umtauschangeboten von größerer Relevanz sind als bei reinen Barangeboten. Deshalb obliegen dem Bieter bei Umtauschangeboten wesentlich umfangreichere Informationspflichten als bei reinen Barangeboten.

(1) Anzugebende wirtschaftliche Daten bei reinen Barangeboten

Bei reinen Barangeboten reicht es gemäß *Rule 24.2. (b) (i)-(iv) CC* aus, wenn die Angebotsunterlage Angaben zum Umsatz und zum Bruttogewinn bzw. -verlust der letzten zwei Jahre, Angaben zu den in den Bilanzen aufgeführten Vermögenswerten, die Namen der Direktoren, sowie Angaben zum Tätigkeitsschwerpunkt der Gesellschaft enthält.

(2) Anzugebende wirtschaftliche Daten bei Umtauschangeboten

Wesentlich umfangreicher sind die Offenlegungspflichten des Bieters, sobald die vom Bieter offerierte Gegenleistung einen Aktienanteil enthält[304].
Aufzunehmen sind dann gemäß *Rule 24.2. (a) (i) CC* jeweils für die letzten drei Jahre: Der Umsatz, der Vorsteuer- und der Nettogewinn, die Abgabenlast, Minderheitenbeteilungen, die ausgeschüttete Dividende und die Dividende pro Aktie. Daneben hat der Bieter Angaben zu den in der geprüften Bilanz ausgewiesenen Aktiva und Passiva zu machen, ein *cash-flow Statement* abzugeben, sowie detaillierte Angaben über alle nach der letzten Bilanz eingetretenen wesentlichen Änderungen der finanziellen und wirtschaftlichen Situation zu machen, bzw. eine Erklärung abzugeben, dass keine wesentlichen Änderungen eingetreten sind, *Rule 24.2. (a) (ii-(iv) CC.*
Darüber hinaus ist er noch verpflichtet, erläuternde Angaben zur Rechnungslegung sowie etwaige Quartalsberichte zu veröffentlichen. Außerdem muss die Angebotsunterlage -wie bei Barangeboten- die Namen der Direktoren, sowie Anga-

304 Zur Klarstellung sei angemerkt, dass die umfangreichen Veröffentlichungspflichten dem Bieter bereits dann obliegen, sobald die von ihm offerierte Gegenleistung auch nur einen geringen Aktienanteil enthält, *Rule 24.2. (a) CC: „(...) where the consideration includes securities (...)“* .

ben zum Tätigkeitsschwerpunkt der Gesellschaft enthalten, *Rule 24.2. (a) (v)-(x) CC*.

Außerdem hat der Bieter noch detaillierte Angaben bezüglich aller nicht zum gewöhnlichen Tätigkeitsbereich gehörenden wesentlichen Verträge zu machen, die er innerhalb der letzten zwei Jahre vor Beginn der Angebotsphase geschlossen hat, *Rule 24.2. (a) (xi) CC.*

Die umfassende Informationspflicht des Bieters bei Umtauschangeboten ist notwendig, weil sich die Aktionäre der Zielgesellschaft ein zutreffendes Bild über die Werthaltigkeit der als Gegenleistung angebotenen Wertpapiere machen müssen. Demgegenüber reicht es bei reinen Barangeboten aus, wenn den Wertpapierinhabern der Zielgesellschaft diejenigen Angaben zur Verfügung stehen, anhand derer sie sich ein zutreffendes Bild über die Seriosität und Bonität ihres potentiellen Vertragspartners machen können. Hierzu sind die gemäß *Rule 24.2. (b) (i)-(iv) CC* bei reinen Barangeboten erforderlichen Angaben notwendig aber auch ausreichend.

(c) Offenlegung von Beteiligungen des Bieters

Der Bieter hat in jedem Falle seine Beteiligungen an der Zielgesellschaft offen zu legen. Dieselbe Offenlegungspflicht trifft auch die Direktoren der Bietergesellschaft, alle sonstigen Personen, die mit dem Bieter zusammen handeln („*acting in concert*"), alle Personen die sich vor Veröffentlichung der Angebotsunterlage unwiderruflich zur Annahme des Angebots verpflichtet haben sowie alle Personen, die sich in irgendeiner Art und Weise gegenüber dem Bieter oder einer ihm zuzurechnenden Person verpflichtet haben, sich im Falle eines Übernahmeangebotes in einer bestimmten Weise zu verhalten, *Rule 24.3. (a) (i)-(v) CC*[305]. Zudem ist jeder Erwerb und jede Veräußerung der aufgeführten Wertpapiere durch die genannten Personen innerhalb der letzten zwölf Monate in der Angebotsunterlage offen zu legen, *Rule 24.3. (c) CC.*

Diese Angaben ermöglichen dem einzelnen Wertpapierinhaber der Zielgesellschaft die Erfolgschancen des Übernahmeversuchs, die bei einer hohen Beteiligung der o. g. genannten Personen an der Zielgesellschaft naturgemäß größer sein werden, sachgerecht zu beurteilen. Sie dienen damit der Beantwortung der Frage, ob er nach Abschluss des Übernahmeverfahrens als Minderheitsaktionär in der Zielgesellschaft verbleiben wird. Außerdem ist er anhand der Beteiligungsverhältnisse in der Lage das Gewicht seines eigenen Aktienpakets und den Kontrollwert seiner Anteile abzuschätzen. Schließlich wird durch die Offenle-

---

305 Falls es sich um ein Umtauschangebot handelt, haben die genannten Personen auch ihre Anteile an der Bietergesellschaft offen zu legen.

gung ihrer Beteiligungen sichtbar, ob sich die Direktoren der Bietergesellschaft bei der Abgabe des Übernahmeangebots nur von den Regeln der ökonomischen Vernunft leiten ließen oder ob noch andere unter Umständen private und damit sachfremde Erwägungen eine Rolle spielten[306].
Mithin ist die Kenntnis der Beteiligungsverhältnisse des Bieters für die Wertpapierinhaber der Zielgesellschaft von wesentlicher Bedeutung für ihre Desinvestitionsentscheidung.

2) Angaben bzgl. der Wertpapiere der Zielgesellschaft

Die Angebotsunterlage muss auch genaue Angaben bezüglich derjenigen Wertpapiere enthalten, auf die sich das Übernahmeangebot bezieht.
So hat die Angebotsunterlage darüber Auskunft zu geben, ob die zu erwerbenden Wertpapiere der Zielgesellschaft mit oder ohne Dividendenberechtigung transferiert werden sollen, *Rule 24.2. (d) (iii) CC.* Die Höhe der offerierten Gegenleistung ist genau zu bezeichnen. Im Falle eines Umtauschangebots (*securities exchange offer*) sind außerdem Angaben darüber zu machen, ab welchem Datum die Aktionäre der Zielgesellschaft dividendenberechtigt sind, *Rule 24.2. (d) (iv) (vi) CC.*
Daneben muss die Angebotsunterlage noch den gewichteten Kursverlauf der Aktien der Zielgesellschaft innerhalb der letzten sechs Monate, den Kurs unmittelbar vor Beginn der Angebotsphase, sowie den Kurs unmittelbar vor Veröffentlichung wiedergeben, *Rule 24.2. (d) (vi) CC.* Im Falle eines Umtauschangebots sind auch für die Papiere des Bieters die genannten Charts anzugeben.
Falls irgendein Dokument des Bieters einen Vergleich zwischen dem Angebotspreis und früheren Kursen der Papiere der Zielgesellschaft enthält, hat dasselbe Dokument an herausgehobener Stelle auch den Angebotspreis und den Wert der Papiere der Zielgesellschaft am letzten Handelstag vor dem Beginn der Angebotsphase darzustellen, *Rule 24.2. (g) CC.*
Die Pflicht zur Angabe der dargestellten Kurscharts ist ein geeignetes Instrumentarium zur Ermittlung der Werthaltigkeit des Angebots. Sie ermöglicht es den Wertpapierinhabern der Zielgesellschaft die Kursentwicklung ihrer Papiere in Beziehung mit dem Übernahmeversuch zu setzen.
Dadurch können sie erkennen, ob andere Marktteilnehmer dem Angebot positiv oder negativ gegenüberstehen. Hieraus lassen sich wichtige Rückschlüsse für die eigene Desinvestitionsentscheidung ziehen. Indem der *CC* dem Bieter auch die

306 Dieselbe Zielrichtung hat auch die Angabepflicht der durch die Übernahme bedingten Veränderungen der Vergütung der Direktoren der Bietergesellschaft, *Rule 24.4. CC.*

Art und Weise der Darstellung der vergleichenden Kurscharts vorgibt, minimiert er das Risiko einer Publizierung von missverständlichen und damit irreführenden Grafiken. Die detaillierte Regelung ist deshalb im Lichte von *General Principle 5 CC* konsequent.

3) Art und Höhe der angebotenen Gegenleistung

Grundsätzlich stellt es der *CC* in das Belieben des Bieters, ob er als Gegenleistung Barmittel, Wertpapiere oder eine Mischung aus beidem offeriert. Auch die Höhe der Gegenleistung unterliegt grundsätzlich nur den Regeln der ökonomischen Vernunft. Über die Attraktivität der vom Bieter offerierten Gegenleistung haben die Anteilseigner selbst anhand der ihnen durch die Angebotsunterlage vermittelten Informationen zu entscheiden. Bei Vorliegen bestimmter Voraussetzungen kann der Bieter allerdings seine Gestaltungsfreiheit sowohl hinsichtlich der Art als auch hinsichtlich der Höhe der zu offerierenden Gegenleistung verlieren.

(a) Pflicht zum Barangebot oder zur Ausstattung des Angebots mit einer Barangebotsalternative

Der Bieter ist verpflichtet, sein Übernahmeangebot mit einer Barangebotsalternative auszustatten, wenn er oder eine ihm zuzurechnende Person innerhalb von zwölf Monaten vor Beginn der Angebotsphase, oder während der Laufzeit des Angebots zehn Prozent einer Klasse von Wertpapieren der Zielgesellschaft gegen Zahlung einer Geldleistung erwirbt, *Rule 11.1. (a) CC*[307]. Denn in diesem Fall fordert der in *General Principle 1 CC* niedergelegte Gleichbehandlungsgrundsatz, dass allen Wertpapierinhaber der Zielgesellschaft Barmittel und nicht bloß Wertpapiere als Gegenleistung offeriert werden müssen. Der *CC* setzt den Gleichbehandlungsgrundsatz in diesem Zusammenhang jedoch nicht stringent um, indem er dem Bieter den Erwerb eines Aktienpakets in Höhe von bis zu zehn Prozent sanktionslos gestattet.

307 *Weinberg/Blank* in: On Takeovers and Mergers, Rn. 4-6025; *Pearson* in: *Button,* A Practitioners Guide, Seite: 125 (139); *Weinberg/Blank* in: On Takeovers and Mergers, Rn. 4-4034. Außerdem kann das *Panel* den Bieter auch dann verpflichten sein Angebot mit einer Barangebotsalternative auszustatten, wenn es der Auffassung ist, dass dies zur Durchsetzung des in *General Principles No. 1 CC* normierten Gleichbehandlungsgrundsatzes geboten ist, *Rule 11.1. (b) CC.*

(b) Mindestpreis bei Vorerwerben

Der *CC* kennt zwei verschiedene Arten von Vorerwerben, die beide dazu führen, dass der Bieter den höchsten beim Vorerwerb gezahlten Erwerbspreis nicht unterschreiten darf.

Zum einen greift die Höchstpreisregel, wenn der Bieter oder eine ihm zuzurechnende Person innerhalb von zwölf Monaten vor Beginn der Angebotsphase, zehn Prozent einer Klasse von Wertpapieren der Zielgesellschaft erwirbt, *Rule 11.1. (a) CC*. Zum anderen darf unabhängig vom Umfang des Beteiligungserwerbs der Angebotspreis den höchsten in der Vorphase gezahlten Preis nicht unterschreiten, wenn der Bieter innerhalb von drei Monaten vor Beginn der Angebotsphase Anteile der Zielgesellschaft erworben hat, *Rule 6.1. (a) CC*[308].

Der *CC* differenziert somit hinsichtlich der Nähe des Erwerbsvorgangs des Bieters. Erfolgte der Wertpapiererwerb weniger als drei Monate vor Beginn der Angebotsphase, reicht bereits der Erwerb einer einzigen Aktie aus, um die Höchstpreisregel auszulösen. Demgegenüber bedarf es bei länger zurückliegenden Aktiengeschäften eines signifikanten Beteiligungserwerbs in Höhe von zehn Prozent der emittierten Anteile der Zielgesellschaft, um die Höchstpreisregel auszulösen.

Im Ergebnis ist dem Bieter somit die Vergrößerung seiner Beteiligung an der Zielgesellschaft um bis zu zehn Prozent sanktionslos gestattet, sofern der Paketerwerb mehr als drei Monate vor Beginn der Angebotsphase erfolgte. In diesem Fall verliert er weder seine Wahlfreiheit hinsichtlich der Gegenleistung, noch muss er allen Wertpapierinhabern der Zielgesellschaft den an den Veräußerer gezahlten Paketzuschlag gewähren.

Der *CC* macht damit weit weniger Vorgaben bezüglich der Preisgestaltung als das deutsche Regelwerk[309]. Allein aufgrund dieser Tatsache ein geringeres Schutzniveau für die Wertpapierinhaber der Zielgesellschaft im britischen Recht zu konstatieren wäre aber zu oberflächlich. Vielmehr ist in der rechtsvergleichenden Diskussion am Ende dieses Abschnitts zu untersuchen, ob die vom deutschen Gesetzgeber normierten Preisfindungsregeln überhaupt zur Verwirklichung des

---

308 *Weinberg/Blank* in: On Takeovers and Mergers, Rn. 4-4028. Das *Panel* kann auch hier wieder einzelfallbezogen agieren, da es die Möglichkeit hat, auch länger zurückliegende Vorerwerbe des Bieters zu berücksichtigen, sofern es dies als zur Durchsetzung des in *General Principles 1 CC* normierten Gleichbehandlungsgrundsatzes notwendig erachtet, *Rule 6.1. (c) CC*. Demgegenüber werden bei einem Pflichtangebot alle Vorerwerbe der letzten zwölf Monate vor Beginn der Angebotsphase berücksichtigt, *Rule 9.5. CC*. Zum Pflichtangebot ausführlich unter: 4. Kap. C. II.

309 Zu den Vorgaben hinsichtlich der Preisgestaltung im deutschen Recht vgl.: 4. Kap. C. I. 2. c) 2).

Gleichbehandlungsgebots notwendig sind oder ob sie nicht lediglich eine marktbehindernde Überreglementierung darstellen.

4) Bedingungen

Der britische CC schreibt dem Bieter vor, sein Übernahmeangebot mit bestimmten Bedingungen zu versehen. Daneben ist es dem Bieter aber auch gestattet, weitere Bedingungen in die Angebotsunterlage zu implementieren. Es ist deshalb im Folgenden zwischen obligatorischen und fakultativen Bedingungen zu differenzieren.
Unabhängig von der rechtlichen Einordnung und Zulässigkeit einer Bedingung ist der Bieter verpflichtet, alle Bedingungen bereits bei Bekanntgabe der festen Übernahmeabsicht zu veröffentlichen, *Rule 2.7. CC.*

(a) Obligatorische Bedingungen

Die wichtigste obligatorische Bedingung ist die in *Rule 10 CC* normierte *acceptance condition*:

"It must be an condition of any offer for voting share capital which, accepted in full, would result in the offeror holding shares carrying over 50 % of the voting rights of the offeree company that the offer will not become or be declared unconditional as to acceptances unless the offeror has acquired or agreed to acquire (...) shares carrying over 50 % of the voting rights... "

Die vorgeschriebene Mindestannahmequote von 50 Prozent wird vor dem Hintergrund verständlich, dass ein Gesellschafter im britischen Recht der absoluten Mehrheit der Stimmrechte bedarf, um die Direktoren der Zielgesellschaft auszutauschen[310]. Zum Zwecke der Harmonisierung des Gesellschafts- und Übernahmerechts verpflichtet das *Panel* den Bieter deshalb, am Ende der Angebotsphase über mehr als 50 Prozent der Stimmrechte zu verfügen[311]. Gelingt im dies nicht, verfällt sein Übernahmeangebot gemäß *Rule 31.6. (c) CC.* Vergegenwärtigt man sich, dass ein Teilangebot im Vereinigten Königreich nur zu einem Beteiligungs-

310 *Davies* in: Gowers Company Law, Seite: 307; *Weinberg/Blank* in: On Takeovers and Mergers, Rn. 4-4012; Panel Statement on the Report of a Panel Working Party on Takeover Rules and Practice, 10/1989, Seite: 1 (12).
311 Panel Statement on the Report of a Panel Working Party on Takeover Rules and Practice, 10/1989, Seite: 1 (12).

erwerb des Bieters von bis zu 30 Prozent der Stimmrechte führen darf[312], offenbart sich, dass der *CC* eine Akquisition, die zu einer Beteiligung zwischen 30 und 50 Prozent der Stimmrechte führen würde, nicht zulässt.
Flankiert wird dieses Regelungsziel noch durch die Pflichtangebotsregeln in *Rule 9.1. (a)-(b) CC*, die den Bieter beim Erreichen der 30 Prozent Schwelle bzw. beim Ausbau einer Beteiligung von mehr als 30 Prozent zwingen, ein Vollangebot abzugeben[313].
Verhindert werden soll dadurch, dass ein Gesellschafter mit einer Beteiligung zwischen 30 bis 50 Prozent an der Zielgesellschaft wichtige unternehmerische Entscheidungen in der Hauptversammlung verhindert, ohne aber aktiv die weitere Zukunft des Unternehmens bestimmen zu können. Die *acceptance condition* dient somit dem Schutz der Zielgesellschaft vor einer Blockade durch einen (maßgeblichen) Minderheitsaktionär.
In gleicher Weise möchte sie aber auch den Bieter schützen. Denn bei Unternehmensübernahmen mittels Übernahmeangebot kommt es dem Bieter darauf an, die Kontrolle über die Zielgesellschaft zu erlangen[314]. An dem bloßen Erwerb einer Minderheitsbeteiligung hat er kein Interesse, da er ansonsten auch ein ihn finanziell weniger beanspruchendes Teilangebot hätte abgeben können. Regulatorisches Ziel der *acceptance condition* ist folglich auch, den Bieter vor dem Erwerb einer bloßen Minderheitsbeteiligung zu bewahren. Deshalb soll er gemäß *Rule 10 CC* nur bzw. erst dann an sein Übernahmeangebot gebunden sein, wenn er auch tatsächlich die Mehrheit der Stimmrechte erlangt hat[315].
Die Verwaltung der Zielgesellschaft ist gehalten, dem Bieter alle Informationen bezüglich des ausgegebenen stimmberechtigten Kapitals zur Verfügung zu stellen, damit dieser berechnen kann, wann er die Annahmequote erreicht hat, *Rule 10 Note 3 CC*[316]. Der Bieter wiederum ist verpflichtet, eine Erklärung mit dem Inhalt, dass die *acceptance condition* erreicht sei, nur unter Beachtung der größ-

312 *Stedman* in: Takeovers, Seite: 71; *Davies* in: Gowers Company Law, Seite: 731; *Gearing* in: *Button,* A Practitioners Guide, Seite: 153 (175); Siehe auch *Rule 36.1. CC.*
313 Zu den Tatbestandsvoraussetzungen des Pflichtangebots im britischen Recht siehe: 4. Kap C. II. 1. a).
314 *Reutter* in: Bedingungen in Übernahmeangeboten, Seite: 83.
315 *Pearson* in: *Button,* A Practitioners Guide, Seite: 125 (143). Hintergrund dieser Regelung ist, dass bei einer Beteiligung von weniger als 50 Prozent die *Related Transaction Party Rules* der *UK Listing Authority (UKLA)* auf das Verhältnis zwischen Bieter und Zielgesellschaft anwendbar sind, obwohl der Bieter faktisch bereits die Kontrolle über das Management der Zielgesellschaft ausübt.
316 *Weinberg/Blank* in: On Takeovers and Mergers, Rn. 4-4013.

ten Sorgfalt abzugeben[317]. Hintergrund dieser detaillierten Reglementierung ist der psychologische Druck, der von einer Erklärung des Bieters, dass die *acceptance condition* nunmehr erfüllt sei, auf die verbliebenen Aktionäre der Zielgesellschaft ausgeht. Diese wissen nämlich ab diesem Zeitpunkt, dass sie nach Abschluss des Übernahmeverfahrens in der Position eines Minderheitsaktionärs verbleiben werden, wenn sie das Übernahmeangebot nicht akzeptieren.
Die zweite vom Verfasser der Angebotsunterlage obligatorisch aufzunehmende Bedingung muss den Inhalt haben, dass das Übernahmeangebot bei einer Überweisung an die britische *Monopolies and Merger Commission* oder an die europäischen Wettbewerbsbehörden verfällt, *Rule 12.1. (a)-(b) CC*. Regulatorisches Ziel dieser Bedingung ist die Herstellung klarer Verhältnisse im Interesse der an einem Übernahmeverfahren Beteiligten und des Kapitalmarkts selbst. Zunächst soll der Ausgang eines Kartellverfahrens abgewartet werden. Geben die Kartellbehörden grünes Licht für die Übernahme, steht es dem Bieter frei, unverzüglich ein neues Übernahmeangebot vorzulegen.

(b) Fakultative Bedingungen

Die Zulässigkeit von fakultativen Bedingungen im Vereinigten Königreich ergibt sich aus einem Umkehrschluss zu *Rule 13 CC*.
Denn gemäß *Rule 13 CC* ist es dem Bieter untersagt, sein Angebot von solchen Bedingungen abhängig zu machen, deren Eintritt er ausschließlich selbst herbeiführen kann bzw. bei denen die Bestimmung des Bedingungseintritts ausschließlich in seinem Ermessen liegt. Alle Bedingungen , deren Eintritt der Bieter nicht ausschließlich selbst herbeiführen kann, verstoßen folglich nicht gegen *Rule 13 CC* und sind daher zulässig. Weshalb es auch in Großbritannien üblich ist, dass der Bieter sein Übernahmeangebot von einer Vielzahl von Bedingungen abhängig macht[318].
Zulässig ist eine fakultative Bedingung nach dem Wortlaut von *Rule 13 CC* immer dann, wenn der Bedingungseintritt nicht ausschließlich vom Bieter beeinflussbar ist, es sich mithin um eine objektive Bedingung handelt[319].

---

317 *Pearson* in: *Button,* A Practitioners Guide, Seite: 125 (143). Welche Einzelheiten der Bieter bei der Berechnung der Annahmeerklärungen zu beachten hat, ist in den *Rule 10 Notes 4-7* sowie in *Appendix 4 CC* detailliert geregelt.

Pearson in: *Button,* A Practitioners Guide, Seite: 125 (144). Es würde jedoch den Rahmen dieser Arbeit sprengen alle im Vereinigten Königreich in Angebotsunterlagen gebräuchlichen Bedingungen zu erörtern. Die Darstellung beschränkt sich vielmehr auf die Zulässigkeit der auch im deutschen Recht dargestellten Bedingungen. Vgl. zum deutschen Recht: 4. Kap. C. I. 2. c) 3).

319 *Weinberg/Blank* in: On Takeovers and Mergers, Rn. 4-4020.

Zusätzlich verlangt *Rule 13 Note 2 CC*, dass der Bedingungseintritt sich für den Bieter als wesentliche Veränderung der tatsächlichen Rahmenbedingungen darstellen müsse[320]. Alleine der objektiv nachweisbare Eintritt einer Bedingung lässt das Übernahmeangebot somit nicht per se nichtig werden, sondern nur, wenn dadurch zugleich eine wesentliche Veränderung der Gesamtumstände des Übernahmeangebots bewirkt wurde. Sinn und Zweck dieser Wesentlichkeitsklausel ist, dass das *Panel* verhindern möchte, dass der Bieter in seine Angebotsunterlage Bedingungen implementiert, die ihm de facto ein Reuerecht gewähren.

Die entscheidende materiell-rechtliche Frage in diesem Kontext ist daher, wann eine Veränderung der Rahmenbedingungen des Übernahmeangebots als wesentlich im Sinne von *Rule 13 Note 2 CC* zu qualifizieren ist. Das *Panel* hatte genau diese Frage in der jüngeren Vergangenheit zweimal zu entscheiden.

Der erste Fall ist der *Corporate Services Group-Case* aus dem Jahre 1999[321]. Das Bieterkonsortium (*New Carlisle*) hatte die Wirksamkeit seines am 31. März 1999 angekündigten Übernahmeangebots von der Bedingung abhängig gemacht, dass sich die Zusammensetzung des *Boards* der Zielgesellschaft (*Corporate Services Group*) nicht ändere. Eine Woche nach dieser Erklärung erklärten der *Chairman* und zwei Direktoren ihren Rücktritt aus dem Leitungsorgan der Zielgesellschaft[322]. Daraufhin wandte sich der Finanzberater des Bieters mit dem Antrag an das *Panel*, seinem Mandanten angesichts des Bedingungseintritts von der weiteren Fortführung des Übernahmeangebotes zu befreien[323]. Das *Panel* versagte dem Bieter jedoch die Berufung auf den Bedingungseintritt mit der Begründung, dass die Bedingung zwar formell erfüllt sei, dadurch aber keine wesentliche Veränderungen der Rahmenbedingungen im Sinne von *Rule 13 Note 2 CC* eingetreten sei[324].

Das zweite Mal musste das *Panel* anlässlich der Übernahme der *Tempus plc.* durch die *WPP plc.* im Jahre 2001 zu der Frage Stellung beziehen, wann eine Veränderung der Rahmenbedingungen für den Bieter als wesentlich einzustufen sei.

Die *WPP plc.* hatte am 22. 8. 2001 ein konkurrierendes Übernahmeangebot für die Wertpapiere der *Tempus plc* zum Preis von 555p pro Aktie angekündigt[325].

---

320 Panel Statement New Carlisle/Corporate Service Group plc, 7/1999, Seite: 1 (2).
321 Panel Statement New Carlisle/Corporate Service Group plc, 7/1999, Seite: 1 (1).
322 Panel Statement New Carlisle/Corporate Service Group plc, 7/1999, Seite: 1 (1).
323 Panel Statement New Carlisle/Corporate Service Group plc, 7/1999, Seite: 1 (2).
324 Panel Statement New Carlisle/Corporate Service Group plc, 7/1999, Seite: 1 (2).
325 Panel Statement WPP Group plc/Tempus plc, 15/2001, Seite: 1 (2). Es handelte sich um ein konkurrierendes Angebot, da *Havas Advertising* bereits am 22. Juli 2001 ein Übernahmeangebot zum Preis von 541*p* pro Aktie angekündigt hatte. Die-

Zuvor war der *WPP plc.* Zugang zum Datenraum der *Tempus plc.* gewährt worden, es wurden ihr detaillierte Berichte über den Geschäftsverlauf im Jahre 2001 und die vorangegangenen Jahre zur Verfügung gestellt[326].

Die Angebotsunterlage, welche die *WPP plc.* am 10. September 2001 veröffentlichte, enthielt eine sog. *Material-Adverse-Change*-Klausel[327]. Diese Klauseln dienen der Sicherung eines Erwerbers gegenüber wesentlichen nachteiligen wirtschaftlichen Änderungen in einem bestimmten Zeitraum[328].

Am 2. Oktober verfügte *WPP* insgesamt über 89,99% der Stimmrechte und erklärte deshalb, dass die Mindestannahmequote erreicht sei[329]. Dieser hohe Stimmrechtsanteil von fast 90 % setzte sich zusammen aus einem 21% Anteil, den *WPP* schon vor Angebotsabgabe hielt, einem 3% Anteil, den *WPP* nach Angebotsabgabe zum Angebotspreis an der Börse erwarb, sowie aus den zur Angebotsannahme eingereichten Wertpapieren[330]. Trotzdem kündigte *WPP plc.* eine Woche später an, dass es vom *Panel* die Zustimmung zur Berufung auf die oben genannte *Material-Adverse-Change*-Klausel beantrage, da sich infolge der Anschläge des 11. Septembers die wirtschaftliche Situation wesentlich verschlechtert habe und deshalb die o. g. Bedingung eingetreten sei[331]. Es wurde angeführt, dass sich die betriebswirtschaftliche Situation von *Tempus plc.* derart negativ verändert habe, dass ein Angebot zum Preis von 555p pro Aktie nicht mehr rational vertretbar sei[332].

Dem hielt das *Panel* entgegen, dass ein Wechsel der wirtschaftlichen bzw. politischen Rahmenbedingungen, die ein Übernahmeangebot für den Bieter nicht mehr so vorteilhaft erscheinen lassen, grundsätzlich zu den Risiken gehört, die ein

---

ses verfiel allerdings mangels Erreichens der Mindestannahmequote am 24. September 2001.

326 Panel Statement WPP Group plc/Tempus plc, 15/2001, Seite: 1 (2).

327 Panel Statement WPP Group plc/Tempus plc, 15/2001, Seite: 1 (3f.). Das Angebot erfolgte unter der Bedingung, dass „*since 31 December 2000 and save as disclosed in the accounts then ended and save as publicly announced in accordance with the Listing Rules prior to August 2001 and save as disclosed in this document or otherwise fairly disclosed in writing by Tempus or WPP, no material adverse change or deterioration having occurred in the business, assets, or financial or trading positions or profits or prospects of any member of the wider Tempus Group*".

328 *Busch* in: AG 2002, 145 (150).

329 Panel Statement WPP Group plc/Tempus plc, 15/2001, Seite: 1 (2).

330 Panel Statement WPP Group plc/Tempus plc, 15/2001, Seite: 1 (2).

331 Panel Statement WPP Group plc/Tempus plc, 15/2001, Seite: 1 (3).

332 Panel Statement WPP Group plc/Tempus plc, 15/2001, Seite: 1 (2).

Bieter im Rahmen eines *Takeovers* zu tragen habe, *Rule 2.7. Note 1 CC*[333]. Es sei nämlich zu berücksichtigen, dass zwischen dem Bieter und den Aktionären der Zielgesellschaft eine Vertragsbeziehung bestehe, die nicht ohne weiteres wieder aufgelöst werden könne[334]. Zwar könnten nachteilige Veränderungen der gesamtwirtschaftlichen Verhältnisse den Bieter auch nach Ansicht des *Panels* zum Rücktritt berechtigen. Allerdings rechtfertigen nur sehr erhebliche Verschlechterungen ein Abrücken des Bieters vom Übernahmeangebot[335]. Dies ergäbe sich bereits aus *Rule 13 Note 2 CC*, wonach der Bieter sich nur dann auf eine *Material-Adverse*-Change-Klausel berufen dürfe, wenn die Veränderungen für den Bieter wesentlich seien[336].

Zu einer derart erheblichen Verschlechterung haben die Ereignisse des 11. September nach Auffassung des *Panels* jedenfalls nicht bei der *Tempus plc.* geführt. Zum einen befand sich die *Tempus plc.*, ein in der Werbebranche tätiges Unternehmen, schon seit längerem in einem sich abschwächenden wirtschaftlichen Umfeld. Deshalb wäre es Aufgabe der *WPP plc.* gewesen zu beweisen, dass die Verschlechterung der betriebswirtschaftlichen Lage, wie sie im korrigierten Geschäftsbericht der *Tempus plc.* von Anfang Oktober 2001 zum Ausdruck kam, allein auf die Terroranschläge und nicht zumindest auch auf die Rezession in der Werbebranche im allgemeinen zurückzuführen sei[337]. Dieses haben die *WPP plc.* bzw. ihre Berater nicht darlegen können. Zum anderen sind bei Übernahmeangeboten, insbesondere dann, wenn der Bieter wie die *WPP plc.* mittelfristig eine Beteiligung von 100% anstrebt, vor allen Dingen die längerfristigen betriebswirtschaftlichen Perspektiven heranzuziehen[338]. Die Anschläge auf das *World Trade Center* haben aber allenfalls eine kurzfristige Eintrübung des Geschäfts bewirkt[339]. Eine signifikante Verschlechterung lag somit nicht vor, so dass sowohl

---

333 Panel Statement WPP Group plc/Tempus plc, 15/2001, Seite: 1 (7). In konsequenter Fortführung des bereits im Jahre 1974 begründeten Standpunkts, vgl. Panel Statement, Changes in Circumstances, 2/1974, Seite: 1 (1).

334 Panel Statement WPP Group plc/Tempus plc, 15/2001, Seite: 1 (4).

335 Panel Statement WPP Group plc/Tempus plc, 15/2001, Seite: 1 (8). „Eine Veränderung sei nur dann als wesentlich einzustufen, wenn sie derart signifikant ist, dass sie auch einen Rücktritt vom Vertrag nach den Regeln des *Common Law* rechtfertigen würde". Überträgt man diesen Rechtsgedanken auf das deutsche Recht, so käme ein Rücktritt wegen Bedingungseintritts nur dann in Betracht, wenn ein Wegfall der Geschäftsgrundlage eingetreten ist.

336 Panel Statement WPP Group plc/Tempus plc, 15/2001, Seite: 1 (8).

337 Panel Statement WPP Group plc/Tempus plc, 15/2001, Seite: 1 (16).

338 Panel Statement WPP Group plc/Tempus plc, 15/2001, Seite: 1 (16).

339 Panel Statement WPP Group plc/Tempus plc, 15/2001, Seite: 1 (16).

das *Panel Executive* als auch das *Full Panel* der *WPP plc.* die Berufung auf die *Material-Adverse-Change*-Klausel versagten[340].
Die beiden Entscheidungen machen deutlich, dass das *Panel* sehr hohe Anforderungen an die Wesentlichkeitsprüfung stellt. Es lässt sich folgende Leitlinie herausarbeiten: Eine Veränderung ist immer nur dann als wesentlich anzusehen, wenn sie bei Verkündung der Übernahmeabsicht für die Beteiligten nicht vorhersehbar war und dem Bieter unter Würdigung der veränderten Gesamtumstände ein Festhalten an seinem Übernahmeangebot schlechthin nicht weiter zugemutet werden kann.
Diese sehr hohen Anforderungen dienen der Rechtssicherheit und der Verlässlichkeit des Übernahmeverfahrens und schützen in erster Linie die Angebotsadressaten. Sie sollen darauf vertrauen dürfen, dass ein Bieter an sein Übernahmeangebot auch tatsächlich gebunden ist.
Im britischen Recht bedarf es daher zweierlei, damit sich der Bieter auf einen Bedingungseintritt berufen darf.
Erstens muss es sich um eine hinreichend bestimmt formulierte Bedingung handeln, deren Eintritt dem Einflussbereich des Bieters vollständig entzogen ist. Und zweitens muss der Bedingungseintritt zu einer wesentlichen Veränderung der Gesamtumstände geführt haben, so dass dem Bieter ein Festhalten am Übernahmeangebot nicht mehr zugemutet werden kann.

5) Angaben über die Finanzierung

Der Bieter muss in der Angebotsunterlage beschreiben wie, d. h. mit welchen Mitteln, er das Übernahmeangebot finanzieren möchte. Die wesentlichen Kreditgeber sind zu benennen. Falls die vom Bieter beabsichtigte Finanzierung der Übernahme wesentliche Auswirkungen auf die Geschäftstätigkeit der Zielgesellschaft haben kann, ist dies ebenfalls in der Angebotsunterlage anzugeben, *Rule 24.2. (f) CC.* Zu denken ist etwa an den Fall, dass der Bieter beabsichtigt, die zum Zwecke der Finanzierung der Übernahme aufgenommen Verbindlichkeiten mit Hilfe des Eigenkapitals der Zielgesellschaft zurück zu zahlen.
Eine Finanzierungsbestätigung (*cash confirmation*) ist im britischen Recht nur notwendig, wenn es sich um ein Barangebot handelt, oder wenn das Angebot zumindest mit einer Barangebotsalternative ausgestattet ist. In diesen Fällen muss die Angebotsunterlage eine Bestätigung der Hausbank oder seines Finanzberaters enthalten, aus welcher hervorgeht, dass der Bieter über die finanziellen Mittel zur vollständigen Erfüllung des Angebots verfügt, *Rule 24.7. CC.*

340 *Panel Statement* 12/2001 (*Panel Executive*) und *Panel Statement* 15/2001 (*Full Panel*).

Mit der Finanzierungsbestätigung verpflichtet sich das bestätigende Institut nach den Regeln des *CCs* freilich nicht zur selbstständigen Aufbringung der notwendigen Barmittel[341]. Vielmehr übernimmt es lediglich die Verantwortung dafür, dass es sorgfältig geprüft hat, dass der Bieter selbst über die notwendigen Barmittel verfügt.

6) Angaben über die wirtschaftlichen Auswirkungen der Übernahme

Der Bieter ist verpflichtet, in der Angebotsunterlage anzugeben, in welcher Art und Weise er den Geschäftsbetrieb der Zielgesellschaft fortführen möchte, *Rule 24.1. (a)-(d) CC.* Insbesondere hat er zu erläutern, inwieweit sich die Übernahme auf die Beschäftigungssituation bei der Zielgesellschaft und ihrer Tochtergesellschaften auswirken wird, ob beispielsweise Arbeitsplätze abgebaut werden sollen, *Rule 24.1. (d) CC.* Diese Angaben sind insbesondere für die Belegschaftsaktionäre von entscheidender Bedeutung, aber auch die übrigen Aktionäre können hieran erkennen, ob das Übernahmeangebot sozial verträglich ist.
In der Praxis beschreibt der Bieter insbesondere bei freundlichen Übernahmeangeboten allerdings oft nur mit sehr allgemeinen, unverbindlichen Worten seine Pläne für die Fortführung der Zielgesellschaft, indem er etwa erklärt, dass die Interessen der Arbeitnehmer angemessen berücksichtigt werden[342]. Deshalb ist die Aussagekraft dieser Angaben regelmäßig sehr gering.
Anders verhält es sich bei einem feindlichen Übernahmeversuch. Dann muss der Bieter an dieser Stelle aufzeigen, welche Synergiegewinne und Größenvorteile sich seiner Ansicht nach aus dem Zusammenschluss ergeben. Das Management der Zielgesellschaft wird daraufhin regelmäßig eine widersprechende Erklärung abgeben, in der es die negativen wertvernichtenden Konsequenzen eines Zusammenschlusses darstellt. Die Wertpapierinhaber entscheiden dann unter Zugrundelegung dieser Angaben, welche „*story*" sie vorziehen[343].
Um die Aktionäre der Zielgesellschaft von der wirtschaftlichen Vorteilhaftigkeit seiner Übernahmestrategie zu überzeugen, macht der Bieter in der Angebotsunterlage oftmals Angaben über zu erwartende Synergiegewinne (*merger benefit statement*).
Beispielsweise hat Granada plc. während der Übernahme der *Forte plc.* im Jahre 1996 die Erklärung veröffentlicht, dass der Gewinn von *Forte* im nächsten Geschäftsjahr um 100 Millionen Pfund gesteigert werden könne, wenn *Granada* die

341 *Evans* in: *Button,* A Practitioners Guide, Seite: 184 (195); *Stedman* in: Takeovers, Seite: 257.
342 *Weinberg/Blank* in: On Takeovers and Mergers, Rn. 4–5009.
343 *Brennan/Gray* in: Voluntary Disclosure of Profit Forecasts, Seite: 451.

Kontrolle erlange[344]. Deshalb sei die Unternehmensübernahme als wirtschaftlich vorteilhaft anzusehen[345].

Das *Panel* nahm diese Erklärung zum Anlass, eine neue Anmerkung in den *CC* einzuführen, weil es die selbstverständlich ebenfalls anwendbare Grundregel der *Rule 19.1. CC* nicht als ausreichend erachtete, um der Gefahr der Fehlinformation durch freiwillige *Merger Benefit Statements* zu begegnen.

Falls ein Bieter Angaben über zu erwartende Synergiegewinne in seine Angebotsunterlage oder in ein anderes während der Angebotsphase publiziertes Dokument aufnehmen möchte, hat er deshalb nunmehr nicht nur gemäß *Rule 19.1. CC* bei der Abfassung den höchsten Sorgfaltsmaßstab zu beachten. Vielmehr hat er darüber hinaus auch seine Informationsquelle anzugeben, eine Erklärung seines Beraters und eines Wirtschaftsprüfers über die sorgfältige Erstellung der gemachten Angaben beizufügen sowie eine verständliche Legende der verwendeten Grafiken und Kennzahlen zu erstellen, *Rule 19.1. Note 8 CC.*

Vergleichbar detaillierte Vorgaben macht das britische Übernahmerecht auch, wenn der Bieter seiner Angebotsunterlage eine Gewinnprognose (*profit forecasts)* beifügen möchte[346]. Zwar verpflichten weder *CC* noch die *Listing Rules* der *London Stock Exchange* den Bieter zur Abgabe einer Gewinnprognose in der Angebotsunterlage[347]. Gewinnprognosen haben aber insbesondere bei Tauschangeboten, bei denen der Bieter eigene Wertpapiere als Gegenleistung offeriert, eine große Bedeutung für die Entscheidungsfindung der Wertpapierinhaber der Zielgesellschaft[348]. Eine günstige Gewinnprognose trägt in diesem Fall dazu bei, die offerierte Gegenleistung attraktiver erscheinen zu lassen, weil sie das Kurspotential der Aktie der Bietergesellschaft erhöht. Die Aktionäre der Zielgesellschaft sind jedoch vor allzu optimistischen und damit irreführenden Gewinnprognosen zu schützen. Aus diesem Grund hat der Bieter bei der Erstellung eines *profit forecasts* den höchsten Sorgfaltsmaßstab anzulegen, *Rule 28.1. CC.* Er ist verpflichtet, auch die Tatsachen zu veröffentlichen, auf die sich seine Prognosen

344 Panel Statement on Merger Benefits and Earnings Enhancement, 1997/5, Seite: 1 (1).

345 Panel Statement on Merger Benefits and Earnings Enhancement, 1997/5, Seite: 1 (1).

346 *Weaver* in: *Button,* A Practitioners Guide, Seite: 240 (241). Dieselben Regeln hat auch die Zielgesellschaft einzuhalten, falls sie im Rahmen ihrer Stellungnahme oder in einem anderen Dokument ebenfalls einen *profit forecast* abgibt.

347 *Brennan/Gray* in: Voluntary Disclosure of Profit Forecasts, Seite: 450; *Weinberg/Blank* in: On Takeovers and Mergers, Rn. 5-5007; *Lee* in: EWS 1990, 241 (244).

348 *Weaver* in: *Button,* A Practitioners Guide, Seite: 239 (250); *Stedman* in: Takeovers, Seite: 367.

stützen, *Rule 28.2. CC*[349]. Die verwendete Sprache muss eindeutig sein, die Angaben müssen genau und konkret sein und generalisierende Aussagen sind unzulässig[350]. Um das Risiko von unrichtigen Prognosen zu minimieren, ist der beratende Finanzdienstleister verpflichtet, sich zu vergewissern, dass diese „*highest standards of accuracy and fair presentation*" bei der Abfassung der Gewinnprognose tatsächlich eingehalten worden sind, *Rule 28.1. CC*[351]. Dennoch tragen die Direktoren der Bietergesellschaft die alleinige Verantwortung, sowohl für die inhaltliche Richtigkeit der Gewinnprognose selbst, als auch für die Richtigkeit der Tatsachen, auf die sich ihre Prognose stützt. Sie können diese Verantwortung weder auf ihre Mitarbeiter noch auf den sie beratenden Finanzdienstleister abwälzen[352].

Die detaillierten Anforderungen, welche der *CC* für die Veröffentlichung einer Gewinnprognose oder einer Prognose der Synergiegewinne im Laufe der Jahre aufgestellt hat, verdeutlichen, welche Bedeutung diesen freiwilligen Angaben für die Entscheidungsfindung der Aktionäre der Zielgesellschaft in der Übernahmepraxis beizumessen ist. Sie sollen verhindern, dass der Bieter die wirtschaftliche Situation seiner Gesellschaft zu positiv darstellt und dadurch die Wertpapierinhaber der Zielgesellschaft zur Annahme des Übernahmeangebots verleitet. Auf der anderen Seite gelten diese Sorgfaltsanforderungen jedoch nicht nur für den Bieter, sondern auch für die Zielgesellschaft, wenn diese im Rahmen eines Übernahmekampfes eine eigene, oftmals nach oben revidierte Gewinnprognose veröffentlichen möchte. Dadurch wird zweierlei erreicht. Zum einen schützen die strengen Anforderungen die Aktionäre der Zielgesellschaft vor einer Fehlinformation und verwirklichen damit das Transparenzgebot. Zum anderen stellt der *CC* dadurch auch eine Waffengleichheit zwischen Bieter und Zielgesellschaft in informationeller Hinsicht her.

---

349 ausführlich hierzu *Weaver* in: *Button,* A Practitioners Guide, Seite: 239 (244f.); *Stedman* in: Takeovers, Seite: 368.

350 Unzulässig ist gemäß *Rule 28.2. Note 2 (a) (ii) CC* zum Beispiel folgende Aussage: „*There will be no increase in costs other than those anticipated and provided for*"

351 *Lee* in: *Hopt/Wymeersch,* European Takeovers, Seite: 133 (139); *Stedman* in: Takeovers, Seite: 368.

352 *Weaver* in: *Button,* A Practitioners Guide, Seite: 239 (246); *Stedman* in: Takeovers, Seite: 376. Dies bedeutet nicht, dass der unterzeichnende Finanzdienstleister nicht ebenfalls haftet, falls er fahrlässig eine unrichtige Gewinnprognose unterzeichnet hat und dadurch ein Schaden entstanden ist.

7) Angaben über Sonderleistungen

Die Angebotsunterlage hat ferner Angaben darüber zu enthalten, ob und wenn ja welche Auswirkungen eine erfolgreiche Übernahme auf die Vergütungen der Direktoren der Zielgesellschaft haben wird, *Rule 24.5. CC.* Alle Details einer solchen Vereinbarung sind offen zu legen. Falls den Direktoren der Zielgesellschaft eine Abfindungszahlung als Kompensation für ihr Ausscheiden in Aussicht gestellt worden ist, ist dies ebenfalls in der Angebotsunterlage anzugeben. Falls keine derartigen Vereinbarungen bestehen sollten, ist auch dies darzustellen[353].
Die Offenlegung der den Direktoren der Zielgesellschaft gewährten bzw. in Aussicht gestellten Vorteile erlaubt den Wertpapierinhabern der Zielgesellschaft, Rückschlüsse auf deren wahre Motivation für ihre in der Stellungnahme eingenommene Haltung zum Übernahmeangebot zu ziehen. Daher fördern diese Angaben die Transparenz des Übernahmeangebots und sind folglich im Interesse der Aktionäre der Zielgesellschaft und der Funktionsfähigkeit des Kapitalmarkts zu begrüßen.

8) Haftung

Die Pflicht zur sorgfältigen Erstellung der Angebotsunterlage wird dadurch abgesichert, dass die Leitungsorgane der Bietergesellschaft verpflichtet sind, ausdrücklich die Verantwortung für die Angebotsunterlage zu übernehmen, *Rule 19.2. (a) CC.*
Dies hat für sie die Konsequenz, dass sich die Verwaltung schadensersatzpflichtig machen kann, wenn sie fahrlässig falsche Angaben in die Angebotsunterlage aufnimmt. Voraussetzung für die Schadensersatzpflicht nach *Common Law* ist, dass der Bieter falsche Angaben gemacht hat, es voraussehbar gewesen ist, dass Dritten ein Schaden entstehen wird und dass die Empfänger im Vertrauen auf die Richtigkeit der gemachten Angaben gehandelt haben[354].

c) Ergebnis

Obwohl die Wertpapierinhaber der Zielgesellschaft nach britischem Recht bereits im Rahmen der Bekanntgabe der festen Übernahmeabsicht des Bieters umfassend über die wesentlichen Eckpunkte der bevorstehenden Übernahmeofferte informiert werden müssen, stellt die Angebotsunterlage das zentrale Dokument zur Befriedigung des Informationsbedürfnisses der Anteilseigner dar.

353 *Weinberg/Blank* in: On Takeovers and Mergers, Rn. 5-5022.
354 Hedley Byrne v. Heller (1964) AC 465.

Die dargestellten umfassenden Informationspflichten gewährleisten, dass der Bieter das in den *General Principles* verankerte Transparenzgebot bei der Abfassung der Angebotsunterlage beachtet.
Die starke Zunahme der Informationspflichten im Laufe der mittlerweile über 30jährigen Geschichte zeigt, welche Bedeutung diesen Angaben für die Desinvestitionsentscheidung der Anleger in der Praxis beizumessen ist.
Eine weitergehende kritische Würdigung der einzelnen, bei der Abfassung des *offer document* zu beachtenden Normen erfolgt zum einen innerhalb der Darstellung der entsprechenden deutschen Regelungen, die nun folgt und zum anderen in der rechtsvergleichenden Stellungnahme am Ende dieses Abschnitts.

2. Die Angebotsunterlage nach deutschem Recht

Die Angebotsunterlage erfüllt im deutschen Recht die wesentlichen Voraussetzungen eines Angebots im Sinne des § 145 BGB und ist daher als unwiderrufliches, verbindliches Erwerbsangebot zum Abschluss eines Kauf- bzw. Tauschvertrages an einen unbestimmten Personenkreis zu qualifizieren[355]. Das in § 17 WpÜG normierte Verbot der öffentlichen Aufforderung zur Abgabe von Übernahmeangeboten lässt es nicht zu, dass der Bieter die Angebotsunterlage als invitatio ad offerendum ausgestaltet[356]. Abweichend von § 130 I S.1 BGB ist der Zugang der Angebotserklärung in der Veröffentlichung der Angebotsunterlage gemäß § 14 III WpÜG zu sehen. Nicht notwendig ist, dass der einzelne Wertpapierinhaber tatsächlich Kenntnis von der Angebotsunterlage erlangt. Mit der Annahme des Übernahmeangebots kommt deshalb ein entsprechender Vertrag zwischen dem Bieter und dem jeweiligen Wertpapierinhaber der Zielgesellschaft zustande[357].
Allerdings wird die sonst im deutschen Privatrecht geltende Vertragsfreiheit stark eingeschränkt, indem die zulässigen Vertragsbedingungen in weitem Umfang durch das WpÜG vorgegeben werden. Gerechtfertigt ist dieser Eingriff in die Privatautonomie zugunsten der Wertpapierinhaber der Zielgesellschaft, wie oben

---

355 *Renner* in: *Haarmann/Riehmer/Schüppen*, Kommentar zum WpÜG, § 11 Rn. 11; *Liebscher* in: ZIP 2001, 853 (862); *Steinmeyer/Häger* in: *Steinmeyer/Häger*, Kommentar zum WpÜG, § 11 Rn. 5; *Geibel* in: *Geibel/Süßmann*, Kommentar zum WpÜG, § 11 Rn. 2.

356 *Renner* in: *Haarmann/Riehmer/Schüppen*, Kommentar zum WpÜG, § 11 Rn. 12; *Geibel* in: *Geibel/Süßmann*, Kommentar zum WpÜG, § 17 Rn. 4; *Steinmeyer/Häger* in: *Steinmeyer/Häger*, Kommentar zum WpÜG, § 17 Rn. 2.

357 *Steinmeyer/Häger* in: *Steinmeyer/Häger*, Kommentar zum WpÜG, § 11 Rn. 5; *Assmann/Bozenhardt*, in: *Assmann/Basaldua/Bozenhardt/Peltzer*, Übernahmeangebote, Seite: 83; *Geibel* in: *Geibel/Süßmann*, Kommentar zum WpÜG, § 11 Rn. 3.

bereits dargelegt wurde, durch deren informationelle und strukturelle Unterlegenheit gegenüber dem Bieter[358].
Das Übernahmeverfahren ist somit als standardisiertes Angebotsverfahren zu beschreiben, bei dem die Gestaltungsfreiheit des Bieters im Rahmen der Wahl der Verfahrensschritte sowie der Ausgestaltung des zeitlichen und inhaltlichen Ablaufs des Übernahmeangebots stark eingeschränkt ist[359].
Bevor die vom Gesetzgeber aufgestellten inhaltlichen Vorgaben untersucht werden, ist zunächst ein Blick auf die zeitlichen Vorgaben bei der Erstellung der Angebotsunterlage zu werfen.

a) Zeitliche Vorgaben bei der Erstellung der Angebotsunterlage

Im Falle eines Übernahmeangebots hat der Bieter die Angebotsunterlage grundsätzlich innerhalb von vier Wochen nach Veröffentlichung der Entscheidung zur Abgabe eines Übernahmeangebots an die BaFin zu übermitteln, § 14 I S.1 WpÜG. Die BaFin kann diese Vier-Wochen-Frist auf Antrag um bis zu vier Wochen verlängern, wenn dem Bieter die Einhaltung der Frist aufgrund eines grenzüberschreitenden Angebots oder erforderlicher Kapitalmaßnahmen nicht möglich ist, § 14 I S.3 WpÜG[360]. Diese Möglichkeit der Fristverlängerung ist erst durch

358 Vgl. zur strukturellen Unterlegenheit: 1 Kap. B. IV. 2.

359 In diesem Zusammenhang stellt sich die Frage inwieweit auf die Angebotsunterlage das Recht der Allgemeinen Geschäftsbedingungen anwendbar ist, §§ 305 ff BGB. Im Grundsatz ist die Anwendbarkeit der AGB-Normen zu bejahen. Dem steht insbesondere nicht § 310 IV BGB entgegen, weil es sich bei dem Erwerb von Wertpapieren nicht um Verträge handelt, die dem Gebiet des Gesellschaftsrechts zuzuordnen sind. Allerdings dürfte die praktische Bedeutung einer Kontrolle der Angebotsunterlage nach dem Recht der Allgemeinen Geschäftsbedingungen sehr gering sein. Zum einen werden die wesentlichen Bedingungen der Angebotunterlage durch das Gesetz vorgegeben. Zum anderen lassen sich dort, wo das WpÜG keine ausdrücklichen Rahmenbedingungen vorgibt, sachgerechte Ergebnisse aus den in § 3 WpÜG Allgemeinen Grundsätzen ableiten, so dass für eine darüber hinausgehende materielle Inhaltskontrolle selten ein Bedürfnis bestehen wird. Weiterführend zu diesem Thema schon vor einer speziellen Regelung des Rechts der Übernahmeangebote: *Assmann/Bozenhardt* in: *Assmann/Basaldua/Bozenhardt/Peltzer*, Übernahmeangebote, Seite: 83f.; *Steinmeyer/Häger* in: *Steinmeyer/Häger*, Kommentar zum WpÜG, § 11 Rn. 6.

360 *Riehmer* in: *Haarmann/Riehmer/Schüppen*, Kommentar zum WpÜG, § 14 Rn. 10ff. Bei grenzüberschreitenden Angeboten muss der Bieter unter Umständen andere bzw. längere Fristen als nach dem WpÜG beachten, oder aber entsprechende Vorbereitungen können innerhalb der Vier-Wochen-Frist nicht zum Abschluss gebracht werden. So können insbesondere die Abstimmung mit ausländischen Börsen, etwa der amerikanischen *Securities and Exchange Commission,* und die Anpassung des

den Finanzausschuss in den Regierungsentwurf eingefügt wurden[361]. Noch im Diskussionsentwurf war nur eine Zwei-Wochen-Frist vorgesehen. Diese wurde jedoch zu Recht als zu kurz bemessen kritisiert[362].
Die nunmehr grundsätzlich einzuhaltende Vier-Wochen-Frist erscheint angesichts der detaillierten inhaltlichen Vorgaben zwar gleichwohl ehrgeizig, ist aber insbesondere im Lichte des Grundsatzes der raschen Durchführung des Übernahmeverfahrens, § 3 IV WpÜG, als sachgerecht zu qualifizieren. Da die inhaltlichen Anforderungen hoch und die Haftungsrisiken beachtlich sind, empfiehlt es sich für den Bieter mit der Erstellung der Angebotsunterlage frühzeitig, d. h. vor Veröffentlichung der Entscheidung zur Angebotsabgabe im Sinne des § 10 WpÜG zu beginnen[363]. Zu einem Verstoß gegen die von § 10 WpÜG normierte Veröffentlichungspflicht führt diese Vorgehensweise nicht[364]. Ein Verstoß gegen § 10 WpÜG liegt nämlich erst dann vor, wenn eine rechtsverbindliche Entscheidung zur Angebotsabgabe vorliegt. Wie dieser Zeitpunkt zu bestimmen ist, richtet sich nach den jeweils anwendbaren gesellschaftsrechtlichen Regelungen. Wenn der Bieter ebenfalls als AG organisiert ist, kann eine Entscheidung zur

---

Angebots an vom deutschen Recht abweichende nationale Bestimmungen zeitintensive Verhandlungen mit sich bringen.
Eine Fristverlängerung aufgrund erforderlicher Kapitalmaßnahmen wird insbesondere bei Umtauschangeboten relevant werden. Will der Bieter nämlich Wertpapiere als Gegenleistung anbieten, kann er unter Umständen eine längere Frist benötigen, um den zur Ausgabe der Aktien notwendigen Kapitalerhöhungsbeschluss der Hauptversammlung herbeizuführen. Ein entsprechender HV-Beschluss ist insbesondere dann erforderlich, wenn der Erwerb des Zielunternehmens unter Ausnutzung eines genehmigten Kapitals nicht möglich ist, weil eine Ermächtigung des Vorstands zur Ausnutzung genehmigten Kapitals nicht oder zumindest nicht in der erforderlichen Größenordnung vorliegt. Die dann zum Erwerb des Zielunternehmens gegen eigene Aktien erforderliche reguläre Kapitalerhöhung ist mit einem hohen Zeitaufwand verbunden, der die Einhaltung der Vier-Wochen-Frist oftmals unmöglich machen wird.

361 Vgl. auch die entsprechende Forderung des DAV-Handelsrechtausschusses in: ZIP 2001, 1736 (1737).

362 *Liebscher* in: ZIP 2001, 853 (861); *Oechsler* in: NZG 2001, 817 (820); *Riehmer/Schröder* in: NZG 2000, 820 (821). Die Erstellung einer Angebotsunterlage bei Übernahmeangeboten der Dimension Mannesmann/Vodafone ist nach *Riehmer* innerhalb von zwei Wochen kaum vorstellbar.

363 *Hamann* in: ZIP 2001, 2249 (2250).

364 So aber *Oechsler* in: NZG 2001, 817 (821), der annimmt, dass die Vier-Wochen-Frist zu einer an sich gesetzeswidrigen Zurückhaltung bei der Veröffentlichung von Angebotsabsichten führen werde. Differenzierend *Liebscher* in: ZIP 2001, 853 (860), der darauf abstellt, ob sich die Übernahmeabsicht dermaßen verdichtet hat, dass gerade auch unter wirtschaftlichen Gesichtspunkten ein Abrücken von den Plänen nicht mehr ernstlich in Betracht kommt.

Angebotsabgabe somit erst dann vorliegen, wenn sowohl der Vorstand als auch der Aufsichtsrat einen entsprechenden Beschluss gefasst haben[365], unabhängig davon, ob vor Beschlussfassung schon eine Abteilung des Bieters oder ein externer Berater mit der Erstellung der Angebotsunterlage beauftragt wurde.
Oder mit anderen Worten, der Beginn der Erstellung der Angebotsunterlage ersetzt nicht die Entscheidung zur Angebotsabgabe[366]. Ein Verstoß gegen § 10 WpÜG liegt somit nicht vor, wenn der Bieter zur Einhaltung der Vier-Wochen-Frist bereits frühzeitig mit der Erstellung der Angebotsunterlage beginnt.

b) Gestattung der Veröffentlichung

Nach der Übermittlung der Angebotsunterlage an die BaFin hat diese über die Gestattung oder die Untersagung der Veröffentlichung des Übernahmeangebots zu entscheiden.
Wann eine Untersagung der Veröffentlichung vorzunehmen ist, regelt § 15 WpÜG. Die Norm soll sicherstellen, dass das gesetzlich vorgeschriebene Verfahren für ein öffentliches Übernahmeangebot ordnungsgemäß durchgeführt wird[367]. Der Gesetzgeber erreicht dieses Ziel dadurch, dass eine Untersagung des Angebots zu einem bußgeldbewährten Verbot der Veröffentlichung der Angebotsunterlage führt und ein dennoch getätigter Erwerb nichtig ist, § 15 III S.1 und S.2 WpÜG. Darüber hinaus trifft den Bieter die einjährige Sperrfrist der §§ 26, 34 WpÜG.
Ein Übernahmeangebot ist gemäß § 15 I WpÜG von der BaFin zu untersagen, wenn die Angebotsunterlage nicht die gemäß § 11 II WpÜG und § 2 WpÜG-VO erforderlichen Angaben enthält, oder wenn die gemachten Angaben offensichtlich gegen Vorschriften des WpÜG oder der WpÜG-VO verstoßen. Als Beispiel für einen offensichtlichen Gesetzesverstoß nennt die Gesetzesbegründung ein Angebot, welches von Bedingungen abhängig gemacht wird, die offensichtlich gegen § 18 WpÜG verstoßen[368]. Die Untersagungsverfügung ist zwar als gebundene Entscheidung ausgestaltet[369], dennoch hat die BaFin den Verhältnismäßig-

365 Siehe oben: 4. Kap. B. II. 2.

366 Entgegen *Liebscher* in: ZIP 2001, 853 (860) auch dann nicht, wenn ein Abrücken von den Übernahmeplänen bei wirtschaftlicher Betrachtung nicht sinnvoll erscheint.

367 *Steinmeyer/Häger* in: *Steinmeyer/Häger*, Kommentar zum WpÜG, § 15 Rn. 1; *Angerer* in: *Geibel/Süßmann*, Kommentar zum WpÜG, § 15 Rn. 2f.

368 Begr.-RegE. BT-Drucks 14/7034, Seite: 45.

369 *Steinmeyer/Häger* in: *Steinmeyer/Häger*, Kommentar zum WpÜG, § 15 Rn. 3; *Riehmer* in: *Haarmann/Riehmer/Schüppen*, Kommentar zum WpÜG, § 15 Rn. 7; Begr.-RegE. BT-Drucks. 14/7034, Seite: 45. Die Anordnung einer gebundenen Entscheidung sei gerechtfertigt, da das Verfahren bereits mit der Veröffentlichung nach § 10 WpÜG für die Zielgesellschaft sehr weitreichende Wirkungen habe und die

keitsgrundsatz zu beachten, der sie dazu zwingt, zunächst dem Bieter die Chance zu geben, die Mängel der Angebotsunterlage zu beseitigen, bevor sie eine Veröffentlichung untersagt[370]. In der Praxis hat sich deshalb etabliert, dass nach Einreichung der Angebotsunterlage bei der BaFin nach wenigen Tagen ein erster Termin stattfindet, in dem das zuständige Referat die Defizite der Angebotsunterlage aufzeigt. Hierbei erfolgt der Hinweis, dass bei Nichtbehebung eine Untersagung der Veröffentlichung erfolgen werde[371]. Die BaFin hat die Möglichkeit dem Bieter zur Behebung des der Gestattung entgegenstehenden Hindernisses eine Nachfrist von fünf Werktagen einzuräumen, §§ 14 II S.3, 34 WpÜG[372].
Ergänzt wird die Regelung des § 15 I WpÜG durch Absatz 2. Demgemäß kann die BaFin das Angebot auch dann untersagen, wenn der Bieter die Veröffentlichung nicht in der gemäß § 14 III WpÜG vorgeschriebenen Form vornimmt. Hierbei handelt es sich um eine Ermessensentscheidung, bei deren Ausübung der Verhältnismäßigkeitsgrundsatz regelmäßig gebieten wird, dass die BaFin dem Bieter die Möglichkeit einräumen muss, den gesetzlich vorgesehenen Weg der Veröffentlichung einzuschlagen, bevor sie das Angebot untersagen kann[373].
Der Umfang der Prüfung der Angebotsunterlage beschränkt sich auf eine formelle Vollständigkeitskontrolle und eine begrenzte materielle Evidenzkontrolle[374]. Eine materielle Evidenzkontrolle bedeutet, dass die BaFin jedenfalls solche Umstände, die ihm aus irgendeiner Quelle bekannt sind, bei der Prüfung zu be-

---

Kapazitäten der Leitungsorgane der Zielgesellschaft durch das öffentliche Übernahmeangebot regelmäßig in nicht unerheblicher Weise gebunden seien. Hinzutreten noch die besonderen Handlungsvorgaben des § 33 WpÜG für Vorstand und Aufsichtsrat der Zielgesellschaft. Der Bieter sollte daher verpflichtet werden, bereits im Vorfeld fundierte Entscheidungen über seine Absichten und Fähigkeiten zur Übernahme der Zielgesellschaft zu treffen. Diese Angaben sind dann in die Angebotsunterlage gemäß § 11 WpÜG einzustellen. Falls dies nicht erfolge und der Kapitalmarkt daher nicht voll informiert sei, sei es nicht gerechtfertigt, dem Bieter die Durchführung des Angebotsverfahrens mit seinen weitreichenden wirtschaftlichen und rechtlichen Konsequenzen zu gestatten.

370 *Riehmer* in: *Haarmann/Riehmer/Schüppen*, Kommentar zum WpÜG, § 15 Rn. 8.

371 *Haarmann/Riehmer/Schüppen* in: BB 2002, Heft 28/29, Die erste Seite.

372 *Assmann* in: AG 2002, 114 (120); *Riehmer* in: *Haarmann/Riehmer/Schüppen*, Kommentar zum WpÜG, § 14 Rn. 21; *Angerer* in: *Geibel/Süßmann*, Kommentar zum WpÜG, § 15 Rn. 29.

373 *Steinmeyer/Häger* in: *Steinmeyer/Häger*, Kommentar zum WpÜG, § 15 Rn. 7; *Angerer* in: *Geibel/Süßmann*, Kommentar zum WpÜG, § 15 Rn. 34; *Riehmer* in: *Haarmann/Riehmer/Schüppen*, Kommentar zum WpÜG, § 15 Rn. 21.

374 *Steinmeyer/Häger* in: *Steinmeyer/Häger*, Kommentar zum WpÜG, § 15 Rn. 3; *Riehmer* in: *Haarmann/Riehmer/Schüppen*, Kommentar zum WpÜG, § 15 Rn. 8.

374 *Steinmeyer/Häger* in: *Steinmeyer/Häger*, Kommentar zum WpÜG, § 15 Rn. 5; *Hamann* in: ZIP 2001, 2249 (2251); *Geibel* in: *Geibel/Süßmann*, Kommentar zum WpÜG, § 14 Rn. 3; Begr.-RegE. BT-Drucks. 14/7034, Seite: 44.

rücksichtigen hat, da es anderenfalls „sehenden Auges“ die Veröffentlichung einer materiell unrichtigen Angebotsunterlage ermöglichen würde. In Anbetracht der begrenzten Aufklärungsmöglichkeiten und vor allen Dingen des kurzen Prüfungszeitraums von höchstens zehn Werktagen, kann eine materielle Prüfung jedoch nur in sehr engem Umfang bzw. nur bei sehr evidenten materiellen Mängeln gefordert werden[375].

Die Bejahung einer begrenzten materiellen Prüfungspflicht des Bundesaufsichtsamts führt jedoch nicht dazu, dass eine von der BaFin gebilligte Angebotsunterlage automatisch als richtig und vollständig im Sinne von § 11 WpÜG zu qualifizieren ist. Dies ergibt sich schon aus der nur sehr begrenzten materiellen Prüfung der BaFin. Außerdem gilt der Grundsatz, dass die BaFin und die sonstigen für die Angebotsunterlage Verantwortlichen jeweils ihre eigene Verantwortung tragen und sich nicht hinter derjenigen des anderen verstecken können[376]. Mithin kann sich ein Bieter nicht darauf berufen, seine Angebotsunterlage sei „richtig und vollständig“ im Sinne des § 11 I S. 2 WpÜG und er hafte deshalb nicht gemäß § 12 WpÜG, nur weil die BaFin die Veröffentlichung seiner Angebotsunterlage gestattet hat[377].

Die der BaFin übermittelte Angebotsunterlage ist unverzüglich nach Gestattung ihrer Veröffentlichung, oder wenn die BaFin die Gestattung nicht untersagt hat, innerhalb von zehn Werktagen seit dem Eingang bei der BaFin zu veröffentlichen, § 14 II S.1 WpÜG[378].

c) Inhaltliche Anforderungen

Welche Angaben die vom Bieter zu erstellende Angebotsunterlage zu enthalten hat, regeln § 11 WpÜG und die vom Bundesfinanzministerium erlassene WpÜG-VO[379]. Zu unterscheiden sind hierbei die in § 11 Abs. 1 WpÜG enthaltenen all-

---

375 *Steinmeyer/Häger* in: *Steinmeyer/Häger*, Kommentar zum WpÜG, § 15 Rn. 5; *Geibel* in: *Geibel/Süßmann*, Kommentar zum WpÜG, § 14 Rn. 24.

376 *Hamann* in: ZIP 2001, 2249 (2251); *Assmann* in: AG 2002, 114 (120).

377 *Assmann* in: AG 2002, 114 (120); *Hamann* in: ZIP 2001, 2249 (2251); Begr.-RegE. BT-Drucks. 14/7034, Seite: 42.

378 Die Veröffentlichung erfolgt durch Bekanntgabe im Internet und durch Abdruck in einem überregionalen Börsenpflichtblatt oder durch Bereithalten zur Ausgabe an einer geeigneten Stelle im Inland, § 14 II Nr. 1 und Nr. 2 WpÜG. Darüber hinaus ist der Bieter verpflichtet, die Angebotsunterlage unverzüglich dem Vorstand der Zielgesellschaft zu übermitteln, der wiederum den zuständigen Betriebsrat bzw. bei Nichtbestehen eines Betriebsrats die Arbeitnehmer selbst informieren muss, § 14 IV WpÜG.

379 Von der in § 11 IV WpÜG enthaltenen Ermächtigung, eine Rechtsverordnung zu erlassen, welche die in die Angebotsunterlage aufzunehmenden Angaben näher be-

gemeinen Anforderungen sowie die in Abs. 2 und der WpÜG-VO normierten Kataloganforderungen.
Zu den allgemeinen Anforderungen zählt, dass die Angebotunterlage in deutscher Sprache und in einer Form abzufassen ist, die ihr Verständnis und ihre Auswertung erleichtert. Das Erfordernis der Abfassung in deutscher Sprache dient vor allen Dingen dem Interesse der Wertpapierinhaber der Zielgesellschaft und dem ihrer Arbeitnehmer[380].
Wie das Erfordernis der Verständlichkeit und der Erleichterung der Auswertung auszulegen ist, lässt sich aus der Gesetzesbegründung nicht entnehmen. Der erkennbare Wille des Gesetzgebers spricht jedoch dafür, dem Interesse der Anleger an einer nachvollziehbaren Entscheidungs- und Informationsgrundlage den Vorrang gegenüber den Interessen des Bieters an einer kostengünstigen Erstellung der Angebotsunterlage einzuräumen[381]. Zudem zwingt auch der in § 3 I WpÜG normierte Gleichbehandlungsgrundsatz zu einer Abfassung der Angebotsunterlage in einer Sprache, die keinerlei Spezialkenntnisse erfordert, da ansonsten die privaten Kleinanleger gegenüber den institutionellen Investoren benachteiligt wären[382].
Da die Angebotsunterlage die wesentliche Informationsquelle für die vom Angebot Betroffenen darstellt, verlangt § 11 I S.2 WpÜG generalklauselartig, dass die Angebotsunterlage alle Angaben enthalten muss, die notwendig sind, um in Kenntnis der Sachlage über das Angebot entscheiden zu können und dass die vom Bieter in der Angebotsunterlage gemachten Angaben „richtig und vollständig" sein müssen[383]. Das Tatbestandsmerkmal Vollständigkeit stellt hierbei einen

---

stimmt, bzw. weitere ergänzende Angaben vorschreibt, hat das Bundesfinanzministerium am 27. 12. 2001 Gebrauch gemacht (BGBl. I 2001, Seite: 4263). Noch nicht Gebrauch gemacht wurde von der Möglichkeit, die Ermächtigung gemäß § 11 V WpÜG auf das Bundesaufsichtsamt weiter zu übertragen. Dies wäre jedoch im Sinne einer größeren Flexibilität und Praxisnähe wünschenswert.

380 *Renner* in: *Haarmann/Riehmer/Schüppen*, Kommentar zum WpÜG, § 11 Rn. 17; Begr.-RegE. BT-Drucks. 14/7034, Seite: 41.

381 Begr.-RegE BT-Drucks. 14/7034, Seite: 41. Bei der Abwägung zwischen den Interessen des Bieter an einer raschen und möglichst kostengünstigen Erstellung der notwendigen Unterlagen einerseits und dem Informations- und Schutzbedürfnis der Adressaten des Angebots und der Arbeitnehmer der Zielgesellschaft andererseits ist dem Bedürfnis der Anleger und der Arbeitnehmer nach einer verständlichen und nachvollziehbaren Entscheidungs- und Informationsgrundlage der Vorzug zu geben.

382 Im Ergebnis ähnlich *Hamann* in: ZIP 2001, 2249 (2252). Nach zutreffender Auffassung kommt es auf den Verständnishorizont eines durchschnittlich Adressaten der Angebotsunterlage an, der diese aufmerksam und vollständig liest.

383 *Geibel* in: *Geibel/Süßmann*, Kommentar zum WpÜG, § 11 Rn. 1; *Renner* in: *Haarmann/Riehmer/Schüppen*, Kommentar zum WpÜG, § 11 Rn. 17.

Unterfall der Unrichtigkeit dar, d. h. eine unvollständige Angebotsunterlage ist immer auch eine unrichtige Angebotsunterlage[384].
Andersherum ist eine Angebotsunterlage aber nicht schon deshalb als richtig und vollständig zu qualifizieren, weil sie sämtliche von § 11 II WpÜG und der Verordnung geforderten Kataloganforderungen enthält[385]. Vielmehr decken die Kataloganforderungen nur den Regelfall ab, es handelt sich somit um Mindestangaben. Falls diese aber kein vollständiges Bild ergeben bzw. keinen zutreffenden Gesamteindruck des Übernahmeangebots vermitteln, können im Interesse der Angebotsadressaten im Einzelfall zusätzliche Angaben erforderlich sein[386].
Der Bieter ist gemäß § 11 I S.4 WpÜG verpflichtet, die Angebotsunterlage zu unterzeichnen. Mit der Unterzeichnung wird für die Angebotadressaten erkennbar, wer die Verantwortung für die Angebotsunterlage übernimmt und somit für eine unrichtige Angebotsunterlage haftet[387].
Zur näheren Ausfüllung dieser allgemeinen Anforderungen enthalten die §§ 11 II, III, IV, V WpÜG i. V. m. § 2 WpÜG-VO einen Katalog von Angaben, die in die Angebotsunterlage aufzunehmen sind.
Das Gesetz unterscheidet in Abs. 2 und Abs. 3 zwischen Inhaltsangaben und ergänzenden Angaben, ohne dass dieser Differenzierung eine materiellrechtliche Bedeutung zukommen würde. Richtig ist zwar, dass es sich bei den Angaben nach § 11 Abs. 2 S.2 um die essentialia negotii des Übernahmeangebots handelt[388], während die ergänzenden Angaben zusätzliche Informationen über den Bieter, zur Sicherstellung der Finanzierung, zum Gegenstand des Angebots, zur Gegenleistung, zu den sonstigen Angebotsbedingungen sowie sonstige Informa-

384 Begr.-RegE. BT-Drucks. 14/7034, Seite: 42. Angesichts seiner Praxisrelevanz ist jedoch eine gesonderte Aufführung dieses Tatbestandsmerkmals geboten.

385 *Renner* in: *Haarmann/Riehmer/Schüppen,* Kommentar zum WpÜG, § 11 Rn. 19; *Hamann* in: ZIP 2001, 2249 (2251).

386 *Renner* in: *Haarmann/Riehmer/Schüppen,* Kommentar zum WpÜG, § 11 Rn. 19; *Hamann* in: ZIP 2001, 2249 (2251). *Hamann* nennt als Beispiel für zusätzliche Angaben den Fall, dass der Bieter die Absicht hat, die erworbenen Anteile umgehend an einen Dritten weiterzuveräußern. Zur Verhinderung solcher Strohmanngeschäfte dürfte es geboten sein, vom Bieter die Nennung des Hintermannes in der Angebotsunterlage zu verlangen.

387 Begr.-RegE. BT-Drucks. 14/7034, Seite: 41; *Geibel* in: *Geibel/Süßmann*, Kommentar zum WpÜG, § 11 Rn. 7: Dies gelte selbst dann, wenn der Bieter nicht als Verantwortlicher im Sinne des § 11 III WpÜG aufgeführt sei, da die Unterzeichnung die intensivste Form der Verantwortungsübernahme darstelle.

388 *Liebscher* in: ZIP 2001, 853 (862); *Geibel* in: *Geibel/Süßmann*, Kommentar zum WpÜG, § 11 Rn. 8; *Riehmer* in: *Haarmann/Riehmer/Schüppen*, Kommentar zum WpÜG, § 11 Rn. 17.

tionen zur Unterrichtung der Adressaten enthalten[389]. Dennoch bezeichnet selbst die Regierungsbegründung sowohl die inhaltlichen Angaben des Abs. 2 als auch die ergänzenden Angaben des Abs. 3 als grundlegende Angaben[390]. Auch die Haftung des Bieters gemäß § 12 WpÜG wegen Unrichtigkeit oder Unvollständigkeit wesentlicher Angaben hängt nicht davon ab, ob es sich bei den Angaben um Inhaltsangaben oder um ergänzende Angaben handelt[391]. Mithin handelt es sich in beiden Fällen um wesentliche Angaben. Die vom Gesetzgeber vorgenommene Differenzierung ist somit nicht nur schwer nachvollziehbar, sondern überflüssig[392].

Nunmehr soll der Blick aber auf die vom Bieter in die Angebotsunterlage aufzunehmenden Angaben gelenkt werden.

1) Angaben zum Bieter

Zunächst hat der Bieter in der Angebotsunterlage einige Tatsachen zu seiner Person zu veröffentlichen.

(a) Formelle Angaben zum Bieter

Vom Bieter verlangt § 11 II S.2 Nr. 1 WpÜG die Angabe von Name, § 12 BGB, oder Firma, § 17ff. HGB, und die vollständige Anschrift oder den Sitz. Bei Bietergesellschaften ist zusätzlich deren Rechtsform anzugeben.

Nach § 11 II S.2 Nr. 2 WpÜG ist auch Firma, Sitz und Rechtsform der Zielgesellschaft anzugeben, damit eine eindeutige Identifizierung des Angebotsziels möglich ist und auch für die Aufsichtsbehörde erkennbar ist, wer die Beteiligten des Übernahmeverfahrens sind[393]. Dieselben Angaben hat der Bieter gemäß § 2 I Nr. 1 WpÜG–VO auch bezüglich aller mit ihm gemeinsam handelnden Personen und für Personen, deren Stimmrechte aus Aktien der Zielgesellschaft ihm nach § 30 WpÜG zuzurechnen sind, in die Angebotsunterlage aufzunehmen.

---

389 *Geibel* in: *Geibel/Süßmann*, Kommentar zum WpÜG, § 11 Rn. 8; *Renner* in: *Haarmann/Riehmer/Schüppen*, Kommentar zum WpÜG, § 11 Rn. 18.

390 Begr.-RegE. BT-Drucks. 14/7034, Seite: 42.

391 *Geibel* in: *Geibel/Süßmann*, Kommentar zum WpÜG, § 11 Rn. 8; *Renner* in: *Haarmann/Riehmer/Schüppen*, Kommentar zum WpÜG, § 11 Rn. 18.

392 Kritisch zur Regelungstechnik auch *Schüppen* in: WPg 2001, 958 (961).

393 Begr.-RegE. BT-Drucks. 14/7034, Seite: 41.

b) Angabe wirtschaftlicher Daten

Angaben zur wirtschaftlichen Situation seines Unternehmens hat der Bieter grundsätzlich nicht in die Angebotsunterlage aufzunehmen. Nur falls er auch Aktien als Gegenleistung offeriert, ist er verpflichtet umfassende Angaben zur wirtschaftlichen Situation seiner Unternehmung zu veröffentlichen[394].
Demgegenüber ist der Bieter nach britischem Recht auch bei reinen Barangeboten verpflichtet, die wirtschaftlichen Kernzahlen seiner Unternehmung in der Angebotsunterlage zu veröffentlichen[395]. Zwar haben die Wertpapierinhaber der Zielgesellschaft bei reinen Barangeboten grundsätzlich kein so großes Interesse an Informationen über die wirtschaftliche Lage des Bieters wie bei Umtauschangeboten. Zu bedenken ist aber, dass die nach dem *CC* erforderlichen Informationen, beispielsweise zum Bruttogewinn oder zum Umsatz keinen nennenswerten Mehraufwand für den Bieter bei der Erstellung der Angebotsunterlage bedeuten, weil er bei ordnungsgemäßer Buchführung sowieso über diese Angaben verfügt. Anhand der wirtschaftlichen Kernzahlen können sich die Wertpapierinhaber aber ein Bild über die Bonität des Bieters und damit über die Seriosität der Übernahmeofferte machen.
Deshalb wäre es im Interesse der Angebotsadressaten wünschenswert, wenn entsprechende wirtschaftliche Daten auch in jeder nach deutschem Recht erstellten Angebotsunterlage enthalten wären.

c) Offenlegung von Beteiligungen

Der Bieter ist gemäß § 2 Nr. 5 WpÜG-VO verpflichtet, die Anzahl der von ihm bei der Angebotsabgabe bereits gehaltenen Wertpapiere der Zielgesellschaft offen zu legen.
Dieselbe Offenlegungspflicht trifft ihn auch bezüglich aller Wertpapiere der Zielgesellschaft, die bei Angebotsabgabe von mit ihm gemeinsam handelnden Personen gehalten werden. Schließlich sind noch diejenigen Wertpapiere anzugeben, die ihm selbst und den mit ihm gemeinsam handelnden Personen und deren Tochterunternehmen gemäß § 30 WpÜG zugerechnet werden.
Die erforderlichen Angaben entsprechen den Mitteilungspflichten nach § 21 I, Ia i. V. m. § 22 IV WpHG bei Erreichen, Über- oder Unterschreiten der Schwellenwerte des § 21 I S.1 WpHG. Gleichwohl bleiben die Mitteilungspflichten nach

394 Vgl. hierzu unten: 4. Kap. C. I. 2. c) 1).
395 Gemäß *Rule 24.2. (b) (i)-(iv) CC* muss das *offer document* Angaben zum Umsatz, zum Bruttogewinn bzw. -verlust der letzten zwei Jahre, Angaben zu den in den Bilanzen aufgeführten Vermögenswerten, die Namen der Direktoren sowie Angaben zum Tätigkeitsschwerpunkt der Gesellschaft enthalten.

§ 21ff. WpHG schon deshalb unberührt, weil die Mitteilungspflichten des WpHG gegenüber der Zielgesellschaft zu erfüllen sind[396]. Soweit die erforderlichen Angaben bereits Bestandteil einer Mitteilung nach § 21 WpHG waren, sind sie im Interesse einer vollständigen und übersichtlichen Information der Anleger in der Angebotsunterlage trotzdem zu wiederholen[397].
Falls der Bieter oder die ihm zuzurechnenden Personen Wertpapiere der Zielgesellschaft weniger als drei Monate vor der Veröffentlichung der Entscheidung zur Angebotsabgabe im Sinne des § 10 III S.1 WpÜG erworben haben, müssen sie auch die Art und den Umfang der dafür gewährten Gegenleistung angeben, § 2 Nr. 7 WpÜG-VO. Dem Erwerb gleichgestellt sind Vereinbarungen, die auf den späteren Erwerb von Wertpapieren gerichtet sind[398].
Die genannten Offenlegungspflichten sollen es den Adressaten des Übernahmeangebots ermöglichen, sich ein zutreffendes Bild über die Eigentumsverhältnisse an der Zielgesellschaft zu verschaffen.
Inhaltlich nahezu gleichlautende Offenlegungspflichten normiert *Rule 24.3. CC* für den Bieter bei der Erstellung einer Angebotsunterlage nach britischem Recht[399].
Sie ermöglichen dem Wertpapierinhaber der Zielgesellschaft die Erfolgschancen des Übernahmeversuchs, die bei einer hohen Beteiligung der o. g. Personen an der Zielgesellschaft naturgemäß größer sein werden, zu beurteilen und damit die Beantwortung der Frage, ob er nach Abschluss des Übernahmeverfahrens als Minderheitsaktionär in der Zielgesellschaft verbleiben wird. Außerdem ist er anhand der Beteiligungsverhältnisse in der Lage, das Gewicht seines eigenen Aktienpakets und den Kontrollwert seiner Anteile abzuschätzen. Mithin erfüllt die Pflicht zur Offenlegung der Beteiligungsverhältnisse eine wichtige Informationsfunktion für den Angebotsadressaten und ist daher im Interesse einer vollständigen Information der Anleger grundsätzlich zu begrüßen.
Der *CC* geht jedoch weiter als sein deutsches Pendant, indem er verlangt, dass auch die Leitungsorgane der Bietergesellschaft, die in ihrer Eigenschaft als Privatperson erworbenen Wertpapiere der Zielgesellschaft offen legen müssen. Durch die Offenlegung ihrer privat gehaltenen Beteiligungen wird sichtbar, ob sich die Vorstands- und Aufsichtsratsmitglieder der Bietergesellschaft bei der Abgabe des Übernahmeangebots nur von den Regeln der ökonomischen Vernunft

---

396 *Geibel* in: *Geibel/Süßmann,* Kommentar zum WpÜG, § 11 Rn. 66.
397 Begr.-RegE. BT-Drucks. 14/7034, Seite: 78.
398 Begr.-RegE. BT-Drucks. 14/7034, Seite: 79.
399 Zu den Offenlegungspflichten im britischen Recht: 4. Kap. C. I 1. b) 1) (c).

leiten ließen, oder ob noch andere, unter Umständen private und damit sachfremde Erwägungen bei der Entscheidungsfindung eine Rolle spielten[400].
Zudem kann sich der Wertpapierinhaber der Zielgesellschaft erst dann das von der Regierungsbegründung geforderte zutreffende „Bild über die Eigentumsverhältnisse an der Zielgesellschaft" machen, wenn er auch Kenntnis über die von den Leitungsorganen des Bieters privat gehaltenen Stimmrechte hat. Deshalb würde erst die Normierung einer inhaltlich gleichlautenden Pflicht im deutschen Recht eine konsequente Umsetzung des in den Allgemeinen Grundsätzen niedergelegten Transparenzgebots darstellen.
Neben diesen Angaben eher formaler Natur, die sich im Wesentlichen auch in einer nach britischem Recht angefertigten Angebotsunterlage wieder finden, verlangt der *CC*, dass der Bieter den gewichteten Kursverlauf der Wertpapiere der Zielgesellschaft innerhalb der letzten sechs Monate vor Angebotsabgabe veröffentlicht. Wenn sich der Bieter dazu entschließt, in der Angebotsunterlage den Angebotspreis in Beziehung zum Aktienkurs der Zielgesellschaft darzustellen, ist im Vereinigten Königreich in jedem Fall auch der Aktienkurs der Zielgesellschaft am letzten Handelstag vor der Angebotsabgabe vergleichend darzustellen[401].
Angesichts der Tatsache, dass gerade vergleichende Charts geeignet sind, die Angemessenheit des Angebots verzerrt wiederzugeben, wäre es im Sinne der Transparenz des Übernahmeverfahrens wünschenswert, gleichlautende Vorgaben auch für das deutsche Übernahmerecht zu normieren.
Dasselbe gilt auch für die Darstellung des Kursverlaufes der Zielgesellschaft vor Beginn der Angebotsphase. Wie bereits dargestellt ist der Kursverlauf der Zielgesellschaft ein geeignetes Instrumentarium zur Ermittlung der Werthaltigkeit des Angebots, da er den Wertpapierinhabern der Zielgesellschaft die Möglichkeit verschafft, die Kursentwicklung ihrer Papiere in Beziehung zu dem Übernahmeversuch zu setzen.

2) Art und Höhe der angebotenen Gegenleistung

Von besonderem Interesse für die Wertpapierinhaber ist die Angabe der für die Wertpapiere der Zielgesellschaft gebotenen Gegenleistung, weil diese regelmäßig ausschlaggebend für die Verkaufsentscheidung der Wertpapierinhaber der Ziel-

---

400 Dieselbe Zielrichtung hat auch die Pflicht zur Angabe der durch die Übernahme bedingten Veränderungen der Vergütung der Direktoren der Bietergesellschaft, *Rule 24. 4.CC.*

401 Vgl.: 4 Kap. C. I. 1. b) 2).

gesellschaft sein wird und damit für den Erfolg bzw. Misserfolg des Übernahmeversuches entscheidend ist.[402].
Gemäß § 11 II S.2 Nr. 4 WpÜG ist zum einen die Art der Gegenleistung anzugeben, d. h. ob sie in Geld (Barangebot) oder in anderen Vermögensgegenständen, insbesondere in Aktien des Bieters oder eines dritten Emittenten (Tauschangebot) besteht. Zum anderen ist natürlich auch die Höhe der angebotenen Gegenleistung anzugeben.
Für Übernahmeangebote regelt § 31 WpÜG im Zusammenspiel mit den insoweit auf Grundlage von § 31 VII WpÜG erlassenen §§ 3-7 WpÜG-VO, welchen Anforderungen die den Aktionären durch den Bieter bei einem Übernahmeangebot zu offerierende Gegenleistung genügen muss, damit sie als angemessene Gegenleistung im Sinne von § 31 I S.1 WpÜG zu qualifizieren ist.

(a) Art der Gegenleistung: Bar- oder Umtauschangebot

Der Bieter hat grundsätzlich die Wahl, ob er den Aktionären der Zielgesellschaft eine Geldleistung oder Aktien, die zum Handel an einer Börse im Europäischen Wirtschaftsraum zugelassen sind, als Gegenleistung offeriert[403]. Tauschangebote sind beim Bieter vor allen Dingen deshalb sehr beliebt, weil ein Tauschangebot regelmäßig leichter zu finanzieren ist[404]. Demgegenüber ist ein Barangebot für die Wertpapierinhaber der Zielgesellschaft vorteilhafter, dass es sich leichter auf seine Angemessenheit hin beurteilen lässt.

(1) Barangebot

In bestimmten Fällen verliert der Bieter seine Wahlmöglichkeit mit der Folge, dass das Gesetz ihn verpflichtet, zumindest wahlweise eine Geldleistung in Euro zu offerieren.
Zum einen ist der Bieter gemäß § 31 III Nr. 1 WpÜG verpflichtet, eine Gegenleistung in Geld anzubieten, wenn er oder eine mit ihm gemeinsam handelnde Personen oder deren Tochterunternehmen innerhalb von drei Monaten vor Veröffentlichung seiner Entscheidung zur Abgabe eines Übernahmeangebots mehr als fünf Prozent der Aktien oder Stimmrechte der Zielgesellschaft gegen Zahlung einer Geldleistung erworben hat (sog. Vorerwerb). Aktien, die der Bieter früher

402 *Renner* in: *Haarmann/Riehmer/Schüppen*, Kommentar zum WpÜG, § 11 Rn. 30; *Steinmeyer/Häger* in: *Steinmeyer/Häger*, Kommentar zum WpÜG, § 11 Rn. 25.
403 *Rohdewald/Siems* in: ZIP 2002, 926 (926); *Steinmeyer/Häger* in: *Steinmeyer/Häger*, Kommentar zum WpÜG, § 31 Rn. 49ff.; *Haarmann* in: *Haarmann/Riehmer/Schüppen*, Kommentar zum WpÜG, § 15 Rn. 88.
404 *Renner* in: *Haarmann/Riehmer/Schüppen*, Kommentar zum WpÜG, § 11 Rn. 31.

erworben hat, sind nicht zu berücksichtigen[405]. Die Vorschrift stellt eine Konkretisierung des Gleichbehandlungsgrundsatzes dar und soll ein „Anschleichen" an die Zielgesellschaft unter Ausgrenzung der Minderheitsaktionäre verhindern, erlaubt dem Bieter aber zugleich Vorerwerbe in geringem Ausmaß, d. h. in einem Umfang von weniger als 5 Prozent[406].

Zum anderen muss der Bieter bei sog. Parallelerwerben ebenfalls eine Gegenleistung in Geld offerieren. Ein Parallelerwerb des Bieters liegt gemäß § 31 III Nr. 2 WpÜG vor, wenn er, eine mit ihm gemeinsam handelnde Person oder deren Tochterunternehmen außerhalb des Angebotsverfahrens nach Veröffentlichung der Angebotsabsicht und vor Ablauf der Angebotsfrist gegen eine Geldleistung ein Prozent der Stimmrechte der Zielgesellschaft erworben hat.

Auch diese Regelung stellt eine Konkretisierung des Gleichbehandlungsgrundsatzes des § 3 I WpÜG dar. Die Pflicht zur Gleichbehandlung aller Wertpapierinhaber der Zielgesellschaft wird jedoch von § 31 III Nr. 2 WpÜG im Hinblick auf die „Bagatellgrenze" von einem Prozent nicht uneingeschränkt umgesetzt. Anders als in den Vorentwürfen löst nämlich nicht mehr jeder Parallelerwerb die Pflicht zur Zahlung einer Geldleistung aus, sondern zur Vermeidung unbilliger Härten für den Bieter ist es ihm nunmehr gestattet, bis zu ein Prozent des Grundkapitals der Zielgesellschaft außerhalb des Übernahmeverfahrens parallel zu erwerben[407].

In den Fällen des Vorerwerbs und des Parallelerwerbs ist der Bieter somit als Ausfluss des Gleichbehandlungsgrundsatzes verpflichtet, den Aktionären wahlweise ein Barangebot in Euro zu machen[408].

Teilweise wird vertreten, dass in diesen Fällen ausschließlich ein Barangebot zulässig sei[409]. Eine solche Auslegung ergibt sich jedoch weder aus dem Wortlaut des § 31 III WpÜG, der nur von „einer Geldleistung" spricht, noch gebietet das

---

405 *Haarmann* in: *Haarmann/Riehmer/Schüppen*, Kommentar zum WpÜG, § 31 Rn. 103.

406 Begr.-RegE. BT-Drucks. 14/7034, Seite: 55; Zur Einführung der Erheblichkeitsschwelle vgl. auch die Stellungnahme des Handelsrechtsausschusses des DAV in: NZG 2001, 420 (428); Allgemein zum sog. „Anschleichen" im Vorfeld eines Übernahmeangebots unter: 4. Kap. B.

407 Begr.-RegE. BT-Drucks. 14/7034, Seite: 55; *Haarmann* in: *Haarmann/Riehmer/Schüppen*, Kommentar zum WpÜG, § 31 Rn. 109, der darauf hinweist, dass ansonsten schon der Erwerb einer einzigen Aktie zur Zahlung einer Geldleistung verpflichten würde; Ebenso *Schüppen* in: WPg 2001, 958 (968).

408 Begr.-RegE. BT-Drucks. 14/7034, Seite: 55. Die angebotene Geldleistung muss auf Euro lauten, da vor allen Dingen die Kleinaktionäre weder mit dem Währungsrisiko noch mit den Wechselkosten belastet werden sollen.

409 *Land* in: DB 2001, 1707 (1710); wohl auch *Riehmer/Schröder* in: BB 2001, Beilage 5, 1 (11).

hinter dieser Norm stehende Gebot der Gleichbehandlung aller Wertpapierinhaber eine solche Interpretation. Es ist nämlich nicht ersichtlich, warum es nicht im Interesse der Wertpapierinhaber der Zielgesellschaft liegen solle, dass der Bieter wahlweise eine Gegenleistung in Aktien oder ein Barangebot offeriert. Der Aktionär der Zielgesellschaft wird hierdurch nicht benachteiligt, da er die Barangebotsvariante annehmen kann, sofern er diese für attraktiver hält.

(2) Umtauschangebot

Werden Wertpapiere als Gegenleistung angeboten, verlangt § 31 II WpÜG, dass es sich um liquide Aktien handeln muss, die spätestens zum Zeitpunkt der Übereignung an den Adressaten an einem organisierten Markt zugelassen sein müssen[410]. Dabei verlangt das Gesetz nicht, dass es sich um Aktien des Bieters handeln müsse. Es kommen auch Aktien anderer Gesellschaften in Betracht, die der Bieter als Gegenleistung zur Verfügung stellen kann, etwa Aktien einer börsennotierten Tochtergesellschaft oder sonstige Aktien, die der Bieter in seinem Handelsbestand hält[411]. Dadurch besteht für den Wertpapierinhaber die Gefahr, dass ihm aufgrund der Drucksituation in der er sich während des Übernahmeverfahrens befindet, die Beteiligung an einer börsennotierten Gesellschaft aufgedrängt wird.
Er benötigt daher zweierlei: Zum einen benötigt er ausreichende Information über die Wertpapiere, die als Gegenleistung offeriert werden und zum anderen sollte ihm die Möglichkeit offen stehen, die als Gegenleistung erhaltenen Aktien umgehend an der Börse zu veräußern.
Das Informationsbedürfnis der Aktionäre der Zielgesellschaft befriedigt das WpÜG, indem es für Umtauschangebote verlangt, dass in der Angebotsunterlage alle Angaben zu machen sind, die in einem Verkaufsprospekt zu machen wären, § 2 WpÜG-VO i. V. m. § 7 VerkProspG und der VerkProspVO[412]. Der Hintergrund dieser Regelung ist darin zu sehen, dass aufgrund der ausdrücklichen Aus-

410 Im Vorfeld des Gesetzgebungsverfahrens war fraglich, ob die Aktien bereits zum Zeitpunkt der Abgabe des Angebots zum Handel zugelassen sein müssen, oder ob es ausreicht, wenn die Aktien zum Zeitpunkt der Fälligkeit zugelassen sind. Die Gesetzesbegründung stellt nunmehr eindeutig klar, dass es ausreichend ist, wenn die Aktien zum Zeitpunkt der Übereignung zum Handel an einem organisierten Markt zugelassen sind, vgl.: Begr.-RegE. BT-Drucks. 14/7034, Seite: 55, so bereits *Krause* in: NZG 2000, 905 (909).

411 *Thun* in: *Geibel/Süßmann*, Kommentar zum WpÜG, § 31 Rn. 9; *Haarmann* in: *Haarmann/Riehmer/Schüppen*, Kommentar zum WpÜG, § 15 Rn. 81.

412 *Hamann* in: ZIP 2001, 2249 (2253); *Geibel* in: *Geibel/Süßmann*, Kommentar zum WpÜG, § 11 Rn. 43. Zum Prospektinhalt vgl. nur die Kommentierung von *Assmann* in: *Assmann/Lenz/Ritz*, Kommentar zum VerkProspG, § 7 m. w. N.

nahmebestimmung des § 4 I Nr. 9 VerkProspG die Erstellung eines Verkaufsprospekts nicht erforderlich ist, wenn Wertpapiere als Gegenleistung im Rahmen eines Übernahmeangebots offeriert werden. Die im Einklang mit dem WpÜG und der WpÜG-VO erstellte Angebotsunterlage ersetzt somit nach der Gesetzessystematik den Verkaufsprospekt[413].

Durch diese Informationspflicht wird der Bieter, wie im Fall des öffentlichen Anbietens von Wertpapieren im Sinne von § 11 VerkProspG, verpflichtet, den Wertpapierinhabern der Zielgesellschaft diejenigen Informationen zur Verfügung zu stellen, die notwendig sind, um den Aktionären ein zutreffendes Bild über den Emittenten und die Werthaltigkeit der angebotenen Wertpapiere zu ermöglichen. Dementsprechend müssen die Angaben über die tatsächlichen und rechtlichen Verhältnisse, die für die Beurteilung der angebotenen Wertpapiere notwendig sind, Auskunft geben[414].

Diese umfassende und arbeitsintensive Informationspflicht obliegt dem Bieter nur dann nicht, wenn für die angebotenen Wertpapiere innerhalb von zwölf Monaten vor Veröffentlichung der Angebotsunterlage im Inland ein Verkaufsprospekt, ein Börsenzulassungsprospekt oder ein Unternehmensbericht in deutscher Sprache veröffentlicht wurde, § 2 Nr. 2 HS.2 WpÜG-VO[415]. In diesem Fall genügt ein Hinweis auf den Prospekt und dessen Bezugsmöglichkeit[416].

Die Wertpapierinhaber haben folglich anhand der Angaben in der Angebotsunterlage die Möglichkeit, sich ein zutreffendes Bild über die Werthaltigkeit der als Gegenleistung angebotenen Wertpapiere zu machen.

Des Weiteren wird mit dem in § 31 II WpÜG normierten Gebot, dass der Bieter „liquide Aktien“ offerieren muss, sichergestellt, dass die Aktionäre der Zielgesellschaft die erhaltenen Aktien umgehend an der Börse veräußern können. Aufgrund der zusätzlichen Angabepflichten des Bieters kann sich der Aktionär bei diesen ebenfalls anhand der Angebotsunterlage ein Bild über die Attraktivität der Gegenleistung machen.

Hinsichtlich der Art der Gegenleistung sind keine grundsätzlichen Unterschiede zwischen dem deutschen und dem britischen Übernahmerecht vorhanden. Insbesondere verliert der Bieter nach beiden Rechtsordnungen seine Wahlfreiheit zwischen Bar– und Umtauschangebot, wenn er in einem bestimmten Zeitraum (12 Monatsfrist im UK und 3 Monatsfrist in Deutschland) vor der Angebotsveröf-

---

413 *Geibel* in: *Geibel/Süßmann*, Kommentar zum WpÜG, § 11 Rn. 43.

414 Begr.-RegE. BT-Drucks. 14/7034, Seite: 78. Der genaue Umfang der notwendigen Angaben ergibt sich aus der Verkaufsprospekt-Verordnung.

415 *Hamann* in: ZIP 2001, 2249 (2253); Begr.-RegE. BT-Drucks. 14/7034, Seite: 78; kritisch dazu, dass dies die einzige Befreiungsmöglichkeit darstelle: *Geibel* in: *Geibel/Süßmann*, Kommentar zum WpÜG, § 11 Rn. 51ff.

416 *Liebscher* in: ZIP 2001, 852 (863).

fentlichung, Aktien der Zielgesellschaft in einer bestimmten Größenordnung erworben hat.
Diese Regelungen konkretisieren den Gleichbehandlungsgrundsatz und haben den Zweck, ein Anschleichen des Bieters an die Zielgesellschaft unter Ausgrenzung der Minderheitsaktionäre zu verhindern. Oder anders ausgedrückt, wenn der Bieter kurz vor der Angebotsveröffentlichung Aktien in einem nennenswerten Umfang gegen Zahlung einer Geldleistung erworben hat, dann ist er aufgrund des in beiden Rechtsordnungen an herausgehobener Stelle normierten Gleichbehandlungsgrundsatzes verpflichtet, den verbleibenden Wertpapierinhabern dieselbe Art der Gegenleistung zu offerieren.

(b) Höhe der Gegenleistung: angemessene Gegenleistung

Die Höhe der Gegenleistung ist gemäß § 11 II S.2 Nr. 4 WpÜG vom Bieter in der Angebotsunterlage anzugeben. Bei ihrer Bestimmung ist der Bieter bei Übernahmeangeboten im deutschen Recht jedoch nicht frei.
Vielmehr verlangt § 31 I S.1 WpÜG, dass er eine „angemessene Gegenleistung" anbietet. Konkretisiert wird das Tatbestandsmerkmal angemessene Gegenleistung sogleich in Satz 2. Dieser bestimmt zum einen, dass bei der Höhe der Gegenleistung grundsätzlich der durchschnittlichen Börsenkurs der Aktien der Zielgesellschaft zu berücksichtigen ist, § 31 I S.2 1.Var. WpÜG, die sog. Börsenpreisregel. Zum anderen sind auch Vorerwerbe des Bieters bei der Ermittlung der Höhe der Gegenleistung zu berücksichtigen, § 31 I S.2 1.Var. WpÜG, die sog. Gleichpreisregel[417].
Das Bundesfinanzministerium beließ es jedoch nicht bei diesen Vorgaben, sondern hielt eine weitere Konkretisierung für erforderlich und hat deshalb in §§ 3-7 WpÜG-VO weitere Vorgaben für die Bestimmung der Höhe der Gegenleistung bei Übernahmeangeboten erlassen. Der Gesetzgeber rechtfertigt diesen verfassungsrechtlich nicht unumstrittenen Eingriff in die Privatautonomie unter Hinweis auf die Besonderheiten des Übernahmeverfahrens. Bei Übernahmeverfahren sei nämlich wegen der engen zeitlichen Vorgaben für die Verfahrensbeteiligten und des besonderen Interesses an der Vermeidung von Rechtsstreitigkeiten eine genaue rechtsverbindliche Festlegung der Eckpunkte erforderlich[418]. Diese Eckpunkte müssten zudem bei Bedarf kurzfristig modifiziert werden können, um die

417 *Rohdewald/Siems* in: ZIP 2002, 926 (926); *Thun* in: *Geibel/Süßmann*, Kommentar zum WpÜG, § 31 Rn. 4; *Haarmann* in: *Haarmann/Riehmer/Schüppen*, Kommentar zum WpÜG, § 31 Rn. 17; *Houben* in: WM 2001, 1873 (1880).
418 Begr.-RegE. BT-Drucks. 14/7034, Seite: 55.

in der Praxis gewonnenen Ergebnisse zu berücksichtigen. Aus diesem Grund sei eine flexible Rechtsverordnung das vorzugswürdige Regelwerk[419].
Bei den gemäß §§ 4-6 WpÜG-VO zu berücksichtigen Werten handelt es sich durchweg um Mindestwerte, die für Aktien unterschiedlicher Gattung getrennt ermittelt werden müssen, § 3 WpÜG-VO.
Bei Vorerwerben legt § 4 WpÜG-VO als Mindestwert für die Gegenleistung den höchsten Wert fest, den der Bieter innerhalb eines Zeitraums von drei Monaten für Aktien der Zielgesellschaft gewährt oder vereinbart hat. Damit ist der Bieter verpflichtet, einen im Vorfeld des Übernahmeverfahrens beim Erwerb eines größeren Aktienpakets gezahlten Paketzuschlag auch allen übrigen Aktionären zu gewähren. Demgegenüber sahen der Diskussions- und der Referentenentwurf noch vor, dass bei außerbörslichen Erwerben der Erwerbspreis im Rahmen des Übernahmeangebots um bis zu 15 % unterschritten werden darf. Diese mittelbare Bevorzugung von Paketerwerben wurde von ihren Verfechtern im wesentlichen damit begründet, dass es nicht gerechtfertigt sei, Paketzuschläge jedem einzelnen Aktionär zugute kommen zu lassen, da nicht jeder die gleiche Leistung erbringe. Denn der einzelne Aktionär, der seine Aktien im Rahmen des Übernahmeverfahrens veräußere, biete nicht die gleiche Zahl von Aktien an. Deshalb sei es auch nicht gerechtfertigt, ihn an Paketzuschlägen, die andere Aktionäre ausschließlich wegen der Bereitstellung eines bedeutenden Aktienpakets erhielten, zu beteiligen[420].
Diese Begünstigung von Paketbesitzern ist in der rechtswissenschaftlichen Diskussion stark kritisiert wurden. Es wurde insbesondere kritisiert, dass dadurch der vom Gesetz angestrebte Grundsatz der Gleichbehandlung aller Wertpapierinhaber zum Nachteil der besonders schutzbedürftigen Kleinanleger konterkariert würde[421]. Die Kritiker setzten sich durch, ein Paketzuschlag darf vom Bieter nicht berücksichtigt werden. Der höchste bei außerbörslichen Vorerwerben gezahlte Preis bildet demzufolge die erste Untergrenze für die Bestimmung der Gegenleistung. Dies ist im Hinblick auf den in § 3 I WpÜG normierten Gleichbehandlungsgrundsatz auch konsequent.

419 Begr.-RegE. BT-Drucks. 14/7034, Seite: 55; kritisch zur verfassungsrechtlichen Unbedenklichkeit (Stichwort: Wesentlichkeitsgrundsatz) der Regelung durch Rechtsverordnung etwa *Schüppen* in: WPg 2001, 958 (976) sowie *Thun* in: *Geibel/Süßmann*, Kommentar zum WpÜG, § 31 Rn. 4.

420 *Pötzsch/Möller* in: WM 2000, Sonderbeilage 2, 1 (23) zugleich Begründung zum Diskussionsentwurf; *Schiessl* in: AG 1999, 442 (451); *Krause* in: NZG 2000, 905 (909); *Liebscher* in: ZIP 2001, 853 (862); Stellungnahme des Handelsrechtsausschusses des DAV in: NZG 2001, 420 (428); *Houben* in: WM 2000, 1873 (1883).

421 *Theater/Barth* in: NZG 2001, 545 (547); *Strenger* in: WM 2000, 952 (952); Stellungnahme der Schutzgemeinschaft der Kleinaktionäre zum RefE. Ziff. 3.

Neben dieser bei Vorerwerben zu berücksichtigenden Gleichpreisregel enthält § 5 WpÜG-VO eine weitere Grundregel zur Ermittlung der Höhe der Gegenleistung, die sog. Börsenpreisregel[422]. Demzufolge orientiert sich die zweite Untergrenze der vom Bieter zu erbringenden Gegenleistung an dem Markwert, d. h. an den Börsenpreisen der Wertpapiere der Zielgesellschaft[423]. Konkret bildet grundsätzlich der nach Umsätzen gewichtete, durchschnittliche Börsenkurs[424] der letzten drei Monate vor Veröffentlichung der Entscheidung zur Abgabe eines Übernahmeangebots im Sinne des § 10 I S.1 WpÜG die Untergrenze für die vom Bieter zu erbringende Gegenleistung, § 5 I WpÜG-VO[425]. Falls die Aktien der Zielgesellschaft noch keine drei Monate zum Handel zugelassen sind, ist der Referenzzeitraum entsprechend zu verkürzen, § 5 II WpÜG-VO[426].
Sofern die Aktien der Zielgesellschaft dermaßen selten gehandelt werden, dass an weniger als einem Drittel der Börsentage im Referenzzeitraum Börsenkurse festgestellt werden konnten und diese und mehrere nacheinander festgestellte Kurse um mehr als fünf Prozent voneinander abweichen, macht es keinen Sinn, diese Kurse als Bemessungsgrundlage für die Gegenleistung heranzuziehen.
Deshalb bestimmt § 5 IV WpÜG-VO, dass bei Illiquidität und hoher Volatilität der Aktien der Zielgesellschaft, die Bestimmung der Gegenleistung auf Grundlage einer Unternehmensbewertung durchzuführen sei[427]. Unklar bleibt allerdings nach welcher Methode der Bieter die Unternehmensbewertung durchzuführen

422 *Thun* in: *Geibel/Süßmann*, Kommentar zum WpÜG, § 31 Rn. 4; *Houben* in: WM 2000, 1873 (1883).
423 Begr.-RegE. BT-Drucks. 14/7034, Seite: 80.
424 *Thun* in: *Geibel/Süßmann*, Kommentar zum WpÜG, § 31 Rn. 98; *Haarmann* in: *Haarmann/Riehmer/Schüppen*, Kommentar zum WpÜG, § 31 Rn. 32: Dieser Mindestwert wird gemäß § 5 III WpÜG-VO auf Basis der dem Bundesaufsichtsamt gemäß § 9 WpHG als börslich gemeldeten Geschäfte bestimmt. Er errechnet sich, indem zunächst Preis und Umsatz jedes Geschäfts multipliziert werden, diese Produkte addiert werden und diese Summe dann durch den Gesamtumsatz geteilt wird.
425 Die Anknüpfung an den Durchschnitt des Börsenkurses bezogen auf einen Referenzzeitraum von drei Monaten ist im Rahmen des Gesetzgebungsprozesses kritisiert wurde. Insbesondere wurde bemängelt, dass er bei stark sinkenden Börsenkursen keine angemessene Bemessungsgrundlage darstellt. Dabei sind je nach Interessenvertretung entweder das starke Ansteigen der Börsenkurse (Stellungnahme der Schutzgemeinschaft der Kleinaktionäre zum RefE. Ziff. 3) oder das erhebliche Absinken des Börsenkurses etwa durch die allgemeine schlechte Börsenentwicklung als oder im Sanierungsfall als Gefahr genannt wurden (Gemeinsame Stellungnahme von BDI, BDA und DIHT, Ziff. 5).
426 Begr.-RegE. BT-Drucks. 14/7034, Seite: 80.
427 *Thun* in: *Geibel/Süßmann*, Kommentar zum WpÜG, § 31 Rn. 98; Begr.-RegE. BT-Drucks. 14/7034, Seite: 80.

hat[428]. Darüber hinaus wird der Bieter insbesondere bei feindlichen Übernahmeangeboten Schwierigkeiten haben, die für eine Unternehmensbewertung erforderlichen Daten von der Zielgesellschaft zu bekommen[429]. Der Gesetzgeber hielt jedoch trotz der Kritik an dieser Regelung fest.
Die soeben dargestellten Untergrenzen sind gemäß § 7 WpÜG-VO sowohl bei Bar- als auch bei Umtauschangeboten zu beachten.
Insgesamt ist festzustellen, dass das WpÜG dem Bieter umfangreiche Vorgaben bezüglich der Höhe der Gegenleistung enthält. Der deutsche Gesetzgeber rechtfertigt diese tiefen Eingriffe in die Privatautonomie mit dem Schutzbedürfnis der Kleinaktionäre, welches sich in Gestalt des Gleichbehandlungsgrundsatzes in § 3 I WpÜG manifestiert.
Geboten ist jedoch eine differenziertere Betrachtung, der eine kurze Vergegenwärtigung der vergleichbaren britischen Regelungen vorangestellt werden soll. Auch der *CC* kennt Mindestpreisregeln, diese greifen jedoch nicht per se ein, sondern erst dann, wenn ein weiteres Verhalten des Bieters hinzutritt. Dieses Bieterverhalten kann zum einen darin liegen, dass der Bieter Vorerwerbe tätigt, oder dass er während der Laufzeit des Angebots Aktien der Zielgesellschaft erwirbt, sprich Parallelerwerbe tätigt. In diesen Fällen, so meinen auch die Verfasser des *CCs*, würde es dem Gleichbehandlungsgrundsatz widersprechen, wenn der Bieter berechtigt wäre, den bei diesen Vor- bzw. Parallelerwerben gezahlten Preis zu unterschreiten.
Insoweit deckt sich daher die deutsche mit der britischen Rechtslage. Falls keine Vor- bzw. Parallelerwerbe von Seiten des Bieters getätigt werden, enthält der *CC* aber auch keine Mindestpreisregel, sondern überlässt die Höhe des Angebotspreises vollständig der ökonomischen Vernunft des Bieters.
Demgegenüber macht das WpÜG dem Bieter stets Vorgaben bezüglich der Höhe der Gegenleistung, indem es verlangt, dass die Gegenleistung angemessen sein müsse und sie nur als angemessen zu qualifizieren sei, wenn sie zumindest dem durchschnittlichen nach Umsätzen gewichteten Börsenkurs der Wertpapiere der Zielgesellschaft entspräche, § 31 I S.2 WpÜG.
Die Untergrenze für den Angebotspreis bildet demnach unabhängig von etwaigen Vorerwerben des Bieters der nach Umsätzen gewichtete durchschnittliche Börsenkurs der Zielgesellschaft. Unabhängig davon, ob man von diesem Grundsatz Ausnahmen, etwa bei drohender Insolvenz der Zielgesellschaft, zulässt oder

428 Eine ausführliche Darstellung der verschiedenen möglichen Methoden der Unternehmensbewertung findet sich bei: *Haarmann* in: *Haarmann/Riehmer/Schüppen*, Kommentar zum WpÜG, § 31 Rn. 42-62.

429 Stellungnahme des Handelsrechtsausschusses des DAV in: NZG 2001, 420 (428); *Thoma* in: NZG 2002, 105 (108).

nicht[430], stellt sich die Frage, ob dieser Eingriff in die Privatautonomie tatsächlich unter Hinweis auf den Gleichbehandlungsrundsatz gerechtfertigt werden kann. Zwar ergibt sich für den Bieter eine Pflicht zur Gleichbehandlung der Wertpapierinhaber, wenn er vor oder während der Angebotslaufzeit Wertpapiere der Zielgesellschaft an oder außerhalb der Börse erwirbt. Wenn der Bieter jedoch keine Vor- oder Parallelerwerbe tätigt, kann er die Angebotadressaten auch nicht gegenüber anderen Wertpapierinhabern der Zielgesellschaft ungleich behandeln. Mithin lässt sich eine generelle Berücksichtigung der Börsenpreisregel nicht unter Hinweis auf den Gleichbehandlungsgrundsatz rechtfertigen. Deshalb sollte der deutsche Gesetzgeber, wie der *CC*, die Höhe des Angebotspreises grundsätzlich in das Ermessen des Bieters stellen.

3) Bedingungen

Der Bieter hat in der Angebotsunterlage auch über die Bedingungen zu informieren, von denen er die Wirksamkeit seines Übernahmeangebots abhängig macht, § 11 II S.2 Nr. 5 WpÜG. Dabei hat er die sich aus §§ 18 I, 25 WpÜG ergebenden Beschränkungen zu beachten.
Nach § 18 I WpÜG ist die gemäß § 158 BGB generell gegebene Zulässigkeit von Bedingungen für den Bieter beschränkt.
Es ist ihm untersagt, sein Übernahmeangebot von Bedingungen abhängig zu machen, deren Eintritt oder Nichteintritt er selbst, die gemeinsam mit ihm handelnden Personen oder deren Tochterunternehmen herbeiführen können.
Andersherum ausgedrückt sind somit nur solche Bedingungen zulässig, deren Eintritt nicht ausschließlich vom Bieter bzw. den anderen in § 18 I WpÜG genannten Personen herbeigeführt werden kann. Diese Beschränkung wird flankiert von dem generellen Verbot, das Übernahmeangebot unter einem Widerrufs- oder einem Rücktrittsvorbehalt abzugeben, § 18 II WpÜG.
Im Ergebnis wird damit erreicht, dass der Bieter von seiner Entscheidung zur Abgabe eines Übernahmeangebots nicht mehr durch eine eigene Willenserklärung abrücken kann[431]. Die Wertpapierinhaber der Zielgesellschaft sollen sich ebenso wie die Marktteilnehmer auf eindeutige transparente Verhältnisse einstellen können. Gleiches gilt für die Zielgesellschaft selbst und deren Vorstand, der durch das Übernahmeangebot besonderen Verhaltenspflichten, § 17 WpÜG und insbesondere § 33 WpÜG, unterworfen ist. Hiermit wäre es unvereinbar,

430 *Kremer/Oesterhaus* in: KK-WpÜG, § 31 Rn. 16; *Haarmann* in: *Haarmann/Riehmer/Schüppen*, Kommentar zum WpÜG, § 31 Rn. 24.
431 Begr.-RegE. BT-Drucks. 14/7034, Seite: 47; *Geibel* in:*Geibel/Süßmann*, Kommentar zum WpÜG, § 18 Rn. 1.

wenn die Durchführung des Übernahmeverfahrens von willkürlichen Entscheidungen des Bieters abhängig gemacht werden könnte[432]. Die feste Bindung des Bieters ist folglich vor dem Hintergrund der durch ein Übernahmeangebot betroffenen Interessen der Beteiligten gerechtfertigt[433].
Eine Ausnahme dieses Grundsatzes stellt § 25 WpÜG dar, der es für zulässig erklärt, das Übernahmeangebot unter der Bedingung einer Zustimmung der Gesellschafterversammlung abzugeben. Diese Möglichkeit muss dem Bieter eröffnet werden, da er gemäß § 10 I S.2 WpÜG verpflichtet ist, seine Entscheidung zur Abgabe eines Übernahmeangebots bereits zu veröffentlichen, obwohl ein entsprechender Gesellschafterbeschluss noch nicht vorliegt[434]. Im Einzelfall kann ein derartiger Vorbehalt dennoch missbräuchlich sein. Ein rechtsmissbräuchliches Verhalten des Bieters wird insbesondere dann vorliegen, wenn der Bieter eine Gesellschaft im Mehrheitsbesitz ist, die Verwaltung im Einvernehmen mit dem Mehrheitsgesellschafter handelt und eine Entscheidung der Gesellschafterversammlung des Bieters vor Veröffentlichung der Entscheidung im Sinne des § 10 WpÜG unter Wahrung der Vertraulichkeit somit ohne weiteres möglich gewesen wäre[435]. In solchen Fällen würde eine Abgabe unter dem Vorbehalt der Zustimmung der Gesellschafter de facto einem Rücktrittsrecht gleichkommen und wäre deshalb unzulässig[436].
Bedingungen sind demnach grundsätzlich nur dann zulässig, soweit sie vom Bieter nicht beeinflussbar sind. Hierzu zählen beispielsweise behördliche Genehmigungen[437].
Fraglich ist, wie Bedingungen, für deren Eintritt bzw. Nichteintritt eine Mitwirkungshandlung des Bieters erforderlich ist, rechtlich zu behandeln sind. Wird beispielsweise im Zusammenhang mit einem kartellrechtlichen Genehmigungsverfahren nach Abgabe des Übernahmeangebots eine weitere Mitwirkungshandlung des Bieters (z. B. die Antragstellung auf Genehmigung) erforderlich, kann

---

432 *Geibel* in: *Geibel/Süßmann*, Kommentar zum WpÜG, § 18 Rn. 3.

433 Zu den Interessen der Beteiligten im Rahmen des Übernahmeverfahrens : 1. Kap. B. IV.

434 Begr.-RegE. BT-Drucks. 14/7034, Seite: 48: Allerdings ist der Bieter verpflichtet die Entscheidung der Gesellschafter unverzüglich, spätestens jedoch bis zum fünften Werktag vor Ablauf der Annahmefrist herbeizuführen.

435 Begr.-RegE. BT-Drucks. 14/7034, Seite: 48; *Busch* in: AG 2002, 145 (148); *Riehmer* in: *Haarmann/Riehmer/Schüppen*, Kommentar zum WpÜG, § 18 Rn. 15; *Geibel* in: *Geibel/Süßmann*, Kommentar zum WpÜG, § 18 Rn. 19: *Geibel* leitet dasselbe Ergebnis aus dem Sinn und Zweck des § 18 I WpÜG ab, wonach eine Bedingung unzulässig sei, die der Bieter ausschließlich selbst herbeiführen könne.

436 *Riehmer* in: *Haarmann/Riehmer/Schüppen*, Kommentar zum WpÜG, § 18 Rn. 15.

437 *Thoma* in: NZG 2002, 105 (108); *Busch* in: AG 2002, 145 (146); *Geibel* in:*Geibel/Süßmann*, Kommentar zum WpÜG, § 18 Rn. 17.

der Bieter den Ausgang des Verfahrens unmittelbar beeinflussen, indem er die erforderliche Mitwirkungshandlung unterlässt. Deshalb stellt sich die Frage, ob die Aufnahme einer solchen Bedingung ebenfalls gemäß § 18 I WpÜG untersagt ist. Der insoweit eindeutige Wortlaut spricht für die Wirksamkeit der o. g. Bedingung, da er nur die Aufnahme solcher Bedingungen, deren Eintritt bzw. Nichteintritt ausschließlich der Bieter selbst herbeiführen kann, für unzulässig erklärt. Auch der erkennbare Wille des Gesetzgebers liefert keine Anhaltspunkte für eine Unzulässigkeit einer Bedingung, bei der eine Mitwirkungshandlung des Bieters erforderlich ist. Vielmehr bezeichnet die Gesetzesbegründung ausdrücklich die Aufnahme einer Bedingung, welche die Wirksamkeit des Übernahmeangebots von behördlichen oder kartellrechtlichen Entscheidungen abhängig macht, als zulässig[438]. Folglich sind Bedingungen, deren Eintritt oder Nichteintritt der Bieter mit beeinflussen kann nicht per se gemäß § 18 I WpÜG unzulässig.
Allerdings folgt aus allgemeinen zivilrechtlichen Grundsätzen, dass bei einem Rechtsgeschäft, welches im übrigen wirksam ist, die Parteien (hier: der Bieter) verpflichtet sind alles zu tun, um die Genehmigung herbeizuführen[439]. Bei Verletzung dieser Pflicht kommen deshalb Schadensersatzansprüche der Wertpapierinhaber der Zielgesellschaft gegen den Bieter gemäß § 311 II i. V. m. §§ 241 II, 280 I BGB in Betracht.
Eine weitere diskussionswürdige Art der Bedingung sind die international bei Übernahmeangeboten üblichen *Material-Adverse-Change*-Klauseln. Diese Klauseln dienen der Sicherung eines Erwerbers gegenüber wesentlichen nachteiligen Änderungen in einem bestimmten Zeitraum[440]. Als nachteilige Änderung im oben genannten Sinne ist beispielsweise auch die Verschlechterung der Weltwirtschaftslage als Folge des 11. September 2001 zu qualifizieren[441]. Vom Wortlaut des § 18 I WpÜG ausgehend sind derartige Bedingungen wohl als zulässig zu behandeln, da ihr Eintritt bzw. Nichteintritt nicht ausschließlich vom Bieter selbst herbeigeführt werden kann. Der Bieter ist jedoch gehalten in den Angebotsbedingungen exakt und eindeutig zu formulieren, der Eintritt welcher „nachteiligen Änderungen" ihn zum Abrücken von seinem Übernahmeangebot berechtigen soll.
Würde man dieses Erfordernis nicht aufstellen und es mithin weitgehend dem Ermessen des Bieters überlassen, welche Veränderungen als „nachteilige Änderungen" zu qualifizieren seien, würde eine solche *Material-Adverse-Change*-Klausel aus zwei Gründen gegen § 18 I WpÜG verstoßen. Zum einen läge ein

---

438 Begr.-RegE. BT-Drucks. 14/7034, Seite: 47.
439 *Heinrichs* in: *Palandt*, Kommentar zum BGB, § 242 Rn. 33; BGHZ 67, 34 (35).
440 *Busch* in: AG 2002, 145 (150).
441 *Busch* in: AG 2002, 145 (150).

Verstoß gegen den Wortlaut vor, da der Bieter den Bedingungseintritt bestimmt und damit selbst herbeiführt im Sinne des § 18 I WpÜG. Zum anderen läge auch ein Verstoß gegen das hinter § 18 I WpÜG und § 11 WpÜG stehende Transparenzgebot vor.

Die Aufnahme von *Material-Adverse-Change*-Klauseln ist daher mit § 18 I WpÜG nur vereinbar, wenn die Feststellung des Bedingungseintritts nicht mittelbar in das Ermessen des Bieters gestellt wird, sondern objektiv anhand der Angebotsunterlage bestimmt werden kann.

Von großer Relevanz ist für den Bieter auch die Frage, ob er sein Übernahmeangebot davon abhängig machen darf, dass die Zielgesellschaft keine Abwehrmaßnahmen (z. B.: Veräußerung wesentlicher Unternehmensbestandteile) ergreift. Vom reinen Wortlaut her wäre eine solche Bedingung gedeckt, da schließlich die Zielgesellschaft und nicht der Bieter die Abwehrmaßnahme ergreift und damit den Bedingungseintritt herbeiführt. Nach einer Auffassung unterstützt eine Interessenabwägung dieses Ergebnis: Wenn die Aktionäre der Zielgesellschaft ihren Vorstand ermächtigen Abwehrmaßnahmen zu ergreifen und damit das Vorhaben des Bieters torpedieren, ist es dem Bieter nicht zuzumuten, ihn an seinem Übernahmeangebot festzuhalten[442]. Diese Argumentation geht zwar in die richtige Richtung, greift jedoch zu kurz. *Sie* übersieht nämlich, dass der Vorstand auch ohne die Zustimmung seiner Aktionäre (scil.: der Angebotsempfänger) Abwehrmaßnahmen ergreifen kann, § 33 Ia. E. WpÜG. Dieser Befund kann das oben gefundene Ergebnis jedoch nicht gänzlich konterkarieren, da es nicht Aufgabe des Bieters sein kann, die Aktionäre der Zielgesellschaft vor Maßnahmen ihres eigenen Vorstandes zu schützen.

Dennoch ist im Sinne der Angebotsadressaten zu fordern, dass der Bieter bei der Ausgestaltung der Bedingung genau bestimmt, welche konkrete Abwehrmaßnahmen zum Verfall seines Übernahmeangebots führt. Der Bieter muss in der Angebotsunterlage die einzelne Abwehrmaßnahme des Vorstands exakt festlegen, wenn deren Ergreifung ihn zum Abrücken von seinem Übernahmeangebot berechtigen soll.

Zusammenfassend ist festzustellen, dass selbst Bedingungen, deren Eintritt bzw. Nichteintritt prima facie nicht ausschließlich vom Bieter herbeigeführt werden kann, gegen § 18 I WpÜG verstoßen, wenn sie nicht hinreichend eindeutig und objektiv formuliert sind[443].

---

442 *Busch* in: AG 2002, 145 (150). So im Ergebnis auch: *Riehmer* in: *Haarmann/Riehmer/Schüppen*, Kommentar zum WpÜG, § 18 Rn. 15; *Geibel* in: *Geibel/Süßmann*, Kommentar zum WpÜG, § 18 Rn. 26.

443 So auch *Hasselbach* in: KK-WpÜG, § 18 Rn. 20, der ausdrücklich die Einhaltung des Bestimmheitsgrundsatzes verlangt.

Die Feststellung des Bedingungseintritts muss folglich anhand der Formulierung in der Angebotsunterlage objektiv feststellbar sein.
Rechtsvergleichend ist festzustellen, dass sich *Rule 13 CC* und § 18 WpÜG scheinbar inhaltlich ähneln.
Ein formeller Unterschied besteht freilich darin, dass der Bieter im britischen Recht sämtliche Bedingungen bereits bei Bekanntgabe der festen Entscheidung ein Angebot abzugeben veröffentlichen muss, *Rule 2.5. (b) (iv) CC*. Demgegenüber reicht es im deutschen Recht aus, wenn die Bedingung erstmals in der Angebotsunterlage erwähnt wird.
In materiell-rechtlicher Hinsicht sind in beiden Rechtsordnungen nur eindeutig formulierte objektive Bedingungen zulässig, bei denen der Bedingungseintritt vollständig der Sphäre des Bieters entzogen ist.
Der britische *CC* geht jedoch noch einen Schritt weiter, indem er verlangt, dass sich der Bieter nur auf den Bedingungseintritt berufen darf, wenn der Bedingungseintritt zu einer wesentlichen Verschlechterung der Gesamtumstände geführt hat und ihm ein Festhalten an seinem Angebot deshalb nicht zugemutet werden kann, *Rule 13 Note 2 CC*. Diese Wesentlichkeitsprüfung stärkt das Vertrauen der Angebotsadressaten in die Verbindlichkeit der Übernahmeofferte des Bieters und dient damit der im Sinne des Transparenzgrundsatzes gebotenen Schaffung verlässlicher Rahmenbedingungen für Übernahmeangebote.
Welche nachteiligen Konsequenzen sich anderenfalls für die Aktionäre der Zielgesellschaft ergeben würden, lässt sich anhand des *WPP/Tempus*- Falles veranschaulichen. Bevor *WPP* seine Übernahmeofferte zum Preis von 555p veröffentlichte, hatte bereits die *Havas plc.* ein Übernahmeangebot zum Preis von 541p herausgelegt. Dieses Angebot scheiterte mangels Erreichen der Mindestakzeptanzschwelle vorzeitig. Die Mindestakzeptanzschwelle wurde offenkundig nur deshalb nicht erreicht, weil das konkurrierende Übernahmeangebot von *WPP* eine höhere Übernahmeprämie enthielt. Oder anders ausgedrückt, das erste Angebot, welches ebenfalls eine Übernahmeprämie enthielt, wäre vermutlich bei Hinwegdenken der *WPP*-Offerte erfolgreich gewesen. Hätte das *Panel* nunmehr *WPP* ohne Wesentlichkeitsprüfung gestattet, sich auf den Bedingungseintritt zu berufen, wären die Wertpapierinhaber der *Tempus plc.* nicht nur um den Erhalt der von *WPP* offerierten Übernahmeprämie, sondern auch um den Erhalt der von *Havas* in Aussicht gestellten Gegenleistung gebracht. Vergegenwärtigt man sich, dass sich die Aktionäre der Zielgesellschaft aufgrund der Herauslegung der höheren Offerte von *WPP* gegen die Annahme des ersten Übernahmeangebots entschieden haben, gelangt man zu dem Ergebnis, dass das Vertrauen der Aktionäre der Zielgesellschaft in die Verbindlichkeit eines Übernahmeangebotes insbesondere bei Vorliegen eines konkurrierenden Übernahmeangebotes als sehr schützenswert zu qualifizieren ist. Konkurrierende Angebote können aufgrund ihrer

generellen Zulässigkeit in beiden Rechtsordnungen bei jeder Übernahmeofferte hinzutreten, so dass das Vertrauen der Aktionäre generell als sehr schützenswert einzustufen ist.
Vor diesem Hintergrund ist die vom britischen *Panel* gemäß *Rule 13 Note 2 CC* vorgenommene Wesentlichkeitsprüfung als sachgerecht zu beurteilen. Dies führt unweigerlich zu der Frage, ob eine solche Klausel nicht auch in das WpÜG aufgenommen werden sollte?
Gegen die Einfügung einer Wesentlichkeitsprüfung durch die Aufsichtsbehörde sprechen jedoch zunächst systematische Überlegungen. Denn gemäß § 158 BGB tritt die Rechtfolge, d. h. die Nichtigkeit des Übernahmeangebots, ipso jure mit dem Eintritt der auflösenden Bedingung bzw. dem Nichteintritt der aufschiebenden Bedingung ein. Ob die Aufsichtsbehörde oder eine andere berufene Stelle im Nachhinein eine wesentliche Veränderung der Gesamtumstände konstatiert, ist für den Eintritt der Rechtsfolge daher unerheblich. Im Ergebnis ist deshalb festzustellen, dass eine Implementierung einer Wesentlichkeitsprüfung sich nicht mit der Systematik des deutschen Rechts vertragen würde und deshalb keine angemessene Lösung darstellt.
Ein gangbarer Weg für das deutsche Recht wäre jedoch, dass die BaFin im Rahmen der Vorprüfung der Angebotsunterlage, die vom Bieter gesetzten auflösenden Bedingungen dahingehend überprüft, ob der Bedingungseintritt ex ante tatsächlich zu einer wesentlichen Verschlechterung der Gesamtumstände führen würde, oder ob ihm unter Würdigung der Gesamtumstände ein Festhalten an seinem Übernahmeangebot trotz Bedingungseintritt zugemutet werden kann. Kommt die BaFin eindeutig zu letzterem Ergebnis, hat sie dem Bieter die Herauslegung der Angebotsunterlage mit der Bedingung gemäß § 15 WpÜG zu untersagen.

4) Angaben über die Finanzierung

Die Angebotsunterlage muss Angaben zu den vom Bieter getroffenen „notwendigen Maßnahmen“ enthalten, die sicherstellen, dass ihm die zur Erfüllung des Übernahmeangebots notwendigen Mittel bei Fälligkeit der Gegenleistung zur Verfügung stehen, § 11 II S.3 Nr. 1 WpÜG. Dadurch sollen die Angebotsadressaten und die Zielgesellschaft in die Lage versetzt werden, beurteilen zu können, ob das Übernahmeangebot auf einer soliden wirtschaftlichen Grundlage steht[444].
Die diesbezüglich vom Bieter getroffenen Maßnahmen sind zu beschreiben. Er hat folglich bei einem Tauschangebot beispielsweise darzulegen, dass er über ein ausreichendes genehmigtes Kapital verfügt, das unter Ausschluss der Aktionäre

444 Begr.-RegE. BT-Drucks. 14/7034, Seite: 41.

ausgenutzt werden könne, oder dass die Hauptversammlung eine entsprechende Sachkapitalerhöhung beschlossen habe[445]. Entsprechend ist bei Barangeboten darzulegen, dass der Bieter über ausreichend frei verfügbare Eigenmittel verfügt bzw. dass er in der Lage ist, sich entsprechendes Fremdkapital zu verschaffen[446]. Darüber hinaus hat er auch anzugeben, welche Auswirkungen ein erfolgreiches Übernahmeangebot auf die Vermögens-, Finanz- und Ertragslage des Bieters haben wird. Damit soll sichergestellt werden, dass ein Bieter nicht infolge der Übernahme in finanzielle Schwierigkeiten gerät. Deshalb ist diese Information gerade bei Tauschangeboten für die Wertpapierinhaber der Zielgesellschaft von großer Bedeutung[447].

Handelt es sich um ein Barangebot, ist zudem gemäß § 13 I S.2 WpÜG eine Finanzierungsbestätigung eines Wertpapierdienstleistungsunternehmens einzuholen[448]. Diese Bestätigung ist im Interesse einer möglichst umfassenden Information der Wertpapierinhaber der Zielgesellschaft als ergänzende Angabe in die Angebotsunterlage aufzunehmen, § 11 II S.3 Nr. 4 WpÜG[449].

Zu klären ist, welchen Inhalt die von einem unabhängigen Wertpapierdienstleistungsunternehmen abzugebende Finanzierungsbestätigung haben muss[450].

---

445 *Geibel* in: *Geibel/Süßmann*, Kommentar zum WpÜG, § 11 Rn. 19; *Renner* in: *Haarmann/Riehmer/Schüppen*, Kommentar zum WpÜG, § 11 Rn. 48.

446 *Geibel* in: *Geibel/Süßmann*, Kommentar zum WpÜG, § 11 Rn. 19. Es reicht jedoch nicht aus, dass der Bieter genau angibt, auf welche Art und Weise sich der Bieter die zur Finanzierung notwendigen Mittel beschafft.

447 Mit dieser Angabepflicht sollen unseriöse Finanzierungstechniken frühzeitig aufgedeckt und damit verhindert werden, vgl. *Liebscher* in: ZIP 2001, 853 (863).

448 Begr.-RegE. BT-Drucks. 14/7034, Seite: 44. Der Begriff des Wertpapierdienstleistungsunternehmens wird vom WpÜG nicht definiert. Ausweislich der Gesetzesbegründung soll es sich dabei, im Interesse eines hohen Überwachungsstands über das bestätigende Unternehmen, um solche im Sinne des § 2 IV WpHG handeln. Ohne weiteres erfasst sind folglich neben eben inländischen Kredit- und Finanzdienstleistungsinstituten, § 1 I Ia KWG, auch die entsprechenden Institute mit Sitz in einem anderen Staat des Europäischen Wirtschaftsraums, die berechtigt sind ohne erneute Zulassung im Inland durch Zweigniederlassungen oder im Wege des grenzüberschreitenden Dienstleistungsverkehrs tätig zu sein, § 53 KWG. Ob darüber hinaus auch ausländische Institute mit Sitz in einem Drittstaat eine entsprechende Bestätigung abgeben können bleibt in der Regierungsbegründung unerwähnt, zutreffend bejahen *Singhof/Weber* in: WM 2002, 1158 (1160) diese Frage.

449 *Singhof/Weber* in: WM 2002, 1158 (1159); Begr.-RegE. BT-Drucks. 14/7034, Seite: 42. Dabei sind zur Gewährleistung der Möglichkeit der Verfolgung von Ansprüchen auch Firma, Sitz und Rechtsform des Wertpapierdienstleistungsunternehmens anzugeben.

450 Das Merkmal „Unabhängigkeit" soll verhindern, dass auf Grund einer gesellschaftsrechtlichen Verbindung zwischen Bieter und Wertpapierdienstleistungsunternehmen oder einer faktischen Einflussnahme Gefälligkeitsbescheinigungen ausgestellt

Ausgehend vom insoweit eindeutigen Wortlaut des § 13 I S.2 WpÜG ist grundsätzlich lediglich zu testieren , dass der Bieter die zur vollständigen Finanzierung notwendigen Maßnahmen getroffen hat[451]. Nicht verlangt werden kann demnach, auch wenn dies im Interesse der Aktionäre der Zielgesellschaft und der Funktionsfähigkeit des Kapitalmarkts wünschenswert wäre, dass das bestätigende Wertpapierdienstleistungsunternehmen auch die Finanzierung der Übernahme sicherstellt. Die Bestätigung bezieht sich also weder auf die im Zeitpunkt der Angebotsabgabe verfügbaren Mittel noch auf die Verfügbarkeit der Mittel im Zeitpunkt der Fälligkeit[452]. Sie ist folglich nichts anderes als eine Tatsachenfeststellung des Wertpapierdienstleistungsunternehmens und betrifft nicht mehr als die vom Bieter für eine notwendige Finanzierung getroffenen Maßnahmen. Die Aktionäre der Zielgesellschaft erhalten somit bei Barangeboten keinen solventen Garanten für die Zahlungsfähigkeit des Bieters.
Inhaltlich gleicht die deutsche Rechtslage auch in diesem Punkt der britischen. Beide Rechtsordnungen verlangen, dass der Bieter eine Finanzierungsbestätigung (*cash confirmation*) erstellt, wenn es sich um ein Barangebot handelt. Ferner führt die Bestätigung weder nach britischem noch nach deutschem Übernahmerecht dazu, dass der unterzeichnende Finanzdienstleister die Finanzierung garantiert. Es handelt sich mithin nur um eine Tatsachenfeststellung mit dem Inhalt, dass dem Bieter bei Erstellung der Angebotsunterlage die notwendigen Mittel zur Verfügung stehen. Eine weitergehende Funktion hat die Finanzierungsbetätigung de lege lata nicht[453].

---

werden. Unzulässig ist demnach eine Bestätigung eines Unternehmens, welches mit dem Bieter in relevanter Weise gesellschaftsrechtlich verbunden ist. Zulässig ist jedoch, dass das bestätigende Kreditinstitut für den Bieter tätig ist, ihn insbesondere bei der Vorbereitung und Durchführung des Übernahmevorhabens berät bzw. als Fremdkapitalgeber auftritt. So Begr.-RegE. BT-Drucks. 14/7034, Seite: 44; *Vogel* in: *Haarmann/Riehmer/Schüppen*, Kommentar zum WpÜG, § 13 Rn. 81; *Singhof/Weber* in: WM 2002, 1158 (1160); weiter *Süßmann* in: *Geibel/Süßmann*, Kommentar zum WpÜG, § 13 Rn. 28, der auch eine Finanzierungsbestätigung der Muttergesellschaft für ihre als Bieter auftretende „Tochter" als zulässig erachtet.

451 Begr.-RegE. BT-Drucks. 14/7034, Seite: 44; *Vogel* in: *Haarmann/Riehmer/Schüppen*, Kommentar zum WpÜG, § 13 Rn. 84; *Singhof/Weber* in: WM 2002, 1158 (1161).

452 *Schüppen* in: WPg 2001, 958 (962).

453 Ausführlich *Möllers* in: KK-WpÜG, § 13 Rn. 30-38.

5) Angaben über Absichten des Bieters

Im Interesse der Wertpapierinhaber und der Arbeitnehmer der Zielgesellschaft hat der Bieter in der Angebotsunterlage seine Absichten in Bezug auf die Zielgesellschaft offen zu legen, § 11 II S.3 Nr. 2 WpÜG
Hierzu gehören insbesondere Informationen über eine mögliche Sitzverlegung und die Verlagerung wesentlicher Unternehmensteile. Außerdem ist Auskunft über die künftige Verwendung des Vermögens der Zielgesellschaft und über deren künftige Verpflichtungen zu geben. Im Interesse der Beschäftigten der Zielgesellschaft hat der Bieter darüber hinaus auch die Arbeitnehmer über geplante wesentliche Änderungen der Beschäftigungsbedingungen und über sie betreffende sonstige wesentliche Veränderungen zu informieren[454].
Diese Angaben über die künftige Geschäftspolitik stellen sicherlich einen der brisantesten Abschnitte der Angebotsunterlage dar, der nicht selten über Erfolg oder Misserfolg eines Übernahmeangebots entscheiden wird[455]. Für die Wertpapierinhaber der Zielgesellschaft spielt die künftige Entwicklung der Bietergesellschaft insbesondere bei Umtauschangeboten eine entscheidende Rolle, weil sich hieraus Rückschlüsse über die Entwicklung ihrer künftigen Kapitalanlage ziehen lassen. Wohingegen bei Barangeboten die Kenntnis dieser Angaben für die Wertpapierinhaber allenfalls von emotionalem Interesse sein dürfte.[456]
Deshalb stellt sich die Frage, welche inhaltlichen Anforderungen an diese Angaben zu stellen sind?
Bei der Offenlegung der genannten Absichten kann es sich naturgemäß nur um die Darstellung der subjektiven Vorstellungen des Bieters handeln. Allerdings ergibt sich schon aus der Gesetzessystematik, dass auch diese Prognosen des Bieters richtig und vollständig im Sinne des § 12 WpÜG sein müssen. Der § 12 WpÜG verlangt nämlich, dass sämtliche wesentlichen Angaben der Angebotsunterlage richtig und vollständig sein müssen. Das die Angaben über die künftige Geschäftspolitik als wesentlich zu qualifizieren sind, ergibt sich aus ihrer soeben dargestellten Entscheidungsrelevanz für die Angebotsadressaten. Auch eine teleologische Auslegung stützt dieses Ergebnis, da der Bieter anderenfalls rechtlich sanktionslose Absichten angeben könnte, die er später folgenlos

---

454 Begr.-RegE. BT-Drucks. 14/7034, Seite: 41; sowie ausführlich zu den einzelnen Angaben: *Geibel* in:*Geibel/Süßmann*, Kommentar zum WpÜG, § 11 Rn. 24 ff.

455 *Renner* in: *Haarmann/Riehmer/Schüppen*, Kommentar zum WpÜG, § 11 Rn. 50. *Renner* spricht sogar von dem brisantesten Abschnitt der Angebotsunterlage.

456 *Seydel* in: KK-WpÜG, § 11 Rn. 66. Nicht zu unterschätzen ist allerdings der Einfluss dieser Angaben auf die Stellungnahme des Vorstands und des Aufsichtsrats, die gemäß § 27 WpÜG erklären müssen, ob ein Erfolg des Übernahmeangebots dem Gesellschaftsinteresse entspricht.

ändern könnte[457]. Auf der anderen Seite ist es dem Bieter aber auch nicht zuzumuten, eine vollständige Richtigkeitsgewähr für seine Voraussagen zu übernehmen. Zum einen wird er im Zeitpunkt der Angebotsabgabe vielfach noch nicht einen derart detaillierten Überblick über die Verhältnisse der Zielgesellschaft haben, so dass er schon aus tatsächlichen Gründen beispielsweise keine einklagbare Prognose über die künftige Anzahl der Beschäftigten abgeben könnte. Zum anderen können auch externe Faktoren, wie beispielsweise eine Veränderung der wirtschaftlichen Rahmenbedingungen, eine Abkehr von den in der Angebotsunterlage gemachten Prognosen erforderlich machen. Schließlich liegt es auch nicht im Interesse der Angebotsadressaten, den Bieter an den in der Angebotsunterlage dargestellten Absichten festzuhalten, obwohl zwischenzeitlich veränderte Umstände oder neu gewonnene Erkenntnisse eine Änderung nahe legen.
Einklagbare Ansprüche der Wertpapierinhaber oder der Arbeitnehmer der Zielgesellschaft können aus den in der Angebotsunterlage gemachten Absichtserklärungen somit nicht erwachsen[458]. Es kann aber vom Bieter verlangt werden, dass seine Prognosen auf eine solide Tatsachenbasis gestützt und kaufmännisch vertretbar sind. Außerdem hat er bei der Abgabe der Prognosen Zurückhaltung zu üben und auch auf eventuelle Risiken hinzuweisen. Bei Beachtung dieser Kriterien sind die geäußerten Absichten folglich selbst dann als richtig und vollständig zu qualifizieren, wenn der Bieter im Nachhinein von ihrer Verwirklichung abrückt.
Auch der *CC* verpflichtet den Bieter anzugeben, welche Auswirkungen ein erfolgreiches Übernahmeangebot auf die Zielgesellschaft haben wird. Der *CC* hat jedoch darüber hinaus auch erkannt, welche große Bedeutung Prognosen über den künftigen Gewinn und über das Synergiepotential im Rahmen eines Übernahmeverfahrens beizumessen ist. Deshalb fordert der *CC* nicht nur, dass Gewinnprognosen und Angaben über Synergiegewinne ausschließlich unter Beachtung der höchsten Sorgfalt erstellt werden dürfen, sondern stellt darüber hinaus auch detaillierte Vorgaben auf, die der Bieter bei der Erstellung und Publizierung der oben gemachten Prognosen zu beachten hat, *Rule 19, 28, 29 CC* Hierdurch soll verhindert werden, dass der Bieter die wirtschaftlichen Effekte der Übernahme, z. B. das Synergiepotential, zu positiv darstellt. Zwar ist der Bieter nach deutschem Recht ebenfalls verpflichtet, einen hohen Sorgfaltsmaßstab anzulegen, er muss mithin, wie oben dargestellt, Zurückhaltung üben und auch auf die Risi-

457 so auch *Hamann* in: ZIP 2001, 2249 (2252).
458 *Geibel* in: *Geibel/Süßmann*, Kommentar zum WpÜG, § 11 Rn. 22: Ebenso wenig erwachsen dem Bieter aus diesen Absichtserklärungen gesellschaftsrechtliche Pflichten. Ebenso *Liebscher* in: ZIP 2001, 853 (868), der aus Klarstellungsgründen dafür plädiert, in der Angebotsunterlage auf die Unverbindlichkeit der Absichtserklärung hinzuweisen.

ken hinweisen. Ansonsten wären seine Angaben nämlich nicht als richtig und vollständig im Sinne des § 12 WpÜG zu qualifizieren und er sähe sich Haftungsansprüchen ausgesetzt.
Die Erfahrungen im Vereinigten Königreich haben jedoch gezeigt, dass diese allgemeinen Vorgaben nicht ausreichen[459]. Aufgrund der großen Relevanz dieser Angaben für die Entscheidungsfindung der Wertpapierinhaber der Zielgesellschaft ist es deshalb geboten, dass die BaFin in einer Rechtsverordnung Vorgaben macht, welche Kriterien der Bieter bei der Veröffentlichung der o.g. Angaben zu beachten hat. Die detaillierten Vorgaben des britischen *CCs* erfüllen insofern eine Vorbildfunktion.

6) Angaben über Sonderleistungen

Sofern der Bieter bereits im Vorfeld des Angebots mit einzelnen Mitgliedern des Managements der Zielgesellschaft Absprachen über deren berufliche Perspektiven getroffen hat, können hieraus möglicherweise Interessenkonflikte resultieren, deren Kenntnis für die Aktionäre der Zielgesellschaft von erheblicher Bedeutung ist.
Dies gilt insbesondere vor dem Hintergrund, dass Vorstand und Aufsichtsrat der Zielgesellschaft verpflichtet sind, eine begründete Stellungnahme zu dem Übernahmeangebot abzugeben, § 27 WpÜG.
Deshalb verpflichtet § 11 II S.3 Nr. 3 WpÜG den Bieter zur Angabe aller Geldleistungen und anderer geldwerter Vorteile, die den Leitungsorganen der Zielgesellschaft gewährt oder in Aussicht gestellt wurden[460]. Die Offenlegungspflicht besteht unabhängig davon, ob der Manager den Vorteil annehmen darf, oder ob es sich hierbei um einen ungerechtfertigten Vorteil im Sinne des § 33 III WpÜG handelt[461]. Diese Offenlegungspflicht steigert die Transparenz und damit die Motivation der Leitungsorgane der Zielgesellschaft ausschließlich im Fremdinteresse zu handeln[462].
Eine inhaltlich gleichlautende Offenlegungspflicht besteht gemäß *Rule 24.5. CC* auch im Vereinigten Königreich.

---

459 Siehe oben: 4. Kap, C. I. 1. b) 4) (Granada-Fall).
460 Begr.-RegE. BT-Drucks. 14/7034, Seite: 41.
461 *Seydel* in: KK-WpÜG, § 11 Rn. 76.
462 *Wiese/Demisch* in: DB 2001, 849 (852).

7) Haftung für die Richtigkeit und Vollständigkeit der Angebotsunterlage

Für die Richtigkeit und Vollständigkeit der Angebotsunterlage haften der Bieter, diejenigen, die neben dem Bieter für die Angebotsunterlage die Verantwortung übernommen haben, § 11 III WpÜG, sowie diejenigen, von denen der Erlass der Angebotsunterlage ausgeht, den Anlegern gegenüber, die das Angebot angenommen haben als Gesamtschuldner auf Schadenersatz, § 12 WpÜG.
Die Haftung für die fehlerhafte Angebotsunterlage lehnt sich an die börsengesetzliche Prospekthaftung (§§ 45, 46 BörsG) an[463]. Schließlich handelt es sich bei der Angebotsunterlage um eine prospektähnliche Form der Information des Kapitalmarkts und der Wertpapierinhaber der Zielgesellschaft, genaugenommen um einen umgekehrten Verkaufsprospekt[464]. Deshalb empfehlen die Gesetzesbegründung und sämtliche wissenschaftlichen Kommentatoren bei der Auslegung des § 12 WpÜG grundsätzlich auf die jeweiligen zur börsengesetzlichen Prospekthaftung entwickelten Grundsätze zurückzugreifen[465].
Anspruchsberechtigt sind gemäß § 12 I WpÜG diejenigen, die das Angebot angenommen haben, ergo die Wertpapierinhaber der Zielgesellschaft[466]. Nicht an-

463 *Schwennicke* in: *Geibel/Süßmann*, Kommentar zum WpÜG, § 12 Rn. 1; *Renner* in: *Haarmann/Riehmer/Schüppen*, Kommentar zum WpÜG, § 11 Rn. 4; *Assmann* in: AG 2002, 153 (153).

464 *Hopt* in: FS *Koppensteiner* 2001, 61 (78); *Hamann* in: ZIP 2001 2249 (2249). Wegen der sachlichen Parallelen zwischen Verkaufs- bzw. Börsenzulassungsprospekt einerseits und „Übernahmeprospekt" (scil: Angebotsunterlage) andererseits, kann es nicht überraschen, dass die Regeln einander gleichen oder sogar wörtlich übereinstimmen.

465 Begr.-RegE. BT-Drucks. 14/7034, Seite: 41; Schwennicke in: *Geibel/Süßmann*, Kommentar zum WpÜG, § 12 Rn. 1; *Renner* in: *Haarmann/Riehmer/Schüppen*, Kommentar zum WpÜG, § 11 Rn. 4; *Assmann* in: AG 2002, 153 (153); *Hamann* in: ZIP 2001, 2249 (2249); *Vaupel* in: WM 2002, 1170 (1170); *Schüppen* in: WPg 2001, 958 (963).

466 *Assmann* in: AG 2002, 153 (157). *Assmann* weist darauf hin, dass die Bestimmung des Anspruchsberechtigten trotz des insoweit eindeutigen Gesetzeswortlauts dann Schwierigkeiten bereiten kann, wenn, wie international üblich, in den Angebotsbedingungen bestimmt ist, dass dem Bieter auf Grund der Annahme eingereichte Wertpapiere bis zu einem bestimmten Zeitraum vor Abrechnung unter einer neuen Wertpapierkennnummer an der Börse gehandelt werden. Unzweifelhaft hat in einem solchen Fall nur derjenige das Angebot im Sinne des § 12 WpÜG angenommen, der als Inhaber der Wertpapiere auf die sich das Angebot bezog, dem Bieter die Wertpapiere unter Annahme des Angebots einreichte. Der spätere Erwerber indes nimmt nicht das Übernahmeangebot an, sondern erwirbt die unter neuer Kennummer gehandelten Papiere im Wege eines einfachen Effektengeschäfts. Dieses kommt regelmäßig mit der in der Angebotsunterlage bestimmten Maßgabe zustande, dass „alle Rechte und Pflichten, die aufgrund der Annahme dem annehmenden Aktionär

spruchsberechtigt sind die Arbeitnehmer der Zielgesellschaft. Für sie hat die Angebotsunterlage damit lediglich eine Informationsfunktion.
Zum Kreis der Haftenden sind zunächst die Erlasser der Angebotsunterlage zu zählen, § 12 I Nr. 1 WpÜG. Erlasser der Angebotsunterlage ist, wer nach außen hin erkennbar die Verantwortung für sie übernimmt, mithin diejenigen Personen, die gemäß § 11 III WpÜG die Verantwortung für die Angebotsunterlage übernommen haben[467]. Die Verantwortung übernommen hat immer der Bieter als Unterzeichner der Angebotsunterlage, sowie alle weiteren Personen die in der Unterlage ausdrücklich die Verantwortung übernommen haben[468].
Neben den Erlassern haften auch die tatsächlichen Urheber der Angebotsunterlage für ihre Richtigkeit, d. h. diejenigen von denen die Angebotsunterlage ausgeht, die sog. Veranlasser § 12 I Nr. 2 WpÜG. Veranlasser sind alle Personen, die an dem Erfolg des Übernahmeangebots ein eigenes wirtschaftliches Interesse haben. Dies schließt die mit dem Bieter gemeinsam handelnden Personen mit ein[469]. Das in der Regierungsbegründung gewählte Kriterium des wirtschaftlichen Interesses ist missverständlich. Nicht zum Kreis der Haftenden zählen nach einhelliger und sachgerechter Auffassung nämlich die externen Berater des Bieters (Rechtsanwälte, begleitende Bank etc.), auch wenn sie eine erfolgsabhängige Vergütung erhalten[470].
Materielle Voraussetzung einer Haftung nach § 12 WpÜG ist zunächst, dass Angaben in der Angebotsunterlage unrichtig oder unvollständig sind[471]. Tatsachenangaben sind unrichtig, wenn sie nicht der Wahrheit entsprechen. Werturteile und Prognosen (z. B. Angaben über die künftige Geschäftspolitik, § 11 II S.3 Nr. 2 WpÜG) sind dann unrichtig, wenn sie nicht auf einer ausreichenden Tatsachen-

---

und dem Bieter entstanden sind, auf einen etwaigen Erwerber der eingereichten oder zur Verfügung gestellten“ Wertpapiere übergehen. Diese Klausel ist mit § 12 WpÜG unvereinbar, da sie ihrem Wortlaut nach dazu führen würde, dass der annehmende Wertpapierinhaber der Zielgesellschaft seinen Anspruch aus § 12 mit der Vornahme des oben beschriebenen Effektengeschäfts verlöre. Deshalb fordert *Assmann* zu Recht, dass die Praxis die genannte Angebotsbedingung an § 12 WpÜG anpasst.

467 Schwennicke in: *Geibel/Süßmann*, Kommentar zum WpÜG, § 12 Rn. 15; *Assmann* in: AG 2002, 153 (157).

468 Begr.-RegE. BT-Drucks. 14/7034, Seite: 42.

469 Begr.-RegE. BT-Drucks. 14/7034, Seite: 42.

470 *Schwennicke* in: *Geibel/Süßmann*, Kommentar zum WpÜG, § 12 Rn. 15. mit weiteren Nachweisen. Ausführlich zur (Nicht-) Haftung der Bank gemäß § 12 WpÜG: *Vaupel* in: WM 2002, 1170 (1176).

471 Begr.-RegE. BT-Drucks. 14/7034, Seite: 42. Bei der Unvollständigkeit handelt es sich um einen Unterfall der Unrichtigkeit, da eine unvollständige Angebotsunterlage zugleich auch immer unrichtig ist. Die Praxisrelevanz gebietet jedoch eine gesonderte Nennung dieser Fallgruppe.

grundlage beruhen, oder kaufmännisch nicht vertretbar sind[472]. Darüber hinaus kann sich die Unrichtigkeit aber auch aufgrund eines unzutreffenden Gesamteindrucks bzw. Gesamtbilds der Angebotsunterlage ergeben[473]. Deshalb ist -in Anlehnung an die einschlägige Rechtsprechung zur Prospekthaftung[474]- eine Angebotsunterlage auch dann als unrichtig zu qualifizieren, wenn sie unter Betrachtung aller ihrer Angaben bei den maßgeblichen Adressaten[475] Vorstellungen über die Vorteilhaftigkeit des Übernahmeangebots weckt, welche den tatsächlichen Umständen nicht entsprechen[476].
Unerheblich für die Beurteilung der Unrichtigkeit einer Angebotsunterlage ist, dass die BaFin gemäß § 14 II WpÜG seine Veröffentlichung gestattet hat. Dies wird zum einen damit begründet, dass die Informationsbasis der BaFin wesentlich enger als diejenige des Bieters ist, weshalb die BaFin auch nur eine formale Prüfung der Angebotsunterlage vornehmen kann. Entscheidend ist jedoch, dass sich eine unzutreffende Billigung der Angebotsunterlage durch das Aufsichtsamt nicht zu Lasten der Wertpapierinhaber der Zielgesellschaft auswirken kann[477].
Allerdings führt nicht jede unrichtige oder unvollständige Angabe bereits zu einer Haftung des Bieters gemäß § 12 I WpÜG. Vielmehr muss die unrichtige Angabe für die Beurteilung der Wertpapiere von wesentlicher Bedeutung sein. Wesentlich ist eine Angabe, wenn sich im konkreten Fall bei einer ordnungsgemäßen Angabe die für eine Beurteilung der Wertpapiere der Zielgesellschaft wesentli-

472 *Renner* in: *Haarmann/Riehmer/Schüppen*, Kommentar zum WpÜG, § 11 Rn. 19. Als Beispiel für unrichtige Tatsachenangaben nennt die Regierungsbegründung unzutreffende Angaben über den Stand eines wettbewerbsrechtlichen Verwaltungsverfahrens. Als Beispiel für unrichtige Prognosen nennt die Regierungsbegründung unrichtige Angaben über die zu erwartenden Auswirkungen des Angebots auf die Vermögens-, Finanz- und Ertragslage des Bieters. Vgl.: Begr.-RegE. BT-Drucks. 14/7034, Seite: 42.

473 *Renner* in: *Haarmann/Riehmer/Schüppen*, Kommentar zum WpÜG, § 12 Rn 18; *Schwennicke* in: *Geibel/Süßmann*, Kommentar zum WpÜG, § 12 Rn. 15; *Assmann* in: AG 2002, 153 (156).

474 BGH WM 1982, 862 (863); OLG Frankfurt/M. WM 1994, 291 (295).

475 *Renner* in: *Haarmann/Riehmer/Schüppen*, Kommentar zum WpÜG, § 11 Rn. 17: Der BGH stellt im Rahmen der börsengesetzlichen Prospekthaftung auf den „durchschnittlichen Anleger“ ab (sog. Maßstab des bilanzkundigen Lesers). Dieser soll zwar eine Bilanz lesen können, muss aber nicht unbedingt mit der „in eingeweihten Kreisen üblichen Schlüsselsprache“ vertraut sein. Vgl.: BGH WM 1982, 862 (863).

476 BGH WM 1982, 862 (863); OLG Frankfurt/M. WM 1994, 291 (295); *Assmann* in: AG 2002, 153 (156).

477 Begr.-RegE. BT-Drucks. 14/7034, Seite: 42; *Schwennicke* in: *Geibel/Süßmann*, Kommentar zum WpÜG, § 12 Rn. 7.

chen rechtlichen oder tatsächlichen Umstände ändern würden[478]. Mithin ist nicht jede nach § 11 II WpÜG bzw. nach § 2 WpÜG-VO vorgeschriebene Information als wesentlich zu qualifizieren[479]. Zu den wesentlichen Informationen gehören gemäß der Regierungsbegründung aber in jedem Fall die Angaben zur Finanzierung des Angebots und die Angaben zu erwarteten Auswirkungen des Angebots auf die Vermögens- Finanz- und Ertragslage des Bieters[480]. Welche weiteren Angaben darüber hinaus als wesentlich zu qualifizieren sind, kann nicht abstrakt sondern nur einzelfallbezogen festgestellt werden.

Erlasser und Veranlasser haften gesamtschuldnerisch für den aus der Annahme des Angebots beim Wertpapierinhaber entstandenen Schaden. Der Wertpapierinhaber kann gemäß der Regierungsbegründung verlangen, so gestellt zu werden, als hätte er die wahre Sachlage gekannt[481]. Diese bekannte Formulierung erweist sich als wenig hilfreich. Einzig bei dem Fall, dass der Bieter die in der Angebotsunterlage offerierte Gegenleistung nicht bzw. nicht in voller Höhe gezahlt hat, führt die in der Regierungsbegründung gewählte Formulierung weiter. Bei allen anderen Angaben, etwa unrichtige Angaben über die künftige Geschäftspolitik, dürfte sowohl die Schadensermittlung als auch seine Berechnung große Schwierigkeiten bereiten.

Ausgeschlossen ist die Haftung gemäß § 12 III WpÜG bei Fehlen der haftungsbegründenden Kausalität (Nr.1), bei Kenntnis des Fehlers der Angebotsunterlage, sowie im Falle einer vorschriftsgemäßen Berichtigung (Nr. 3)[482].

Ebenfalls ausgeschlossen ist die Haftung, wenn der für die Angebotsunterlage Verantwortliche nachweist, dass er keine Kenntnis von der Fehlerhaftigkeit der

---

478 Begr.-RegE. BT-Drucks. 14/7034, Seite: 42; *Schwennicke* in: *Geibel/Süßmann*, Kommentar zum WpÜG, § 12 Rn. 9; *Assmann* in: AG 2002, 153 (156): Wesentlich sind wie bei der börsengesetzlichen Prospekthaftung nur solche Informationen, die ein durchschnittlicher Anleger „eher als nicht“ bei seiner Entscheidung über die Annahme des Angebots berücksichtigen würde.

479 Begr.-RegE. BT-Drucks. 14/7034, Seite: 42. Die Regierungsbegründung nennt als Beispiel für eine unwesentliche Information die fehlerhafte Angabe der Anschrift einer mit dem Bieter gemeinsam handelnden Person.

480 Begr.-RegE. BT-Drucks. 14/7034, Seite: 42.

481 Begr.-RegE. BT-Drucks. 14/7034, Seite: 43.

482 *Hamann* in: ZIP 2001, 2249 (2256). Begr.-RegE. BT-Drucks. 14/7034, Seite: 43. Die Beweislast für das Fehlen der Kausalität zwischen der Veröffentlichung der Angebotsunterlage und der Annahme des Angebots obliegt dem Anspruchsgegner. Die im Rahmen der Neuregelung des § 45 BörsG in Anlehnung an die von der Rechtsprechung entwickelten Grundsätze zur Beweislastumkehr gelten für die Haftung wegen fehlerhafter Angebotsunterlagen nach § 12 WpÜG entsprechend. Mithin ist davon auszugehen, dass unabhängig davon ob, der Wertpapierinhaber die Angebotsunterlage gelesen hat, von dieser eine Veräußerungsstimmung ausgeht, die für die Bejahung der Kausalität ausreicht.

Angaben gehabt hat und diese Unkenntnis nicht auf grober Fahrlässigkeit beruht, wobei die Beweislast beim Anspruchsgegner liegt[483]. Für einfache Fahrlässigkeit haften der Bieter und die mit ihm gemeinsam handelnden Personen dem Wertpapierinhaber gegenüber somit nicht.

Gemäß § 12 VI WpÜG kann der Wertpapierinhaber der Zielgesellschaft neben dem soeben dargestellten Anspruch aus § 12 I WpÜG nur noch Ansprüche aus vorsätzlicher unerlaubter Handlung und aus Vertrag geltend machen[484]. Im Umkehrschluss bedeutet dies, dass die Norm im Verhältnis zu anderen zivilrechtlichen Haftungsansprüchen, insbesondere solchen aus fahrlässiger unerlaubter Handlung oder aus allgemeiner zivilrechtlicher Prospekthaftung, abschließend ist[485].

§ 12 I WpÜG stellt daher auf den ersten Blick im Verhältnis zur allgemeinen zivilrechtlichen Rechtslage eine beträchtliche Haftungserleichterung für den Bieter dar. Ob diese Haftungseinschränkung im Interesse der Funktionstüchtigkeit und Attraktivität des deutschen Kapitalmarkts geboten ist, erscheint fraglich. Denn nach den Regeln des *Common Law* haftet der Bieter im britischen Recht für jede Fahrlässigkeit bei der Erstellung der Angebotsunterlage.

Fraglich ist, ob die Haftungsbeschränkung des WpÜG auf grobe Fahrlässigkeit daher nicht dem Gesetzeszweck widerspricht.

Für einen Widerspruch könnte sprechen, dass die Regelung des § 12 WpÜG der Durchsetzung der sich aus § 11 WpÜG und der AngebotsVO ergebenden Informationspflichten sowie der Realisierung des in den Allgemeinen Grundsätzen niedergelegten Transparenzgebotes dient. Die Informationspflichten und das Transparenzgebot haben wiederum den Zweck, den vom WpÜG erstrebten effektiven Anlegerschutz zu verwirklichen. Mithin könnte man die Auffassung vertreten, dass der Bieter und die anderen, gemäß § 12 WpÜG zum Kreis der Haftenden zählenden Personen, die Wertpapierinhaber nur dann vollständig und wahrheitsgemäß informieren, wenn sie für jede auf Fahrlässigkeit beruhende Falschangabe haften müssen.

Gegen dieses Ergebnis sprechen jedoch mehrere Erwägungen.

---

483 Begr.-RegE. BT-Drucks. 14/7034, Seite: 43.

484 *Renner* in: *Haarmann/Riehmer/Schüppen*, Kommentar zum WpÜG, § 12 Rn. 53; *Schwennicke* in: *Geibel/Süßmann* Kommentar zum WpÜG, § 12 Rn. 37; *Schüppen* in: WPg 2001, 958 (963).

485 Begr.-RegE. BT-Drucks. 14/7034, Seite: 43: „Sonstige Ansprüche, insbesondere solche aus allgemeiner zivilrechtlicher Prospekthaftung, sind demgegenüber im Anwendungsbereich der Haftung für fehlerhafte Angebotsunterlagen im Rahmen eines öffentlichen Angebots ausgeschlossen. Die Vorschrift ist insoweit als abschließend anzusehen."

Erstens entspricht diese Regelung dem System der kapitalrechtlichen Regelungen im deutschen Recht, die allesamt die Haftungsmaßstab auf grobe Fahrlässigkeit reduzieren, vgl.: § 45 I BörsG, § 127 III InvG; § 13 VerkPropG. Mithin wäre eine anderslautende Regelung im WpÜG systemfremd.
Zweitens ist die Beweislastverteilung zu berücksichtigen. Gemäß § 12 II WpÜG muss nämlich der Anspruchgegner, d. h. der Bieter beweisen, dass die Angabe der sich im Nachhinein als unrichtig bzw. unvollständig herausstellenden Informationen in der Angebotsunterlage nicht auf grober Fahrlässigkeit beruht. Würde man den Haftungsmaßstab trotz dieser Beweislastumkehr auf jede Form der Fahrlässigkeit ausdehnen, so wäre es für den Bieter praktisch unmöglich zu beweisen, dass die von ihm in der Angebotsunterlage gemachten „unrichtigen" Angaben, beispielsweise über die künftige Geschäftsentwicklung, nicht auf Fahrlässigkeit beruhen.
Deshalb würde eine weitergehende Haftung, insbesondere aufgrund der Beweislastumkehr, den Bieter hohen Haftungsrisiken aussetzen und damit die Übernahme in letzter Konsequenz unattraktiv machen bzw. zumindest erschweren. Ziel des WpÜG ist es aber nicht Übernahmeangebote zu erschweren, sondern zu regulieren. Eine Erschwerung von Übernahmen würde nämlich dem zweiten regulatorischen Ziel des Gesetzgebers, die Funktionsfähigkeit des Kapitalmarkts zu stärken, widersprechen.
Deshalb ist die in § 12 WpÜG vorgesehene Haftungsbegrenzung auf Vorsatz und grobe Fahrlässigkeit insgesamt als sachgerecht zu qualifizieren.

3. Rechtsvergleichende Diskussion und Stellungnahme

Wie bereits einleitend angedeutet, betrachten beide Regelwerke die Angebotsunterlage als das entscheidende Instrument zur Erfüllung des in den *General Principles* bzw. den Allgemeinen Grundsätzen normierten Transparenzgebots.
Zur Erreichung dieses Regelungszieles haben beide Rechtsordnungen dem Bieter im Wesentlichen identische Informationspflichten auferlegt und die Vertragsfreiheit auch in anderen Punkten erheblich eingeschränkt.
Gravierende Differenzen bestehen nicht, ein Unterschied besteht jedoch in formeller bzw. verfahrensrechtlicher Hinsicht. Während eine nach deutschem Recht erstellte Angebotsunterlage erst nach vorheriger Prüfung und entsprechender Gestattung durch die BaFin veröffentlicht werden darf, benötigt der Bieter im Vereinigten Königreich keine vorherige Genehmigung des *Panels*.
Ziel der Gestattungspflicht ist es, Marktverzerrungen zu verhindern, die durch die Veröffentlichung unseriöser Übernahmeofferten entstehen könnten. Dasselbe Ziel erreicht der *CC* durch die bereits in diesem Verfahrensstadium üblichen Konsultationspflichten des Bieters gegenüber dem *Panel*.

Aufgrund der engen Verflechtung der relevanten Finanzmarktakteure in der Londoner City und der bereits dargestellten rechtlichen und wirtschaftlichen Nachteile, die einem Bieter und seinen Beratern drohen, wenn sie ein unseriöses Übernahmeangebot veröffentlichen, ist der britische Kapitalmarkt jedoch auch ohne Vorprüfung des *Panels*, vor der Veröffentlichung unseriöser Angebotsunterlagen hinreichend geschützt. Während die enge Verflechtung und die in langjähriger Übung geschaffene Akzeptanz des *CCs* und des *Panels on Takeovers and Mergers* in Verbindung mit den in der Londoner City üblichen „*good standards of commercial behaviour*" ausreichen, um unseriöse Übernahmeangebote zu verhindern, bedarf der noch junge deutsche *Takeover* Markt einer Vorprüfung durch die Aufsichtsbehörde.

Die unterschiedliche Ausgestaltung des Veröffentlichungsverfahrens beruht somit nicht auf unterschiedlichen Regelungszielen, sondern wird vielmehr erst vor dem Hintergrund des unterschiedlichen Rechtscharakters und des rechtsgeschichtlichen Rahmens der beiden Regelwerke verständlich.

Neben den grundsätzlichen inhaltlichen Übereinstimmungen hat die Darstellung ergeben, dass das britische Recht dem Bieter teilweise umfassendere Informationspflichten auferlegt als sein deutsches Pendant. Zu nennen sind hier die nach den Regeln des *CCs* auch bei reinen Barangeboten anzugebenden wirtschaftlichen Kernzahlen des Bieters, die Offenlegung der von den Leitungsorganen des Bieters gehaltenen Aktienpakete und insbesondere die genauen Vorgaben bei der Darstellung von vergleichenden Kurscharts im *offer document*. Zwar kann man darüber streiten, ob man von den Leitungsorganen des Bieters verlangen kann, die von ihnen privat gehaltenen Wertpapierbeteiligungen offen zu legen. Im Interesse eines transparenten Übernahmeverfahrens ist dies aber sicherlich wünschenswert. Jedenfalls die anderen genannten Pflichten bedeuten für den Bieter keinen Mehraufwand, verbessern aber die Informationsbasis und damit die Entscheidungsgrundlage der Angebotsadressaten erheblich. Es wäre daher im Interesse des Transparenzgebotes wünschenswert, wenn auch das WpÜG den Bieter zur Veröffentlichung seiner wirtschaftlichen Kernzahlen verpflichten würde. Außerdem sollte das WpÜG dem Bieter genaue Vorgaben bei der Verwendung von Kurscharts auferlegen.

Demgegenüber versucht das WpÜG den Anlegerschutz durch eine stärkere Berücksichtigung des Gleichbehandlungsgrundsatzes zu verwirklichen, indem es dem Bieter die strikte Beachtung der Mindestpreisregel vorschreibt.

Der *CC* geht hier einen anderen Weg. Es überlässt die Auswahl des Angebotspreises grundsätzlich dem Bieter und verpflichtet ihn nur bei Vorliegen weiterer Voraussetzungen (Vor- und/oder Parallelerwerbe) zur Einhaltung der Mindestpreisregeln.

Das grundsätzliche Eingreifen von Mindestpreisregeln bedeutet für den Bieter eine enorme finanzielle Belastung, obwohl es, wie bereits oben gezeigt, nicht per se zur Verwirklichung des Gleichbehandlungsgrundsatzes führt[486].
Im Ergebnis ist somit festzuhalten, dass der britische *CC* einen etwas besseren Ausgleich zwischen den widerstreitenden Interessen des Bieters und denen der Wertpapierinhaber der Zielgesellschaft gefunden hat als sein deutsches Pendant. Denn der notwendige Anlegerschutz sollte hier in erster Linie durch die Normierung von Informationspflichten realisiert werden.
Wie essentiell die Verfasser des *CCs* die Informationspflichten erachten, zeigt sich auch daran, dass jedes vom Bieter während der Angebotsphase verfasste Dokument den für die Angebotsunterlage selbst geltenden höchsten Sorgfaltsmaßstäben genügen muss.
Eine vergleichbare Norm enthält das WpÜG nicht. Sie wäre aber im Interesse des Anlegerschutzes wünschenswert, da insbesondere viele Kleinanleger ihre Informationen nicht aus der oftmals mehrere hundert Seiten starken Angebotsunterlage selbst beziehen, sondern ausschließlich andere Informationsquellen (Werbung in der Tagespresse, Rundschreiben des Bieters etc.) nutzen.
Deshalb stellt sich mangels ausdrücklicher Regelung die Frage, welche Anforderungen das WpÜG an andere vom Bieter während der Angebotsunterlage publizierte Informationen stellt. Eine abschließende Beantwortung dieser Frage erfolgt jedoch erst im Rahmen der Darstellung der Rechte und Pflichten der Beteiligten in der Angebotsphase[487].

II. Das Pflichtangebot

Zu den zentralen, aber auch umstrittensten Vorschriften des Übernahmerechts gehört zweifelsohne das Pflichtangebot. Mittlerweile haben allerdings nahezu alle westeuropäischen Staaten das obligatorische Übernahmeangebot positivrechtlich normiert.
Ein Pflichtangebot ist allgemein ausgedrückt dadurch gekennzeichnet, dass ab Erreichen einer bestimmten Beteiligungsschwelle eine Verpflichtung zur Abgabe eines Übernahmeangebots besteht[488].
Sowohl nach den Regeln des *CCs* als auch nach dem WpÜG ist grundsätzlich derjenige, der die Kontrolle über eine Zielgesellschaft erlangt hat, verpflichtet,

486 Siehe oben: 4. Kap. C. I. 2. c) 2).
487 Siehe unten: 4. Kap. D.
488 *Stamp* in: Company Law I, Seite: 333; *Stedman* in: Takeovers, Seite: 9; *Zinser* in: NZG 2000, 573 (575).

allen verbliebenen Wertpapierinhabern der Zielgesellschaft ein Übernahmeangebot zu unterbreiten.

Der wesentliche Unterschied zwischen einem freiwilligen und einem Pflichtangebot besteht darin, dass der Bieter mit der Abgabe eines freiwilligen Übernahmeangebots die Kontrollerlangung erst anstrebt, wohingegen ein Pflichtangebot daran anknüpft, dass der Bieter bereits die Kontrolle über die Zielgesellschaft erlangt hat[489]. Dieser gesetzgeberischen Regelung liegt der Gedanke zugrunde, dass die Wertpapierinhaber der Zielgesellschaft im Falle des erstmaligen Eintritts einer Kontrollsituation oder im Falle eines Kontrollwechsels die Möglichkeit haben sollen, ihre Anteile zu einem angemessenen Preis zu veräußern[490].

Begründet wird die Angebotspflicht sowohl in der deutschen als auch in der britischen Literatur vor allen Dingen mit der Notwendigkeit des Schutzes der Minderheitsaktionäre der Zielgesellschaft. Deren ursprüngliche Investitionsentscheidung werde nämlich durch den Kontrollwechsel erheblich berührt. Zum einen müssten sie aufgrund der neuen Beherrschungsverhältnisse damit rechnen, dass der neue kontrollierende Gesellschafter Unternehmensziele, Unternehmensgegenstand und Unternehmensorganisation grundlegend ändert. Infolge des Kontrollwechsels besteht somit die Gefahr, dass sich die Ertragsaussichten und das Risiko ihres Investments verändern[491]. Die Angebotspflicht trägt daher dem Erwartungshorizont der Anleger Rechnung, indem sie deren Vertrauen in die Kontinuität gegebener Beteiligungsverhältnisse schützt. Zum anderen bergen die vielfältigen Einflussmöglichkeiten des Großaktionärs spezifische Missbrauchsgefahren, insbesondere dann, wenn die Zielgesellschaft in eine Unternehmensgruppe eingegliedert wird[492]. Mithin bietet die Angebotspflicht auch einen Präventivschutz für die Minderheitsaktionäre vor drohender Ausbeutung durch den beherrschenden Gesellschafter.

Aufgrund dieser mit einem Kontrollwechsel für die Aktionäre der Zielgesellschaft verbundenen Gefahren soll ihnen nach einem Kontrollerwerb durch einen Dritten der Austritt aus der Gesellschaft dadurch ermöglicht werden, dass sie die

489 *Pearson* in: *Button*, A Practitioners Guide, Seite: 125 (126); *Stamp* in: Company Law I, Seite: 333; Begr.-RegE. BT-Drucks. 14/7034, Seite: 60; *Mielke* in: *Beckmann/Kersting/Mielke*, Übernahmerecht, Seite: 34.

490 *Harbarth* in: ZIP 2002, 321 (322); *Meyer* in: *Geibel/Süßmann*, Kommentar zum WpÜG, § 35 Rn. 9; *Liebscher* in: ZIP 2001, 853 (866).

491 *Fleischer/Kalss* in: WpÜG, Seite: 131; *Liebscher* in: ZIP 2001, 853 (866); *Farrar* in: Company Law, Seite: 594.

492 *Fleischer/Kalss* in: WpÜG, Seite: 131f.

Möglichkeit haben, ihre Anteile zu einem angemessenen Preis an diesen Dritten zu veräußern[493].

Die Pflichtangebotsregeln verwirklichen somit den Minderheitenschutz und stellen eine Ausformung des Gleichbehandlungsgrundsatzes dar[494]. Der Gleichbehandlungsgrundsatz wird dadurch verwirklicht, dass alle Wertpapierinhaber die Möglichkeit haben, ihre Anteile zu dem Preis zu veräußern, den der Bieter für den Kontrollerwerb gezahlt hat[495]. Das Pflichtangebot soll gewährleisten, dass alle Aktionäre an der marktüblichen Mehrvergütung für den Kontrollerwerb partizipieren können[496]. Die Minderheitsaktionäre kommen somit ebenfalls in den Genuss der Kontrollprämie[497]. Auf der anderen Seite bedeutet die Verpflichtung zur Abgabe eines Übernahmeangebots für den Bieter eine erhebliche finanzielle Belastung, da es die mit der Unternehmensübernahme verbundenen Transaktionskosten nachhaltig erhöht[498].

Mithin ist es vor allem für den Bieter von entscheidender Bedeutung, wie der Begriff der Kontrolle exakt zu definieren ist, welche Stimmrechte bei der Berechnung der Kontrollschwelle zu berücksichtigen sind, welche Befreiungsmöglichkeiten es von der Angebotspflicht gibt und welche weiteren Sonderbestimmungen bei einem Pflichtangebot zu beachten sind?

1. Die Pflichtangebotsregeln im britischen Recht

Das Pflichtangebot ist im *CC* im Wesentlichen in *Rule 9 CC* geregelt. Die herausgehobene Bedeutung der Pflichtangebotsregel zeigt sich daran, dass sie sich bei genauerer Betrachtung nicht nur aus den *General Principles* ableiten lässt, sondern in *General Principle No. 10* in allgemeiner Form bereits explizit geregelt ist:

---

493 *Pearson* in: *Button,* A Practitioners Guide, Seite: 125 (126); Begr.-RegE. BT-Drucks. 14/7034, Seite: 60; *Meyer* in: *Geibel/Süßmann,* Kommentar zum WpÜG, § 35 Rn. 1; *von Bülow* in: KK-WpÜG, § 35 Rn. 4; *Ekkenga/Hofschroer* in: DStR 2002, 724 (725); *Farrar* in: Company Law, Seite: 595.

494 *Pearson* in: *Button,* A Practitioners Guide, Seite: 125 (127); *Farrar* in: Company Law, Seite: 594; *Stern* in: ÖBA 1992, 1065 (1070); *Meyer* in: *Geibel/Süßmann,* Kommentar zum WpÜG, § 35 Rn. 1; *von Bülow* in: KK-WpÜG, § 35 Rn. 4.

495 *Pearson* in: *Button,* A Practitioners Guide, Seite: 125 (127); *Harbarth* in : ZIP 2002, 321 (322).

496 *Ekkenga/Hofschroer* in: DStR 2002, 724 (725); *Farrar* in: Company Law, Seite: 595; *Weinberg/Blank* in: On Takeovers and Mergers, Rn. 4-8006.

497 *Stern* in: ÖBA 1992, 1065 (1070); *Pearson* in: *Button,* A Practitioners Guide, Seite: 125 (127).

498 *Harbarth* in: ZIP 2002, 321 (322); *Liebscher* in: ZIP 2001, 853 (866); *Letzel* in: NZG 2001, 260 (261), *Kallmeyer* in: ZHR 161 (1997), 435 (436).

No 10
Where control of a company is acquired by a person or persons acting in concert, a general offer to all shareholders is normally required; (...).

Diese Leitlinie wird durch *Rule 9 CC* konkretisiert, die im Folgenden näher analysiert werden wird.

a) Voraussetzungen der Angebotspflicht

Nach *Rule 9.1. (a) CC* ist jeder verpflichtet, ein Pflichtangebot abzugeben, der Anteile an einer Zielgesellschaft erworben hat, die zusammen mit den von ihm zuzurechnenden Personen (*persons acting in concert*) gehaltenen Anteilen 30 Prozent oder mehr der Stimmrechte vermitteln. Das Pflichtangebot hat sich auf alle Anteile der Zielgesellschaft zu erstrecken, unabhängig davon, ob sie ein Stimmrecht vermitteln oder nicht.
Die Beteiligungsschwelle von 30 Prozent entspricht dem Begriff der Kontrolle, der in der *Section C (Definitions)* des *CC* als Halten von Anteilen an einer Zielgesellschaft definiert wird, die 30 Prozent oder mehr der Stimmrechte vermitteln, unabhängig davon, ob diese Beteiligung tatsächlich die Kontrolle über die Zielgesellschaft vermittelt[499].
Es ist daher für die Auslösung der Angebotspflicht unbeachtlich, ob die Person, die mehr als 30 Prozent der Stimmrechte hat, tatsächlich in der Lage ist, die Kontrolle über die Zielgesellschaft auszuüben, oder ob sie sich in Wirklichkeit in einer Minderheitsposition befindet, weil beispielsweise ein anderer Aktionär ein größeres Aktienpaket hat.
Auf der anderen Seite ist derjenige Anteilseigner, der aufgrund der Aktionärsstruktur, insbesondere bei großem Streubesitz und geringen Hauptversammlungspräsenzen, effektiv die Kontrolle über die Gesellschaft ausüben kann, aber weniger als 30 Prozent der Stimmrechte hat, unter keinen Umständen gemäß *Rule 9.1. CC* verpflichtet, ein Übernahmeangebot abzugeben[500].
Rechtstechnisch folgt der *CC* damit einem rein formalen Kontrollbegriff, indem er lediglich auf das Überschreiten der 30 Prozent Schwelle abstellt[501]. Die langjährige praktische Erfahrung hat jedoch gezeigt, dass in den meisten Fällen, in

---

499 *Weinberg/Blank* in: On Takeovers and Mergers, Rn. 4-8005.
500 *Weinberg/Blank* in: On Takeovers and Mergers, Rn. 4-8004; *Farrar* in: Company Law, Seite: 595.
501 *Pearson* in: *Button,* A Practitioners Guide, Seite: 125 (126); *Stern* in: ÖBA 1992, 1065 (1069).

denen eine Person 30 Prozent der Stimmrechte einer Gesellschaft innehält, diese auch effektiv die Kontrolle über die Gesellschaft ausüben kann[502].

Daneben ist der Bieter, der bereits zwischen 30 und 50 Prozent der Stimmrechte hat und der selbst oder durchihm zuzurechnende Personen (*persons acting in concert*) weitere Stimmrechte der Zielgesellschaft hinzuerwirbt, ebenfalls verpflichtet, ein Übernahmeangebot abzugeben, *Rule 9.1. (b) CC*[503]. Diese Bestimmung möchte verhindern, dass der Bieter seine Beteiligung an der Zielgesellschaft schleichend erhöht, und wird deshalb auch als *creeper provision* bezeichnet[504].

Das Pflichtangebot hat sich auf alle Klassen des Stammkapitals zu erstrecken, unabhängig davon die Anteile ein Stimmrecht vermitteln oder nicht (*voting and non-voting equity capital*). Darüber hinaus hat sich das Angebot auch auf das *non–equity share capital* zu erstrecken, falls der Bieter oder eine ihm zuzurechnende Person Anteile dieser Klasse hält. Die Pflichtangebote für die verschiedenen Arten der Wertpapiere der Zielgesellschaft müssen vergleichbar sein, *Rule 9.1. CC.*

(1) Art und Weise der Kontrollerlangung

Unerheblich ist bei beiden ein Pflichtangebot auslösenden Varianten, auf welche Art und Weise der Bieter die die Beteiligungsschwelle überschreitenden Anteile erworben hat. Dies ergibt sich aus der Verwendung des weiten Begriffs „*acquire*" in *Rule 9.1. CC*, der jede Erwerbsform umfasst. Mithin besteht ausgehend vom Wortlaut die Angebotspflicht grundsätzlich unabhängig davon, ob der Bieter die Wertpapiere an der Börse, durch außerbörslichen Paketerwerb oder mittels freiwilligen Übernahmeangebots erworben hat.

Das *Panel* macht jedoch beim Erwerb mittels freiwilligen Übernahmeangebots regelmäßig eine Ausnahme von der Angebotspflicht, *Rule 9.1. Note 9 CC.*

Der Bieter muss den Kontrollerwerb nicht einmal bewusst tätigen. Vielmehr besteht die Angebotspflicht auch dann, wenn der Bieter die Kontrollschwelle versehentlich überschreitet. Dies folgt indirekt aus *Note 4 on Notes on Dispensations*

---

502 Panel Report Year Ended 31 March 1991, Seite: 1 (7); *Lee* in: *Hopt/Wymeersch*, European Takeovers, Seite: 137; *Weinberg/Blank* in: On Takeovers and Mergers, Rn. 4-8004; *Lee* in: *Hopt/Wymeersch*, European Takeovers, Seite: 137.

503 Ursprünglich war es dem Bieter gestattet bis zu 2 Prozent per anno hinzu zu erwerben, das *Panel* hat diese Grenze jedoch im Jahre 1993 zunächst auf 1 Prozent abgesenkt, und untersagt seit August 1998 jeglichen Erwerb vgl.: *Pearson* in: *Button,* A Practitioners Guide, Seite: 125 (126).

504 *Stedman* in: Takeovers, Seite: 190; *Pearson* in: *Button,* A Practitioners Guide, Seite: 125 (126).

of Rule 9 CC. Diese sieht eine Befreiungsmöglichkeit von der Angebotspflicht durch das *Panel* für den Fall vor, dass der Bieter die Kontrollschwelle versehentlich überschritten hat. Aus dieser Regelungstechnik folgt, dass grundsätzlich auch bei nicht willentlichem Überschreiten der Kontrollschwelle, die Pflicht zur Abgabe eines Übernahmeangebots ausgelöst wird. Denn eines Befreiungstatbestandes bedarf es rechtssystematisch nur, wenn grundsätzlich eine Angebotspflicht besteht.
Auch bei einem passiven Kontrollerwerb kann die Verpflichtung zur Abgabe eines Übernahmeangebots bestehen. Ein passiver Kontrollerwerb liegt beispielsweise vor, wenn sich die Beteiligungsquote des Bieters dadurch erhöht, dass die Gesellschaft eigene Aktien zurückerwirbt. Der *CC* ordnet ausdrücklich an, dass in einem solchen Fall derjenige Aktionär, der infolge des Rückkaufprogramms nunmehr mehr als dreißig Prozent der Stimmrechte innehält, zur Abgabe eines Übernahmeangebots verpflichtet werden kann, *Rule 37.1. CC.*
Der Anwendungsbereich von *Rule 9.1. CC* ist folglich zum Zwecke der Verhinderung von Umgehungsmöglichkeiten so weit wie möglich.
Die Regelungstechnik ist folgende: Grundsätzlich lösen alle Fälle des Kontrollerwerbs ein Pflichtangebot aus. Falls es aufgrund der besonderen Umstände des Einzelfalls keines Pflichtangebots bedarf, gewährt das *Panel* im Einzelfall eine Befreiung von der Angebotspflicht.

(2) Beschränkungen der Kontrollerlangung

Im Vereinigten Königreich hat der Bieter bei der Akquisition der Stimmrechte der Zielgesellschaft mehrere Regeln zu beachten, die seinen Beteiligungsaufbau unter Umständen erschweren bzw. zumindest zeitlich verzögern können.
Zunächst hat der Bieter die *Rules Governing a Substantial Acquisition of Shares (SARS)* zu beachten. Die *SARS*, deren Einhaltung ebenfalls vom *Panel* überwacht wird, haben die Funktion, das Tempo, in dem eine Person eine signifikante Beteiligung an einer Zielgesellschaft akquiriert, zu limitieren.
Zur Umsetzung dieses Regelungsziels bestimmt *Rule 1 SARS,* dass grundsätzlich keine Person innerhalb von sieben Tagen eine Beteiligung von mehr als zehn Prozent der *voting rights* oder *rights over shares* erwerben darf, wenn dieser Erwerbsvorgang dazu führt, dass diese Person nunmehr eine Beteiligung zwischen fünfzehn und dreißig Prozent der Stimmrechte der Gesellschaft innehält.
Ausnahmen hiervon bestehen, wenn die gesamte Beteiligung von einem einzelnen Aktionär *(single shareholder)* erworben wurde, wenn die Akquisition in Zu-

sammenhang mit einem *Tender offer*[505] steht und schließlich wenn die Akquisition unmittelbar vor Veröffentlichung der festen Absicht zur Abgabe eines freundlichen Übernahmeangebots getätigt wurde und die Akquisition unter der aufschiebenden Bedingung der Veröffentlichung des Übernahmeangebots steht, *Rule 2 SARS*.

Ein Blick auf die Ausnahmetatbestände von *Rule 1 SARS* zeigt, dass es das Ziel der *SARS* ist, den Aufbau einer signifikanten Beteiligung zu verlangsamen[506].

Die *SARS* haben eine doppelte Schutzrichtung. Zunächst sollen die Kleinaktionäre der potentiellen Zielgesellschaft davor geschützt werden, aufgrund ihrer Unkenntnis von einem bevorstehenden Übernahmeangebot ihre Anteile zu schnell und zu günstig zu verkaufen[507]. Die *SARS* möchten somit sicherstellen, dass die Kleinaktionäre auch in den Genuss einer etwaigen Kontrollprämie kommen[508]. Daneben dienen die *SARS* aber auch dem Schutz der Zielgesellschaft selbst. Dies folgt aus *Rule 2 (c) SARS*, die für den Fall, dass der signifikante Beteiligungserwerb einem freundlichen (*recommended*) Übernahmeangebot vorausgeht oder der Erwerb mit Zustimmung des *Boards* der Zielgesellschaft erfolgte, eine Ausnahme von den in *Rule 1 SARS* normierten Erwerbsbeschränkungen vorsieht. Daraus folgt, dass die *SARS* dem *Board* der Zielgesellschaft ein wenig Zeit geben wollen, sich auf ein unfreundliches bzw. unabgestimmtes Übernahmeangebot einzustellen, um gegebenenfalls Abwehrmaßnahmen ergreifen zu können[509]. In welcher Art und Weise der Bieter seinen Beteiligungserwerb zu veröffentlichen hat, regelt *Rule 3 SARS*.

Die *SARS* reglementieren nur den raschen Beteiligungserwerb, der zu einer akkumulierten Beteiligung zwischen fünfzehn und dreißig Prozent an der Zielgesellschaft führt. Erwerbsvorgänge die zu einer akkumulierten Beteiligung von mehr als 30 Prozent führen, fallen nicht in den Anwendungsbereich der *SARS*, sondern in den des *CCs*, vgl. *Introduction Section SARS*[510].

---

505 Ein *Tender offer* ist eine Form des Teilangebots nach den Regeln der *SARS*. Im Wege des *Tender Offers* darf höchstens eine Beteiligung von bis zu dreißig Prozent erworben werden. Es ist daher anders als ein Übernahmeangebot kein Mittel zur Kontrollerlangung. Die wichtigsten bei einem *Tender Offer* zu beachtenden Verfahrens- und Offenlegungspflichten finden sich in *Rule 4 SARS*.

506 *Stedman* in: Takeovers, Seite: 142; *Stamp* in: Company Law I, Seite: 327.

507 *Stern* in: ÖBA 1992, 1065 (1071); *Boardman/Ryde* in: *Button*, A Practitioners Guide, Seite: 54 (56).

508 *Morse* in: Company Law, Seite: 616.

509 *Weinberg/Blank* in: On Takeovers and Mergers, Rn. 4-10002, *Boardman/Ryde* in: *Button*, A Practitioners Guide, Seite: 54 (56).

510 *Weinberg/Blank* in: On Takeovers and Mergers, Rn. 4-10003; *Boardman/Ryde* in: *Button*, A Practitioners Guide, Seite: 54 (56); *Stamp* in: Company Law I, Seite: 327.

In Fortführung der oben beschriebenen Regelungsziele der *SARS* schränkt *Rule 5 CC* die Möglichkeiten des Erwerbs einer Beteiligung von mehr als dreißig Prozent ein. Der Bieter hat beim Erwerb der die Angebotspflicht auslösenden Beteiligung die Beschränkungen von *Rule 5.1. CC* zu beachten.

Gemäß *Rule 5.1. (a)* ist es dem Bieter, der eine Beteiligung von unter 30 Prozent hält, grundsätzlich untersagt, *voting rights* oder *rights over shares* zu erwerben, die zu einer Beteiligung von über 30 Prozent führen würden. Demjenigen, der eine Beteiligung zwischen 30 und 50 Prozent besitzt, verbietet *Rule 5.1. (b) CC* grundsätzlich jeglichen weiteren Erwerb von *voting rights* oder *rights over shares*[511].

Die Ausnahmen von diesem Erwerbsverbot sind in *Rule 5.2. CC* normiert.

Demnach ist der die Kontrollschwelle überschreitende Erwerb gestattet, wenn der Veräußerer ein einzelner Aktionär ist und dies die einzige Akquisition innerhalb eines Zeitraums von sieben Tagen ist, *Rule 5.2. (a) CC*[512].

Ferner ist der Erwerb gestattet, wenn er unmittelbar vor der Ankündigung der festen Absicht im Sinne von *Rule 2.5. CC* stattfindet, die Verwaltung der Zielgesellschaft die Akquisition entweder öffentlich befürwortet oder der Akquisition zugestimmt hat und die Akquisition unter der aufschiebenden Bedingung der Veröffentlichung des Übernahmeangebots steht, *Rule 5.2. (b) CC.*

Das gleiche gilt für einen Anteilserwerb, welcher der Ankündigung der festen Absicht im Sinne der *Rule 2.5. CC* zeitlich nachfolgt und von der Verwaltung der Zielgesellschaft begrüßt wird, *Rule 5.2. (c) (i) CC.*

Ebenfalls zulässig ist ein der Bekanntgabe der festen Absicht nachfolgender Erwerb, wenn die Verwaltung der Zielgesellschaft dieses Übernahmeangebot oder ein konkurrierendes Übernahmeangebot öffentlich befürwortet hat, *Rule 5.2. (c) (ii) CC.*

Schließlich ist auch der Erwerb zulässig, der nach Ablauf der regulären Annahmefrist (*first closing date*) dieses Übernahmeangebotes oder eines konkurrierenden Übernahmeangebots erfolgt, sofern aufgrund der Umstände bereits abzusehen ist, dass die Übernahmeofferte nicht an die Kartellbehörden zur Prüfung weitergeleitet wird, *Rule 5.2. (c) (iii) (1)-(2) CC.*

Endlich sind auch Erwerbe zulässig, die getätigt werden, nachdem feststeht, dass die Übernahmeofferte nicht mehr von Bedingungen abhängt sowie Erwerbe die

---

511 Keine Anwendung findet diese Regel, wenn der Bieter zwar Anteile der Zielgesellschaft hinzuerwirbt, sein prozentualer Anteil aber unverändert bleibt, wie es zum Beispiel bei einer Kapitalerhöhung der Fall ist, *Rule 5.1. Note 7 CC.*

512 Diese Ausnahme greift jedoch nicht ein, wenn der Erwerber bereits die feste Absicht ein Übernahmeangebot abzugeben, geäußert hat und der Paketerwerb vor Veröffentlichung der Angebotsunterlage erfolgt ist, *Rule 5.2. (a) CC* a. E.

auf der Annahme des Übernahmeangebots beruhen, *Rule 5.2. (c) (iv)* und *Rule 5.2. (d) CC*.

Rule 5.2. Note 2 CC stellt klar, dass ein Erwerb im Sinne von *Rule 5.2. CC* für gewöhnlich dazu führen wird, dass der Bieter nunmehr verpflichtet ist, ein *Rule 9 CC* entsprechendes Pflichtangebot abzugeben.

Die Analyse der in *Rule 5.2. CC* normierten Ausnahmeregelungen macht deutlich, dass der Erwerb einer ein Pflichtangebot auslösenden Beteiligung nur dann zulässig ist, wenn das *Board* der Zielgesellschaft Kenntnis davon hat, dass ein Übernahmeangebot bevorsteht.

Sinn und Zweck von *Rule 5 CC* ist, dem *Board* der Zielgesellschaft ein wenig Zeit zu geben, um sich professionell beraten zu lassen und um die eigenen Aktionäre sachgerecht zu informieren, bevor der Bieter die effektive Kontrolle erreicht hat. Insbesondere gibt *Rule 5 CC* der Zielgesellschaft somit die Möglichkeit, sich gegen ein feindliches Übernahmeangebot zu verteidigen[513].

Die Angebotspflicht besteht aber auch, wenn der Bieter jene die Beteiligungsschwellen überschreitenden Anteile unter Verstoß gegen die Bestimmungen von *Rule 5.1.* und *5.2. CC* erworben hat[514]. *Rule 5 CC* hat somit keine unmittelbaren Auswirkungen auf die Angebotspflicht im Sinne von *Rule 9 CC*, sondern beschränkt lediglich die Möglichkeiten des Bieters, seine Kontrollbeteiligung aufzubauen. Bemerkenswert ist aber, dass sowohl die *SARS* als auch *Rule 5* bei der Berechnung der Stimmrechtsanteile nicht nur *voting rights*, sondern auch *rights over shares* mitberücksichtigen. Ihr Anwendungsbereich ist daher weiter als der von *Rule 9 CC*. Dies kann dazu führen, dass der Bieter die 30% Schwelle im Sinne von *Rule 5 CC* bereits überschritten hat, ohne zur Abgabe eines Übernahmeangebots im Sinne von *Rule 9 CC* verpflichtet zu sein[515].

b) Zurechnung von Stimmrechten, persons acting in concert

Die Verfasser des *CCs* haben erkannt, dass die Gefahr besteht, dass Bieter versuchen werden, die Pflichtangebotsregel zu umgehen, indem sie sich Dritter oder komplizierter Konzernstrukturen bedienen.

Aus diesem Grund berücksichtigt der *CC* bei der Berechnung des Stimmrechtsanteils des Bieters nicht nur diejenigen Stimmrechte, die der Bieter selbst als formeller Rechtsinhaber hält. Vielmehr nimmt er eine materielle Betrachtung vor, indem er fragt, auf welche Stimmrechte der Bieter Einfluss nehmen kann. Die In-

513 *Stedman* in: Takeovers, Seite: 144.

514 *Boardman/Ryde* in: *Button*, A Practitioners Guide, Seite: 54 (90); *Stern* in: ÖBA 1992, 1065 (1069).

515 *Stedman* in: Takeovers, Seite: 146.

haber dieser Stimmrechte bezeichnet der *CC* als *persons acting in concert*. Die von den *persons acting in concert* gehaltenen Stimmrechte werden dem Bieter bei der Berechnung seines Stimmrechtsanteils an der Zielgesellschaft zugerechnet. Es kommt mithin entscheidend darauf an, welche Personen als *persons acting in concert* im Sinne des *CCs* zu qualifizieren sind.

Anhaltspunkte für die Antwort auf diese wichtigste Frage im Zusammenhang mit dem Pflichtangebot, findet man im *CC* an mehreren Stellen. Zunächst findet sich in der *Definition Section* des *CCs* eine allgemeine Definition, die den Begriff der zusammenwirkenden Personen *(persons acting in concert)* folgendermaßen beschreibt:

Persons acting in concert comprise persons who, pursuant to an agreement or understanding (whether formal or informal), actively co-operate, through the acquisition by any of them of shares in a company, to obtain or consolidate (...) control of that company.

In den allgemeinen Worten dieser Definition sind zusammenwirkende Personen somit jene, die aufgrund eines formellen oder informellen Einverständnisses aktiv bei der Akquisition von Aktien einer Gesellschaft zusammenarbeiten, um die Kontrolle über die Gesellschaft zu erlangen oder zu verfestigen.

Erforderlich ist daher zunächst, dass mehrere Personen zum Zwecke der Kontrollerlangung oder -verfestigung zusammenarbeiten, indem sie Stimmrechte der Zielgesellschaft erwerben. Welche Gestalt diese Zusammenarbeit bzw. Verständigung haben muss, lässt sich aus dieser Definition allerdings nicht konkret ableiten.

Konkretisiert wird diese denkbar weite Definition aber durch eine sich anschließende beispielhafte, d. h. nicht abschließende, Aufzählung von Personen, die als miteinander zusammenwirkend behandelt werden, wenn nicht im Einzelfall das Gegenteil nachgewiesen wird[516]. Zu diesen Personen, bei denen die widerlegbare Vermutung besteht, dass sie zusammenwirken, gehören:

(1) eine Gesellschaft, mit ihrer Muttergesellschaft, mit ihren Tochter- und Enkelgesellschaften, mit ihren assoziierten Gesellschaften und mit Gesellschaften, mit denen eine der genannten Gesellschaften assoziiert ist[517],
(2) eine Gesellschaft mit ihren Direktoren, einschließlich deren nahen Verwandten und nahe stehenden *Trusts*,

516 *Pearson* in: *Button*, A Practitioners Guide, Seite: 125 (130); *Weinberg/Blank* in: On Takeovers and Mergers, Rn. 4-6003.

517 Eine Gesellschaft wird grundsätzlich dann als „assoziierte“ Gesellschaft im Sinne der *acting in concert* Bestimmungen behandelt, wenn der Bieter mehr als 20 Prozent des Eigenkapitals (*equity share capital*) innehält oder kontrolliert.

(3) eine Gesellschaft mit ihren eigenen Pensionsfonds,
(4) ein Fondsmanager (auch ein *exempt fund manager*) mit jeder Investmentgesellschaft und jedem *Unit Trust*, deren Investmentanteile er verwaltet, sofern er die Anlageentscheidungen nach eigenem Ermessen treffen kann,
(5) Die Finanzberater, das Brokerhaus und andere Berater mit ihren Klienten bezüglich der Beteiligungen, die von den genannten Beratern bzw. von Personen, die die genannten Berater kontrollieren[518], gehalten werden,
(6) die Direktoren einer Gesellschaft miteinander, sobald sie begründetermaßen annehmen müssen, dass ein Übernahmeangebot bevorsteht[519].

Die Stimmrechte, die von den oben genannten Personen gehalten werden, sind grundsätzlich in voller Höhe zusammenzurechnen, es sei denn die betroffenen Personen können das *Panel* davon überzeugen, dass sie nicht zusammenwirken.
Der *CC* fingiert, dass die Gruppe der Zusammenwirkenden eine einzige Person sei[520]. Diese Fiktion führt konsequenter Weise dazu, dass ein Pflichtangebot nicht bereits dann abzugeben, ist, wenn sich zwei oder mehr Personen, die zusammen mehr als dreißig Prozent der Stimmrechte halten, zum Zwecke der Kontrollerlangung zusammenschließen. Vielmehr wird durch den Zusammenschluss erst das Zusammenwirken begründet, welches die oben genannte Fiktion bewirkt. Die Angebotspflicht löst jedoch erst der dem Zusammenschluss nachfolgende Aktienerwerb aus, *Rule 9.1. Note 1 CC*[521].
Wie bereits eingangs erwähnt ist die oben genannte Aufzählung nicht abschließend.
Deshalb stellt sich die Frage, bei Vorliegen welcher Konstellationen darüber hinaus ein *acting in concert* im Sinne des *CCs* anzunehmen ist. Die vom *CC* vorgegebene Definition des Begriffs *acting in concert* hilft hier nur begrenzt weiter, da sie willentlich weitgefasst ist, um Umgehungsmöglichkeiten zu verhindern.
Dennoch hilft der *CC* bei der Eingrenzung des Begriffs noch ein wenig weiter, indem er sowohl in den Anmerkungen der *Definition Section* als auch in den Anmerkungen zu *Rule 9.1. CC* einige Konstellationen erörtert, bei deren Vorliegen ein *acting in concert* grundsätzlich noch nicht anzunehmen sei.

518 Unter Kontrolle im Sinne dieser Definition ist zu verstehen, dass eine Person 30 % Stimmrechte hält. Dies wird in *Note 1* am Ende der *Definition Section* klargestellt.
519 Außerhalb dieses Zeitraumes besteht diese Vermutung nicht, d. h. die von den Direktoren der Zielgesellschaft gehaltenen Anteile der Zielgesellschaft werden grundsätzlich nicht zusammengerechnet, *Rule 9.1. Note 3 CC*
520 *Weinberg/Blank* in: On Takeovers and Mergers, Rn. 4-8021.
521 *Weinberg/Blank* in: On Takeovers and Mergers, Rn. 4-8020; *Stedman* in: Takeovers, Seite: 193; *Pearson* in: *Button*, A Practitioners Guide, Seite: 125 (130).

So liegt grundsätzlich noch kein Zusammenwirken vor, wenn Aktionäre lediglich ihr Abstimmungsverhalten in der Hauptversammlung aufeinander abstimmen, *Rule 9.2. Note 2 CC*[522].

Auch der Finanzdienstleister, der garantiert, dass dem Bieter die finanziellen Mittel zur Erfüllung des Pflichtangebots zur Verfügung stehen, wird grundsätzlich nicht als eine mit dem Bieter zusammenwirkende Person zu qualifizieren sein, *Note 2 Definition Section*[523]. Etwas anderes kann jedoch gelten, wenn besondere Umstände vorliegen, die ein Zusammenwirken nahe legen. Indizien, die zur Bejahung eines Zusammenwirkens führen können, sind zum Beispiel eine vom Erfolg des Übernahmeangebots abhängige Vergütung des Finanzdienstleisters, die Übernahme der unbeschränkten Haftung durch den Finanzdienstleister und der Grad der Einbindung des Finanzdienstleisters in das Übernahmeverfahren[524].

Ebenfalls nicht ausreichend zur Annahme eines *acting in concert* ist die Beziehung zwischen einem Investor und seinem „*fan club*“. Ein *fan club* ist ein Kreis von Personen, der Anteile einer Gesellschaft erwirbt, weil ein von ihnen hochgeschätzter und respektierter Investor Anteile derselben Gesellschaft erwirbt[525]. Solange sich das Verhältnis zwischen dem Investor und dem ihm nacheifernden *fan club* in der gemeinsamen Gewinnerzielungsabsicht erschöpft, sind diese nicht als zusammenwirkende Personen zu qualifizieren[526].

Daneben finden sich in den Erläuterungen noch einige Konstellationen, bei denen das *Panel* kritisch prüft, ob ein *acting in concert* der Beteiligten vorliegt. So können Stillhalteabkommen (*standstill agreements*) zwischen einer Gesellschaft oder den Direktoren der Gesellschaft und einem Aktionär ebenfalls dazu führen, dass die gehaltenen Stimmrechte zusammengerechnet werden, *Note 2 Definition Section acting in concert.*

Kritisch beurteilt das *Panel* auch die Veräußerung eines Teilpakets einer kontrollierenden Beteiligung. Gemeint sind die oft vorkommenden Fälle bei denen der Erwerber ein Paket von 29, 99 % der Stimmrechte erwirbt, um die Angebots-

---

522 *Pearson* in: *Button*, A Practitioners Guide, Seite: 125 (131).

523 *Weinberg/Blank* in: On Takeovers and Mergers, Rn. 4-6006.

524 Vgl. die ausführliche Diskussion des Begriffs *acting in concert* im Zusammenhang mit *underwriting arrangements* durch *Sir John Donaldson MR*, in: *R. v. Panel on Take- overs and Mergers, ex parte Datafin plc and another Norton Opax and another intervening*, All. E. R. Vol. 1 1987, 564 (570-573).

525 Panel Statement, Glanfield Lawrence plc/Bajau Ltd, 24 Oktober 1984, Seite 1 (1); *Weinberg/Blank* in: On Takeovers and Mergers, Rn. 4-6004; *Morse* in: Company Law, Seite: 610.

526 Panel Statement, Glanfield Lawrence plc/Bajau Ltd, 24 Oktober 1984, Seite 1 (1). Etwas anderes könne jedoch gelten, wenn eine intensive Kommunikationsbeziehung zwischen dem Investor und dem *fan club* bestehe.

pflicht zu umgehen[527]. In so einem Fall prüft das *Panel* genau, ob nicht doch ein die Angebotspflicht auslösender Kontrolltransfer vorliegt, da der Erwerber die beim Veräußerer verbliebenen Stimmrechte ebenfalls faktisch kontrolliert[528]. Dies wäre der Fall, wenn der Veräußerer des Teilpakets und Erwerber als zusammenwirkende Personen zu qualifizieren wären. Ob ein *acting in concert* im Einzelfall zu bejahen ist, hängt insbesondere davon ab, ob der Veräußerer ein *„Insider"* im Sinne des *CCs* ist, ob der Bieter eine Kontrollprämie bezahlt hat und ob zwischen Veräußerer und Erwerber etwaige Absprachen in Bezug auf die beim Veräußerer verbliebenen Aktien existieren. Auch die Anzahl der beim Veräußerer verbliebenen Anteile ist ein wichtiges Kriterium, *Rule 9.1. Note 5 CC*. So wird ein *acting in concert* regelmäßig umso schwerer zu bejahen sein, je wesentlicher die beim Veräußerer verbliebene Beteiligung ist[529].
Aber auch mit Hilfe dieser Erläuterungen erscheint es nahezu aussichtslos dem Begriff des *acting in concert* seine Unbestimmtheit gänzlich zu nehmen. Mithin lässt sich außer in den oben genannten Fällen, bei denen eine Vermutung für ein Zusammenwirken besteht, im Voraus nicht mit der erforderlichen Sicherheit sagen, ob ein *acting in concert* im Einzelfall vorliegt.
Endgültige Rechtssicherheit verschafft den Beteiligten in Zweifelsfällen somit nicht der Blick in den *CC* und die Auslegung der einschlägigen Vorschriften, sondern lediglich die Konsultation des *Panels*. Genau dieses Ziel möchte der *CC* auch mit der unbestimmten Defintion erreichen. Konsequenterweise findet sich daher oftmals am Ende der den Begriff des *acting in concert* erläuternden Anmerkungen der Hinweis, dass in Zweifelsfällen das *Panel* konsultiert werden sollte[530]. Die Unbestimmtheit führt also idealerweise dazu, dass die Beteiligten frühzeitig mit dem *Panel* Kontakt aufnehmen.
Es ist daher festzustellen, dass der Begriff vorsätzlich unbestimmt gelassen wurde, um den Gegebenheiten des Einzelfalles angemessen gerecht werden zu können und um eine frühzeitige Zusammenarbeit der Beteiligten mit dem *Panel* zu erzwingen.

---

527 *Pearson* in: *Button*, A Practitioners Guide, Seite: 125 (131); *Stedman* in: Takeovers, Seite: 193.

528 *Stedman* in: Takeovers, Seite: 193; *Weinberg/Blank* in: On Takeovers and Mergers, Rn. 4-8045.

529 *Pearson* in: *Button*, A Practitioners Guide, Seite: 125 (131); *Stedman* in: Takeovers, Seite: 193; *Weinberg/Blank* in: On Takeovers and Mergers, Rn. 4-8045.

530 Gemeinsamkeit dieser *notes* ist, dass sie allesamt darauf hinweisen, dass es ratsam sei, bei Zweifeln das *Panel* zu konsultieren. Die Formulierung: *„In cases of doubt, the Panel should be consulted*" findet sich nicht nur in den meisten *notes*, die den Begriff des *acting in concert* erläutert, sondern in allgemeinener Form auch am Ende der *notes* zu *Rule 9.1. CC*.

Die Analyse der Zurechnungsfigur bleibt dennoch nicht ganz fruchtlos, herausschälen lässt sich nämlich immerhin, dass für eine Zurechnung folgende zwei Merkmale vorliegen müssen:
Erstens, dass sich mehrere Personen in irgendeiner Art und Weise darauf verständigen, Anteile der Zielgesellschaft zum Zwecke der Erlangung oder Verfestigung der Kontrolle über die Gesellschaft zu erwerben. Und zweitens muss ein dieser Verständigung nachfolgender Anteilserwerb eines Mitglieds der Gruppe erfolgen.

c) Befreiung von der Angebotspflicht

Nachdem festgestellt worden ist, welche Stimmrechte dem Bieter bei der Berechnung der 30 Prozent Schwelle zuzurechnen sind, stellt sich die Frage bei welchen Konstellationen eine Befreiung von der Angebotspflicht in Betracht kommt?
Die Dispensmöglichkeiten sind insbesondere aufgrund des genannten weiten Kontrollbegriffs, den der *CC* verwendet, wichtig, weil ansonsten auch Personen zur Abgabe eines Übernahmeangebots verpflichtet wären, die zwar die formelle Kontrollschwelle überschritten haben, von denen aber nicht eine das scharfe Schwert des Pflichtangebots rechtfertigende Gefahr für die verbliebenen Minderheitsaktionäre ausgeht.
Die Befreiungsmöglichkeiten stellen somit die zweite Stufe der Systematik des Pflichtangebots dar. Sie wirken daher als wichtiges Korrektiv des weiten Tatbestandes des Pflichtangebots.
Insbesondere bei folgenden Fallgruppen[531] ist eine Befreiungsmöglichkeit durch das *Panel* anerkannt:
Das *Panel* befreit erstens denjenigen Bieter grundsätzlich von seiner Angebotspflicht, der die 30 Prozent Schwelle infolge der Durchsetzung einer Sicherheit überschreitet[532]. Allerdings findet dieser Befreiungstatbestand dann keine Anwendung, wenn der Bieter bei Begebung der Sicherheit damit rechnen konnte, dass es zu Vollstreckungsmaßnahmen kommen wird[533].

---

531 Deklaratorisch sei noch angemerkt, dass die folgende Aufzählung entsprechend der Regelungstechnik des *CCs* nicht abschließend ist. Vielmehr kann das *Panel* auch bei nicht genannten Konstellationen einen Dispens gewähren, wenn es ein Pflichtangebot nicht für notwendig erachtet. Dies ergibt sich bereits aus *Rule 9.1. CC: „Except with the consent of the Panel (...).“*

532 *Note 2 of Notes on Dispensations of Rule 9.1. CC.*

533 *Weinberg/Blank* in: On Takeovers and Mergers, Rn. 4-8057; *Stedman* in: Takeovers, Seite: 198.

Des Weiteren gewährt das *Panel* für gewöhnlich eine Befreiung von der Angebotspflicht, wenn die Überschreitung der Kontrollschwelle versehentlich erfolgte[534]. Allerdings nur, wenn der Bieter nach Kenntniserlangung unverzüglich eine ausreichende Anzahl der von ihm insgesamt gehaltenen Stimmrechte an ihm unbekannte Personen weiterveräußert[535].
Ferner befreit das *Panel* auch denjenigen, der infolge des Auflebens des Stimmrechts grundsätzlich stimmrechtsloser Anteilsscheine mehr als 30 Prozent der Stimmrechte einer Gesellschaft hält [536], es sei denn, dass er beim Erwerb der stimmrechtslosen Wertpapiere mit einem Aufleben des Stimmrechts rechnen konnte[537].
Gemeinsamkeit aller drei Varianten ist, dass sie den Bieter von der Angebotspflicht befreien, wenn er die Kontrollschwelle versehentlich überschritten hat. Das *Panel* erachtet somit die Minderheitsaktionäre dann als weniger schutzbedürftig, wenn der Kontrollerwerber nicht planvoll lenkend vorgegangen ist, sondern unbewusst bzw. fahrlässig die Kontrolle erworben hat.
Neben dieser Fallgruppe des fahrlässigen Kontrollerwerbs gewährt das *Panel* ebenfalls grundsätzlich eine Befreiung, wenn der Kontrollerwerb im Rahmen von Sanierungsmaßnahmen der Zielgesellschaft erfolgt ist[538]. Erforderlich ist aber, dass die Lage der Zielgesellschaft derart ernst ist, dass die Ausgabe neuer Anteile oder die Veräußerung bestehender Stimmrechte zur Erhaltung der Gesellschaft erforderlich ist[539].

---

534 *Weinberg/Blank* in: On Takeovers and Mergers, Rn. 4-8060. Das *Panel* prüft jedoch sehr genau, ob es sich tatsächlich um ein Versehen handelt, oder ob der Bieter nicht damit rechnen konnte, dass eigene oder Erwerb von ihm zuzurechnenden Personen zur Überschreitung der Kontrollschwelle führen werden. Alleine die Behauptung des Bieters, dass er die Kontrollschwelle versehentlich überschritten habe und nunmehr vorhabe, Stimmrechte der Zielgesellschaft in ausreichender Zahl zu veräußern, reicht jedenfalls nicht, um das *Panel* davon zu überzeugen, dass eine Befreiung von der Angebotspflicht gerechtfertigt ist.

535 *Note 4 of Notes on Dispensations of Rule 9.1. CC*; *Weinberg/Blank* in: On Takeovers and Mergers, Rn. 4-8060; *Stedman* in: Takeovers, Seite: 199.

536 *Note 6 of Notes on Dispensations of Rule 9.1. CC.*

537 *Weinberg/Blank* in: On Takeovers and Mergers, Rn. 4-8061; *Stedman* in: Takeovers, Seite: 199.

538 *Note 3 of Notes on Dispensations of Rule 9.1. CC.* Da die Anteile einer sich in ernsten wirtschaftlichen Schwierigkeiten befindlichen Gesellschaft regelmäßig sehr niedrig an der Börse bewertet werden, kommt es bei *rescue operations* oftmals dazu, dass der Sanierer eine Beteiligung von über dreißig Prozent der Stimmrechte erwirbt

539 *Weinberg/Blank* in: On Takeovers and Mergers, Rn. 4-8058. Das *Panel* erachtet die Haltung der Leitungsorgane und der Berater der zu rettenden Gesellschaft als wesentlich für die Beantwortung der Frage, ob ihre Gesellschaft einzig durch die Aus-

Zwar erwirbt hier der Bieter willentlich die Kontrolle, d. h. es gibt keinen Grund zu der Annahme, dass die von ihm für die Minderheitsaktionäre ausgehende Gefahr geringer ist als in anderen Fällen des Kontrollwechsels. Gleichwohl versagt das *Panel* den Minderheitsaktionären die Möglichkeit zum Austritt aus der Gesellschaft im Wege des Pflichtangebots, da es die Rettung der Gesellschaft als vorrangig erachtet.
Daneben ist noch eine dritte Fallgruppe von Tatbeständen anerkannt, bei denen das *Panel* eine Befreiungsmöglichkeit vorsieht. Gemeinsames Merkmal dieser Befreiungstatbestände ist, dass sich eine Mehrheit der Anteilseigner gegen das Pflichtangebot ausgesprochen hat und es deshalb keines Pflichtangebots bedarf.
So befreit das *Panel* eine Person, sofern ein Dritter mehr als 50 Prozent der Stimmrechte der Zielgesellschaft hält. Dasselbe gilt, wenn die Inhaber von mehr als 50 Prozent der Stimmrechte schriftlich erklären, dass sie ein Pflichtangebot nicht annehmen würden[540].
Darüber hinaus besteht auch dann keine Verpflichtung gemäß *Rule 9.1. CC*, wenn die restlichen Aktionäre der Zielgesellschaft den Bieter vor dem Kontrollerwerb durch Mehrheitsbeschluss der Hauptversammlung von der Angebotspflicht befreit haben (*Whitewash procedure*).
Die *Whitewash procedure* kann in drei Konstellationen den Bieter von der Angebotspflicht befreien. Erstens ist eine Befreiung möglich, wenn ihm die Stimmrechte der Zielgesellschaft als Gegenleistung für eine Veräußerung gewährt wurden. Zweitens ist eine Befreiung möglich, sofern er die Kontrollschwelle infolge der Zeichnung junger Stimmrechte überschritten hat[541]. Drittens ist eine entsprechende Anwendung der *Whitewash* Regeln vorgesehen, falls der Bieter die Stimmrechtsschwelle infolge der Einziehung eigener Aktien der Zielgesellschaft überschreitet, *Rule 37.1. CC*[542].
Voraussetzung für eine Befreiung ist allerdings, dass ein in den *Whitewash Guidance Notes* genau festgelegtes Verfahren eingehalten wird. Dieses verlangt, dass die außenstehenden Wertpapierinhaber der Zielgesellschaft in einem vom *Panel* genehmigten Rundschreiben umfassend über die Einzelheiten der Transaktion

---

gabe neuer Anteile oder die Veräußerung bestehender Anteile verbessert werden kann. Falls die Berater oder die Leitungsorgane auch andere Optionen zur Rettung ihrer Gesellschaft für möglich erachten, ist dies ein gewichtiges Indiz für das *Panel*, das gegen eine Befreiung von der Angebotspflicht spricht.

540 *Note 5 of Notes on Dispensations of Rule 9.1. CC.*

541 *Note 1 of Notes on Dispensations of Rule 9.1. CC*; *Pearson* in: *Button,* A Practitioners Guide, Seite:125 (135); *Stedman* in: Takeovers, Seite: 200.

542 *Stedman* in: Takeovers, Seite: 200; *Pearson* in: *Button,* A Practitioners Guide, Seite: 125 (135). Zur Behandlung von Direktoren als zusammenwirkende Personen bei dieser Konstellation, vgl. Panel Statement, Redemption or Purchase by a Company of ist own Shares, 17/1999, Seite: 1 (2).

und ihre Konsequenzen für die Minderheitsaktionäre der Zielgesellschaft informiert werden, insbesondere über die Kontrollstellung, die durch die Transaktion geschaffen wird, über die Gesamtzahl der vom neuen kontrollierenden Gesellschafter nach der Transaktion gehaltenen Stimmrechte und die Namen der kontrollierenden Gesellschafter[543]. Des Weiteren hat das von der Zielgesellschaft zu versendende Rundschreiben noch die Stellungnahme eines unabhängigen Beraters zu enthalten und die Erklärung, dass das *Panel* einer Befreiung von der Angebotspflicht im Falle eines entsprechenden Hauptversammlungsbeschlusses zustimmen werde[544]. Die Abstimmung selbst hat per Stimmzettel und nicht lediglich per Handzeichen zu erfolgen. Stimmberechtigt sind lediglich die außenstehenden Wertpapierinhaber, nicht jedoch der potentielle Inhaber der kontrollierenden Beteiligung und die mit ihm zusammenwirkenden Personen[545]. Letzte Voraussetzung ist, dass der neue kontrollierende Gesellschafter, oder eine mit ihm zusammenwirkende Person innerhalb der letzten zwölf Monate vor der Veröffentlichung des oben genannten Rundschreibens keine Anteile der Zielgesellschaft erworben hat. Ein derartiger Erwerb würde zur Unzulässigkeit der *Whitewash procedure* führen. Die gleiche Rechtsfolge hätte ein Anteilserwerb in dem Zeitraum zwischen der Veröffentlichung des Rundschreibens und der Hauptversammlung[546].

Die Analyse dieser dritten Fallgruppe von Befreiungstatbeständen ergibt, dass der *CC* auch dann eine Befreiung von der Angebotspflicht vorsieht, wenn eine Mehrheit der außenstehenden Aktionäre, d. h. aller Aktionäre bis auf den potentiellen Bieter, sich gegen ein Übernahmeangebot ausspricht. Es kommt mithin nicht darauf an, dass sich alle Minderheitsaktionäre gegen ein Übernahmeangebot aussprechen.

Während bei den ersten beiden Konstellationen dieser Fallgruppe[547] schon die besondere Schutzbedürftigkeit der Minderheitsaktionäre fehlt, da mit dem Erwerb kein Kontrollwechsel verbunden ist, fehlt dieses Schutzbedürfnis bei der

543 *Weinberg/Blank* in: On Takeovers and Mergers, Rn. 4-8051. Falls der Erwerber nach der Transaktion mehr als 50 Prozent der Stimmrechte innehält, hat das Rundschreiben ebenfalls die Erklärung zu enthalten, dass nachfolgende Erwerbe des kontrollierenden Gesellschafters nicht zum Wiederaufleben der Angebotspflicht führen.

544 *Weinberg/Blank* in: On Takeovers and Mergers, Rn. 4-8051; *Stedman* in: Takeovers, Seite: 201.

545 *Weinberg/Blank* in: On Takeovers and Mergers, Rn. 4-8052; *Pearson* in: *Button,* A Practitioners Guide, Seite: 125 (132).

546 *Note 1 of Notes on Dispensations of Rule 9.1. CC.*

547 Gemeint sind die Konstellationen: Ein Dritter hält mehr als 50% der Stimmrechte bzw. mehr als 50% der Stimmrechtsinhaber erklären schriftlich, dass sie das Übernahmeangebot nicht annehmen werden.

Befreiung durch *Whitewash* nicht. Bei der Befreiung durch *Whitewash* findet nämlich ein Kontrollwechsel statt, mithin besteht auch die ein Pflichtangebot rechtfertigende Gefahrenlage für die Minderheitsaktionäre. Die *Whitewash procedure* gibt ihnen jedoch die Möglichkeit, sich für einen neuen Investor und gegen die Austrittsmöglichkeit mittels Pflichtangebot zu entscheiden. Zu bedenken ist nämlich, dass die Gefahr des Pflichtangebots durchaus geeignet ist, potentielle Investoren beispielsweise von der Zeichnung junger Aktien der Zielgesellschaft abzuhalten. Mithin wird ihnen durch die *Whitewash procedure* die Option eröffnet, sich zum Wohle ihrer Gesellschaft zu entscheiden. Die *Whitewash procedure* ähnelt daher der Befreiungsmöglichkeit zum Zwecke der Sanierung der Gesellschaft (*rescue operation*). Beiden Varianten ist gemein, dass trotz Vorliegens der die Angebotspflicht rechtfertigenden typischen Gefahrenlage ein Dispens gewährt wird, da das Wohl der Zielgesellschaft als vorrangig erachtet wird. Der gravierende Unterschied zwischen diesen beiden Dispensmöglichkeiten ist jedoch, dass beim *Whitewash* die außenstehenden Gesellschafter selbst darüber entscheiden können, ob sie die Interessen ihrer Gesellschaft als vorrangig erachten, wohingegen bei *rescue operations* der *CC* diese Wertung selbst vornimmt.

Dieser Befund führt konsequenterweise zu dem Ergebnis, dass die Dispensmöglichkeit zum Zwecke von Sanierungsmaßnahmen subsidiär sein muss[548]. Dies bedeutet, dass sich der Bieter nur dann auf sie berufen kann, wenn infolge von Zeitnot keine *Whitewash procedure* mehr durchgeführt werden konnte.

Alle anderen Befreiungsmöglichkeiten haben gemein, dass bei ihnen die das Pflichtangebot rechtfertigende typische Gefahr nicht vorliegt und es somit keines Pflichtangebots bedarf[549].

In materiell-rechtlicher Hinsicht sind die vom *CC* gewährten Befreiungsmöglichkeiten damit auch im Lichte des hinter dem Pflichtangebot stehenden Gleichbehandlungsgrundsatzes als systemkonform zu qualifizieren.

d) Sonderbestimmungen für Pflichtangebote

In einem abschließenden Abschnitt sollen nunmehr noch einige von den Beteiligten bei einem Pflichtangebot zu beachtende Regeln dargestellt werden.

---

548 So wohl auch: *Weinberg/Blank* in: On Takeovers and Mergers, Rn. 4-8058.

549 Abschließend ist noch festzustellen, dass dem Dispens nachfolgende Erwerbe nicht miterfasst sind, Daher ist in solchen Fällen zu prüfen, ob nunmehr ein Pflichtangebot gemäß *Rule 9.1. (b) CC* (*creeper provision*) abgegeben werden muss.

1) Angebotspflichtiger

Die Frage, wer zur Abgabe eines Übernahmeangebots verpflichtet ist, stellt sich immer dann, wenn auf der Bieterseite mehrere Personen zusammenwirken.
Aus der in *Rule 9.1. CC* verwendeten Formulierung: *(...) any person acquires shares (..) such person shall extend offers (...)* ergibt sich, dass grundsätzlich derjenige, dessen Erwerb zur Überschreitung der Kontrollschwelle geführt hat, das Pflichtangebot abgeben muss. Jedoch kann die Angebotspflicht daneben auch alle weiteren wesentlichen Mitglieder der mit dem Erwerber zusammenwirkenden Gruppe treffen, *Rule 9. 2. CC.* Dies wird insbesondere dann der Fall sein, wenn die Person, deren Anteilserwerb zum Überschreiten der Kontrollschwelle geführt hat, selbst kein wesentliches Mitglied der Gruppe ist[550].
Der *CC* verpflichtet somit nicht nur die Person, welche formell den die Kontrolle vermittelnden Anteilserwerb vorgenommen hat, zur Abgabe eines Übernahmeangebots, sondern auch denjenigen, der materiell die Kontrolle hält, aber im Hintergrund bleibt.
Eine genauere Festlegung der Konstellationen, bei denen das *Panel* auf ein im Hintergrund agierendes Mitglied zurückgreift, findet sich im *CC* jedoch bewusst nicht[551].

2) Umfang der Angebotspflicht

Das Pflichtangebot hat sich auf alle Klassen von Wertpapieren der Zielgesellschaft zu erstrecken[552].
Falls die Zielgesellschaft ihrerseits wiederum eine Gesellschaft kontrolliert, auf welche der *CC* anwendbar ist, hat sich das Pflichtangebot grundsätzlich nicht auf diese (Tochter-) Gesellschaft zu erstrecken[553].
Etwas anderes gilt jedoch, wenn die Tochtergesellschaft das eigentliche Übernahmeziel des Bieters darstellt, oder wenn die Tochtergesellschaft einen erheblichen Teil des Kapitals der Zielgesellschaft darstellt[554]. In diesem Fall greift das

550 *Stedman* in: Takeovers, Seite: 195;*Weinberg/Blank* in: On Takeovers and Mergers, Rn. 4-8018.

551 Panel Statement, Orme Developments Limited, 2. August 1978, Seite: 1 (2); *Weinberg/Blank* in: On Takeovers and Mergers, Rn. 4-8018: *There are no guidelines to assist in deciding upon whom the obligation will be imposed.*

552 *Weinberg/Blank* in: On Takeovers and Mergers, Rn. 4-8007; *Farrar* in: Company Law, Seite: 595.

553 *Pearson* in: *Button*, A Practitioners Guide, Seite: 125 (136); *Weinberg/Blank* in: On Takeovers and Mergers, Rn. 4-8016.

554 *Weinberg/Blank* in: On Takeovers and Mergers, Rn. 4-8016; *Morse* in: Company Law, Seite: 610.

sog. *chain principle* und das Pflichtangebot hat sich auch auf die Tochtergesellschaft zu erstrecken.

3) Gegenleistung

Die Höhe der zu offerierenden Gegenleistung bestimmt *Rule 9.5. (a) CC*. Demnach soll die für die Wertpapiere der Zielgesellschaft offerierte Gegenleistung nicht geringer sein als der höchste Preis, den der Bieter oder eine mit ihm zusammenwirkende Person innerhalb der letzten zwölf Monate vor Beginn der *offer period* für Wertpapiere der Zielgesellschaft gezahlt hat[555]. Diese Höchstpreisregel stellt sicher, dass der Bieter die Angebotspflicht nicht faktisch dadurch umgeht, dass er den außenstehenden Wertpapierinhabern einen unattraktiven Übernahmepreis offeriert. Das Pflichtangebot muss außerdem entweder ein reines Barangebot sein oder zumindest mit einer Barangebotsalternative ausgestattet sein.

e) Zusammenfassung

Der britische *CC* verfolgt mit der verwendeten Regelungstechnik, insbesondere mit der Verwendung eines formalen Kontrollbegriffs und mit der Etablierung der Rechtsfigur des *acting in concert*, zweierlei. Zum einen soll dadurch verhindert werden, dass sich potentielle Bieter durch geschickte rechtliche Konstruktionen ihren Pflichten entziehen. Zum anderen sollen die Marktakteure dadurch zur frühzeitigen Zusammenarbeit mit dem *Panel* angehalten werden. Es ist somit erkennbares Ziel des *CC*, dass das *Panel* unter Berücksichtigung der konkreten Umstände des Einzelfalls abwägt, ob es zur Verwirklichung des Schutzes der Minderheitsaktionäre eines Pflichtangebots bedarf. Dies zeigt sich insbesondere daran, dass es keinen Anspruch auf Befreiung gibt, sondern dass der *CC* lediglich eine Reihe von Sachverhalten nennt, bei denen eine Befreiung in Betracht kommen kann.

Das britische Recht hat damit bewusst eine gewisse Rechtsunsicherheit für die Kapitalmarktakteure, insbesondere den Bieter, in Kauf genommen. Diese Inkaufnahme von Rechtsunsicherheit bedeutet auf der anderen Seite, dass der *CC* im

555 *Stedman* in: Takeovers, Seite: 197; *Prentice* in: *Hommelhoff/Hopt/Lutter,* Konzernrecht und Kapitalmarktrecht, Seite: 121; *Farrar* in: Company Law, Seite: 595.
Auf Antrag des Bieters kann das *Panel* jedoch eine Ausnahme von dieser Höchstpreisregel gewähren und einen angemessenen Angebotspreis festsetzen, *Rule 9.5. (b) CC*. Hiervon wird das *Panel* insbesondere dann Gebrauch machen, wenn das Angebot im Rahmen von Sanierungsmaßnahmen bei der Zielgesellschaft abgegeben wird, vgl. hierzu *Pearson* in: *Button,* A Practitioners Guide, Seite: 125 (128).

Interesse der Minderheitsaktionäre der Verwirklichung der materiellen Gerechtigkeit den Vorzug gegeben hat. Abschließend ist jedoch festzustellen, dass diese Regelungstechnik nur funktionieren kann, wenn die Aufsichtsbehörde eine sehr hohe Akzeptanz bei den Marktteilnehmern genießt. Diese Akzeptanz genießt das *Panel on Takeovers and Mergers* zweifelsohne.

2. Die Pflichtangebotsregeln im deutschen Recht

Im deutschen Recht finden sich die Pflichtangebotsregeln im fünften Abschnitt des WpÜG, in den §§ 35-39 WpÜG[556].

In der wissenschaftlichen Diskussion im Rahmen des Gesetzgebungsverfahrens war lange Zeit streitig, ob es eines Pflichtangebots in Deutschland überhaupt bedürfe. Insbesondere wurde angeführt, dass das deutsche Konzernrecht ein ausreichendes Schutzsystem für Minderheitsaktionäre biete, so dass eine zusätzliche Konzerneingangskontrolle in Form eines Pflichtangebots entbehrlich sei[557].

Hierzu ist jedoch anzumerken, dass das Pflichtangebot die Minderheitsaktionäre der Zielgesellschaft nicht nur im Falle der Konzerngründung schützen möchte, sondern auch bei jedem Wechsel des kontrollierenden Gesellschafters eingreift[558]. Deshalb geht der von der Pflichtangebotsregel des WpÜG verwirklichte Anlegerschutz über den vom deutschen Konzernrecht verwirklichten Rahmen hinaus[559]. Daraus ist zu folgern, dass das im AktG normierte Konzernrecht die

556 Der Systematik des WpÜG entsprechend, gelten für Pflichtangebote grundsätzlich dieselben Vorschriften wie für freiwillige Erwerbs- und Übernahmeangebote. Es sei den, aus § 39 WpÜG oder aus dem Sinn und Zweck des Pflichtangebots ergibt sich etwas anderes.

557 Vgl. statt aller: *Meyer* in: *Geibel/Süßmann*, Kommentar zum WpÜG, § 35 Rn. 3ff.; *Hommelhoff/Witt* in: *Haarmann/Riehmer/Schüppen*, Kommentar zum WpÜG, Vor. § 35 Rn. 26 jeweils mit weiteren Nachweisen. Vereinzelt wurden auch verfassungsrechtliche Bedenken gegen die Einführung des Pflichtangebots geäußert, so von *Loritz/Wagner* in: WM 1991, 709 (722); *Thoma* in: ZIP 1996, 1725 (1731f.); *Kallmeyer* in: ZHR 161 (1997), 435 (436); Umfassend und mit überzeugenden Argumenten für die Verfassungsmäßigkeit des Pflichtangebots bereits *Krause* in: Das obligatorische Übernahmeangebot, Seite: 211; sowie für das WpÜG *Meyer* in: *Geibel/Süßmann*, Kommentar zum WpÜG, § 35 Rn. 10-23 jeweils mit weiteren Nachweisen.

558 Begr.-RegE. BT-Drucks. 14/7034, Seite: 2; *Meyer* in: *Geibel/Süßmann*, Kommentar zum WpÜG, § 35 Rn. 3; *Harbarth* in: ZIP 2002, 321 (323); *Nörr/Stiefenhofer* in: Takeover Law, Seite: 83.

559 So bereits zutreffend *Kallmeyer* in: ZHR 161 (1997), 435 (439). Freilich verneint *Kallmeyer* die Erforderlichkeit eines weitergehenden Schutzes und lehnt deshalb i. E. eine gesetzliche Normierung des Pflichtangebots ab. Ebenfalls zu diesem Ergebnis kommt *Heiser* in: Interessenkonflikte, Seite: 78.

Minderheitsaktionäre jedenfalls nicht in gleichwertiger Weise schützt wie es die §§ 35-39 WpÜG tun. Der Gesetzgeber hat sich daher mit der Normierung des Pflichtangebots bewusst für eine Ausweitung des Anlegerschutzes entschieden. Er tat dies ausweislich der amtlichen Regierungsbegründung jedoch nicht nur aus Gründen des Individual- bzw. Anlegerschutzes, sondern auch, weil er die Normierung des Pflichtangebots zur Verbesserung der Wettbewerbsfähigkeit des Finanzplatzes Deutschland als notwendig erachtete[560]. Er verfolgte folglich mit der Pflichtangebotsregel auch den Zweck, die Funktionsfähigkeit des Kapitalmarkts zu stärken und damit auch Zwecke, die der Allgemeinheit dienen[561]. Ob die Normierung eines Pflichtangebots ein geeignetes und erforderliches Mittel zur Erreichung dieser oben genannten Gesetzeszwecke ist, ist eine andere Frage, die in der rechts- und wirtschaftswissenschaftlichen Diskussion äußerst umstritten ist und noch nicht eindeutig beantwortet wird[562]. Dem Gesetzgeber ist jedoch bei der Gesetzgebung ein Gestaltungsspielraum einzuräumen, in dessen Rahmen ihm bei den den Regelungen zugrunde liegenden Prognosen eine Einschätzungsprärogative zuzubilligen ist.
Aufgrund des insoweit in eindeutiger Weise verwirklichten Willens des Gesetzgebers soll sich die folgende Analyse daher auf die Ausgestaltung der Pflichtangebotsregeln im deutschen Recht beschränken.

a) Voraussetzungen der Angebotspflicht: Erlangen der Kontrolle

Die Tatbestandsvoraussetzungen des Pflichtangebots sind in § 35 WpÜG normiert.
Gemäß § 35 I S. 1 WpÜG ist jeder, der die Kontrolle über die Zielgesellschaft erlangt hat, verpflichtet, diesen Umstand unter Angabe seines Stimmrechtsanteils unverzüglich, spätestens jedoch innerhalb von sieben Kalendertagen in der von § 10 III WpÜG vorgeschriebenen Form zu veröffentlichen. Innerhalb von vier Wochen nach der Veröffentlichung hat er der BaFin eine Angebotsunterlage zu übermitteln und diese zu veröffentlichen, § 35 II S. 1 WpÜG.
Einzige Tatbestandsvoraussetzung der Angebotspflicht ist somit das „Erlangen der Kontrolle". Kontrolle wird als das Halten von mindestens 30 Prozent der

560 Begr.-RegE. BT-Drucks. 14/7034, Seite: 2; *Houben*, Seite: 1.
561 Verwirklicht wird das Ziel, die Wettbewerbsfähigkeit des Finanzplatzes Deutschland zu verbessern, freilich dadurch, dass die Rechte der Aktionäre der Zielgesellschaft durch die Normierung des Pflichtangebots gestärkt werden.
562 Vgl. hierzu statt aller nur *Krause* in: Das obligatorische Übernahmeangebot; Seite: 93-161 und *Houben,* Seite: 1ff. jeweils m. w. N.

Stimmrechte legal definiert, § 29 II WpÜG[563]. Der Begriff der Kontrolle im Sinne des § 29 II WpÜG ist nicht materiell, sondern rein formell zu verstehen. Es kommt für die Angebotspflicht nach § 35 WpÜG nicht darauf an, ob der Bieter aufgrund seines Stimmrechtsanteils tatsächlich die Kontrolle über die Zielgesellschaft ausüben kann. Vielmehr besteht nach der Gesetzessystematik auch dann die grundsätzliche Verpflichtung zur Abgabe eines Übernahmeangebots, wenn ein Dritter effektiv die Kontrolle über die Zielgesellschaft ausübt, weil er über 50 Prozent der Stimmrechte innehält[564]. Dies ergibt sich aus § 37 I WpÜG, der eine Befreiung von der Angebotspflicht vorsieht, wenn aufgrund der tatsächlichen Beteiligungsverhältnisse an der Zielgesellschaft der Bieter trotz Überschreitens der 30 % Schwelle keinen beherrschenden Einfluss ausüben kann[565]. Einer Befreiungsmöglichkeit bedarf es aber systematisch nur dann, wenn grundsätzlich eine Angebotspflicht besteht. Folglich ergibt sich aus dem Umkehrschluss zu § 37 WpÜG, dass die Angebotspflicht im Sinne des § 35 WpÜG unabhängig davon besteht, ob der Bieter tatsächlich einen beherrschenden Einfluss ausüben kann.
Auf der anderen Seite bedeutet diese formelle Regelung aber auch, dass derjenige, der zwar weniger als 30 Prozent der Stimmrechte innehält, aber aufgrund niedriger Hauptversammlungspräsenzen effektiv die Kontrolle über die Gesellschaft ausüben kann, unter keinen Umständen verpflichtet ist, ein Übernahmeangebot abzugeben[566].
Anstelle einer flexiblen, auf die jeweiligen Gegebenheiten der Zielgesellschaft abstellenden Stimmrechtsschwelle hat sich der Gesetzgeber somit deutlich erkennbar für eine starre Regelung entschlossen. Gesetzgeberisches Motiv war dabei vor allen Dingen die mit einer eindeutigen quantitativen Regelung gewonnene

563 Begr.-RegE. BT-Drucks. 14/7034, Seite: 53. Die Regelung von 30 Prozent orientiert sich an Regelungen in anderen europäischen Staaten, u. a. dem Vereinigten Königreich. Zudem haben die Hauptversammlungspräsenzen der vergangenen Jahre gezeigt, dass mit einer Beteiligung von 30 Prozent regelmäßig eine Hauptversammlungsmehrheit besteht.

564 Falls trotz Überschreiten der 30 Prozent Schwelle kein Pflichtangebot erforderlich ist, weil beispielsweise ein Dritter 50 Prozent der Beteiligung innehält, soll nach der Gesetzessystematik allein die BaFin darüber entscheiden, ob ein Pflichtangebot veröffentlicht werden muss, oder ob eine Befreiung im Sinne des § 37 WpÜG erteilt werden kann.

565 Vgl. auch: Begr.-RegE. BT-Drucks. 14/7034, Seite: 61.

566 *von Bülow* in: KK-WpÜG, § 29 Rn. 72; *Harbarth* in: ZIP 2002, 321 (323); *Thoma* in: NZG 2002, 105 (111); a. A.: *Steinmeyer/Häger* in: *Steinmeyer/Häger*, Kommentar zum WpÜG, § 35 Rn. 11 für die KGaA und wohl auch *Mülbert* in: ZIP 2001, 1221 (1225f.) unter Hinweis auf die niedrigen Hauptversammlungspräsenzen bei VW.

Rechtssicherheit für die Beteiligten, da das Erreichen der Kontrollschwelle bei einer formellen Lösung leichter festzustellen ist[567].

1) Art und Weise der Kontrollerlangung

§ 35 I WpÜG knüpft die Angebotspflicht daran an, dass jemand die Kontrolle über eine Zielgesellschaft erlangt hat.
Der Begriff des „Erlangens" ist untechnisch zu verstehen und weit auszulegen, da die Schutzbedürftigkeit der Minderheitsaktionäre nicht davon abhängt, aufgrund welcher causa der Bieter die die Kontrolle vermittelnden Anteile erlangt hat. Vielmehr sehen sich die Minderheitsaktionäre in jedem Fall einem neuen Mehrheitsaktionär gegenüber, unabhängig davon, ob dieser seine Aktien an der Börse oder in sonstiger Weise erworben hat. Erforderlich ist aber, dass der Bieter die Anteile bereits dinglich erworben hat. Der Erwerb eines schuldrechtlichen Anspruchs auf Übertragung der Aktien reicht nicht aus. Denn der bloße Abschluss einer entsprechenden Vereinbarung führt nicht dazu, dass der Berechtigte die Aktien im Sinne des § 29 II WpÜG hält[568]. Dies ergibt sich daraus, dass nach dem deutschen Aktienrecht nur der Aktionär Inhaber des Stimmrechts sein kann (sog. Abspaltungsverbot), § 12 I AktG[569]. Deshalb kann auch nur der sachenrechtliche Inhaber der Aktie Haltender im Sinne des § 29 II WpÜG sein[570].
Es ist daher irrelevant, auf welche Art und Weise der Bieter die Aktien dinglich erworben, sprich die Kontrolle erlangt hat[571]. Die Angebotspflicht besteht unabhängig davon, ob der Bieter die Papiere an der Börse, durch außerbörslichen Paketerwerb, durch Erwerb von Todes wegen oder durch Schenkung erworben hat.

---

567 Begr.-RegE. BT-Drucks. 14/7034, Seite: 53; Vgl. zur vereinzelten Kritik am formellen Kontrollbegriff nur *Mühle*, Seite: 355ff.

568 *von Bülow* in: KK-WpÜG, § 35 Rn. 51; *Hommelhoff/Witt* in: *Haarmann/Riehme/Schüppen*, Kommentar zum WpÜG, § 35 Rn. 17; *Harbarth* in: ZIP 2002, 321 (323).

569 *Hüffer* in: Kommentar zum AktG § 12 AktG Rn. 2.

570 Ausnahmen gelten für Stimmrechte aus Aktien, die zu einem von einer Kapitalanlagegesellschaft verwalteten Sondervermögen gehören, § 32 II InvG und für Stimmrechte aus Aktien, die zu einem von einer ausländischen Investmentgesellschaft verwalteten Investmentvermögen gehören, § 134 InvG , vgl. hierzu *Riehmer* in: *Haarmann/Riehmer/Schüppen*, Kommentar zum WpÜG, § 29 Rn. 32f; *Schneider* in: *Assmann/Pötzsch/Schneider*, Kommentar zum WpÜG, § 30 Rn. 143.

571 Begr.-RegE. BT-Drucks. 14/7034, Seite: 53; *Fleischer/Kalss* in: WpÜG, Seite: 134; *Technau* in: AG 2002, 260 (261); *von Bülow* in: KK-WpÜG, § 35 Rn. 48; *Meyer* in: *Geibel/Süßmann*, Kommentar zum WpÜG, § 35 Rn. 26; *Hommelhoff/Witt* in: *Haarmann/Riehmer/Schüppen*, Kommentar zum WpÜG, § 35 Rn. 17; *Harbarth* in: ZIP 2002, 321 (323).

Fraglich ist jedoch, ob die Angebotspflicht des WpÜG nur bei aktivem Kontrollerwerb ausgelöst wird, oder ob auch derjenige Bieter, der unbeabsichtigt bzw. ohne sein Zutun die Kontrollschwelle (sog. passive Kontrollerlangung) überschreitet, verpflichtet ist, ein Übernahmeangebot abzugeben. Die passive Kontrollerlangung eines Großaktionärs kann beispielsweise durch eine Kapitalherabsetzung als Folge eines Aktienrückkaufprogramms der Zielgesellschaft eintreten[572].

Der Wortlaut des § 35 WpÜG spricht nicht gegen die Einbeziehung der passiven Kontrollerlangung. Vielmehr ist der Begriff des Erlangens weit genug, um auch rein passive Verhaltensweisen zu erfassen.

Der passive Kontrollerwerb steht jedoch im Widerspruch zum legislatorischen Bild des Bieters. Derjenige, der nur passiv die Kontrolle erwirbt, wird kaum in der Lage sein, in einer Angebotsunterlage detaillierte Vorstellungen über die künftige Geschäftspolitik zu machen, wie es § 11 II S.3 Nr. 2 WpÜG verlangt. Das WpÜG geht somit offensichtlich von einem Bieter aus, der die Kontrolle planvoll und aktiv erlangt[573].

Auf der anderen Seite sprechen aber systematische Überlegungen auch für eine Einbeziehung der passiven Kontrollerlangung. § 37 II WpÜG i. V. m. § 9 S.1 Nr. 5 WpÜGAngVO sieht nämlich für den Fall, dass die Kontrollerlangung auf einer Verringerung der Gesamtstimmrechtszahl beruht, eine Befreiung von der Angebotspflicht vor. Eines Befreiungstatbestandes bedarf es aber rechtssystematisch nur dann, wenn grundsätzlich eine Angebotspflicht besteht. Daher deutet die vom Gesetzgeber gewählte Regelungstechnik auf eine Einbeziehung der Fälle der passiven Kontrollerlangung hin.

Gegen eine Einbeziehung könnte aber der Sinn und Zweck der Pflichtangebotsregeln sprechen. Die oben skizzierten Gefahren, etwa die Änderung der Unternehmensorganisation oder der Unternehmenspolitik, die für die Minderheitsaktionäre typischerweise mit einem Kontrollwechsel verbunden sind, werden bei einem passiven Kontrollwechsel wohl regelmäßig geringer sein. Es erscheint nämlich zumindest unwahrscheinlicher, dass derjenige, der ohne eigenes Zutun die Kontrolle erlangt, seinen beherrschenden Einfluss auf Kosten der Minderheitsaktionäre ausüben wird.

Auf der anderen Seite birgt eine Nichteinbeziehung der passiven Kontrollerlangung aber auch die Gefahr von Umgehungen der Pflichtangebotsregeln in sich. Ein Bieter könnte beispielsweise in Kenntnis eines bevorstehenden Aktienrückkaufprogrammes knapp unter 30 Prozent der Stimmrechte der Zielgesellschaft

572 Beispiele entnommen aus der Stellungnahme des DAV-Handelsrechtsausschusses e. V. in: NZG 2001, 420 (429).

573 *Fleischer/Körber* in: BB 2001, 2589 (2599).

erwerben. Zwar erlangt er in einem solchen Fall die Kontrolle erst infolge der Kraftloserklärung der eingezogenen Aktien, § 71b AktG. Die Minderheitsaktionäre sind hier aber nicht weniger schutzbedürftig als bei einer aktiven Kontrollerlangung. Mithin fehlt bei einer passiven Kontrollerlangung nicht generell das die Angebotspflicht rechtfertigende Schutzbedürfnis der Minderheitsaktionäre.

2) Zwischenergebnis

Deshalb erscheint der durch die verwendete Regelungstechnik skizzierte Weg vorzugswürdig: Auf einer ersten Stufe werden alle Fälle der Kontrollerlangung, die aktive, die passive, die gewollte und die zufällige Kontrollerlangung den Regelungen des § 35 WpÜG unterworfen.
Auf der zweiten Stufe wird auf Antrag des Bieters eine Befreiung von der Angebotspflicht gewährt[574], wenn sich ein Pflichtangebot im konkreten Fall als unbillige Härte für den Bieter darstellen sollte und es zur Durchsetzung des Minderheitenschutzes nicht notwendig erscheint.
Eine Ausnahme von dieser „Zwei-Schleusen-Regelung“[575] besteht jedoch, wenn der Bieter die unmittelbare Kontrolle auf Grund eines freiwilliges Übernahmeangebots erlangt hat, § 35 III WpÜG. In diesem Fall sind die verbliebenen Minderheitsaktionäre der Zielgesellschaft nämlich generell nicht schutzbedürftig. Sie mussten vielmehr von vornherein damit rechnen, dass der Bieter durch das Übernahmeangebot die Kontrolle erlangen werde. Durch die Nichtannahme des freiwilligen Übernahmeangebots haben sie in Kenntnis eines möglichen Kontrollwechsels eine Anlageentscheidung getroffen. Sie befinden sich daher nicht in der spezifischen Situation eines Minderheitsaktionärs, der sich einem neuen Mehrheitsaktionär gegenübersieht, der in das Kalkül seiner Anlageentscheidung nicht einbezogen war[576]. Die vom Gesetzgeber in § 35 III WpÜG normierte Ausnahme ist daher im Hinblick auf die oben dargestellte Schutzrichtung des Pflichtangebots nur konsequent.
Die befreiende Wirkung des freiwilligen Übernahmeangebots im Hinblick auf ein nachfolgendes Pflichtangebot ist allerdings nur dann gerechtfertigt, wenn das freiwillige Übernameangebot bereits den Anforderungen unterliegt, die für ein Pflichtangebot gelten[577]. Dies bedeutet, dass das freiwillige Übernahmeangebot materiell den Vorschriften des 4. Abschnitts entsprechen muss und dass insbesondere der nach § 31 I-IV WpÜG geschuldete Mindestpreis tatsächlich gewährt

---

574 Dazu unten: 4 Kap. C. II. 2) c).
575 Den Begriff haben *Fleischer* und *Körber* geprägt in: BB 2001, 2589 (2595).
576 *Meyer* in: *Geibel/Süßmann*, Kommentar zum WpÜG, § 35 Rn. 51.
577 Begr.-RegE. BT-Drucks. 14/7034, Seite: 60.

wurde[578]. Nur dann bedürfen die Minderheitsaktionäre nicht des Schutzes eines „weiteren“ Übernahmeangebots, da sie bereits die Chance hatten, ihre Anteile aufgrund des bevorstehenden Kontrollwechsels zu den gleichen Bedingungen zu veräußern.

b) Berechnung der Stimmrechtsschwelle

Der Anteil der Stimmrechte, die ein Aktionär hält, wird bestimmt, indem seine Stimmrechte („Zähler“) zu der Gesamtzahl der Stimmrechte der Zielgesellschaft ins Verhältnis gesetzt werden („Nenner“)[579].

Bei der Berechnung der Gesamtzahl der Stimmrechte gilt nach dem ausdrücklichen Willen des Gesetzgebers der Grundsatz, dass alle Stimmrechte der Zielgesellschaft zu berücksichtigen seien, da diese Betrachtungsweise den Vorteil klarer erkennbarer Vorgaben für die Beteiligten habe und die Ermittlung der Beteiligungsverhältnisse erleichtere[580]. Deshalb sind auch Stimmrechte aus Aktien zu berücksichtigen, bei denen vorübergehende Hindernisse bei der Ausübung der Stimmrechte bestehen. Das Ausübungshindernis kann dabei entweder aus einem Pflichtverstoß des Aktieninhabers resultieren, § 28 WpHG bzw. § 59 WpÜG, oder aber als Folge eines Rückerwerbs der Zielgesellschaft von eigenen Aktien eintreten, § 71b AktG[581].

---

578 *von Bülow* in: KK-WpÜG, § 35 Rn. 183; *Meyer* in: *Geibel/Süßmann*, Kommentar zum WpÜG, § 35 Rn. 52; *Harbarth* in: ZIP 2002, 321 (327); *Hommelhoff/Witt* in: *Haarmann/Riehmer/Schüppen*, Kommentar zum WpÜG, Vor. § 35 Rn. 54; *Pötzsch* in: Übernahmerecht, Seite: 34.

579 *Riehmer* in: *Haarmann/Riehmer/Schüppen*, Kommentar zum WpÜG, § 29 Rn. 36.

580 Begr.-RegE. BT-Drucks. 14/7034, Seite: 53.

581 Begr.-RegE. BT-Drucks. 14/7034, Seite: 53; Ebenso *von Bülow* in: KK-WpÜG, § 29 Rn. 129, *Riehmer* in: *Haarmann/Riehmer/Schüppen*, Kommentar zum WpÜG, § 29 Rn. 38; *Meyer* in: *Geibel/Süßmann*, Kommentar zum WpÜG, § 35 Rn. 26; *Ekkenga/Hofschroer* in: DStR 2002, 768 (773).
In der rechtswissenschaftlichen Literatur wird demgegenüber teilweise vertreten, dass insbesondere gemäß § 71b bzw § 71d Satz 4 AktG vorübergehend nicht ausübbare Stimmrechte bei der Berechnung der Gesamtstimmrechtszahl nicht zu berücksichtigen seien. Die Nichtberücksichtigung sei im Interesse einer an den effektiven Kontrollverhältnissen orientierten Normeninterpretation geboten. Deshalb sei eine wirtschaftliche Betrachtungsweise vorzunehmen, wie sie auch im Recht der Konzernrechnungslegung gemäß § 290 IV S. 2 HGB und im Aktienkonzernrecht gemäß § 16 III Satz 2 AktG erfolge, vgl. zu dieser Meinung: *Steinmeyer/Häger* in: *Steinmeyer/Häger*, Kommentar zum WpÜG, § 29 Rn. 40f.; *Harbarth* in: ZIP 2002, 321 (326); *Fleischer/Kalss* in: WpÜG, Seite: 113, *Sudmeyer* in: BB 2002, 685 (687).
Eine solche an den effektiven Kontrollverhältnissen orientierte Betrachtungsweise widerspricht jedoch der Gesetzessystematik des WpÜG, welches wie oben bereits

Weitaus schwieriger gestaltet sich demgegenüber die Berechnung der Anzahl der vom Bieter gehaltenen Stimmrechte. Zunächst zählen hierzu die vom Bieter selbst gehaltenen stimmberechtigten Aktien, d. h. diejenigen Wertpapiere, deren juristischer Eigentümer der Bieter ist. Daneben werden dem Bieter aber auch Stimmrechte aus Aktien, deren zivilrechtlicher Eigentümer ein Dritter ist, unter den Voraussetzungen des § 30 WpÜG zugerechnet (dazu sogleich). Schließlich können bei Vorliegen der Voraussetzungen der §§ 36 bzw. 20 WpÜG auch Stimmrechte aus Aktien der Zielgesellschaft unberücksichtigt bleiben, obwohl die Aktien im Eigentum des Bieters stehen.

1) Zurechnung von Stimmrechten gemäß § 30 WpÜG

Dass dem Bieter auch bei der Berechnung der Kontrollschwelle die von Personen im Sinne des § 30 WpÜG gehaltenen Stimmrechte zugerechnet werden, ergibt sich zum einen aus der Verweisungsnorm des § 39 WpÜG. Diese erklärt ausdrücklich die Normen der vorangegangenen Abschnitte für anwendbar, mithin auch den § 30 WpÜG.
Zum anderen findet sich seit dem Regierungsentwurf in § 35 I S.1 WpÜG die ausdrückliche Gleichstellung von unmittelbarer und mittelbarer Kontrollerlangung[582].
Sinn und Zweck des § 30 WpÜG ist es, die Frage nach der Kontrolle über eine Zielgesellschaft nicht allein anhand der formellen Rechtsinhaberschaft an den Stimmrechten der Zielgesellschaft, sondern im Hinblick auf die tatsächliche Stimmrechtsherrschaft zu beantworten. Die somit vorgenommene Zuordnung materieller Stimmrechtsherrschaft ermöglicht es, unabhängig von der formalju-

---

gezeigt, von einem streng formalen Kontrollbegriff ausgeht. Das WpÜG nimmt somit bewusst in Kauf, dass Personen aufgrund der spezifischen Beteiligungsverhältnisse die effektive Kontrolle über eine Gesellschaft mit einer Beteiligung von weniger als 30 Prozent ausüben können, ohne sie zur Abgabe eines Übernahmeangebots zu verpflichten.
Des Weiteren würde eine solche Betrachtungsweise auch zu großer Rechtsunsicherheit bei den Beteiligten führen, insbesondere im Hinblick auf die Nichtberücksichtigung von Stimmrechten, deren Ausübung gemäß § 28 WpHG bzw. § 59 WpÜG gehemmt ist. Da diese Stimmrechtsbeschränkungen regelmäßig nur von kurzer Dauer sind, würden sich die Beteiligungsverhältnisse an der Zielgesellschaft unter Umständen oft ändern. Deshalb erscheint der vom Gesetzgeber gewählte Weg vorzugswürdig.

582 Begr.-RegE. BT-Drucks. 14/7034, Seite: 59: „Die Kontrolle kann nicht nur unmittelbar, sondern aufgrund der in § 30 enthaltenen Zurechnung auch mittelbar erlangt werden."

ristischen Lage faktisch bestehende Einflussmöglichkeiten auf Stimmrechte zu erfassen[583].

Aufgabe des § 30 WpÜG ist es, Umgehungsmöglichkeiten zu verhindern. Er erfüllt daher im deutschen Recht die Funktion, die der Rechtsfigur „*acting in concert*" im britischen Übernahmerecht zukommt.

Inhaltlich ist zwischen den Zurechnungstatbeständen des ersten Absatzes und der im zweiten Absatz enthaltenen Generalklausel zu differenzieren. Bei den Zurechnungstatbeständen des ersten Absatzes werden dem Bieter die Stimmrechte kraft seiner Rechtsstellung gegenüber dem Inhaber der zuzurechnenden Aktien zugerechnet.

Demgegenüber erfolgt die Zurechnung gemäß § 30 II WpÜG aufgrund eines abgestimmten Verhaltens zwischen dem Bieter und dem Inhaber der Stimmrechte[584].

(a) Zurechnung von Stimmrechten gemäß § 30 I WpÜG

In § 30 I S.1 WpÜG findet sich eine Aufzählung von insgesamt sechs Konstellationen, Nr. 1-Nr. 6, deren Vorliegen eine Zurechnung der Stimmrechte zur Folge hat[585].

---

583 *von Bülow* in: KK-WpÜG, § 30 Rn. 4 und Rn. 20; *Oechsler* in: *Ehricke/Ekkenga/Oechsler*, Kommentar zum WpÜG, § 30 Rn. 1.

584 *Riehmer* in: *Haarmann/Riehmer/Schüppen*, Kommentar zum WpÜG, § 30 Rn. 1.

585 Die Zurechnungsvorschrift des § 30 I WpÜG orientiert sich an den bisher schon in § 22 WpHG enthaltenen Zurechnungsvorschriften. Sie modifiziert diese jedoch in mehrfacher Hinsicht, d. h. die in § 22 WpHG enthaltenen Tatbestände werden entsprechend den in § 30 WpÜG enthaltenen Zurechnungstatbeständen angepasst. Ausweislich der Regierungsbegründung (Begr.-RegE. BT-Drucks. 14/7034, Seite: 53) soll dadurch zum Zwecke der Vermeidung von Irritationen am Kapitalmarkt eine gleichlaufende Zurechnungsmethode etabliert werden. Demzufolge verweist die Regierungsbegründung zu § 30 WpÜG an mehreren Stellen auf die Auslegung der entsprechenden Vorschriften des § 22 WpHG. Es erscheint jedoch vor dem Hintergrund der unterschiedlichen Regelungszwecke der beiden Zurechnungsnormen (dazu *von Bülow* in: KK-WpÜG, § 30 Rn. 6 m. w. N.: Zweck des § 22 WpHG ist die Erzielung von größtmöglicher Transparenz des Marktgeschehens. Demgegenüber verfolgt § 30 WpÜG zumindest auch den Zweck der Zuordnung materiellrechtlicher Stimmrechtsherrschaft) mehr als zweifelhaft, ob es sachgerecht ist, diesen Wunsch des Gesetzgeber zu befolgen. Zu beachten ist nämlich, dass Rechtsfolge des § 22 WpHG lediglich eine Meldepflicht ist, wohingegen eine Zurechnung im Sinne § 30 I WpÜG zur Abgabe eines den Verpflichteten wesentlich stärker belastenden Pflichtangebots führen kann. Aus diesem Grund können die beiden Zurechnungstatbestände trotz identischen Wortlauts je nach Gesetz unterschiedlich auszulegen sein. Die für § 22 WpHG gewonnenen Erkenntnisse sind daher nur sehr eingeschränkt für die Auslegung des § 30 I WpÜG verwendbar. Ebenso: *Riehmer* in:

Nach Nr. 1 sind dem Bieter Stimmrechte aus Aktien der Zielgesellschaft zuzurechnen, die einem Tochterunternehmen des Bieters gehören[586]. Die Stimmrechte des Tochterunternehmens werden dem Bieter in voller Höhe zugerechnet, § 30 I S. 3 WpÜG[587].
Nr. 2 ordnet an, dass dem Bieter auch Stimmrechte zugerechnet werden, die einem Dritten gehören[588] und von diesem für Rechnung des Bieters gehalten werden[589].
Auch Stimmrechte, die der Bieter einem Dritten als Sicherheit übertragen hat, werden dem Bieter gemäß Nr. 3 grundsätzlich zugerechnet. Keine Zurechnung erfolgt jedoch, wenn der Dritte zur Ausübung der Stimmrechte aus diesen Aktien befugt ist und die Absicht bekundet, die Stimmrechte unabhängig von den Weisungen des Bieters auszuüben[590].

Haarmann/Riehmer/Schüppen, Kommentar zum WpÜG, § 30 Rn. 2; *von Bülow* in: KK-WpÜG, § 30 Rn. 8, *Steinmeyer/Häger* in: *Steinmeyer/Häger*, Kommentar zum WpÜG, § 29 Rn. 40; *Liebscher* in: ZIP 2002, 1005 (1006).a. A. offenbar *Süßmann* in: *Geibel/Süßmann*, Kommentar zum WpÜG, § 30 Rn. 1; *Pötzsch* in: Übernahmerecht, Seite: 47.

586 *Riehmer* in: *Haarmann/Riehmer/Schüppen*, Kommentar zum WpÜG, § 30 Rn. 1. Tochterunternehmen sind gemäß § 2 VI WpÜG Unternehmen nach § 290 HGB oder solche auf die ein beherrschender Einfluss ausgeübt werden kann. Auf die Rechtsform oder den Sitz des Tochterunternehmens kommt es nicht an.

587 *von Bülow* in: KK-WpÜG, § 30 Rn. 23. Dies bedeutet insbesondere, dass einem Tochterunternehmen des Bieters gehörende Stimmrechte dem Bieter auch dann in voller Höhe zugerechnet werden, wenn der Bieter nicht 100 Prozent der Stimmrechte des Tochterunternehmens innehält.

588 Begr.-RegE. BT-Drucks. 14/7034, Seite: 53. Der Begriff des „Gehörens" in Nummer 1 und Nummer 2 ist im Sinne zivilrechtlichen Eigentums zu verstehen. Entscheidend ist die Rechtsstellung als Aktionär.

589 Diese Variante hat insbesondere Treuhandverhältnisse im Sinn, wobei es auf die dem Treuhandverhältnis zugrundeliegende causa nicht ankommt. Voraussetzung für eine Zurechnung ist jedoch nicht nur, dass der Bieter im Verhältnis zu Dritten die wirtschaftlichen Chancen und Risiken aus den Stimmrechtsanteilen trägt. Ergänzende Voraussetzung ist darüber hinaus nämlich auch, dass dem Bieter ein Weisungsrecht hinsichtlich der Stimmrechtsausübung zusteht bzw. der Halter verpflichtet ist, seine Stimmrechte im Interesse des Bieters auszuüben. Zumindest muss der Bieter jedoch die Möglichkeit haben, faktisch auf die Stimmrechtsausübung Einfluss zu nehmen. Soweit ersichtlich ist diese einschränkende Auslegung allgemeine Ansicht. vgl. dazu *von Bülow* in: KK-WpÜG, § 30 Rn. 54; *Süßmann* in: *Geibel/Süßmann*, Kommentar zum WpÜG, § 30 Rn. 5; *Riehmer* in: *Haarmann/Riehmer/Schüppen*, Kommentar zum WpÜG, § 30 Rn. 27; *Steinmeyer/Häger* in: *Steinmeyer/Häger*, Kommentar zum WpÜG, § 30 Rn. 8 jeweils mit weiteren Nachweisen auch zur vergleichbaren Regelung des § 22 WpHG.

590 Begr.-RegE. BT-Drucks. 14/7034, Seite: 53: Die Regelung übernimmt weitestgehend die bisher in § 22 I Nr. 4 WpHG a.F. enthaltene Aussage. Sie verschärft diese

Das gleiche gilt für Stimmrechte aus Aktien, an denen zugunsten des Bieters ein Nießbrauch bestellt ist, Nr. 4[591].
Ebenfalls zugerechnet werden dem Bieter Stimmrechte aus Aktien, die dieser durch eine Willenserklärung erwerben kann, Nr. 5[592].
Dasselbe gilt für Stimmrechte aus Aktien, die dem Bieter anvertraut sind, sofern er die Stimmrechte nach eigenem Ermessen ausüben kann und keine besonderen Weisungen des Inhabers vorliegen, Nr. 6[593].
Wenn zwischen einem Tochterunternehmen des Bieters und dem Inhaber der stimmberechtigten Aktien eines der in § 30 I Nr. 2-6 WpÜG genannten Rechtsverhältnisse besteht, werden die Stimmrechte ebenfalls dem Bieter in voller Höhe zugerechnet, § 30 I S.2 WpÜG. Erfasst werden demnach nicht nur Zwei-Personen-Verhältnisse, vielmehr erfolgt eine Kettenzurechnung, wenn sich der Bieter eines Tochterunternehmens zur Erlangung der faktischen Stimmrechtsherrschaft bedient.

---

jedoch zu Lasten des Bieters insoweit als dass der Dritte nun nicht mehr lediglich erklären muss, dass er die Absicht hat die Stimmrechte auszuüben. Vielmehr muss er darüber hinaus zugleich erklären, dass er die Stimmrechte unabhängig von den Weisungen des Bieters ausüben werde.

591 Aufgrund der eindeutigen gesetzlichen Regelung kommt es daher auf den Streit, wem bei Bestellung eines Nießbrauchs an Aktien das Stimmrecht zusteht, hier nicht an, *Süßmann* in: *Geibel/Süßmann*, Kommentar zum WpÜG, § 30 Rn. 2; *von Bülow* in: KK-WpÜG, § 30 Rn. 23; *Bayer* in: Münchener Kommentar zum AktG, § 22 Anh. AktG, § 22 WpHG Rn. 31 mit weiteren Nachweisen zur Parallelregelung des § 22 I Nr. 5 WpHG a. F.

592 Auch diese Norm ist ausweislich der Gesetzesbegründung restriktiv zu interpretieren, da der Begriff des „Erwerbens" im engen Sinne der Erlangung des dinglichen Eigentums zu verstehen sei. Begründet wird diese Interpretation damit, dass eine Zurechnung von Stimmrechten nur dann gerechtfertigt sei, wenn der Bieter über eine Position verfüge, die die Ausübung von Stimmrechten nicht von Unwägbarkeiten abhängig mache, die er nicht beeinflussen könne, Begr.-RegE. BT-Drucks. 14/7034, Seite: 54. Schuldrechtliche Ansprüche, die lediglich einen Anspruch des Begünstigten auf Übertragung des dinglichen Eigentums begründen, führen daher nicht schon zur Zurechnung gemäß § 30 I S.1 Nr. 5 WpÜG. Soweit ersichtlich haben sich alle Autoren dieser Auslegung angeschlossen, vgl. statt aller: *Süßmann* in: *Geibel/Süßmann*, Kommentar zum WpÜG, § 30 Rn. 20; *von Bülow* in: KK-WpÜG, § 30 Rn. 83; *Riehmer* in: *Haarmann/Riehmer/Schüppen*, Kommentar zum WpÜG, § 30 Rn. 47; *Steinmeyer/Häger* in: *Steinmeyer/Häger*, Kommentar zum WpÜG, § 30 Rn. 36.

593 Die Vorschrift ersetzt den § 22 I Nr. 7 WpHG a. F. Sie erweitert ihn nach dem Willen des Gesetzgebers auch, da nunmehr kein besonderes Verwahrungsverhältnis im schuldrechtlichen Sinne mehr erforderlich ist, Begr.-RegE. BT-Drucks. 14/7034, Seite: 53. Allerdings erachtete die herrschende Meinung auch bei § 22 I Nr. 7 WpHG a. F. ein solches besonderes Verwahrverhältnis nicht als notwendig, *Witt* in: AG 2001, 233 (237) m. w. N.

Zusammenfassend ist festzustellen, dass die Zurechnungstatbestände allesamt Sachverhalte betreffen, bei denen die Anteile an der Zielgesellschaft zwar im zivilrechtlichen Sinne einem Dritten gehören, dieser jedoch in der Ausübung seiner Mitgliedschaftsrechte nicht frei ist[594].

Die Wirkung der Zurechnung ist, dass die zugerechneten Stimmrechte Stimmrechten des Bieters gleichstehen, d. h. sie sind wie Stimmrechte aus dem Bieter selbst gehörenden Aktien zu behandeln. Bei der Berechnung des Stimmrechtsanteils des Bieters an der Zielgesellschaft sind sie daher so zu behandeln als ob sie vom Bieter selbst und unmittelbar gehalten werden[595].

Bei Vorliegen der tatbestandlichen Voraussetzungen besteht eine unwiderlegliche gesetzliche Vermutung dafür, dass der Bieter einen faktischen Einfluss auf die ihm zugerechneten Stimmrechte ausüben kann[596].

Es kommt daher für den Eintritt der Rechtsfolgen des § 30 I WpÜG nicht darauf an, ob der Bieter tatsächlich einen Einfluss auf die Ausübung der ihm zugerechneten Stimmrechte nehmen kann.

(b) Zurechnung von Stimmrechten gemäß § 30 II WpÜG

Während bei den Zurechnungstatbeständen des § 30 I WpÜG die Zurechnung jeweils kraft Vorliegens eines bestimmten Rechtsverhältnisses erfolgt, so dass das Vorliegen der Tatbestandsvoraussetzungen verhältnismäßig leicht feststellbar ist, bereitet die Ermittlung der Voraussetzungen einer Zurechnung gemäß § 30 II WpÜG ungleich mehr Schwierigkeiten.

Gemäß § 30 II WpÜG werden dem Bieter Stimmrechte Dritter aus Aktien der Zielgesellschaft zugerechnet, mit denen er oder sein Tochterunternehmen sein Verhalten in Bezug auf die Zielgesellschaft auf Grund einer Vereinbarung oder in sonstiger Weise abstimmt.

---

594 *Liebscher* in: ZIP 2002, 1005 (1006).

595 Begr.-RegE. BT-Drucks. 14/7034, Seite: 53; *Süßmann* in: *Geibel/Süßmann*, Kommentar zum WpÜG, § 30 Rn. 2; *von Bülow* in: KK-WpÜG, § 30 Rn. 23.

596 *von Bülow* in: KK-WpÜG, § 30 Rn. 30: Eine Zurechnung erfolgt somit selbst dann, wenn der Bieter dem Stimmrechtsinhaber gar keine Weisungen erteilen kann, oder der Stimmrechtsinhaber ausdrücklich erklärt hat, die ihm gehörenden Stimmrechte ohne Rücksicht auf die Interessen des Bieters ausüben zu wollen. Ferner ist es für die Zurechnung im Sinne des § 30 I WpÜG auch nicht notwendig, dass der Bieter Kenntnis vom Aktienbesitz desjenigen hat, dessen Stimmrechte ihm zugerechnet werden.

(1) Abstimmung auf Grund einer Vereinbarung oder in sonstiger Weise

Erste Voraussetzung ist folglich eine „Abstimmung“ zwischen dem Bieter und einem Dritten. Als Mittel der Abstimmung kommt eine Vereinbarung, aber auch eine Verständigung in sonstiger Weise in Betracht.
Aus der vom Gesetzgeber verwendeten weiten Formulierung (Abstimmung in sonstiger Weise) ist zu folgern, dass es für eine Zurechnung gemäß § 30 II WpÜG keines wirksamen Vertrages zwischen dem Bieter und dem Dritten bedarf. Vielmehr kann eine Abstimmung auch dann vorliegen, wenn die Beteiligten auf die rechtliche Verbindlichkeit verzichten, aufgrund anderer sozialer Normen aber eine ähnliche Bindungswirkung zwischen den Beteiligten entfaltet wird, hierzu zählen insbesondere die sog. *Gentlemans Agreements*[597].
Notwendige Voraussetzung ist aber in jedem Fall eine gegenseitige Verständigung[598] bzw. ein kommunikativer Akt[599] zwischen den Beteiligten. Denn eine Abstimmung zwischen zwei Rechtssubjekten ist nach dem natürlichen Wortsinn ohne ein Minimum an geistigem Kontakt nicht denkbar. Nicht erfüllt sind die Kriterien des § 30 II WpÜG somit, wenn Marktteilnehmer alleine deshalb Aktien der Zielgesellschaft erwerben, weil ein anderer von ihnen geschätzter Marktteilnehmer ebenfalls Papiere der Zielgesellschaft erwirbt, sog. *fan club*[600].

(2) In Bezug auf die Zielgesellschaft

Relevanz gemäß § 30 II WpÜG erhalten nicht sämtliche mittels geistigen Kontakts hergestellte Verbindungen zwischen dem Bieter und einem Dritten. Vielmehr verlangt die Norm ein abgestimmtes Verhalten „in Bezug auf die Zielgesellschaft“.
Dieses Merkmal taugt jedoch zumindest seinem Wortlaut nach nur begrenzt zur Einschränkung bzw. Konkretisierung der Zurechnungsnorm des § 30 II WpÜG. Zwar schränkt § 30 II S.1 WpÜG a. E. den Anwendungsbereich ein wenig ein, indem er festlegt, dass Vereinbarungen über die Ausübung von Stimmrechten im Einzelfall nicht ausreichen. Im Umkehrschluss ergibt sich daraus aber, dass nicht

---

597 OLG Frankfurt in: AG 2004, 617 (618); zustimmend: *Schneider* in: *Assmann/Pötzsch/Schneider*, Kommentar zum WpÜG, § 30 Rn. 99; *von Bülow* in: KK-WpÜG, § 30 Rn. 109; *Witt* in: AG 2001, 233 (238); *Riehmer* in: *Haarmann/Riehmer/Schüppen*, Kommentar zum WpÜG, § 30 Rn. 62; *Liebscher* in: ZIP 2002, 1005 (1006); *Hopt in:* ZHR 166 (2002), 383 (411).

598 *Riehmer* in: *Haarmann/Riehmer/Schüppen*, Kommentar zum WpÜG, § 30 Rn. 61.

599 *Versteegen* in: KK-WpÜG, § 2 Rn. 163; *Liebscher* in: ZIP 2002, 1005 (1007).

600 *Riehmer* in: *Haarmann/Riehmer/Schüppen*, Kommentar zum WpÜG, § 30 Rn. 63; *Liebscher* in: ZIP 2002, 1005 (1007).

auf einen Einzelfall beschränkte Vereinbarungen über die Ausübung von Stimmrechten durchaus vom Wortlaut erfasst sein könnten. Angesichts des Umstandes, dass Hauptversammlungsbeschlüsse börsennotierter Unternehmen in Deutschland regelmäßig mit breiter Mehrheit gefasst werden, gäbe es bei einem solchen Normverständnis praktisch keine Gesellschaft in Deutschland mehr, bei der nicht von einem abgestimmten Verhalten ausgegangen werden müsste[601].
Es verbleibt somit nach der Analyse des Wortlauts der Norm ein im Hinblick auf die erheblichen rechtlichen und finanziellen Konsequenzen, die eine Zurechnung von Stimmrechten nach sich ziehen würde, zu unbestimmter bzw. zu weiter Anwendungsbereich. Ein weiter Anwendungsbereich entspricht zwar der Systematik des Pflichtangebots (Zwei-Schleusen-Regelung)[602]. Eine völlige Konturenlosigkeit dieser wichtigen Zurechnungsnorm führt jedoch zu Rechtsunsicherheit bei den Kapitalmarktakteuren und wäre somit kontraproduktiv. Deshalb ist eine weitere Konkretisierung des Tatbestandes geboten.
Ausweislich der Regierungsbegründung soll § 30 II WpÜG Verhaltensweisen erfassen, die international unter dem Begriff des *acting in concert* zusammengefasst werden[603]. Intention des Gesetzgebers ist folglich eine Auslegung des § 30 WpÜG unter Berücksichtigung der international üblichen Auslegung vergleichbarer Zurechnungsnormen.
Problematisch an dieser Formulierung ist allerdings, dass es keinen international einheitlich verstandenen Begriff des *acting in concert* gibt[604]. Vielmehr handelt es sich hierbei bekanntlich um eine dem *CC* entstammende Rechtsfigur, die zwar einige Länder bei der Neufassung ihres Übernahmerechts adaptiert haben und die sich auch in der gescheiterten EU-Übernahmerichtlinie 2001 wieder findet, die jedoch international nicht einheitlich ausgelegt wird. Die Formulierung in der Gesetzesbegründung ist daher so zu verstehen, dass bei der teleologischen Auslegung des § 30 WpÜG die Rechtsfigur des *acting in concert* besonders zu berücksichtigen ist. Bevor diese rechtsvergleichende Auslegung vorgenommen wird, sollen jedoch zunächst die weiteren Motive des Gesetzgebers beleuchtet werden.
Ergänzend verweisen die Motive auf § 2 V WpÜG und dessen Begründung[605]. Diese Norm definiert den Begriff der gemeinsam handelnden Personen als solche, die ihr Verhalten im Hinblick auf den Erwerb von Wertpapieren der Zielgesellschaft oder ihre Ausübung von Stimmrechten aus Aktien der Zielgesellschaft mit dem Bieter auf Grund einer Vereinbarung oder in sonstiger Weise abstim-

601 Beispiel gebildet nach: *Liebscher* in: ZIP 2002, 1005 (1006).
602 Ausdrücklich für einen derart weiten Anwendungsbereich: *Witt* in: AG 2001, 233 (240).
603 Begr.-RegE. BT-Drucks. 14/7034, Seite: 54.
604 *von Bülow* in: KK-WpÜG, § 30 Rn. 106.
605 Begr.-RegE. BT-Drucks. 14/7034, Seite: 54.

men. Während die Definition des Merkmals „Abstimmung“ in den § 2 V und § 30 II WpÜG somit identisch ist, ist der Anwendungsbereich des § 2 V WpÜG insoweit enger, als er nicht eine bloße kommunikative Verständigung mit allgemeinem Bezug auf die Zielgesellschaft ausreichen lässt. Vielmehr verlangt er eine Abstimmung in Bezug auf den Erwerb von Anteilen oder in Bezug auf die Ausübung von Stimmrechten.

Aus dieser Verweisung kann jedoch nicht gefolgert werden, dass nach dem Willen des Gesetzgebers der § 30 II WpÜG genauso restriktiv zu interpretieren ist[606]. Hätte er nämlich gewollt, dass eine Zurechnung gemäß § 30 II WpÜG nur erfolgen soll, wenn sich die Abstimmung auf die Stimmrechtsausübung oder den Erwerb von Anteilen bezieht, hätte er schlicht formulieren können, dass dem Bieter die Stimmrechte aus Aktien der Zielgesellschaft von mit ihm gemeinsam handelnden Personen zugerechnet werden. Der Schaffung eines zweiten Zurechnungstatbestandes hätte es dann nicht bedurft[607].

Der Umkehrschluss kann jedoch gezogen werden, d. h. aus der Verweisung in den Motiven lässt sich insoweit Honig saugen, als nach dem Willen des Gesetzgebers jedenfalls dann eine Zurechnung gemäß § 30 II WpÜG erfolgen soll, wenn die Beteiligten als gemeinsam handelnde Personen im Sinne des § 2 V WpÜG zu qualifizieren sind. Die notwendigen Konturen erhält die Zurechnungsnorm des § 30 II WpÜG dadurch aber noch nicht. Zumal die Verweisung der Regierungsbegründung keinen Niederschlag im Gesetzestext gefunden hat und daher den Rechtsanwender nicht zu binden vermag.

Erforderlich ist daher eine teleologische Auslegung des Tatbestandsmerkmals „in Bezug auf die Zielgesellschaft“. Sinn und Zweck des § 30 WpÜG ist die Zuordnung materiellrechtlicher Stimmrechtsherrschaft unabhängig von den Eigentumsverhältnissen an den Papieren[608]. Im Kontext des Pflichtangebots dient er der Feststellung, ob ein Bieter, obwohl er weniger als 30 Prozent der Stimmrechte als Inhaber innehält, faktisch die Kontrolle über die Zielgesellschaft erlangt hat. Denn nur ein Kontrollwechsel rechtfertigt es, den neuen Kontrollinhaber die Angebotspflicht aufzuerlegen. Ob es vor diesem Hintergrund für eine Stimmrechtszurechnung gemäß § 30 II WpÜG jedoch, wie von maßgeblichen Autoren behauptet, ausreicht, dass die Beteiligten eine Abstimmung in Bezug auf die Aus-

---

606 So aber *Assmann* in: AG 2002, 114 (124), der behauptet, dass sich „die Zurechnung von Stimmrechten im Grunde schon aus § 2 V WpÜG ergebe“. Diese Einzelmeinung ist aber unzutreffend. Dies ergibt sich schon daraus, dass § 2 V WpÜG als Rechtsfolge gar keine Zurechnung von Stimmrechten vorsieht.

607 *Oechsler* in: NZG 2001 818 (819) kritisiert deshalb auch, dass die Schaffung von zwei ähnlichen Tatbeständen lediglich „systematische Verwirrung“ stifte und fordert die Schaffung eines einheitlichen Zurechnungstatbestandes.

608 *von Bülow* in: KK-WpÜG, § 30 Rn. 20.

übung von Stimmrechten treffen, erscheint fragwürdig[609]. Der praktisch relevanteste Unterfall einer Abstimmung in Bezug auf die Ausübung von Stimmrechten, ist die Stimmbindungsvereinbarung[610]. Zwar ist eine auf gewisse Dauer angelegte Stimmbindungsvereinbarung zweifelsohne geeignet, den Beteiligten die Mehrheit in der Hauptversammlung der Zielgesellschaft und damit die faktische Kontrolle über dieselbe zu vermitteln. Ein Pflichtangebot rechtfertigt eine Stimmrechtsvereinbarung jedoch nicht. Zu bedenken ist, dass das Pflichtangebot eine Ausformung des Gleichbehandlungsgrundsatzes darstellt. Es möchte sicherstellen, dass die Minderheitsaktionäre im Falle eines Kontrollwechsels ebenfalls an der Kontrollprämie partizipieren. Beim Abschluss einer Stimmrechtsvereinbarung wird aber keine Kontrollprämie gezahlt. Eine Ungleichbehandlung bzw. Benachteiligung der Minderheitsaktionäre ist daher nicht zu befürchten. Mithin liegt keine Verletzung des Gleichbehandlungsgrundsatzes vor, so dass es eines Pflichtangebots nicht bedarf.

Daneben wird das Austrittsrecht damit gerechtfertigt, dass der (Minderheits-) aktionär beim Erwerb seiner Anteile nicht mit einer derart signifikanten Änderung der Beteiligungsverhältnisse rechnen konnte und brauchte. Es soll ihm deshalb mit Hilfe des Pflichtangebots die Revision seiner ursprünglichen Investitionsentscheidung ermöglicht werden[611]. Eine Änderung der Beteiligungsverhältnisse ist zwar nicht so leicht von der Hand zu weisen. Schließlich haben sich die Mehrheitsverhältnisse in der Hauptversammlung durch die Stimmbindungsvereinbarung tatsächlich geändert. Allerdings handelt es sich hierbei um eine Änderung der Beteiligungsverhältnisse mit denen ein Aktionär rechnen muss. Denn zum einen wusste er, dass die Parteien der Stimmrechtsvereinbarung ebenfalls Aktionäre seiner Gesellschaft sind. Zum anderen konnte er auch damit rechnen, dass diese Aktionäre ihre Interessen koordinieren, denn die gegenseitige Verständigung von Gesellschaftern zum Zwecke der Lenkung der Gesellschaft ist kein ungewöhnlicher Vorgang. Die durch den Abschluss einer Stimmbindungsvereinbarung bewirkte „Änderung der Beteiligungsverhältnisse" ist somit nicht vergleichbar mit dem typischen Anwendungsfall eines Pflichtangebots[612].

Der Abschluss einer Stimmrechtsvereinbarung vermag daher für sich genommen kein Pflichtangebot zu rechtfertigen. Somit spricht die teleologische Auslegung im Lichte des Pflichtangebots für eine restriktive Interpretation des § 30 II

609 So aber *von Bülow* in: KK-WpÜG, § 30 Rn. 117; *Liebscher* in: ZIP 2002, 1005 (1007).

610 *von Bülow* in: KK-WpÜG, § 30 Rn. 117; zum Inhalt von Stimmbindungsverträgen *Hopt* in: ZGR 1997, 1 (4).

611 Ausführlich hierzu die einleitende Darstellung zu diesem Abschnitt: 4 Kap. C. II.

612 Dieser ist bekanntlich dadurch gekennzeichnet, dass ein neuer Aktionär eine kontrollierende Mehrheit erwirbt.

WpÜG in dem Sinne, dass eine Abstimmung in Bezug auf die Ausübung von Stimmrechten nicht per se zur Zurechnung der Stimmrechte führt. Damit wäre der Tatbestand § 30 II WpÜG nur noch bei Abstimmungen in Bezug auf den Erwerb von Anteilen der Zielgesellschaft erfüllt[613].

Rechtsvergleichend ist festzustellen, dass eine solche restriktive Auslegung der Interpretation der Rechtsfigur *acting in concert* durch den *CC* entsprechen würde.

Zwar kommt es auch dem *CC* nicht darauf an, dass sich die Beteiligten rechtsverbindlich verständigen. Mithin ist der Kreis der erfassten Verständigungsformen genau so weit gezogen wie im deutschen Recht. Erfasst werden jedoch nur Vereinbarungen, die sich auf den Erwerb von Anteilen der Zielgesellschaft zum Zwecke der Erlangung bzw. Verfestigung der Kontrolle beziehen. Dies ergibt sich bereits aus dem Wortlaut der Definition des Begriffs: ... *Persons acting in concert comprise persons who, (....), actively co-operate, through the acquisition (...) of shares in a company, to obtain or consolidate control of that company.*

Vor allem aber stellt *Rule 9.1. Note 1 CC* ausdrücklich klar, dass die Angebotspflicht nicht bereits durch den Zusammenschluss von zwei Parteien zu einer *concert party* ausgelöst wird, sondern erst durch den dem Zusammenschluss nachfolgenden Erwerb von Anteilen der Zielgesellschaft.

Nähme man mithin die Verweisung in der Regierungsbegründung ernst, spräche viel dafür, den § 30 II WpÜG in der vom britischen Recht vorgenommen Art und Weise einschränkend auszulegen.

Allenfalls könnte sich eine Einbeziehung von Abstimmungen, die sich nicht auf den Erwerb von Anteilen der Zielgesellschaft beziehen, mit der systematischen Aufgabe des § 30 II WpÜG im Rahmen der Pflichtangebotsregeln rechtfertigen lassen. Wie bereits ausgeführt, dient der § 30 II WpÜG dazu, Umgehungen der Angebotspflicht zu vermeiden. Er gehört somit auf die erste Stufe, im Rahmen der Zwei-Stufen-Systematik des deutschen Pflichtangebotrechts. Es besteht daher durchaus ein Interesse daran, den Kreis der potentiellen Angebotspflichtigen möglichst weit zu fassen. Um dann auf der zweiten Stufe die Aufsichtsbehörde entscheiden zu lassen, ob es eines Pflichtangebots bedarf oder nicht.

Dies würde jedoch voraussetzen, dass das WpÜG eine Befreiungsmöglichkeit für diesen Fall der Kontrollerlangung überhaupt gewähren kann. Gemäß § 37 WpÜG kommt eine Befreiung nämlich nur dann in Betracht, wenn eine der in § 37 I

---

613 So wohl auch die BaFin im Fall Beiersdorf (Pressemitteilung vom 23. Januar 2004), indem sie ausführt, dass ein über den gemeinsamen Erwerb hinausgehendes Interesse vorliegen müsse. Im Umkehrschluss bedeutet dies, dass jedenfalls ein gemeinsamer Erwerb vorliegen muss.

WpÜG genannten Kategorien einschlägig ist[614]. Diese Kategorien umfassen jedoch nicht den Fall, dass der Bieter die Kontrollschwelle infolge der Zurechnung von Stimmrechten gemäß § 30 II WpÜG überschreitet, sofern es sich bei der getroffenen Abstimmung lediglich um eine Vereinbarung zur gemeinsamen Stimmrechtsausübung handelt. Eine Befreiungsmöglichkeit käme somit nicht in Betracht. Deshalb vermag auch die Zwei-Stufen-Systematik die Einbeziehung nicht zu rechtfertigen.
Festzuhalten bleibt daher, dass Stimmbindungsvereinbarungen bzw. Abstimmungen in Bezug auf die Ausübung von Stimmrechten selbst vor dem Hintergrund der Zwei-Stufen-Systematik nicht in den Anwendungsbereich des § 30 II WpÜG fallen. Denn die Analyse der Norm hat gezeigt, dass die sich aus einer Stimmbindungsvereinbarung ergebende Kontrollmehrheit unter materiell-rechtlichen Gesichtspunkten kein Pflichtangebot zu rechtfertigen vermag.
Der § 30 II WpÜG ist daher zu weit geraten und deshalb novellierungsbedürftig. Es ist klarzustellen, dass nur Abstimmungen in Bezug auf den Erwerb von Anteilen der Zielgesellschaft zu einer Zurechnung führen können.

2) Nichtberücksichtigung von Stimmrechten

Der durch die Zurechnungsnorm des § 30 WpÜG denkbar weite Anwendungsbereich des § 35 WpÜG wird zunächst durch § 36 WpÜG begrenzt[615]. Dieser ordnet an, welche Stimmrechte des Bieters bei der Berechnung nicht zu berücksichtigen sind. So bleiben bei entsprechendem Antrag Stimmrechtsanteile unberücksichtigt, die durch Erbgang, Erbauseinandersetzung oder unentgeltliche Zuwendung unter Ehegatten, Lebenspartnern oder Verwandten in gerader Linie bis zum dritten Grade erlangt wurden. Dasselbe gilt, wenn die Stimmrechtsanteile durch Vermögensauseinandersetzung aus Anlass der Auflösung einer Ehe oder Lebenspartnerschaft erlangt wurden, § 30 Nr. 1 WpÜG.

---

614 Zu den Befreiungsmöglichkeiten des § 37 WpÜG im Einzelnen vgl.: 4. Kap. C. II. 2) c).

615 Ebenfalls nicht berücksichtigt wird der sog. Handelsbestand. Demnach bleiben Stimmrechte aus Aktien unberücksichtigt, wenn der Antragsteller die betreffenden Papiere hält, um Unterschiede zwischen den Erwerbspreis und den Veräußerungspreis zu nutzen und er nicht beabsichtigt, auf die Geschäftsführung der Gesellschaft Einfluss zu nehmen, § 20 WpÜG. Mit der Regelung soll sichergestellt werden, dass natürliche oder juristische Personen, die im Rahmen der Verwaltung ihres Vermögens in Wertpapiere investieren, ohne damit eine unternehmerische Beteiligung zu beabsichtigen, dies auch dann fortführen können, wenn sie an einem öffentlichen Angebot beteiligt sind Begr.-RegE. BT-Drucks. 14/7034, Seite: 48.

Die Gemeinsamkeit der genannten Varianten besteht darin, dass es sich nicht um primär wirtschaftlich motivierte Formen des Kontrollwechsels handelt[616], sondern um familien- und erbrechtliche Sachverhalte, die nach dem Willen des Gesetzgebers privilegiert werden sollen. Dadurch soll insbesondere die Nachfolge bei Familienunternehmen ohne Übernahmeangebot ermöglichen werden, weil bei diesen Unternehmen die mit hohen Kosten verbundene Angebotspflicht die Fortführung des Unternehmens oftmals wirtschaftlich unmöglich machen würde[617]. Neben dieser rechtspolitischen Begründung besteht aber auch kein ein Pflichtangebot rechtfertigendes Schutzbedürfnis. Denn angesichts der Unentgeltlichkeit der genannten Sachverhalte kommt es nicht zur Zahlung einer Kontrollprämie. Die Gefahr einer Ungleichbehandlung bzw. Benachteiligung der Minderheitsaktionäre besteht daher nicht[618].

Ebenfalls unberücksichtigt bleiben gemäß § 36 Nr. 2 WpÜG Stimmrechte aus Aktien der Zielgesellschaft, sofern die Aktien durch einen Rechtsformwechsel erlangt wurden. Hierzu zählen nur die Fälle außerhalb des Anwendungsbereiches des fünften Buches des Umwandlungsgesetzes, da bei den dort geregelten Rechtsformwechseln kein Übertragungsvorgang stattfindet und die rechtliche Identität des Rechtsträgers fortbesteht, § 190 I UmwG[619].

Komplettiert wird die Trias der Ausnahmebestimmungen gemäß § 36 Nr. 3 WpÜG durch konzerninterne Umstrukturierungen.

Gerechtfertigt sind die Ausnahmebestimmungen der Nr. 2 und Nr. 3, weil sich an den materiellen Kontrollverhältnissen innerhalb der Zielgesellschaft nichts ändert, sondern sich lediglich die formelle Identität des Kontrollinhabers geändert hat[620]. Nur eine materielle Änderung der Kontrollverhältnisse rechtfertigt aber ein Pflichtangebot, so dass die Ausnahmetatbestände somit als sachgerecht zu qualifizieren sind.

Eine Nichtberücksichtigung der gemäß § 36 WpÜG erlangten Stimmrechte erfolgt nicht von Amts wegen. Vielmehr bedarf es eines Antrags des Stimm-

---

616 *Meyer* in: *Geibel/Süßmann*, Kommentar zum WpÜG, § 36 Rn. 2; *Fleischer/Kalss* in: WpÜG, Seite: 137.

617 Begr.-RegE. BT-Drucks. 14/7034, Seite: 60.

618 Ob darüber hinaus auch die Gefahr einer veränderten Geschäftspolitik nicht besteht, erscheint zweifelhaft, so aber *Meyer* in: *Geibel/Süßmann*, Kommentar zum WpÜG, § 36 Rn. 10.

619 Begr.-RegE. BT-Drucks. 14/7034, Seite: 60, ausführlich zur Regelungskonkurrenz zwischen Übernahmerecht und Umwandlungsrecht: *Seibt/Heiser* in: ZHR 165 (2001), 466ff.

620 *Meyer* in: *Geibel/Süßmann*, Kommentar zum WpÜG, § 36 Rn. 12f.; *von Bülow* in: KK-WpÜG, § 36 Rn. 37; *Harbarth* in: ZIP 2002, 321 (330); *Holzborn/Blank* in: NZG 2002, 948 (950).

rechtsinhabers auf Nichtberücksichtigung[621]. Die BaFin hat bei der Entscheidung über den Antrag kein Ermessen, d.h. sie muss die Aktien bei der Berechnung der vom Bieter gehaltenen Stimmrechte unberücksichtigt lassen, sofern eine der Varianten des § 36 WpÜG vorliegt.

Zwar sind die Ausnahmetatbestände des § 36 WpÜG unter materiellen Gesichtpunkten als sachgerecht zu beurteilen, da es unter dem Gesichtspunkt des Anlegerschutzes tatsächlich keines Pflichtangebots bedarf. Im Hinblick auf die vom Gesetzgeber verwendete Regelungstechnik, Zwei-Stufen-Systematik, wirken sie jedoch als Fremdkörper. Schließlich ist der § 36 WpÜG noch der ersten Stufe zuzuordnen, da er der Berechnung der formellen Kontrollschwelle dient. Materielle Gesichtspunkte erlangen auf dieser Stufe sonst noch keine Bedeutung. Vielmehr stellt sich die Frage, ob es trotz formellen Überschreitens der Kontrollschwelle eines Pflichtangebots bedarf, erst auf der zweiten Stufe. Die dadurch entstehende Gefahr von Umgehungsmöglichkeiten ist dennoch aufgrund des Antragserfordernisses als gering einzustufen, da die Prüfung durch die BaFin sicherstellt, dass die vom Bieter behaupteten Voraussetzungen des § 36 WpÜG auch tatsächlich vorliegen.

In rechtsvergleichender Hinsicht ist festzustellen, dass eine § 36 WpÜG entsprechende Regelung im britischen Recht fehlt. Der *CC* sieht vielmehr lediglich Dispensmöglichkeiten vor, deren Gewährung allerdings im Ermessen des *Panels* steht.

c) Befreiung von der Angebotspflicht, § 37 WpÜG

Als Korrektiv des weiten Tatbestandes des § 35 WpÜG dient im deutschen Recht der § 37 WpÜG. Dieser gewährt auf Antrag des Bieters eine Befreiung von der Angebotspflicht, sofern dies unter Berücksichtigung der Interessen des Bieters und der Interessen der Aktieninhaber der Zielgesellschaft gerechtfertigt erscheint[622].

Der § 37 WpÜG ist folglich auf der zweiten Stufe innerhalb der Zwei-Stufen-Systematik des deutschen Rechts anzusiedeln.

Nach Auffassung des Gesetzgebers wird ein Dispens bei folgenden fünf Kategorien in Betracht kommen, nämlich wenn im Hinblick auf die Art der Erlangung der Kontrolle, auf die mit der Erlangung der Kontrolle beabsichtigte Zielsetzung, auf ein nach der Erlangung erfolgendes Unterschreiten der Kontrollschwelle, auf die Beteiligungsverhältnisse oder auf die tatsächliche Möglichkeit der Ausübung

621 *Holzborn/Friedhoff* in: WM 2002, 948 (949).

622 Begr.-RegE. BT-Drucks. 14/7034, Seite: 61; *Noack* in: *Schwark*, Kapitalmarktrecht, § 37 WpÜG Rn. 3.

der Kontrolle ein Pflichtangebot zur Verwirklichung des Schutzes der Minderheitsaktionäre nicht erforderlich ist, § 37 I WpÜG.
Der § 37 I WpÜG ist im Hinblick auf die verwendete Regelungstechnik dahingehend zu verstehen, dass eine Befreiungsmöglichkeit nur in Betracht kommt, wenn der Sachverhalt einer dieser fünf oben genannten Kategorien unterfällt. Ohne Vorliegen einer dieser Alternativen kann somit nicht allgemein im Hinblick auf die Interessen des Bieters und die der Wertpapierinhaber der Zielgesellschaft eine Befreiung gewährt werden[623]. Voraussetzung einer Befreiung ist daher zunächst, dass der als Befreiungsgrund in Betracht gezogene Umstand einer dieser fünf Kategorien unterfällt.
Zum Zwecke der Konkretisierung dieser fünf Kategorien enthält § 9 WpÜGAngVO eine Liste beispielhafter Sachverhalte, die diesen Kategorien zuzuordnen sind, so dass bei ihnen eine Befreiung typischerweise in Betracht kommen wird[624].

1) Art der Kontrollerlangung

Eine Befreiung im Hinblick auf die Art der Erlangung der Stimmrechte kommt gemäß § 9 S.1 Nr. 1, Nr. 2 WpÜGAngVO in Betracht, wenn der Bieter die Stimmrechte im Wege des Erbes, der Erbauseinandersetzung oder durch Schenkung erlangt hat, sofern diese Fälle nicht bereits unter § 36 Nr. 1 WpÜG subsumiert werden können[625]. Durch diese Befreiungsmöglichkeit soll in konsequenter Fortführung der Zielsetzung des § 36 Nr. 1 WpÜG die Nachfolge bei kleineren und mittleren Unternehmen ohne Pflichtangebot ermöglicht werden, bei denen eine Nachfolgelösung innerhalb der Familie nicht in Betracht kommt, beispielsweise aber geeignete Mitarbeiter zur Verfügung stehen[626].
Eine weitere Art der Kontrollerlangung, bei der ein Dispens gerechtfertigt erscheint findet sich in § 9 S.1 Nr. 5 WpÜGAngVO. Nach dieser Vorschrift besteht eine Befreiungsmöglichkeit, falls der Antragsteller die Kontrolle als Folge einer Verringerung der Gesamtzahl der Stimmrechte, infolge der Kapitalherabsetzung durch Einziehung von Aktien gemäß § 237 AktG, erlangt hat. Denn es erschiene nicht gerechtfertigt, einem Aktionär, der infolge der Einziehung von Aktien mehr als 30 Prozent der Stimmrechte innehält, mit der Angebotspflicht zu belasten, da

623 *Harbarth* in: ZIP 2002, 321 (330); *Versteegen* in: KK-WpÜG, § 37 Rn. 18.
624 *Hommelhoff/Witt* in: *Haarmann/Riehmer/Schüppen*, Kommentar zum WpÜG, § 37 Rn. 4; *Holzborn/Blank* in: NZG 2002, 948 (950).
625 Erfasst werden somit Erb- bzw Schenkungsfälle, bei denen der Erbe bzw. Beschenkte weder in gerader Linie und bis zum dritten Grad mit dem Erblasser oder Schenker verwandt noch mit diesem verheiratet oder dessen Lebenspartner ist.
626 Begr.-RegE. BT-Drucks. 14/7034, Seite: 81.

er typischerweise keine Möglichkeit hatte, die Einziehung zu verhindern[627]. Vielmehr ist ihm durch eine Befristung des begünstigenden Verwaltungsakts die Möglichkeit zur kursschonenden Absenkung seiner Beteiligung zu geben[628].

2) Mit der Kontrollerlangung beabsichtigte Zielsetzung

Auch die mit der Kontrollerlangung angestrebten Ziele können eine Befreiung von der Angebotspflicht rechtfertigen. Der Gesetzgeber denkt hier insbesondere an den Erwerb von Stimmrechten zum Zwecke der Sanierung der Gesellschaft bzw. den Erwerb zum Zwecke der Forderungssicherung, § 9 S.1 Nr. 3, Nr. 4 WpÜGAngVO.
Eine Befreiungsmöglichkeit zum Zwecke der Sanierung sei ausweislich der Regierungsbegründung gerechtfertigt, da eine ausnahmslose Verpflichtung zur Abgabe eines Pflichtangebots unerwünschte Auswirkungen auf die Bereitschaft zu Sanierungsbemühungen haben könne. Eine Befreiung von den Pflichten des § 35 WpÜG zum Zwecke der Sanierung der Gesellschaft entspreche daher auch den Interessen der Minderheitsaktionäre[629].
Auch eine Befreiung zum Zwecke der Forderungssicherung könne im Einzelfall geboten sein, um zu verhindern, dass die Refinanzierung von Unternehmen mittels Verpfändung von Wertpapieren der Zielgesellschaft behindert werde. Eines Pflichtangebots bedürfe es hier regelmäßig nicht, da mit dem Eigentumserwerb nach Ansicht des Gesetzgebers für gewöhnlich keine Einflussnahme auf die Geschäftsführung beabsichtigt werde[630].
Demgegenüber besteht beim Erwerb zum Zwecke der Sanierung der Minderheitsaktionäre sehr wohl die Gefahr für die Minderheitsaktionäre, dass der Erwerber auf die Geschäftsführung der Gesellschaft Einfluss nimmt. Das WpÜG rechtfertigt die Befreiungsmöglichkeit jedoch, indem es pauschal unterstellt, dass die Minderheitsaktionäre ein größeres Interesse am Erhalt ihrer Gesellschaft als an der theoretischen Möglichkeit des Erhalts einer Kontrollprämie haben.
Eine Befreiung kommt gemäß § 9 S.2 Nr. 3 WpÜG-AngVO ebenfalls in Betracht, wenn der Bieter lediglich mittelbar die Kontrolle über eine Zielgesellschaft erlangt hat, jedoch nur, sofern der Buchwert der Beteiligung der Gesell-

627 *Versteegen* in: KK-WpÜG, § 37 Rn. 26.
628 Begr.-RegE. BT-Drucks. 14/7034, Seite: 81.
629 Begr.-RegE. BT-Drucks. 14/7034, Seite: 81; *Holzborn/Israel* in: WM 2004, 307, (309) behaupten, dass auch das gesamtwirtschaftliche Erhaltungsinteresse von bestehenden Unternehmen bei der Frage zu berücksichtigen sei, ob es im konkreten Sanierungsfall eines Pflichtangebots bedarf.
630 Begr.-RegE. BT-Drucks. 14/7034, Seite: 81. Eine Ermessensentscheidung durch die BaFin sei zur Vermeidung von Umgehungsmöglichkeiten gleichwohl notwendig.

schaft an der Zielgesellschaft weniger als 20 Prozent des buchmäßigen Aktivvermögens der Gesellschaft beträgt. Diese Regelung ist ein Reflex des § 30 WpÜG, welcher bekanntlich anordnet, dass beim Erwerb der Kontrolle über eine Muttergesellschaft, die über eine oder mehrere Tochtergesellschaften verfügt, die Anteile der Muttergesellschaft an ihren Töchtern dem Bieter zugerechnet werden[631].
Der Gesetzgeber geht somit davon aus, dass die miterlangte Tochtergesellschaft, die einen Buchwert von weniger als 20 Prozent der eigentlichen Zielgesellschaft ausmacht, nicht das eigentliche Ziel der Übernahme des Bieters gewesen ist[632]. Vielmehr ist es aus der Sicht des Bieters möglicherweise zufällig oder sogar höchst unwillkommen, dass ihm die Tochtergesellschaft gleichsam mit „in den Schoss gefallen ist"[633].
Die unerwünschte Kontrollerlangung an der Tochtergesellschaft allein reicht aber nicht aus, um eine Befreiung zu rechtfertigen. Zu bedenken ist nämlich, dass trotz möglicherweise „fahrlässigen" Kontrollerwerbs gleichwohl die Gefahr besteht, dass der Bieter zum Nachteil der Minderheitsaktionäre Einfluss auf die Geschäftspolitik der Gesellschaft ausüben wird. Deshalb verlangt das Gesetz konsequenterweise wie bei den anderen Fällen der fahrlässigen Kontrollerlangung auch, dass der Bieter seine Beteiligung unverzüglich wieder abbaut.
Die Befreiungsmöglichkeit rechtfertigt sich vielmehr hier erst unter Berücksichtigung der Interessen des Bieters. Für ihn würde eine auf alle unbedeutenden Tochtergesellschaften der Zielgesellschaft erstreckte Angebotspflicht nämlich eine erhebliche Verteuerung der Übernahmekosten bedeuten[634]. Deshalb ist es nicht gerechtfertigt, den Bieter mit der Angebotspflicht zu belasten[635].

3) Nur vorübergehende Kontrollerlangung

Wenn die Kontrollschwelle unbeabsichtigt und nur vorübergehend überschritten wird, kann dies ebenfalls Grundlage für eine Befreiung sein.

---

631 Begr.-RegE. BT-Drucks. 14/7034, Seite: 82.
632 *Meyer* in: *Geibel/Süßmann*, Kommentar zum WpÜG, § 37 Rn. 36.
633 *Versteegen* in: KK-WpÜG, § 37 Rn. 30; *Hommelhoff/Witt* in: *Haarmann/Riehmer/Schüppen*, Kommentar zum WpÜG, § 37 Rn. 19.
634 *Hommelhoff/Witt* in: *Haarmann/Riehmer/Schüppen*, Kommentar zum WpÜG, § 37 Rn. 19; *Meyer* in: *Geibel/Süßmann*, Kommentar zum WpÜG, § 37 Rn. 36; *Schneider/Burgard* in: DB 2001, 963 (966) erachten deshalb den Börsengang möglichst vieler Tochtergesellschaften als faktische Abwehrmaßnahme.
635 Darüber hinaus würde eine derart weitreichende Angebotspflicht auch mit dem Gesetzesziel, Übernahmen weder zu fördern noch zu verhindern, konfligieren, vgl. Begr.-RegE. BT-Drucks. 14/7034, Seite: 82.

§ 9 S.1 Nr. 6 WpÜGAngVO nennt für die Kategorie der nur vorübergehenden Kontrollerlangung die Beispiele, dass ein Aktionär unbeabsichtigt, beispielsweise infolge von Kompetenzüberschreitungen seiner Mitarbeiter oder als Folge von Fehlbuchungen die 30 Prozent Schwelle überschreitet. In diesen Fällen ist ein Angebot auch aus Sicht der Minderheitsaktionäre nicht erforderlich, da ein nur „fahrlässiger" Kontrollerwerber keine Absichten in Bezug auf die Geschäftsführung verfolgt[636], sofern er unverzüglich nach Antragstellung die Kontrollschwelle wieder unterschreitet.[637].

4) Beteiligungsverhältnisse an der Zielgesellschaft

Eine Befreiung kommt außerdem mit Blick auf die Beteiligungsverhältnisse an der Zielgesellschaft in Betracht. So ist die Abgabe eines Pflichtangebots nicht erforderlich, falls ein Dritter über einen höheren Stimmrechtsanteil verfügt als der Bieter, § 9 S.2 Nr. 1 WpÜGAngVO.
Bei einer solchen Aktionärsstruktur hat der Bieter keine Möglichkeit, einen beherrschenden Einfluss auf die Zielgesellschaft auszuüben, er befindet sich vielmehr selbst in einer Minderheitenposition. Eines Pflichtangebots bedarf es daher mangels Wechsels der Herrschaftsverhältnisse bei der Zielgesellschaft nicht.

5) Tatsächliche Möglichkeit der Kontrollausübung

Auf ähnliche Erwägungen stützt sich die in § 9 S.2 Nr. 2 WpÜGAngVO beispielhaft erläuterte fünfte Kategorie. Demnach kommt eine Befreiung in Betracht, wenn der Bieter trotz eines Stimmrechtsanteils von mindestens 30 Prozent wegen permanent sehr hoher Hauptversammlungspräsenzen höchstwahrscheinlich keine Möglichkeit hat, einen beherrschenden Einfluss auf die Zielgesellschaft auszuüben[638].

---

636 *Hommelhoff/Witt* in: *Haarmann/Riehmer/Schüppen*, Kommentar zum WpÜG, § 37 Rn. 14; *Versteegen* in: KK-WpÜG, § 37 Rn. 38.

637 Teilweise wird erwogen diese Variante im Lichte des Anlegerschutzes weit auszulegen. So sei nicht notwendig, dass der Antragsteller seine Beteiligung unverzüglich abbaue. Vielmehr komme es für die Angebotspflicht darauf an, ob eine Einflussnahme auf die Geschäftsführung der Zielgesellschaft erfolgt sei. Falls keine solche Einflussnahme stattgefunden habe, komme eine Befreiung auch dann noch in Betracht, wenn der Bieter seine Beteiligung nicht unverzüglich abgebaut hat. In diesem Sinne: *Meyer* in: *Geibel/Süßmann*, Kommentar zum WpÜG, § 37 Rn. 31; *Hommelhoff/Witt* in: *Haarmann/Riehmer/Schüppen*, Kommentar zum WpÜG, § 37 Rn. 15; *Harbarth* in: ZIP 2002, 321 (331).

638 Begr.-RegE. BT-Drucks. 14/7034, Seite: 82.

In solchen Fällen fehlt es bei materieller Betrachtung somit ebenfalls an dem die Angebotspflicht rechtfertigenden Wechsel der Herrschaftsverhältnisse in der Zielgesellschaft. Deshalb hat die BaFin die Möglichkeit, eine Befreiung zu gewähren. Diese wird jedoch in der Regel befristet sein, damit auf eine eventuelle Verringerung der Hauptversammlungspräsenzen in der Zukunft reagiert werden kann[639].

6) Abwägung zwischen Bieter- und Anlegerinteressen

Die in § 9 WpÜGAngVO erfolgte Aufzählung ist nicht abschießend, sondern hat nur beispielhaften Charakter. Diese „offene" Regelungstechnik soll es der BaFin ermöglichen, den Besonderheiten des Einzelfalls angemessen Rechnung zu tragen[640].
In jedem der oben aufgeführten Fälle ist darüber hinaus eine Abwägung zwischen den Interessen des Antragstellers und den Interessen der Aktionäre der Zielgesellschaft vorzunehmen[641].
Es handelt sich daher bei § 37 WpÜG anders als bei § 36 WpÜG nicht um eine gebundene Entscheidung, sondern um eine Ermessensentscheidung. Die Entscheidung, ob ausnahmsweise von der Abgabe eines Pflichtangebots abgesehen werden kann, liegt nach der Systematik des Gesetzes allein bei der BaFin[642]. Gleichwohl wird bei Vorliegen eines der dargestellten Sachverhalte eine Vermutung dafür vorliegen, dass die Interessen des Antragstellers gegenüber den Interessen der Minderheitsaktionäre vorzuziehen sind.
Bereits die Darstellung hat aufgezeigt, dass bei den 5 Kategorien entweder die Minderheitsaktionäre tatsächlich weniger schutzbedürftig sind, weil vom Bieter nicht die ein Pflichtangebot rechtfertigende typische Gefahr ausgeht, oder aber die Interessen des Bieters trotzdem aufgrund der besonderen Umstände des Einzelfalls vorzugswürdig sind.
Zur ersten Gruppe zählen die Kategorien 3-5, bei denen der Bieter entweder fahrlässig und nur vorübergehend die Kontrolle innehat, oder keine Möglichkeit hat, einen beherrschenden Einfluss auf die Gesellschaft auszuüben.
Demgegenüber lässt sich eine geringere Schutzbedürftigkeit der Minderheitsaktionäre bei den Kategorien 1 und 2 nicht per se für alle Varianten konstatieren. Alleine bei der Kontrollerlangung zum Zwecke der Forderungssicherung er-

---

639 *Meyer* in: *Geibel/Süßmann*, Kommentar zum WpÜG, § 37 Rn. 33.
640 Begr.-RegE. BT-Drucks. 14/7034, Seite: 61.
641 Begr.-RegE. BT-Drucks. 14/7034, Seite: 61.
642 *Bernau* in:AG 2004, 809, (818); *Harbarth* in: ZIP 2002, 321 (324).

scheint es unwahrscheinlich, dass der Bieter seinen beherrschenden Einfluss zum Nachteil der Minderheitsaktionäre ausüben wird.
Falls der Bieter die Kontrollschwelle jedoch infolge der Einziehung von Aktien überschreitet oder es sich bei der Zielgesellschaft um eine Tochtergesellschaft des eigentlichen Übernahmeobjekts handelt, besteht durchaus die Gefahr, dass der Bieter Einfluss auf die Geschäftsführung der Zielgesellschaft erlangt. Die Befreiung lässt sich somit bei diesen beiden Varianten nicht mit der fehlenden Schutzbedürftigkeit der Minderheitsaktionäre rechtfertigen. Vielmehr erachtet das Gesetz den Bieter bei diesen beiden Konstellationen als besonders schützenswert und möchte ihn deshalb nicht mit einem Pflichtangebot belasten.
Bei den letzten drei in der WpÜGAngVO genannten Varianten, Erwerb zum Zwecke der Sanierung, der Kontrollerlangung durch Erbfall und der Kontrollerlangung durch Schenkung besteht ebenfalls die Gefahr, dass der Bieter seine Kontrolle zum Nachteil der Minderheitsaktionäre ausüben wird. Auch erscheint der Bieter nicht besonders schutzbedürftig, so dass sich die Frage nach der Daseinsberechtigung dieser Befreiungsvarianten stellt. Gemeinsames Merkmal aller drei Varianten ist, dass der Fortbestand der Zielgesellschaft ohne den Kontrollwechsel gefährdet wäre. Die Befreiung von der Angebotspflicht dient somit der Sicherung des Fortbestands der Zielgesellschaft. Da bei der Abwägung, ob eine Befreiung zu gewähren ist, jedoch nur die Interessen des Antragstellers und die der Aktionäre der Zielgesellschaft relevant sind, fingiert das Gesetz folglich, dass die Aktionäre der Zielgesellschaft ein größeres Interesse am Erhalt ihrer Gesellschaft als an der Abgabe eines Pflichtangebots haben.
In rechtsvergleichender Hinsicht sind zunächst einige grundsätzliche Übereinstimmungen festzustellen. In beiden Rechtsordnungen findet sich kein abschließender Katalog von Befreiungstatbeständen, sondern lediglich eine beispielhafte Aufzählung von Sachverhalten, bei denen ein Dispens von der Angebotspflicht in Betracht kommt. Allerdings ist im deutschen Recht eine Befreiung nur möglich, wenn der Sachverhalt einer der fünf in § 37 I WpÜG genannten Kategorien zugeordnet werden kann. Demgegenüber hat der *CC* auf die Normierung eines einschränkenden Merkmals verzichtet. Freilich sind die dadurch entstehenden sachlichen Unterschiede sehr gering, da die fünf Kategorien des § 37 I WpÜG derart weit gefasst sind, dass nahezu alle Sachverhalte, bei denen materiellrechtliche Erwägungen für eine Befreiung sprechen, erfasst sind.
In beiden Rechtsordnungen obliegt die Entscheidung, ob eine Befreiung gewährt werden kann, der jeweiligen Aufsichtsbehörde. Diese Regelungstechnik hat den Vorteil, dass bei der Entscheidung die konkreten Umstände des Einzelfalls sehr gut berücksichtigt werden können. Sie ist deshalb im Interesse der materiellen Gerechtigkeit sachgerecht.

Gleichwohl haben beide Rechtsordnungen nicht darauf verzichtet, Fallgruppen zu entwickeln, bei denen eine Befreiung in Betracht kommt. Bei genauer Analyse dieser Fallgruppen fällt auf, dass es einige Unterschiede zwischen den *Notes on Dispensations on Rule 9 CC* und seinen deutschen Pendants gibt.
Zunächst ist aber festzustellen, dass beide Rechtsordnungen sachgerechterweise eine Befreiung in Betracht ziehen, wenn der Bieter aufgrund der Mehrheitsverhältnisse bei der Zielgesellschaft keine Möglichkeit hat, einen beherrschenden Einfluss auszuüben.
Ebenfalls in beiden Rechtsordnungen findet sich eine Befreiungsmöglichkeit bei nur fahrlässigen bzw. versehentlichen Kontrollerwerb.
Vergeblich sucht man im britischen Recht aber eine Befreiungsmöglichkeit zugunsten des Erben bzw des Beschenkten. Der dritte dieser Fallgruppe zuzuordnende Sachverhalt, die Befreiungsmöglichkeit zugunsten des Sanierers findet sich zwar im britischen Recht ebenfalls. Sie ist jedoch nur ultima ratio, wenn die Situation der Zielgesellschaft derart ernst ist, dass keine Zeit mehr für die Durchführung einer *Whitewash procedure* bleibt.
Damit ist auch schon angedeutet, wie das britische Recht diese Fallgruppe behandelt. Es fingiert nicht wie das deutsche Recht, dass die Aktionäre der Zielgesellschaft ein größeres Interesse an der Fortführung ihrer Gesellschaft als am Empfang eines öffentlichen Übernahmeangebots haben. Vielmehr wird im Vereinigten Königreich dank der *Whitewash procedure* der wirkliche Wille der Wertpapierinhaber der Zielgesellschaft ermittelt. Ihnen wird die Möglichkeit gegeben, sich in Kenntnis aller relevanten Umstände gegen die Herauslegung eines Pflichtangebots mittels Mehrheitsbeschlusses in der Hauptversammlung zu entscheiden.
Es liegt auf der Hand, dass die Ermittlung des wirklichen Willens der Betroffenen gegenüber der bloßen Fiktion vorzuziehen ist. Insbesondere ist dies anzunehmen, wenn wie in Großbritannien sichergestellt ist, dass die Wertpapierinhaber vor der Abstimmung über alle relevanten Umstände umfassend informiert sind.
Deshalb erscheint es erwägenswert, eine der *Whitewash procedure* nachgebildete Befreiungsmöglichkeit auch in der Bundesrepublik Deutschland einzuführen.

d) Sonderbestimmungen für Pflichtangebote

Nach dem Konzept des WpÜG gelten für freiwillige und obligatorische Übernahmeangebote grundsätzlich dieselben Vorschriften[643]. Diese Konzeption wird

643 Ausdrücklich nicht bei Pflichtangeboten anwendbar sind die §§ 10 I S. 1, 14 I S.1, 16 II, 18 I, 19, 25, 26 und 34 WpÜG.

von § 39 WpÜG umgesetzt, der anordnet, dass für Pflichtangebote neben den allgemein für Angebote geltenden Vorschriften des Abschnitts 3 zusätzlich die für freiwillige Übernahmeangebote geltenden Vorschriften des Abschnitts 4 sinngemäß Anwendung finden.

Eine umfangreiche Darstellung der bei Pflichtangeboten einzuhaltenden Verfahrensregeln kann daher hier unterbleiben. Vielmehr soll sich die nun folgende Darstellung, in Anlehnung an die obige Darstellung im britischen Teil dieser Arbeit, auf einige wesentliche Fragestellungen beschränken.

1) Angebotspflichtiger

Von entscheidender Bedeutung ist die Frage, wer zur Abgabe des Übernahmeangebots verpflichtet ist. Diese Frage stellt sich immer dann, wenn auf der Bieterseite mehrere Personen beteiligt sind, deren Stimmrechte gemäß § 30 WpÜG zusammengerechnet werden. Das Gesetz selbst enthält keine eindeutige Regelung der Frage, ob mehrere Aktionäre, welche die Kontrolle infolge Zurechnung zur gleichen Zeit erlangen, allesamt zur Angebotsabgabe verpflichtet sind[644]. Während der Wortlaut des § 35 I S.1 WpÜG daraufhin deutet, dass alle Beteiligten veröffentlichungspflichtig sind, spricht § 35 II S.1 WpÜG davon, dass nur „der Bieter“ zur Abgabe eines Übernahmeangebots verpflichtet ist. Mithin hilft der Wortlaut des Gesetzes nicht weiter. Das gleiche gilt für die Materialien, die ebenfalls schweigen. Aus teleologischer Sicht lässt sich wenigstens konstatieren, dass der beabsichtigte Schutz der Minderheitsaktionäre bereits mit der Abgabe eines Pflichtangebots erreicht ist[645]. Allerdings müssen die Konditionen des Pflichtangebots dem entsprechen, was den Aktionären der Zielgesellschaft im für sie günstigsten Fall von einem der Kontrollerwerber anzubieten gewesen wäre. Die Abgabe eines Pflichtangebots hat somit befreiende Wirkung für alle übrigen Kontrollerwerber. Denn die Minderheitsaktionäre der Zielgesellschaft haben kein schützenswertes Interesse daran, parallel von mehreren Kontrollerwerbern oder aber gerade von einem bestimmten Kontrollerwerber ein Pflichtangebot zu erhalten[646].

Nachdem somit geklärt ist, dass es zur Verwirklichung des angestrebten Schutzes der Minderheitsaktionäre nur der Herauslegung eines Pflichtangebots bedarf,

---

644 *Hommelhoff/Witt* in: *Haarmann/Riehmer/Schüppen*, Kommentar zum WpÜG, § 35 Rn. 33; *Hopt* in: ZHR 166 (2002), 383 (416); *Krause* in: NJW 2002, 705 (713).

645 *von Bülow* in: KK-WpÜG, § 35 Rn. 171; *Krause* in: NJW 2002, 705 (714); *Hommelhoff/Witt* in: *Haarmann/Riehmer/Schüppen*, Kommentar zum WpÜG, § 35 Rn. 34; *Meyer* in: *Geibel/Süßmann*, Kommentar zum WpÜG, § 35 Rn. 27.

646 *von Bülow* in: KK-WpÜG, § 35 Rn. 171; *Hopt* in: ZHR 166 (2002), 383 (417).

stellt sich die Frage, welcher der Kontrollerwerber zur Herauslegung des Angebots verpflichtet ist.
Teilweise wird erwogen, dass nur derjenige Kontrollerwerber, der die meisten Stimmrechte selbst hält, zur Herauslegung des Angebots verpflichtet ist[647].
Demgegenüber erachten andere Autoren sämtliche zusammenwirkenden Personen zur Herauslegung der Angebotsunterlage verpflichtet. Erst die Abgabe und ordnungsgemäße Durchführung eines Pflichtangebots durch einen Kontrollerwerber, befreit die übrigen von ihrer Angebotspflicht[648].
Rechtsvergleichend ist festzustellen, dass der *CC* ebenfalls alle zusammenwirkenden Personen als verpflichtet betrachtet. Primär ist jedoch derjenige, dessen Akquisition zur Überschreitung der Kontrollschwelle geführt hat, zur Abgabe verpflichtet. Falls es sich bei dieser Person nicht um ein wesentliches Mitglied der *concert party* handelt, ist primär derjenige verpflichtet, der als wesentliches Mitglied bzw. als Initiator der *concert party* zu qualifizieren ist. Dies muss nicht derjenige sein, der die meisten Stimmrechte selbst hält[649].
Der vom *CC* und den meisten deutschen Autoren beschrittene Weg erscheint sachgerecht. Eine Beschränkung der Angebotspflicht nur auf den Kontrollerwerber, der die meisten Stimmrechte hat, ist mit dem Schutzzweck des Pflichtangebots nicht vereinbar. Die Minderheitsaktionäre der Zielgesellschaft haben nämlich ein Interesse daran, auch auf die anderen Kontrollerwerber zurückgreifen zu können, falls der mit den meisten Stimmrechten finanziell nicht zur Herauslegung eines Pflichtangebots in der Lage ist.
Sachgerecht ist aber, dass sich die BaFin genau wie das *Panel* zunächst an den Initiator bzw. das wesentliche Mitglied aus der Gruppe der Kontrollerwerber halten sollte.

2) Umfang der Angebotspflicht

Das Pflichtangebot hat sich grundsätzlich auf alle Aktien der Zielgesellschaft zu erstrecken, §§ 32 i. V. m. 39 WpÜG.
Ausdrücklich nicht erstrecken muss sich das Pflichtangebot auf eigene Aktien der Zielgesellschaft, Aktien der Zielgesellschaft, die einem abhängigen oder einem im Mehrheitsbesitz der Zielgesellschaft stehenden Unternehmen gehören und auf Aktien der Zielgesellschaft, die einem Dritten gehören, jedoch für Rechnung der

---

647 *Krause* in: NJW 2002, 705 (714); *Hopt* in: ZHR 166 (2002), 383 (417).
648 *von Bülow* in: KK-WpÜG, § 35 Rn. 169; *Hommelhoff/Witt* in: *Haarmann/Riehmer/Schüppen*, Kommentar zum WpÜG, § 35 Rn. 33; *Meyer* in: *Geibel/Süßmann*, Kommentar zum WpÜG, § 35 Rn. 27.
649 so aber offensichtlich unter Bezug auf *Rule 9.2. CC Krause* in: NJW 2002, 705 (714) und *Hopt* in: ZHR 166 (2002), 383 (417).

Zielgesellschaft, eines abhängigen oder eines im Mehrheitsbesitz stehenden Unternehmens der Zielgesellschaft gehalten werden, § 35 II S.2 WpÜG.
Da diese Anteile allesamt entweder rechtlich oder zumindest wirtschaftlich der Zielgesellschaft zuzurechnen sind, ist die normierte Ausnahme nur konsequent. Denn es fehlt bei der Zielgesellschaft an dem das Pflichtangebot rechtfertigenden besonderen Schutzbedürfnis[650].
Wesentlich interessanter ist die Frage des Angebotsumfangs im Falle des mittelbaren Kontrollerwerbs. Hierunter sollen ausweislich der Regierungsbegründung Konstellationen fallen, bei denen die Zielgesellschaft eine Gesellschaft ist, die ihrerseits eine oder mehrere Gesellschaften kontrolliert[651]. Diese Frage stellt sich insbesondere bei folgendem Beispiel: Der Bieter erwirbt 30 Prozent der Stimmrechte an der A-AG, welche ihrerseits 30 Prozent der Stimmrechte an der B-AG hält.
Die relevante Frage ist hier, ob der Bieter auch zur Abgabe eines Pflichtangebots bezüglich der Stimmrechte der B-AG verpflichtet ist?
Das Angebot hat sich auf die B-AG jedenfalls dann zu erstrecken, wenn die A-AG als Tochtergesellschaft des Bieters zu qualifizieren ist, da dem Bieter die Stimmrechte der A-AG in einem solchen Fall gemäß § 30 I Nr. 1 WpÜG zugerechnet werden[652].
Fraglich ist jedoch, ob sich das Angebot auch dann auf die B-AG zu erstrecken hat, wenn dem Bieter die von der A-AG gehaltenen Stimmrechte nicht gemäß § 30 WpÜG zugerechnet werden können[653]. Dafür könnten die Materialien sprechen, welche es wohl ausreichen lassen, dass der Bieter die Kontrolle über die Zielgesellschaft (A-AG) erwirbt und nicht ausdrücklich verlangen, dass dem Bieter die Anteile der Zielgesellschaft an der dritten Gesellschaft (B-AG) gemäß § 30 WpÜG zurechenbar sind[654]. Freilich hat diese Auffassung keinen Nieder-

---

650 Begr.-RegE. BT-Drucks. 14/7034, Seite: 59.

651 Begr.-RegE. BT-Drucks. 14/7034, Seite: 59.

652 Allgemeine Meinung, vgl. nur: Begr.-RegE. BT-Drucks. 14/7034, Seite: 59; *von Bülow* in: KK-WpÜG, § 35 Rn. 53; *Hommelhoff/Witt* in: *Haarmann/Riehmer/Schüppen*, Kommentar zum WpÜG, § 35 Rn. 20; *Meyer* in: *Geibel/Süßmann*, Kommentar zum WpÜG, § 35 Rn. 30; *Harbarth* in: ZIP 2002, 321 (323); *Ekkenga/Hofschroer* in: DStR 2002, 768 (776).

653 So ausdrücklich: *Mielke* in: *Beckmann/Kersting/Mielke*, Übernahmerecht, Seite: 38: Dafür spreche, dass das WpÜG ein klares und einfach zu bestimmendes Kriterium für die Frage, wann ein Pflichtangebot abzugeben sei, festgelegt habe, welches notwendigerweise abstrakt gehalten werden müsse. Falls im Einzelfall nicht sachgerechte Ergebnisse produziert werden, könne dies durch das Korrektiv des § 37 WpÜG korrigiert werden.

654 Begr.-RegE. BT-Drucks. 14/7034, Seite: 59.

schlag im Gesetzestext gefunden und vermag daher den Gesetzesanwender nicht zu binden.
Systematische Erwägungen sprechen jedoch gegen eine Erstreckung des Pflichtangebots auf die B-AG. Denn bei der Berechnung der Kontrollschwelle können dem Bieter nicht ihm selbst gehörende Stimmrechte nur unter den Voraussetzungen des § 30 WpÜG zugerechnet werden[655]. Der § 30 WpÜG ist somit im Hinblick auf die Zurechnung von Stimmrechten abschließend. Da die von der A-AG gehaltenen Stimmrechte der B-AG dem Bieter weder selbst gehören, noch ihm gemäß § 30 WpÜG zurechenbar sind, hat der Bieter somit entsprechend der verwendeten Gesetzestechnik nicht bereits mit dem Erwerb des 30 Prozent Anteils an der A-AG, die Kontrolle über die B-AG erlangt[656].
Zusammenfassend ist daher festzuhalten, dass der Bieter nur dann auch bzgl. der Tochtergesellschaften der Zielgesellschaft ein Pflichtangebot herauslegen muss, wenn ihm die Stimmrechte der Zielgesellschaft gemäß § 30 WpÜG zugerechnet werden können.

3) Gegenleistung

Für Pflichtangebote gelten die oben ausführlich dargestellten Bestimmungen des § 31 WpÜG aufgrund der Verweisung des § 39 ebenfalls sinngemäß. Deshalb kann bezüglich der Art und Höhe der zu gewährenden Gegenleistung auf die dortige Darstellung verwiesen werden[657]. Das deutsche Recht differenziert somit im Gegensatz zum *CC* hinsichtlich der Art und Höhe der Gegenleistung nicht zwischen freiwilligem und obligatorischem Übernahmeangebot.

3. Rechtsvergleichende Diskussion und Stellungnahme

Rechtsvergleichend ist festzustellen, dass das WpÜG die entsprechende Grundregel des *CCs* nahezu kopiert.
Insbesondere bedienen sich beide Rechtsordnungen derselben Regelungstechnik, nämlich einer Zwei-Schleusen bzw. Zwei-Stufen-Regelung: Sie gestalten den Tatbestand der Kontrollerlangung denkbar weit aus, indem sie alle Arten der Kontrollerlangung mit einbeziehen und für das Auslösen der Angebotspflicht le-

---

655 *von Bülow* in: KK-WpÜG, § 35 Rn. 53; *Hommelhoff/Witt* in: *Haarmann/Riehmer/Schüppen*, Kommentar zum WpÜG, § 35 Rn. 20.

656 *von Bülow* in: KK-WpÜG, § 35 Rn. 53; *Hommelhoff/Witt* in: *Haarmann/Riehmer/Schüppen*, Kommentar zum WpÜG, § 35 Rn. 20; *Meyer* in: *Geibel/Süßmann*, Kommentar zum WpÜG, § 35 Rn. 30; *Harbarth* in: ZIP 2002, 321 (323); *Ekkenga/Hofschroer* in: DStR 2002, 768 (776).

657 Siehe: 4 Kap. C. I. 2. c) 2).

diglich darauf Abstellen, ob der Bieter mehr als 30 Prozent der Stimmrechte der Zielgesellschaft innehält (streng formaler Kontrollbegriff).
Auf der zweiten Stufe prüfen die Aufsichtsbehörden, ob eine Befreiung von der Angebotspflicht gewährt werden kann. Diese Regelungstechnik hat den Vorteil, dass sie Umgehungen der Pflichtangebotregeln verhindert.
Auf der anderen Seite stellt die gewählte Regelungstechnik aber auch hohe Anforderungen an die Aufsichtsbehörden. Ihnen obliegt nämlich im Einzelfall die Entscheidung darüber, ob ein Bieter ein Pflichtangebot abgeben muss oder ob eine Befreiung gewährt werden kann. Vor dem Hintergrund der enormen finanziellen Auswirkungen eines Pflichtangebots für den Bieter stehen die Aufsichtsbehörden daher in der Pflicht, die gesetzlichen Vorgaben in transparenter Art und Weise zu konkretisieren. Insbesondere die BaFin hat damit die Aufgabe, sorgfältig zwischen dem Schutzbedürfnis der Minderheitsaktionäre und den Interessen des Bieters abzuwägen.
Neben den dargestellten fundamentalen Gemeinsamkeiten hat die rechtsvergleichende Darstellung aber auch einige Unterschiede zutage gefördert.
Zu nennen ist hier zunächst die im deutschen Recht fehlende *creeper provision*, die den schleichenden Aufbau einer Mehrheitsbeteiligung verhindern möchte.
Ob diese fehlende positivrechtliche Regelung im deutschen Recht zu einem materiellen Unterschied führt, hängt davon ab, ob es dem Bieter gestattet ist, seine Beteiligung von 30 % der Stimmrechte auszubauen, nachdem ihm antragsgemäß eine Befreiung von der Angebotspflicht gewährt wurde, § 37 WpÜG. Die Frage ist, ob eine Person, der beispielsweise unter Berücksichtigung der tatsächlichen Beteiligungsverhältnisse an der Zielgesellschaft eine Befreiung gewährt wurde, ihre Beteiligung sanktionslos weiter ausbauen kann. Es liegt auf der Hand, dass es keines Pflichtangebots des Erwerbers eines dreißig prozentigen Stimmrechtsanteils bedarf, wenn ein Dritter einen größeren Stimmrechtsanteil innehält. Ebenso unzweifelhaft ist jedoch, dass der folglich zu gewährende Dispens materiellrechtlich nicht mehr gerechtfertigt ist, wenn der Begünstigte seinen Stimmrechtsanteil danach weiter vergrößert. Dieser Problematik begegnet das englische Recht mit der *creeper provision*, welche einen signifikanten Beteiligungsausbau jenseits der 30 Prozent Schwelle verhindert.
Auch das deutsche Recht hat die Möglichkeit, den der Befreiung vom Pflichtangebot nachfolgenden Beteiligungsausbau im Interesse der Wertpapierinhaber der Zielgesellschaft zu verhindern. Schließlich handelt es sich bei der Erteilung der Befreiung durch die BaFin um einen begünstigenden Verwaltungsakt. Deshalb kann die BaFin die Entscheidung über die Befreiung mit Nebenbestimmungen versehen, § 36 II VwVfG. Nebenbestimmungen nach § 36 II VwVfG sind insbesondere Befristungen, Bedingungen, Widerrufsvorbehalte, Auflagen, sowie der

Vorbehalt der nachträglichen Aufnahme, Änderung oder Ergänzung einer Aufnahme.

Die BaFin hätte damit beispielsweise die Möglichkeit, die Befreiung zu widerrufen, wenn der Antragsteller weitere Anteile der Zielgesellschaft hinzuerwirbt. Dies hätte zur Folge, dass die Angebotspflicht des Antragstellers wiederauflebt.

Indem die BaFin von den gemäß § 36 II VwVfG vorgesehenen Möglichkeiten Gebrauch macht, wird ein der *creeper provision* vergleichbares Schutzniveau für die Minderheitsaktionäre der Zielgesellschaft sichergestellt. Materielle Unterschiede zwischen dem deutschen und dem britischen Recht wären dann nicht ersichtlich. Lediglich die Mittel, mit denen die beiden Rechtsordnungen der Problematik begegnen, würden noch differieren, sofern die BaFin ihre Verwaltungsakte mit dem vorgeschlagenen Widerrufsvorbehalt versieht.

Ein materieller Unterschied liegt jedoch darin, dass das deutsche Recht keine *Rule 5 CC* vergleichbaren Erwerbsbeschränkungen beim Aufbau der Kontrollbeteiligung normiert. Vielmehr bestehen im deutschen Recht lediglich die in § 21 I WpHG normierten Veröffentlichungspflichten, wonach derjenige, der durch Erwerb, Veräußerung oder auf sonstige Weise 5 Prozent, 10 Prozent, 25 Prozent, 50 Prozent oder 75 Prozent der Stimmrechte an einer börsennotierten Gesellschaft erreicht, überschreitet oder unterschreitet, dies der Gesellschaft und der BaFin unverzüglich mitteilen muss.

Eine *Rule 5 CC* vergleichbare Regelung kennt das deutsche Recht jedoch nicht. Es stellt sich daher die Frage, ob *Rule 5. CC* zur Erreichung der oben beschriebenen Regelungsziele des britischen und des deutschen Übernahmerechts der Pflichtangebote erforderlich ist.

Hauptsächliches Regelungsziel von *Rule 5 CC* ist es, der Zielgesellschaft ein wenig Zeit zu geben, bevor der Bieter die Kontrolle erwirbt. Das *Board* der Zielgesellschaft soll etwas Zeit bekommen, um sich fachkundig zu beraten und um sich seiner Haltung zum bevorstehenden Pflichtangebot klar zu werden. Dieses Regelungsziel ergibt sich insbesondere aus einer Analyse von *Rule 5.2. CC*, der eine Ausnahme von *Rule 5.1. CC* unter anderem dann gewährt, wenn der Erwerb der Kontrollbeteiligung mit Zustimmung des *Boards* der Zielgesellschaft erfolgt, oder wenn das *Board* dieses oder ein konkurrierendes Übernahmeangebot begrüßt (*recommended offer*).

Die Erwerbsbeschränkungen von *Rule 5.1. CC* greifen daher vor allen Dingen bei unabgestimmten Übernahmeangeboten ein. Da ein Bieter seine Übernahmepläne regelmäßig nur dann nicht im Vorfeld mit der Leitung der Zielgesellschaft abstimmen wird, wenn er fest damit rechnet, dass das *Board* der Zielgesellschaft seinen Absichten ablehnend gegenübersteht, greift Rule *5.1. CC* somit faktisch nur im Vorfeld von feindlichen Übernahmeangeboten (*hostile takeovers*) ein.

Mithin erscheint der Schluss nicht fernliegend, dass *Rule 5.1. CC* auch dazu dient, der Zielgesellschaft Zeit zur Ergreifung von Abwehrmaßnahmen zu geben. Ob dies im Interesse der Aktionäre der Zielgesellschaft ist, oder ob hierdurch nicht für die Aktionäre der Zielgesellschaft attraktive feindliche Übernahmeangebote verhindert werden, kann mangels empirischer Nachweise nicht zuverlässig beurteilt werden.

Abschließend Stellung kann jedoch zu der Frage bezogen werden, ob sich *Rule 5 CC* zur Verwirklichung der mit der Normierung des Pflichtangebots verfolgten Regelungszwecke, insbesondere des Schutzes der Minderheitsaktionäre der Zielgesellschaft, bedarf.

Durch *Rule 5 CC* wird nämlich auch der Schutz der Minderheitsaktionäre der Zielgesellschaft verstärkt, da der Erwerb der Kontrollmehrheit gemäß *Rule 5.2. CC* grundsätzlich nur dann nicht verboten ist, wenn die Aktionäre der Zielgesellschaft Kenntnis davon haben, dass sie alsbald Adressat eines Übernahmeangebots werden. Mithin verhindert *Rule 5 CC*, dass die Minderheitsaktionäre ihre Anteile unmittelbar vor dem Übernahmeangebot zu billig an der Börse an den Bieter veräußern.

Von diesem Grundsatz bestehen jedoch zwei Ausnahmen: Erstens ist die Akquisition gemäß *Rule 5.2. (a)* gestattet, wenn der Erwerb von einem *single shareholder* erfolgt[658]. Hierbei wird es sich typischerweise um einen Großaktionär handeln, der in der Lage sein wird, sich einen Paketaufschlag für die Veräußerung seines die Kontrolle vermittelnden Stimmrechtsanteils zu sichern. Zumindest besteht bei diesem Ausnahmetatbestand für die Minderheitsaktionäre nicht die oben skizzierte Gefahrenlage.

Kritikwürdiger erscheint jedoch die zweite Ausnahme von dem Grundsatz, die in *Rule 5.2. (b) CC* normiert ist. Demnach ist dem „freundlichen Bieter“ der Erwerb der Kontrollmehrheit unmittelbar vor der Veröffentlichung der *firm intention* im Sinne von *Rule 2.5. CC*, ergo ohne vorherige Veröffentlichung, gestattet, sofern die Leitungsorgane der Zielgesellschaft dem Erwerb zustimmen vgl. *Rule 5.2. (b) 2. Var. CC.* Bei dieser Variante haben die Aktionäre nämlich noch keine Kenntnis von einem bevorstehenden Pflichtangebot. Mithin besteht bei dieser Variante sehr wohl die Gefahr, dass sie ihre Aktien zu früh an der Börse verkaufen, ohne in den Genuss der Kontrollprämie zu gelangen.

Unabhängig davon, ob man die durch *Rule 5 CC* bewirkte Ausweitung des Minderheitenschutzes in das Vorfeld des Übernahmeangebots für notwendig erachtet, erscheint diese Ausnahme systemwidrig. Wenn man sich nämlich auf den Standpunkt stellen würde, dass es ein schutzwürdiges Interesse der Minderheitsaktio-

658 In diesem Fall bestehen besondere Veröffentlichungspflichten gegenüber der Börse und dem *Panel*, vgl.: *Rule 5.4. CC.*

näre gäbe, ihre Anteile nicht zu schnell und zu billig über die Börse zu verkaufen, erschiene es trotzdem nicht sachgerecht, dieses Schutzbedürfnis bereits dann zu verneinen, wenn die Leitungsorgane der Zielgesellschaft dem Erwerb der die Kontrolle vermittelnden Anteile zustimmen. Vielmehr wäre es konsequent, auf diese Variante zu verzichten und erst dann eine Ausnahme von den Erwerbsbeschränkungen von *Rule 5.1. CC* zu gewähren, wenn die Aktionäre der Zielgesellschaft die vorherige Möglichkeit hatten, davon Kenntnis zu erlangen, dass ein Übernahmeangebot bevorsteht.
Damit ist aber noch nicht die in rechtsvergleichender Hinsicht interessantere Frage beantwortet, ob es dieser Ausweitung des Schutzes der Minderheitsaktionäre überhaupt bedarf, oder ob die liberale deutsche (Nicht-) regelung vorzugswürdig ist?
Wie in der Einleitung zu diesem Abschnitt bereits dargestellt, ist Sinn und Zweck des Pflichtangebots, den Aktionären der Zielgesellschaft im Falle eines Kontrollwechsels ein Austrittsrecht zu ermöglichen. Gerechtfertigt wird diese enorme finanzielle Belastung für den Bieter damit, dass der Kontrollwechsel ihre ursprüngliche Investitionsentscheidung empfindlich berührt. Insbesondere besteht die Gefahr, dass der Bieter seine Kontrollmacht zur Umgestaltung der Zielgesellschaft einsetzt und sich dadurch die Ertragsaussichten und das Risiko ihres Investments ändern. Aufgrund dieser Gefahren sollen sie im deutschen und im britischen Recht die Möglichkeit haben, ihre Anteile zu einem angemessenen Preis an den Bieter zu veräußern.
Die Entstehung der soeben skizzierten Gefahren für die Wertpapierinhaber der Zielgesellschaft setzt jedoch voraus, dass der Bieter die Kontrolle bereits innehält, da nur derjenige, der über eine Hauptversammlungsmehrheit verfügt, den künftigen Kurs einer Gesellschaft bestimmen kann. Das die Angebotspflicht rechtfertigende Schutzbedürfnis der Minderheitsaktionäre entsteht somit erst, nachdem der Bieter die Kontrolle erlangt hat. Die Situation der Aktionäre der Zielgesellschaft vor Kontrollerlangung ist folglich nicht mit der Situation der Minderheitsaktionäre nach Kontrollerlangung vergleichbar. Erst ihre spezielle Situation nach Kontrollerlangung macht sie in einer die Angebotspflicht rechtfertigenden Art und Weise schutzbedürftig.
Rule 5 CC lässt sich somit nicht damit rechtfertigen, dass die Minderheitsaktionäre bereits im Vorfeld des Pflichtangebots davor geschützt werden müssen, ihre Anteile zu billig zu verkaufen.
Vor diesem Hintergrund ist die liberalere deutsche „Nichtregelung" deshalb vorzugswürdig[659].

---

659 Wie oben bereits erwähnt ist damit aber noch nicht die Frage beantwortet, ob sich die Daseinsberechtigung von *Rule 5 CC* daraus ableiten lässt, dass dem *Board* der

Außerdem hat die Darstellung gezeigt, dass beide Rechtsordnungen versuchen, Umgehungsmöglichkeiten der Angebotspflicht durch die Zurechnung von Stimmrechten zu minimieren. Die Analyse des britischen und des deutschen Zurechnungstatbestands hat ergeben, dass der Wortlaut des § 30 II WpÜG zu weit geraten ist. Es wäre daher sachgerecht, wenn der deutsche Gesetzgeber seine in der Regierungsbegründung formulierte Ankündigung, dass der § 30 II WpÜG Verhaltensweisen erfassen solle, die international unter dem Begriff des *acting in concert* erfasst werden, umsetzen würde, indem er den § 30 II WpÜG dahingehend einschränkt, dass nur eine Abstimmung in Bezug auf den Erwerb von Anteilen der Zielgesellschaft zu einer Zurechnung der Stimmrechte führt.
Ebenfalls wertvolle Erkenntnisse für die Weiterentwicklung des deutschen Übernahmerechts hat die rechtsvergleichende Analyse der Befreiungsmöglichkeiten gebracht. Ein der *whitewash procedure* vergleichbares Verfahren, mit dessen Hilfe der wirkliche Wille der Mehrheit der Minderheitsaktionäre ermittelt werden kann, sollte daher auch im deutschen Recht möglich sein. Denn es entspricht natürlich eher den Interessen der Minderheitsaktionäre, ihren wirklichen Willen zu berücksichtigen als ihren mutmaßlichen Willen gesetzlich zu fingieren.

D. Die Angebotsphase (Rechte und Pflichten nach Veröffentlichung des Übernahmeangebots)

Die Angebotsphase (*offer period*) umfasst in beiden Rechtsordnungen den Zeitraum von der Veröffentlichung der festen Übernahmeabsicht gemäß *Rule 2.5. CC* bzw. § 10 III WpÜG bis zum Ende der Annahmefrist.
Einige der im folgenden Abschnitt darzustellenden Regelungen haben allerdings einen größeren zeitlichen Anwendungsbereich. So beginnt beispielsweise der zeitliche Anwendungsbereich der besonderen Verhaltenspflichten der Leitungsorgane der Zielgesellschaft im britischen Recht bereits mit der Kenntniserlangung von einem bevorstehenden Übernahmeangebot und nicht erst mit der Veröffentlichung der Übernahmeabsicht. Gemeinsames Merkmal aller Regelungen mit einem größeren zeitlichen Anwendungsbereich ist, dass ihr Anwendungsbereich jedenfalls die Angebotsphase im oben definierten Sinne umfasst, so dass ihre Darstellung in diesem Abschnitt sachgerecht ist.
Während sowohl in der Vorbereitungsphase als auch bei der Angebotsabgabe der Bieter im Vordergrund stand, da von ihm die größte Gefahr für die in informationeller und struktureller Hinsicht unterlegenen Wertpapierinhaber der Zielgesell-

---

Zielgesellschaft ein wenig Zeit eingeräumt werden soll um auf den bevorstehenden Kontrollwechsel zu reagieren.

schaft ausging, rücken in der Angebotsphase auch die Zielgesellschaft und ihre Leitungsorgane in den Vordergrund.

I. Pflichten der Leitungsorgane der Zielgesellschaft

Die Leitungsorgane der Zielgesellschaft haben zunächst die Pflicht, ihre Aktionäre über ihre Haltung zu der Übernahmeofferte in einer begründeten Stellungnahme zu informieren. Hierbei stellt sich die Frage, welchen obligatorischen und fakultativen Inhalt die Stellungnahme der Leitungsorgane im britischen und deutschen Recht haben muss bzw. darf[660]?
Darüber hinaus stellt sich die Frage, welche Maßnahmen die Leitung der Zielgesellschaft im Falle einer ablehnenden Haltung ergreifen darf?
Diese oftmals unter dem Begriff Neutralitätspflicht oder besser Vereitelungsverbot diskutierte Problematik gehört zweifelsohne zu den am kontroversesten beurteilten Fragen eines jeden Übernahmerechts[661].

1. Pflicht zur Stellungnahme

Die Leitungsorgane der Zielgesellschaft haben in beiden Rechtsordnungen zunächst die Pflicht, eine begründete Stellungnahme zu der Übernahmeofferte des Bieters abzugeben und diese zu veröffentlichen. Diese Pflicht zur Stellungnahme dient dazu, die Informationsbasis der Wertpapierinhaber der Zielgesellschaft zu verbreitern[662]. Sie trägt folglich zur Verwirklichung des Transparenzgebotes bei, welches bekanntlich verlangt, dass die Wertpapierinhaber umfassend und vollständig über die Konditionen der Übernahmeofferte informiert werden müssen[663].
Für die Wertpapierinhaber stellt die Haltung der Leitungsorgane „ihrer“ Gesellschaft zum Übernahmeangebot ein gewichtiges Argument bei ihrer Desinvestitionsentscheidung dar[664].

---

660 Hierzu unter 1.
661 Hierzu unter 2.
662 *Weinberg/Blank* in: On Takeovers and Mergers, Rn. 4-5001; *Hirte* in: KK-WpÜG, § 27 Rn. 2; Begr.-RegE. BT-Drucks. 14/7034, Seite: 52.
663 *Weinberg/Blank* in: On Takeovers and Mergers, Rn. 4-5001; Begr.-RegE. BT-Drucks. 14/7034, Seite: 52; *Zech* in: Abwehrmaßnahmen, Seite: 111; *Harbarth* in: *Baums/Thoma*; Kommentar zum WpÜG, § 27 Rn. 1.
664 *Assmann/Bozenhardt* in: *Assmann/Basaldua/Bozenhardt/Peltzer,* Übernahmeangebote, Seite: 103.

Die Leitungsorgane müssen in ihrer Stellungnahme angeben, ob sie das Übernahmeangebot begrüßen oder ablehnen. Es wird daher zu diesem Zeitpunkt für alle Beteiligten transparent, ob es sich um ein freundliches *(recommended)* oder ein feindliches (*hostile, contested*) Übernahmeangebot handelt[665].
Wenn die Übernahmeofferte von den Leitungsorganen der Zielgesellschaft begrüßt wird und die Angebotsbedingungen unter Umständen im Vorfeld ausgehandelt wurden, ist der Erkenntnisgewinn der Stellungnahme für die Wertpapierinhaber der Zielgesellschaft allerdings sehr gering, weil die Stellungnahme in diesem Fall keine über die in der Angebotsunterlage bereits gemachten Informationen beinhalten wird. Oftmals wird die Stellungnahme der Zielgesellschaft im Falle eines freundlichen Übernahmeangebots sogar bereits der Angebotsunterlage beigefügt sein[666]. Anders verhält es sich freilich bei einem unabgestimmten bzw. feindlichen Übernahmeangebot. Vor dem Hintergrund, dass Übernahmekämpfe in der internationalen Übernahmepraxis sehr oft als Wettkampf der Konzepte ausgetragen werden, bei denen es den Wertpapierinhabern der Zielgesellschaft überlassen bleibt, sich anhand der vom Bieter in der Angebotsunterlage vorgetragenen Argumente und der von den Leitungsorganen der Zielgesellschaft in der Stellungnahme vorgebrachten Argumente für oder gegen die Annahme der Übernahmeofferte zu entscheiden[667], stellt die Stellungnahme der Leitungsorgane oftmals die wichtigste Waffe der Zielgesellschaft im Übernahmekampf dar[668].
Bei einem feindlichen Übernahmeangebot dient die Stellungnahme somit dazu, die vom Bieter vorgebrachten Argumente für eine Übernahme zu widerlegen und die wirtschaftlichen Vorteile eines *stand alone* der Zielgesellschaft aufzuzeigen. Dementsprechend beinhaltet die Stellungnahme im Falle einer feindlichen Offerte neue Informationen für die Wertpapierinhaber der Zielgesellschaft.
Zusammenfassend ist somit festzustellen, dass der Stellungnahme der Leitungsorgane der Zielgesellschaft nur im Falle eines feindlichen Übernahmeangebots eine eigenständige Bedeutung zukommt. Denn nur bei feindlichen Übernahmeversuchen wird die Stellungnahme wesentliche neue Informationen enthalten.

---

665 *Weinberg/Blank* in: On Takeovers and Mergers, Rn. 4-5035; *Zschocke* in: *Zschokke/Schuster*, Übernahmerecht, Seite: 24.

666 *Stedman* in: Takeovers, Seite: 238; *Stamp* in: Company Law I, Seite: 318.

667 *Davies* in: Gowers Company Law, Seite: 734; *Stamp* in: Company Law I, Seite 320; *Krause* in: NJW 2002, 705 (711); *Evans* in: *Button,* A Practitioners Guide, Seite: 183 (196); *Becker* in: ZHR 165 (2001), 280 (281): So konkurrierte im Fall Vodafone/Mannesmann die *equity story* von Mannesmann mit der *equity story* einer Synergie aus Vodafone und Mannesmann.

668 *Underhill/Austmann* in: *Payne,* Takeovers, Seite: 87 (119); *Krause* in: NJW 2002, 705 (711); *Becker* in: ZHR 165 (2001), 280 (281).

a) Die Pflicht zur Stellungnahme im britischem Recht

Das *Board* der Zielgesellschaft ist verpflichtet, seinen Aktionären innerhalb von vierzehn Tagen nach der Veröffentlichung der Angebotsunterlage eine begründete Stellungnahme zu den Konditionen des Übernahmeangebots zuzusenden, *Rule 30.2. CC.*

Zwingend enthalten muss dieses Dokument zunächst Angaben bezüglich der Haltung der Direktoren der Zielgesellschaft, *Rule 25.1. (a) CC.* Die Direktoren sind nicht verpflichtet, sich uneingeschränkt für oder gegen die Übernahmeofferte auszusprechen. Es ist ihnen gestattet, eine abwägende bzw. qualifizierte Stellungnahme abzugeben. Beispielsweise können sie sich im Falle eines Tauschangebots (*securities exchange offer*) grundsätzlich für die Übernahme aussprechen und dennoch ihre Bedenken bezüglich der Wertentwicklung der als Gegenleistung angebotenen Aktien kundtun[669]. Falls die Direktoren der Zielgesellschaft unterschiedliche Ansichten bezüglich der Vorteilhaftigkeit der Offerte haben, sind in der Stellungnahme auch die abweichenden Ansichten darzustellen, *Rule 25.1. Note 2 CC.* Auch die Haltung des gemäß *Rule 3.1. CC* zwingend hinzuzuziehenden unabhängigen *financial advisers* ist zu veröffentlichen, *Rule 25.1. (a) CC.*

Inhaltlich muss das *Board* in der ersten Stellungnahme (*first major circular*) insbesondere die in der Angebotsunterlage gemachten Aussagen über die vom Bieter mit der Zielgesellschaft und deren Arbeitnehmern verfolgten Absichten kommentieren, *Rule 25.2. CC.* Ferner schreibt *Rule 25.3. (a) CC* die umfassende Offenlegung der Beteiligungen der an dem Übernahmeverfahren beteiligten Parteien vor[670]. Vor allem sind die Direktoren der Zielgesellschaft verpflichtet anzugeben, ob sie bezüglich der ihnen selbst gehörenden Wertpapiere der Zielgesellschaft beabsichtigen, das Angebot anzunehmen oder abzulehnen, *Rule 25.3. (a) (vi) CC.* Diese Offenlegungspflichten ermöglichen es den Aktionären der Zielgesellschaft, die Erfolgsaussichten des Übernahmeangebots zu beurteilen. Diese werden beispielsweise höher sein, wenn die Zielgesellschaft und ihre Direktoren einen wesentlichen Anteil der Wertpapiere der Zielgesellschaft halten und bekunden, das Übernahmeangebot annehmen zu wollen. Des weiteren können die Aktionäre der Zielgesellschaft anhand dieser Offenlegungspflichten erkennen wie

---

669 *Weinberg/Blank* in: On Takeovers and Mergers, Rn. 4-5037; *Stedman* in: Takeovers, Seite: 259.

670 Ausführlich zu den einzelnen Veröffentlichungspflichten: *Weinberg/Blank* in: On Takeovers and Mergers, Rn. 4-5048. Außerdem sind noch alle zwischen der Zielgesellschaft bzw. einem *associate* der Zielgesellschaft und einem Dritten bestehenden Vereinbarungen zu veröffentlichen, in denen sich der Dritte zu einem bestimmten Verhalten bei einem Übernahmeangebot verpflichtet.

seriös die von ihren Direktoren abgegebene Stellungnahme wirklich ist, ob sich die Direktoren beispielsweise in einem Interessenkonflikt befinden, etwa weil sie selbst wesentliche Aktienpakete an der Bietergesellschaft halten.
Außerdem sind in der Stellungnahme die zentralen Punkte der Anstellungsverträge aller Direktoren der Zielgesellschaft zu veröffentlichen, soweit der jeweilige Anstellungsvertrag noch eine Laufzeit von mehr als zwölf Monaten hat, *Rule 25.4. (a) CC*[671]. Schließlich hat die Stellungnahme noch Angaben bezüglich aller innerhalb der letzten zwei Jahre geschlossenen wesentlichen Verträge, die nicht in Zusammenhang mit der normalen Geschäftstätigkeit der Zielgesellschaft stehen, zu enthalten.
Insgesamt sind die vom *CC* geforderten obligatorischen Angaben als sachgerecht zu beurteilen, da sie die Informationsbasis der Wertpapierinhaber der Zielgesellschaft erweitern.
Über diesen obligatorischen Inhalt hinaus wird die Stellungnahme, insbesondere bei feindlichen Übernahmeangeboten, eine detaillierte Kritik der Übernahmeabsichten des Bieters enthalten. So werden bei feindlichen Übernahmeangeboten oftmals die mangelnde Erfahrung des Bieters auf dem Tätigkeitsfeld der Zielgesellschaft, die Art der Unternehmensführung und die Arbeitnehmerpolitik kritisiert[672]. Nicht selten werden die Direktoren der Zielgesellschaft geneigt sein, der Stellungnahme eine positive Gewinnprognose (*profit forecast*) beizufügen, die ihre *equity story* von einer erfolgreichen Eigenständigkeit ihrer Gesellschaft verifiziert[673].
Es liegt auf der Hand, dass diese fakultativen Angaben in hohem Maße geeignet sind, die Wertpapierinhaber der Zielgesellschaft bei ihrer Entscheidungsfindung zu beeinflussen. Deshalb verlangt bereits *General Principles No 5 CC*, dass die begründete Stellungnahme genau wie jedes andere Dokument, welches während des Übernahmeverfahrens veröffentlicht wird, unter Anwendung der höchstmöglichen Sorgfalt erstellt wird. Dieses allgemeine Prinzip konkretisiert *Rule 19 CC*, der denselben Sorgfaltsmaßstab vorschreibt und ebenfalls auf die Stellungnahme der Zielgesellschaft Anwendung findet[674]. In konsequenter Fortführung dieses

---

671 Falls diese Verträge innerhalb der letzten sechs Monate vor der Veröffentlichung der Stellungnahme geändert wurden, ist gemäß *Rule 25.4. (b) CC* auch der ursprüngliche Anstellungsvertrag zu veröffentlichen.

672 *Underhill/Austmann* in: *Payne*, Takeovers, Seite: 87 (119); *Stedman* in: Takeovers, Seite: 261; *Herrmann* in: Zivilrechtliche Abwehrmaßnahmen, Seite: 212.

673 *Weinberg/Blank* in: On Takeovers and Mergers, Rn. 4-5051; *Evans* in: *Button*, A Practitioners Guide, Seite: 183 (197).

674 *Evans* in: *Button*, A Practitioners Guide, Seite: 183 (197); *Stedman* in: Takeovers, Seite: 262. Bei der Erstellung und Veröffentlichung einer Gewinnprognose haben die Direktoren der Zielgesellschaft, genau wie der Bieter, die oben dargestellten Anforderungen der *Rule 28 CC* zu beachten.

Ansatzes haften die Direktoren der Zielgesellschaft deshalb genau wie der Bieter für fahrlässig gemachte irreführende Angaben[675].

Der *CC* hat somit erkannt, dass insbesondere bei feindlichen Übernahmeangeboten den Wertpapierinhabern der Zielgesellschaft die Gefahr droht, dass sie von ihrer Gesellschaft einseitig und damit falsch informiert werden. Dieser Gefahr ist der *CC* begegnet, indem er die Leitungsorgane der Zielgesellschaft bei der Abfassung ihrer Stellungnahme denselben höchsten Sorgfaltsmaßstäben unterwirft, wie den Bieter bei der Erstellung der Angebotsunterlage. Zugleich stellt der *CC* damit eine Waffengleichheit zwischen dem Bieter und dem Leitungsorgan der Zielgesellschaft bei ihrem Kampf um die Gunst der Wertpapierinhaber der Zielgesellschaft her.

Beides ist zu begrüßen. Zum einen ist es im Sinne der Verwirklichung des Transparenzgebotes erforderlich, dass die Wertpapierinhaber der Zielgesellschaft auch bei feindlichen Übernahmeangeboten so umfassend und so objektiv wie möglich informiert werden. Denn nur eine umfassende und objektive Information ermöglicht es den Wertpapierinhabern der Zielgesellschaft eine optimale Anlageentscheidung zu treffen. Und zum anderen dient die dadurch hergestellte Waffengleichheit zwischen Bieter und Zielgesellschaft auch den Aktionären der Zielgesellschaft, weil sie die Gefahr der Beeinflussung durch einseitige Information minimiert.

b) Die Pflicht zur Stellungnahme im deutschem Recht

Die Pflicht der Leitungsorgane der Zielgesellschaft, zu dem Übernahmeangebot Stellung zu nehmen, findet sich im deutschen Recht in § 27 WpÜG.

Gemäß § 27 I WpÜG sind der Vorstand und der Aufsichtsrat der Zielgesellschaft verpflichtet, eine begründete Stellungnahme zu dem Übernahmeangebot und zu jeder seiner Änderungen abzugeben[676]. Jedenfalls die Stellungnahmepflicht des Vorstands folgt unabhängig der Regelung des § 27 WpÜG schon aus allgemeinen

675 *Weinberg/Blank* in: On Takeovers and Mergers, Rn. 4-7138; *Hedley Byrne & Co. Limited v. Heller & Partners Limited (1964)* A. C. 465.

676 Die Pflicht zur Abgabe einer begründeten Stellungnahme auch für den Aufsichtsrat wurde erst auf Empfehlung des Finanzausschusses in letzter Minute neu eingefügt. Ausweislich der Gesetzesbegründung soll dadurch die Informationsbasis der Aktionäre der Zielgesellschaft verbreitert werden, vgl. BT-Drucks. 14/7477, Seite: 53 Eigentlicher Grund dürfte aber die ebenfalls erst im Finanzausschuss eingefügte Möglichkeit sein, erfolgsverhindernde Maßnahmen durch Aufsichtsratbeschluss zu legitimieren, § 33 I S. 2 1 Var. WpÜG. Hierdurch wirkt der Aufsichtsrat bei der Geschäftsführung mit und dies rechtfertigt es auch, ihm auch die Pflicht zur Abgabe einer Stellungnahme aufzuerlegen, so auch: *Hopt* in: ZHR 166 (2002), 383 (419), *Zech* in: Abwehrmaßnahmen, Seite: 111.

aktienrechtlichen Grundsätzen. Überwiegend wurde sie vor Inkrafttreten des WpÜG aus der in § 76 I AktG normierten Pflicht des Vorstands zur ordnungsgemäßen Leitung und Geschäftsführung der Gesellschaft hergeleitet[677].

Die Pflicht zur Stellungnahme steht als eigenständige Pflicht neben dem grundsätzlichen Vereitelungsverbot der Leitungsorgane des § 33 I S.1 WpÜG. Sie stellt keine gesetzlich geregelte Ausnahme des Vereitelungsverbots dar, da § 27 WpÜG auch bei Hinwegdenken des § 33 WpÜG seinen Sinn behielte[678].

Vorstand und Aufsichtsrat sind verpflichtet, ihre Stellungnahme unverzüglich zu veröffentlichen, § 27 III WpÜG. Liegt dem Vorstand eine Stellungnahme des Betriebsrats bzw. wenn es keinen Betriebsrat gibt, der Arbeitnehmer selbst vor, dann haben die Leitungsorgane diese Stellungnahme ihrer eigenen beizufügen, § 27 II WpÜG. Hinsichtlich der Art und Weise der Veröffentlichung finden die für die Veröffentlichung der Angebotsunterlage durch den Bieter geltenden Vorschriften entsprechende Anwendung[679].

Der Inhalt der Stellungnahme wird durch § 27 I S.2 WpÜG partiell vorgegeben. Demgemäß muss die Stellungnahme Angaben bzgl. der Art und Höhe der angebotenen Gegenleistung enthalten, § 27 I S.2 Nr. 1 WpÜG. Die Leitungsorgane müssen erklären, ob sie die vom Bieter angebotene Gegenleistung ihrer Art und Höhe nach für angemessen erachten[680]. Mit dieser durch den Finanzausschuss eingefügten Bestimmung trägt das Gesetz dem Umstand Rechnung, dass der Beurteilung der Gegenleistung durch die Leitungsorgane „ihrer" Gesellschaft besondere Bedeutung für die Entscheidungsfindung der Wertpapierinhaber zukommt[681].

Ferner müssen die Leitungsorgane in der Stellungnahme auf die voraussichtlichen Folgen eines erfolgreichen Angebots für die Zielgesellschaft, ihre Arbeitnehmer und ihre Vertretungen, die Beschäftigungsbedingungen und die Standorte der Gesellschaft eingehen, § 27 I S.2 Nr. 2 WpÜG. Außerdem müssen sie die

---

677 *Röh* in: *Haarmann/Riehmer/Schüppen*, Kommentar zum WpÜG, § 27 Rn. 12; *Hopt* in: Festschrift *Lutter*, 1361 (1380); *Kort* in: Festschrift *Lutter*, 1421 (1439); *Krause* in: AG 2000, 217 (220), *Mertens* in: KK-AktG, § 76 Rn. 26 jeweils mit weiteren Nachweisen. Anderer Ansicht nur *van Aubel* in: Vorstandspflichten, Seite: 173, der zwar ebenfalls eine Pflicht zur Stellungnahme des Vorstands bejaht, diese aber aus der Treuepflicht des Vorstands gegenüber seinen Aktionären herleitet.

678 *Hopt* in: FS *Lutter*, 1361 (1380); *Zech* in: Abwehrmaßnahmen, Seite: 111.

679 *Schwennicke* in: *Geibel/Süßmann*, Kommentar zum WpÜG, § 27 Rn. 34; *Röh* in: *Haarmann/Riehmer/Schüppen*, Kommentar zum WpÜG, § 27 Rn. 44.

680 *Harbarth* in: ZIP 2004, 3 (4). *Harbarth* erörtert a.a.O. ausführlich, anhand welcher Kriterien die Leitungsorgane der Zielgesellschaft die Angemessenheit zu ermitteln haben.

681 BT-Drucks. 14/7477, Seite: 53; *Schwennicke* in: *Geibel/Süßmann*, Kommentar zum WpÜG, § 27 Rn. 14.

vom Bieter verfolgten Ziele in der Stellungnahme erörtern, § 27 I S.2 Nr. 3 WpÜG.
Schließlich müssen die Mitglieder des Vorstands und des Aufsichtsrats noch angeben, ob sie bezüglich der von ihnen selbst gehaltenen Wertpapiere beabsichtigen, dass Übernahmeangebot anzunehmen, § 27 I S.2 Nr.4 WpÜG. Diese ebenfalls im *CC* normierte Offenlegungspflicht ermöglicht es den Wertpapierinhabern der Zielgesellschaft, die Seriosität der Stellungnahme ihrer Leitungsorgane zu überprüfen. Deshalb sind diese Angaben zum Verhalten der Vorstands- und Aufsichtsratsmitglieder, in ihrer Funktion als Aktionäre der Zielgesellschaft, notwendig[682].
Neben diesem obligatorischen Inhalt wird der Vorstand auch im deutschen Recht bei einem feindlichen Übernahmeangebot oftmals nicht nur die vom Bieter verfolgten Ziele kritisch erörtern, sondern regelmäßig auch eigene Prognosen bezüglich der künftigen Geschäftsentwicklung der Zielgesellschaft abgeben[683]. Sowohl die fakultativen Prognosen als auch die obligatorischen Angaben haben einen wichtigen Einfluss auf die Entscheidung der Wertpapierinhaber der Zielgesellschaft und damit letztlich auf den Ausgang des Übernahmeangebots. Denn zum einen würden die Aktionäre der Zielgesellschaft kaum in der Lage sein, die Vorteilhaftigkeit des Übernahmeangebots selbst zu überprüfen, weil ihnen die hierfür erforderlichen finanziellen Daten fehlen. Zum anderen schenken die Aktionäre der Meinung „ihres" Vorstands und Aufsichtsrats regelmäßig mehr Vertrauen als den Ansichten des Bieters.
Die Leitungsorgane haben somit die Möglichkeit, mit Hilfe der Stellungnahme den Ausgang des Übernahmeangebots zumindest mittelbar zu beeinflussen. Beispielsweise wird ein Vorstand, der befürchten muss, nach einem erfolgreichen Übernahmeangebot ausgetauscht zu werden, geneigt sein, die Konditionen des Übernahmeangebots sehr negativ darzustellen.
Deshalb stellt sich die Frage, welchen Sorgfaltsmaßstab die Leitungsorgane der Zielgesellschaft bei der Abfassung der Stellungnahme einhalten müssen.
Diese wichtige Frage ist im deutschen Recht nicht positivrechtlich geregelt. In welcher Art und Weise die Gesellschaftsorgane für die von ihnen abgegebene Stellungnahme haften, lässt sich dem WpÜG nicht entnehmen, da eine dem § 12 WpÜG vergleichbare Regelung für die Haftung der Leitungsorgane der Zielgesellschaft fehlt.
Andererseits kann der Maßstab des § 12 WpÜG jedoch auch hier nicht vollständig außer acht bleiben. Zunächst kann bezüglich der Fehlerhaftigkeit der Stel-

---

682 So auch *Zech* in: Abwehrmaßnahmen, Seite: 113.
683 *Maier-Riemer* in: ZHR 165 (2001), 258 (263).

lungnahme auf die oben bezüglich § 12 WpÜG gemachten Ausführungen verwiesen werden.
Daneben stellt sich vor allem die Frage, ob entsprechend § 12 WpÜG die Haftung der Leitungsorgane der Zielgesellschaft auf Vorsatz und grobe Fahrlässigkeit zu beschränken ist[684].
Im Interesse der Wertpapierinhaber der Zielgesellschaft sollte nämlich eine Waffengleichheit zwischen Bieter und Zielgesellschaft im Kampf um die Gunst der Wertpapierinhaber der Zielgesellschaft angestrebt werden, da hierdurch eine einseitige Information der Angebotsadressaten verhindert werde, was wiederum im Sinne des Transparenzgebotes zu begrüßen ist. Unter diesem Gesichtspunkt spräche somit viel dafür, den bei der Abfassung der Angebotsunterlage geltenden Haftungsmaßstab des § 12 WpÜG analog anzuwenden[685]. Dies hätte zur Konsequenz, dass die Leitungsorgane der Zielgesellschaft analog § 12 WpÜG nur für Vorsatz und grobe Fahrlässigkeit haften würden. Auf der anderen Seite kann der Stellungnahme der Leitungsorgane aber eine einer Verteidigungsmaßnahme vergleichbare Wirkung zukommen. Deshalb müssen strenge Maßstäbe gelten, anhand derer der Vorstand sowohl seine Informationserteilung, als auch die subjektive Beurteilung des Übernahmeangebots auszurichten hat[686]. Dies würde dafür sprechen, die Haftung der Leitungsorgane der Zielgesellschaft nicht auf grobe Fahrlässigkeit zu beschränken.
Einen ähnlichen Weg geht auch das britische Recht, welches verlangt, dass die Leitungsorgane der Zielgesellschaft bei der Abfassung der Stellungnahme die höchsten Sorgfaltsmaßstäbe anzuwenden haben und keine dem deutschen Recht vergleichbare Haftungsbeschränkung auf grobe Fahrlässigkeit und Vorsatz kennt. Allerdings haftet im britischen Recht auch der Bieter für jede Fahrlässigkeit bei der Erstellung der Angebotsunterlage. Damit stellt auch das britische Recht eine Waffengleichheit zwischen dem Bieter und den Leitungsorganen der Zielgesellschaft her.
Diese im Interesse des Transparenzgebots wünschenswerte Waffengleichheit wäre im deutschen Recht gefährdet, wenn man die Leitungsorgane der Zielgesell-

---

684 Nicht ausführlich dargestellt werden soll hier die Frage, welche Anspruchsgrundlagen für die Anspruchsgegner (Zielgesellschaft, Wertpapierinhaber der Zielgesellschaft) in Betracht kommen. Vgl. hierzu: *Schwennicke* in: *Geibel/Süßmann*, Kommentar zum WpÜG, § 27 Rn. 45ff.; *Hirte* in: KK-WpÜG, § 27 Rn. 27ff; *Röh* in: *Haarmann/Riehmer/Schüppen*, Kommentar zum WpÜG, § 27 Rn. 46ff.; *Thümmel* in: DB 2000, 461 (461ff.) jeweils mit weiteren Nachweisen.

685 *Röh* in: *Haarmann/Riehmer/Schüppen*, Kommentar zum WpÜG, § 27 Rn. 53; *Hopt* in: Festschrift *Lutter*, 1361 (1399); *Schwennicke* in: *Geibel/Süßmann*, Kommentar zum WpÜG, § 27 Rn. 52; *Hirte* in: KK-WpÜG, § 27 Rn. 27.

686 *Dimke/Heiser* in: NZG 2001, 241 (248), *Assmann/Bozenhardt* in: *Assmann/Basaldua/Bozenhardt/Peltzer*, Übernahmeangebote, Seite: 104.

schaft schon für einfache Fahrlässigkeit bei der Erstellung der Stellungnahme haften ließe. Deshalb erscheint es sachgerecht, die Haftung der Leitungsorgane der Zielgesellschaft in analoger Anwendung des § 12 WpÜG genau wie die Haftung des Bieters auf Vorsatz und grobe Fahrlässigkeit zu beschränken.

c) Rechtsvergleichende Diskussion und Stellungnahme

Der obligatorische Inhalt der Stellungnahme im britischen Recht unterscheidet sich nur geringfügig vom obligatorischen Inhalt einer den Regeln des WpÜG unterliegenden Stellungnahme. So sind die Leitungsorgane nach deutschem Recht weder verpflichtet die Anstellungsverträge der Vorstandsmitglieder noch alle wesentlichen Verträge der letzten zwei Jahre, die nicht zur normalen Geschäftstätigkeit gehören, zu veröffentlichen. Genau diese Veröffentlichungspflichten obliegen den Leitungsorganen der Zielgesellschaft jedoch nach den Regeln des *CCs*. Zwar sind diese Angaben geeignet, die Seriosität der Stellungnahme der Organmitglieder zu überprüfen. Essentiell sind sie jedoch nicht, da die Wertpapierinhaber die Glaubwürdigkeit der Handlungsempfehlung ihrer Leitungsorgane auch unter dem Gesichtspunkt beurteilen können, ob sich ihr beabsichtigtes Verhalten bezüglich der von ihnen selbst gehaltenen Wertpapiere mit der in der Stellungnahme niedergelegten Handlungsempfehlung deckt. Diese Offenlegungspflicht findet sich in beiden Rechtsordnungen, so dass es der weitergehenden Offenlegungspflichten des *CCs* nicht notwendigerweise bedarf.
Wesentlich überwiegen daher die Gemeinsamkeiten bezüglich des Inhalts der Stellungnahme. So haben die Leitungsorgane in beiden Rechtsordnungen insbesondere auf die Angemessenheit der Gegenleistung und auf die Absichten des Bieters hinsichtlich der Zielgesellschaft einzugehen.
Freilich trägt das britische Recht den beiden Umständen, dass erstens der Stellungnahme nur bei feindlichen Übernahmeangeboten eine eigenständige Bedeutung zukommt und dass zweitens solche feindlichen Übernahmeschlachten regelmäßig als Wettkampf der Konzepte ausgetragen werden, wesentlich besser Rechnung. Dies zeigt sich insbesondere daran, dass es die Leitungsorgane der Zielgesellschaft verpflichtet, die höchsten Sorgfaltsanforderungen einzuhalten und dass es genau vorschreibt, welchen Regeln die Angaben über den zukünftigen Geschäftsverlauf unterliegen. Beides ist im deutschen Recht nicht ausdrücklich positivrechtlich normiert. Um der Gefahr zu begegnen, dass die Stellungnahme einen irreführenden Charakter bekommt, wäre es wünschenswert, inhaltlich gleichlautende Pflichten auch für das deutsche Recht festzulegen. Denn nur eine auf wahren Tatsachen basierende, nüchtern gehaltene Stellungnahme kann den ihr zugedachten Zweck, die Informationsbasis der Wertpapierinhaber der Zielgesellschaft zu verbreitern, erfüllen.

2. Verhaltenspflichten der Leitungsorgane der Zielgesellschaft in Bezug auf Abwehrmaßnahmen, Vereitelungsverbot

Eine der am kontroversesten diskutierten Fragen des Übernahmerechts ist, ob und wenn ja unter welchen Voraussetzungen die Leitungsorgane der Zielgesellschaft berechtigt sind, Abwehrmaßnahmen zu ergreifen, mit der Folge, dass dadurch möglicherweise der Erfolg des Übernahmeangebots vereitelt wird, so dass die Wertpapierinhaber der Zielgesellschaft nicht die in Aussicht gestellte Kontrollprämie erhalten.

Hintergrund dieser Problematik ist der oftmals bestehende Interessenkonflikt zwischen den Wertpapierinhabern der Zielgesellschaft und ihrem Management. Die Wertpapierinhaber der Zielgesellschaft haben ein Interesse daran, selbst darüber zu entscheiden, ob sie das Übernahmeangebot annehmen wollen oder nicht. Bei ihrer Entscheidungsfindung berücksichtigen sie nur ihre eigene Interessen, die *shareholder* Interessen. Demgegenüber haben die Leitungsorgane der Zielgesellschaft bei ihrer Entscheidungsfindung nicht nur die Interessen der Aktionäre zu berücksichtigen, sondern das Gesellschafts- bzw. Unternehmensinteresse[687]. Dieses umfasst in beiden Rechtsordnungen neben den Interessen der *shareholder* auch die Interessen der *stakeholder. Stakeholder* sind neben den Aktionären, den Kunden, den Gläubiger, der Allgemeinheit auch die Arbeitnehmer der Zielgesellschaft[688].

Wenn nun beispielsweise der Bieter eine besonders hohe Übernahmeprämie in Aussicht stellt, gleichzeitig aber ankündigt, nach erfolgter Übernahme die Zielgesellschaft zu liquidieren und alle Arbeitnehmer zu entlassen, kann dies dazu führen, dass es dem Interesse der *stakeholder* entspricht, die Übernahmeofferte zu verhindern, obwohl eine erfolgreiche Übernahme für die *shareholder* vorteilhaft wäre. Freilich ist das Interesse der Anteilseigner auch außerhalb eines Übernahmeverfahrens nicht deckungsgleich mit dem Gesellschaftsinteresse, so dass dieser Interessenkonflikt unabhängig vom Vorliegen eines Übernahmeangebots existiert.

Im Falle einer feindlichen Übernahmeofferte besteht jedoch in besonderem Maße die Gefahr, dass das Management bei seiner Entscheidungsfindung nicht nur das Gesellschaftsinteresse berücksichtigt, da es befürchten muss, nach erfolgreicher

---

687 *Weinberg/Blank* in: On Takeovers and Mergers, Rn. 4-7145f.; *Kirchner* in: WM 2000, 1821 (1821).

688 *Mertens* in: KK-AktG, § 76 Rn. 18; *Drygala* in: ZIP 2001, 1861 (1865); *Hüffer* in: Kommentar zum AktG, § 76 Rn. 12.

Übernahme vom Bieter gegen Personen seines Vertrauens ausgetauscht zu werden[689].
Diese Angst vor dem Verlust des Arbeitsplatzes und vor allen Dingen vor dem damit einhergehenden Prestigeverlust kann dazu führen, dass die Leitungsorgane bei ihrer Entscheidungsfindung neben dem Gesellschaftsinteresse auch eigene Interessen berücksichtigen[690].
Zwar ist die Berücksichtigung von privaten Interessen durch die Direktoren bei der Entscheidungsfindung in beiden Rechtsordnungen rechtswidrig, weil die Leitungsorgane ausschließlich fremde Interessen berücksichtigen dürfen[691]. In der Praxis dürfte die Berücksichtigung privater Interessen jedoch kaum nachweisbar sein, weil die Leitungsorgane ihre Entscheidung aufgrund ihres weiten Ermessensspielraums bei der Entscheidungsfindung unschwer als mit dem Gesellschaftsinteresse vereinbar darstellen könnten.
Deshalb stellt sich die Frage, ob die weiten Leitungsbefugnisse der Verwaltungsorgane während der Übernahmephase zugunsten der Wertpapierinhaber der Zielgesellschaft eingeschränkt werden sollten.
Im nachfolgenden Abschnitt soll daher untersucht werden, welche Maßnahmen die Leitungsorgane der Zielgesellschaft im Vereinigten Königreich und in der Bundesrepublik Deutschland während der Angebotsphase des Übernahmeangebots ergreifen dürfen, um eine feindliche Übernahme zu verhindern[692].

a) Das Vereitelungsverbot im britischem Recht

Bevor analysiert werden kann, ob die Leitungsbefugnisse des Managements der Zielgesellschaft bei Vorliegen eines Übernahmeangebots eingeschränkt sind, muss zunächst untersucht werden, welche Machtbefugnisse den Direktoren einer *public company* im britischen Recht grundsätzlich zustehen.
Welche Maßnahmen die Direktoren einer Gesellschaft vornehmen dürfen, bestimmt sich im Vereinigten Königreich anhand der in der Hauptversammlung

689 *Assmann/Bozenhardt* in: *Assmann/Basaldua/Bozenhardt/Peltzer,* Übernahmeangebote, Seite: 16; *Zech* in: Abwehrmaßnahmen, Seite: 3.

690 *Weinberg/Blank* in: On Takeovers and Mergers, Rn. 4-7035; *Danzinger* in: Directors Duties, Seite: 640; *Easterbrook/Fischer* in: *Romano,* Corporate Law, 267 (269); *Assmann* in: *Hopt/Wymeersch,* European Takeovers, Seite: 268 (291); *Hopt* in: ZGR 1993, 534 (547); *Bayer* in: ZGR 2002, 588 (600).

691 *Ryan* in: Directors Duties, Seite: 124; *Hopt* in: ZGR 1993, 534 (540).

692 Nicht untersucht werden soll, welche Abwehrmaßnahmen vom Vorstand zulässigerweise ergriffen werden dürfen, bevor ein feindliches Übernahmeangebot angekündigt wurden ist. Vgl hiezu: *Herrmann* in: Zivilrechtliche Abwehrmaßnahmen Seite: 23-84 und 152-208 sowie *Weinberg/Blank* in: On Takeovers and Mergers, Rn. 4-7042ff. jeweils mit weiteren Nachweisen.

verabschiedeten Satzung der Gesellschaft und der einschlägigen Gesetzgebung[693]. Diese Satzungsbestimmungen (*articles of asscociation*[694]) sind für die *company* und ihre Aktionäre vertraglich bindend[695]. Eine dem deutschen Aktienrecht vergleichbare Satzungsstrenge ist dem britischen Recht jedoch fremd. Diese vertragliche Art der Befugnisverteilung ist rechtshistorisch zu erklären, da sich die britische Kapitalgesellschaft aus der Personengesellschaft entwickelte, in der sämtliche Befugnisse aufgrund gegenseitiger Vereinbarung aufgeteilt wurden. Demnach hängt es zumindest theoretisch von der in der jeweiligen Satzung der Gesellschaft niedergelegten Machtverteilung zwischen Hauptversammlung und dem *Board of directors* ab, welche Befugnisse Letzteren zustehen. Allerdings schreibt *sec. 8 (2) Companies Act 1985* vor, dass die in *Table A, art. 70* des *Companies Regulations Act 1985* niedergelegte Befugnisverteilung zwischen Hauptversammlung und *Board of directors* kraft Gesetzes auf *public companies* Anwendung findet, sofern nicht die Satzung ausdrücklich eine Abweichung hiervon vorsieht[696].
In der Praxis bestimmt sich die Machtverteilung daher nach *Table A, regulation 70* des *Companies Regulations Act 1985*, dessen Bestimmungen die allermeisten *public companies* unverändert in ihre Satzung übernommen haben[697].
Demnach sind dem *Board of directors* sämtliche Befugnisse zugewiesen, sofern nicht die Bestimmungen des *Companies Act 1985*, des *Companies Act 1989* oder ein Sonderbeschluss der Hauptversammlung die konkrete Befugnis der Hauptversammlung zuweisen[698]. Zu den der Hauptversammlung zugewiesenen Befugnissen gehören insbesondere die Befugnis zur Satzungsänderung, die Befugnis zur Veränderung des Eigenkapitals, die Genehmigung zur Ausgabe neuer Stimmrechte, die Ermächtigung zum Rückkauf von eigenen Stimmrechten und die Ernennung und Abberufung von Direktoren[699]. Alle weiteren Entscheidungen kön-

693 *Butcher* in: Directors Duties, Seite: 97.

694 Das britische Gesellschaftsrecht differenziert zwischen dem *Memorandum of Association* und den *Articles of Association.* Während erstere das Außenverhältnis regeln, befassen sich letztere mit dem Innenverhältnis, vgl.: *Morse* in: Company Law, Seite: 39.

695 *Pennington* in: Company Law, Seite: 696.

696 *Butcher* in: Directors Duties, Seite: 98; *Nicholson* in: Articles of Association, Seite: V.

697 *Pennington* in: Company Law, Seite: 696; *Davies* in: Gowers Company Law, Seite: 56.

698 *Butcher* in: Directors Duties, Seite: 98; *Bruce* in: Directors Duties, Seite: 15; *Pennington* in: Company Law, Seite: 696.

699 *Davies* in: Gowers Company Law, Seite: 295.

nen die Direktoren selbst treffen. Dies bedeutet, dass dem *Board of directors* daher sämtliche Leitungsbefugnisse zustehen[700].

Bei der Ausübung dieser Managementbefugnisse obliegt ihnen gegenüber ihrer Gesellschaft die treuhänderische Pflicht, im aufrichtigen Interesse der Gesellschaft (*bona fide in the interest of the company*) zu handeln[701]. Seit *Hogg v. Cramphorn* enthält diese Treuepflicht neben dem subjektiven Element (*to act bona fide in the interests of the company*) auch ein objektives Element, nämlich die Geschäftsführungsbefugnisse nicht zur Verfolgung eines unzulässigen Zwecks einzusetzen (*not to act for an improper purpose*)[702].

Diese treuhänderische Pflicht besteht gemäß der Grundsatzentscheidung *Percival v. Wright* nur gegenüber der Gesellschaft, nicht jedoch auch gegenüber den Anteilseignern direkt[703].

Das „*interest of the company*" meint nicht das Interesse sämtlicher gegenwärtiger Aktionäre, oder das Interesse der *company* als von den Aktionären unabhängige Rechtseinheit, sondern das Interesse der gegenwärtigen und zukünftigen Aktionäre der Gesellschaft, wobei eine langfristige Unternehmensperspektive gegen die kurzfristigen Interessen der aktuellen Wertpapierinhaber abzuwägen ist[704]. Diese *Common Law* Definition des Begriffs wurde durch *sec. 209 Companies Act 1985* erweitert. Diese Norm statuiert, dass die Direktoren bei der Ausübung ihrer Befugnisse ebenfalls die Interessen der bei ihrer Gesellschaft beschäftigten Arbeitnehmer zu berücksichtigen haben[705].

Noch weiter als das *Common Law* geht der *CC*, der die Direktoren gemäß *General Principle 9 CC* verpflichtet, neben den Interessen der Aktionäre und den Ar-

---

700 *Butcher* in: Directors Duties, Seite: 97; *Bruce* in: Directors Duties, Seite: 15; *Morse* in: Company Law, Seite: 248; *Davies* in: Gowers Company Law, Seite: 294.

701 *Lord Greene MR in: Re v. Smith & Fawcett Ltd.* (1942) Ch, 304 (307); *Underhill/Austmann in: Payne,* Takeovers, Seite: 87 (91); *Danzinger* in: Directors Duties, Seite: 630.

702 *Hogg v. Cramphorn* (1967) Ch, 254 (265); *Danzinger* in: Directors Duties, Seite: 634.

703 *Percival v. Wright* (1902) 2 Ch, 421 (425); *Peskin v. Anderson* (2001) 1 BCLC, 372 (378); *Bruce* in: Directors Duties, Seite: 41; *Danzinger* in: Directors Duties, Seite: 654; a. A. *Weinberg/Blank* in: On Takeovers and Mergers, Rn. 4-7031, die zwar die genannte Grundsatzentscheidung anerkennen wollen, jedoch meinen, dass diese Entscheidung mit den Bestimmungen des *CCs* konfligiere. Daraus folgern sie, dass jedenfalls während der Übernahmephase, den Direktoren eine Treuepflicht auch direkt gegenüber ihren Aktionären obliegt.

704 *Gaiman v. National Association of Mental Health* (1971) Ch, 317 (330); *Danzinger* in: Directors Duties, Seite: 631; *Weinberg/Blank* in: On Takeovers and Mergers, Rn. 4-7134; *Farrar* in: Company Law, Seite: 382.

705 *Farrar* in: Company Law, Seite: 385; *Davies* in: Gowers Company Law, Seite: 377.

beitnehmerinteressen auch die Interessen der Gesellschaftsgläubiger zu berücksichtigen[706].
Festzustellen ist folglich, dass weder nach dem *Common Law* noch nach den Regeln des *CCs* das Interesse der Wertpapierinhaber deckungsgleich mit dem Gesellschaftsinteresse ist.
Freilich schreibt das britische Recht den Leitungsorganen nicht vor, in welchem Verhältnis sie diese teils konfligierenden Interessen zu berücksichtigen haben. Vielmehr haben die Leitungsorgane bei ihrer Entscheidungsfindung ein weites Ermessen, solange sie sich innerhalb der ihnen zugewiesenen Kompetenzbereiche bewegen (*intra vires*).
Auch die gerichtliche Überprüfbarkeit der Ermessensentscheidung ist eingeschränkt.
Wenn die Direktoren eine Entscheidung getroffen haben, von der sie meinen, dass sie dem wohlverstandenen Interesse der Gesellschaft entspricht[707], dann erklärt ein angerufenes Gericht diese Maßnahme nur dann als unwirksam, wenn „kein vernünftiger Mensch sie aufrichtigerweise zur Förderung des Gesellschaftsinteresses" in Erwägung ziehen würde[708]. Das Gericht überprüft nicht, ob die getroffene Entscheidung tatsächlich mit dem Gesellschaftsinteresse vereinbar ist. Vielmehr reicht es aus, wenn die Möglichkeit besteht, dass die Direktoren aufrichtigerweise annehmen konnten, dass ihre Entscheidung dem Gesellschaftsinteresse entspreche[709]. Die gerichtliche Aufhebung einer Entscheidung der Leitungsorgane kommt somit erst dann in Betracht, wenn den Direktoren nachgewiesen werden kann, dass sie bei ihrer Entscheidung überwiegend ein eigenes oder Drittinteresse verfolgten. Dieser Beweis wird jedoch angesichts des weiten Ermessenspielraums und der geringen Anforderungen, welche die britischen Gerichte an die Entscheidungsfindung der Direktoren stellen, nur sehr schwer zu führen sein[710].
Zusammenfassend ist deshalb festzustellen, dass dem *Board of directors* ein weiter Ermessensspielraum bei der Führung der Gesellschaft zusteht. Würde man den Leitungsorganen dieses zur effizienten Führung der Gesellschaft sicherlich notwendige weite Ermessen bei der Unternehmensleitung auch während der

---

706 *Thomas* in: *Thorne/Prentice*, Butterworths Company Law Guide, 367 (374).
707 *Lord Greene MR in: Re v. Smith & Fawcett Ltd.*, (1942) Ch, 304 (307): *„They (scil. the Directors) must exercise their discretion bona fide in what they consider – not what a court may consider- is in the interests of the company..."*
708 The Overend and Gurney Co v. Gibb, (1872) L. R. H. L., 480 (488); *Danzinger* in: Directors Duties, Seite: 650; *Hannigan* in: *Thorne/Prentice*, Butterworths Company Law Guide, 193 (210).
709 *Howard Smith Ltd. v. Ampol Petroleum Ltd*, (1974) AC, 821 (835).
710 *Danzinger* in: Directors Duties, Seite: 652.

Übernahmephase zugestehen, hätte dies zur Folge, dass das *Board of directors* zum Zwecke der Abwehr einer feindlichen Übernahmeofferte angebotsvereitelnde Abwehrmaßnahmen ergreifen könnte.
Mithin hätte das Management der Zielgesellschaft bei unveränderter Fortgeltung der oben genannten Grundsätze die Möglichkeit, für die Aktionäre vorteilhafte Übernahmeangebote unter Hinweis auf ein scheinbar entgegenstehendes Gesellschaftsinteresse zu verhindern. Angesichts des weiten Ermessenspielraums und der eingeschränkten gerichtlichen Überprüfbarkeit der Maßnahmen der Leitungsorgane könnte das einem Interessenkonflikt unterliegende Management somit bei unveränderter Fortgeltung der oben genannten Grundsätze während der Angebotsphase aus eigennützigen Motiven eine angebotsvereitelnde Maßnahme ergreifen, ohne das dieses rechtswidrige Verhalten nachweisbar wäre.
Um dies zu verhindern und weil es eines der wichtigsten Ziele des *CCs* ist, eine freie Entscheidung der Aktionäre der Zielgesellschaft über die Annahme des Übernahmeangebots sicher zu stellen[711], haben die Leitungsorgane der Zielgesellschaft während der Angebotsphase bei ihrer Geschäftsführung folgende Beschränkungen des *CCs* zu beachten.

1) Zustimmungserfordernis der Hauptversammlung bei angebotsvereitelnden Maßnahmen

Die Direktoren der Zielgesellschaft haben im britischen Recht zunächst *General Principle No. 7 CC* zu beachten. Dieses statuiert, dass die Direktoren der Zielgesellschaft ohne Zustimmung der Hauptversammlung keine Handlungen in Bezug auf die Zielgesellschaft ergreifen dürfen, die geeignet sind, die Zielsetzung des Übernahmeangebots zu gefährden, oder die den Wertpapierinhabern der Zielgesellschaft die Möglichkeit nehmen, selbst über die Vorteilhaftigkeit des Übernahmeangebots zu entscheiden.
Der *CC* hat sich damit im Grundsatz für ein strenges Verhinderungsverbot der Leitungsorgane entschieden. Das *Board* der Zielgesellschaft trifft ein Verbot, Maßnahmen zu ergreifen, die dazu führen können, dass den Wertpapierinhabern der Zielgesellschaft die Option genommen wird, darüber zu entscheiden, ob sie das Übernahmeangebot annehmen möchten. Die Desinvestitionsentscheidung verbleibt folglich nach dem Willen des *CCs* auch bei feindlichen Übernahmeangeboten in den Händen der Wertpapierinhaber der Zielgesellschaft.
In zeitlicher Hinsicht müssen die Leitungsorgane dieses Prinzip bereits dann beachten, wenn sie Grund zu der Annnahme haben, dass ein Übernahmeangebot

---

711 Diese sich insbesondere aus *General Principle No. 4 CC* ergebende Zielvorstellung konfligiert mit dem oben genannten weiten Leitungsermessen der Direktoren.

bevorsteht. Spätestens beginnt der Anwendungsbereich von *General Principle No. 7 CC* jedoch mit der Ankündigung der festen Absicht, ein Übernahmeangebot abgeben zu wollen. Er endet, wenn das Übernahmeangebot endgültig gescheitert ist.
Welche Maßnahmen den Leitungsorganen der Zielgesellschaft demzufolge in concreto während der Angebotsphase ohne vorherige Zustimmung der Hauptversammlung untersagt sind, ergibt sich aus *General Principle 7* freilich nicht. Untersucht werden soll daher, welchen Maßnahmen der *CC* bzw. das *Panel* einen potentiell angebotsvereitelnden Charakter zumisst und ihre Ergreifung deshalb von einem positiven Votum der Hauptversammlung abhängig macht. Des Weiteren ist zu untersuchen, welche Informationspflichten dem *Board* der Zielgesellschaft gegenüber ihren Aktionären im Zusammenhang mit der Einberufung der (Abwehr-) hauptversammlung obliegen.

(a) Zustimmungsbedürftige Maßnahmen

Rule 21 CC konkretisiert die oben genannte Grundsatzentscheidung, indem sie dem Management die Ergreifung einer Reihe potentieller Abwehrmaßnahmen innerhalb des oben genannten Zeitraums untersagt, sofern die Hauptversammlung ihrer Ergreifung nicht zugestimmt hat[712].

(1) Ausgabe von Stimmrechten

Ohne Zustimmung der Hauptversammlung dürfen die Leitungsorgane der Zielgesellschaft gemäß *Rule 21.1. (a)-(c) CC*:
(a) kein genehmigtes Kapital platzieren,
(b) keine Bezugsrechte auf genehmigtes aber noch nicht an der Börse platziertes Kapital ausgeben,
(c) keine Wertpapiere erschaffen oder ausgeben, die ein Umtauschrecht in Aktien der Zielgesellschaft begründen.
Wie bereits dargestellt, obliegt es auch außerhalb der Übernahmephase der Hauptversammlung, über das Eigenkapital verändernde Maßnahmen zu beschließen. Der Zeitpunkt der Platzierung des von der Hauptversammlung genehmigten Kapitals, d. h. die Platzierung der jungen Aktien am Kapitalmarkt obliegt hingegen außerhalb der Angebotsphase den Leitungsorganen. Der *CC* entzieht ihnen diese Kompetenz folglich und überträgt sie auf die Hauptversammlung.

---

712 *Stedman* in: Takeovers, Seite: 401; *Weinberg/Blank* in: On Takeovers and Mergers, Rn. 4-7092.

Durch die Ausgabe neuer Wertpapiere erhöht sich die Zahl der Wertpapiere insgesamt, d.h. der Bieter muss nunmehr mehr Wertpapiere erwerben, um die angestrebte Beteiligungsquote an der Zielgesellschaft zu erreichen. Die Ausgabe neuer Wertpapiere verteuert die Transaktionskosten für den Bieter. Dies kann dazu führen, dass die Übernahme für ihn wirtschaftlich uninteressant wird und er deshalb von seinem Übernahmeangebot zurücktritt[713].
Die Platzierung von genehmigten Kapital an der Börse ist daher als angebotsvereitelnde Abwehrmaßnahme im Sinne von *General Principle No. 7 CC* einzustufen. Erst recht untersagt ist die Ausgabe von genehmigtem Kapital unter Ausschluss des Bezugsrechts während der Angebotsphase[714]. Die Leitungsorgane haben daher nicht die Möglichkeit, junge Aktien bei einem befreundeten Dritten zu platzieren, die sog. *poison pill defense*.
Es ist im Sinne des strengen Vereitelungsverbots konsequent, dass der *CC* die Ausgabe von Eigenkapital bzw. die Ausgabe von in Eigenkapital umwandelbaren *convertibles* untersagt, obwohl eine vor Beginn der Angebotsphase abgehaltene Hauptversammlung die Ausgabe genehmigt hat. Zu bedenken ist nämlich, dass die Hauptversammlung der Zielgesellschaft die Genehmigung zu einem Zeitpunkt erteilt hat, als es von dem bevorstehenden Übernahmeangebot noch keine Kenntnis hatte. Es besteht somit für die Leitungsorgane während der Angebotsphase das grundsätzliche Verbot zur Vornahme von eigenkapitalverändernden Maßnahmen, unabhängig davon, ob sie vor Beginn der Angebotsphase von der Hauptversammlung zur Ausgabe neuen Kapitals ermächtigt wurden[715].

(2) Verbot der Veräußerung von wesentlichen Vermögensgegenständen (crown-jewel defense)

Ebenfalls untersagt ist den Leitungsorganen gemäß *Rule 21.1. (d) CC* die Veräußerung wesentlicher Vermögensgegenstände der Gesellschaft (*crown-jewel*

713 Dies setzt allerdings voraus, dass sich der Bieter in der Angebotsunterlage für diesen Fall in zulässiger Art und Weise ein Rücktrittsrecht vorbehalten hat.

714 Die Ausgabe von genehmigtem Kapital unter Ausschluss des Bezugsrechts ist in Großbritannien nicht ohne weiteres möglich. Da *sec. 89 Companies Act 1985* den Aktionären grundsätzlich ein Bezugsrecht auf ausgegebene *equity shares* sowie auf Rechte zum Bezug oder zur Umwandlung, entsprechend ihrer Beteiligung am Grundkapital einräumt. Der Ausschluss des Bezugsrechts ist gemäß *sec. 95 (1) (2) Companies Act 1985* jedoch möglich, wenn die Direktoren durch Änderung der *articles* oder Sonderbeschluss der Hauptversammlung hierzu ermächtigt wurden.

715 Die einzige Ausnahme von diesem Grundsatz regelt *Rule 21 Note 7 CC*, der die Ausgabe von Eigenkapital bzw. von *convertibles* ausnahmsweise gestattet, wenn die Ausgabe im Rahmen eines bereits fest etablierten Aktienoptionsprogramms der Zielgesellschaft erfolgt.

defense). Neben der Veräußerung ist es dem *Board* aber auch untersagt, während der Angebotsphase wesentliche Vermögensgegenstände hinzuzuerwerben (sog. *fat-man strategy*).

Die Befugnis zur Veräußerung und zum Erwerb von Unternehmensbeteiligungen, Tochtergesellschaften oder sonstigen wesentlichen Vermögensgegenständen hat außerhalb der Übernahmephase gemäß *Table A, art. 70 Companies Regulation Act 1985* das *Board of directors* und nicht die Hauptversammlung[716].

Ein Vermögensgegenstand ist als wesentlich im Sinne von *Rule 21.1. (d) CC* zu qualifizieren, wenn sein Wert mehr als 10 Prozent des gesamten Werts der Zielgesellschaft ausmacht, *Rule 21.1. Note 2 CC.*

Durch den angedrohten oder tatsächlichen durchgeführten Verkauf von Vermögensgegenständen oder Gesellschaftsanteilen, die für den Bieter besonders interessant sind, verliert dieser womöglich sein Interesse an der Zielgesellschaft und tritt von seinen Übernahmeplänen zurück[717]. Die Veräußerung von für den Bieter besonders interessanten Unternehmensbestandteilen ist somit als potentiell angebotsvereitelnde Maßnahme zu qualifizieren.

(3) Verbot der Vornahme außergewöhnlicher Rechtsgeschäfte

Ferner ist es den Direktoren untersagt, Verträge abzuschließen, die nicht der normalen Geschäftstätigkeit der Gesellschaft zuzuordnen sind, *Rule 21.1. (e) CC.* Im Umkehrschluss bedeutet dies, dass die Leitungsorgane während der Angebotsphase keine über das gewöhnliche Tagesgeschäft hinausgehenden Kontrakte eingehen dürfen.

Die Weiterführung des Tagesgeschäfts muss der Zielgesellschaft jedoch gestattet bleiben, da die Zielgesellschaft ansonsten während der Angebotsphase gelähmt wäre, was weder dem Interesse der Aktionäre noch dem Interesse des Bieters entspräche, weil eine Lähmung der Zielgesellschaft ihren Wert nachhaltig verringern würde.

(4) Rückerwerb eigener Aktien

Eine weitere potentielle Abwehrmaßnahme kann der Rückerwerb eigener Aktien darstellen. Der Rückerwerb eigener Aktien führt aufgrund der erhöhten Nachfrage zu steigenden Kursen der Papiere der Zielgesellschaft. Dies wiederum ver-

---

716 *Pennington* in: Company Law, Seite: 697.

717 *Weinberg/Blank* in: On Takeovers and Mergers, Rn. 4-7085; *Schwennicke* in: *Geibel/Süßmann*, Kommentar zum WpÜG, § 33 Rn. 29; *Zech* in: Abwehrmaßnahmen, Seite: 218 jeweils mit weiteren Nachweisen.

teuert die Transaktionskosten für den Bieter[718]. Andererseits verringert sich für den Bieter aber durch den Rückerwerb auch die Zahl der von ihm insgesamt zu erwerbenden Stimmrechte. Dies führt dazu, dass der Bieter insgesamt weniger Stimmrechte erwerben muss, um die angestrebte Beteiligungsschwelle zu erreichen. Falls nun der Börsenkurs der Wertpapiere der Zielgesellschaft trotz der stimulierten Nachfrage nicht so stark ansteigt wie erhofft, können die Transaktionskosten des Bieters sich sogar verringern. Es besteht somit die Gefahr, dass sich das Rückerwerbsprogramm als Bumerang entpuppt. Deshalb stellt der Rükkerwerb eigener Aktien keine effektive Abwehrmaßnahme dar[719]. Gleichwohl untersagt *Rule 37.3. CC* dem *Board* der Zielgesellschaft den Rückerwerb eigener Aktien ohne vorherige Zustimmung der Hauptversammlung.
Der *CC* stuft den Erwerb eigener Aktien folglich als angebotsvereitelnde Maßnahme im Sinne von *General Principle 7* ein und entzieht deshalb den Leitungsorganen konsequenterweise die Befugnis zur Ausübung dieser Maßnahme während der Angebotsphase.

(5) Einschaltung der Gerichte

Das *Panel* erachtet die in *Rule 21.1. und Rule 37.3. CC* vorgenommene Aufzählung von Maßnahmen nicht als abschließend. Deshalb können auch Maßnahmen, die außerhalb der Übernahmephase in den Kompetenzbereich des *Boards* fallen einen Verstoß gegen *General Principle No. 7 CC* darstellen, obwohl sie in den *Rules* nicht ausdrücklich genannt sind[720].
Eine angebotsvereitelnde und somit zustimmungsbedürftige Maßnahme kann nach Ansicht des *Panels* auch die Anrufung der Gerichte auf Veranlassung der Zielgesellschaft darstellen. Die Kompetenz die Gerichte anzurufen, wird den Direktoren grundsätzlich durch die Satzung übertragen[721].
Das *Panel* setzte sich anlässlich der Übernahme der *Consolidated Gold Fields plc.* (*„Consgold"*) durch die *Minorco plc.* ausführlich mit dem möglicherweise angebotsvereitelnden Charakter der Einleitung von Rechtsstreitigkeiten auseinander[722]. Das *Panel* erachtete im Ergebnis die Anrufung eines amerikanischen

718 *Michalski* in: AG 1997, 152 (154); *Zech* in: Abwehrmaßnahmen: Seite: 222.
719 *Stedman* in: Takeovers, Seite: 402.
720 *Weinberg/Blank* in: On Takeovers and Mergers, Rn. 4-7093; Stedman in: Takeovers, Seite: 403.
721 *Pennington* in: Company Law, Seite: 697.
722 *Panel Statement Consolidated Gold Fields* vom 9. Mai 1989, Seite: 1 (1). *Minorco plc.* veröffentlichte am 21. 9. 1988 erstmals ein Übernahmeangebot für die Wertpapiere der *Consgold plc.* Am 25. 10. 1988 verfiel dieses erste Übernahmeangebot automatisch, infolge einer Überweisung an die Wettbewerbsbehörden (*Mono-*

Gerichts durch die Direktoren von *Consgold* als eine Maßnahme, die gegen *General Principle 7 CC* verstoße. Es führte aus, dass die Ergreifung von rechtlichen Schritten, die dazu führen können, dass das Angebot scheitert, eine Maßnahme sei, die während der Übernahmephase nicht ohne Zustimmung der Hauptversammlung ergriffen werden dürfe[723]. Ob die Zielgesellschaft Gerichte in Großbritannien oder in anderen Ländern anrufe, spiele wegen der gleichen angebotshindernden Wirkung keine Rolle[724].
Das *Panel* stuft folglich die Einschaltung von Gerichten als angebotsvereitelnde Maßnahme ein[725]. Dabei komme es für einen Verstoß gegen *General Principle 7 CC* nicht darauf an, ob die Direktoren der Zielgesellschaft mit der Anrufung der Gerichte einen vermeintlichen Rechtsverstoß des Bieters rügen wollen oder die Gerichte nur aus taktischen Erwägungen einschalten, die Intention der Direktoren ist vielmehr irrelevant[726].
Die britischen Gerichte haben sich dieser im Lichte von *General Principle 7 CC* konsequenten Linie des *Panels* angeschlossen. So wies ein britisches Gericht im Jahre 1990 im Rahmen des Übernahmekampfes zwischen *Plessey* und *General*

---

polies and Merger Commission). Am selben Tag erließ ein von der *Newmont Mining Corporation* („*Newmont*") angerufenes us-amerikanisches Gericht eine einstweilige Verfügung gegen *Minorco plc. Newmont* war eine amerikanische Gesellschaft, an der *Consgold* zu diesem Zeitpunkt mit 49 Prozent beteiligt war.
Das Gericht untersagte der Minorco plc. in seiner einstweiligen Verfügung, die Kontrolle an der Consgold plc. zu erwerben. Nachdem im Februar 1989 sowohl die *Monopolies and Merger Commission* als auch die europäische Kommission die Übernahme als kartellrechtlich unbedenklich eingestuft hatten, veröffentlichte *Minorco* am 20. Februar 1989 ein neues Übernahmeangebot.
Minorco stellte sein neues Übernahmeangebot unter die Bedingung, dass *Consgold* keine die Durchführung des Angebots behindernden rechtlichen Schritte ergreift, insbesondere nicht in den Vereinigten Staaten von Amerika. Am 22. März erließ der *United States Federal Court of Appeals* zugunsten von *Consgold* eine einstweilige Verfügung, in der er *Minorco* untersagte, die Kontrolle an *Consgold* zu erwerben.
Am 26. April 1989 gab *Minorco* bekannt, dass ihr soviel Annahmeerklärungen zugegangen sind, dass sie nunmehr 54, 8 Prozent der Stimmrechte an *Consgold* kontrolliert. Das Übernahmeangebot konnte jedoch wegen der entgegenstehenden us-amerikanischen einstweiligen Verfügung noch nicht vollzogen werden. Das *Panel* hatte deshalb darüber zu entscheiden, ob die Direktoren von *Consgold* mit der Anrufung des amerikanischen Gerichts gegen *General Principle No. 7 CC* verstoßen haben.

723 Panel Statement, *Consolidated Gold Fields* vom 9. Mai 1989, Seite: 1 (1).

724 Panel Statement, *Consolidated Gold Fields* vom 9. Mai 1989, Seite: 1 (1).

725 *Pudge* in: *Button*, A Practitioners Guide, Seite: 207 (221); *Weinberg/Blank* in: On Takeovers and Mergers, Rn. 4-7119; *Davies* in: Gowers Company Law, Seite: 717.

726 Panel Statement, *Consolidated Gold Fields* v. 9. May 1989, Seite: 6; *Davies* in: *Hopt/Wymeersch*, European Takeovers, Seite: 195 (200).

Electric eine Eingabe von *Plessey* ab, mit der *General Electric* an der Abgabe eines Übernahmeangebotes gehindert werden sollte[727]. Bei Nichtabweisung der Eingabe hätte *General Electric* den vom *CC* vogegebenen Zeitplan nicht mehr einhalten können und wäre somit an der Veröffentlichung seiner Angebotsunterlage gehindert gewesen[728]. Deshalb ist die Anrufung des Gerichts in diesem Fall als angebotsvereitelnde Maßnahme zu qualifizieren gewesen.
Die britischen Gerichte unterstützen folglich die Haltung des *Panels* und sind deshalb während der Dauer des Übernahmekampfes grundsätzlich nicht bereit einzugreifen. Diese Haltung führt dazu, dass taktische Gerichtsklagen in der britischen Übernahmepraxis sehr selten sind[729].

(b) Keine Zustimmung der Hauptversammlung erforderlich

Eine Zustimmung der Hauptversammlung zu den oben genannten Maßnahmen ist nicht erforderlich, wenn sich die Zielgesellschaft vor Beginn der *offer period* gegenüber einem Dritten vertraglich zur Durchführung einer zustimmungsbedürftigen Maßnahme verpflichtet hat.
Außerdem nicht zustimmungsbedürftig ist die Suche nach einem konkurrierenden Übernahmeangebot.

(1) Vertragliche Verpflichtung vor Beginn der Angebotphase

Die in *Rule 21* und *Rule 37.3. CC* genannten Maßnahmen können auch ohne Zustimmung der Hauptversammlung getroffen werden, wenn sich die Zielgesellschaft vor Beginn der Angebotsphase bereits vertraglich zur Durchführung dieser Maßnahme (z. B. zur Veräußerung eines Unternehmensbestandteils) verpflichtet hat. Dies ergibt sich mittelbar aus *Rule 21.1. Note 5 (b) CC*, die dem Bieter den Widerruf seines Übernahmeangebots gewährt, falls die Zielgesellschaft eine an sich zustimmungsbedürftige Transaktion unter Berufung auf die Pflicht zur Vollziehung eines vor Beginn der Angebotsphase geschlossenen Vertrages vornimmt[730].
Der Zielgesellschaft soll durch diese Ausnahme die Fortführung einer bereits fest eingeschlagenen Unternehmensstrategie auch während der Angebotsphase er-

---

727 Nachweise bei *Weinberg/Blank* in: On Takeovers and Mergers, Rn. 4-7115.
728 Nachweise bei *Weinberg/Blank* in: On Takeovers and Mergers, Rn. 4-7115.
729 *Möller* in: Die Stellung des Aktionärs, Seite: 186f.
730 *Weinberg/Blank* in: On Takeovers and Mergers, Rn. 4-7093: Falls noch kein förmlicher Kontrakt geschlossen wurde, hat das *Panel* die Möglichkeit, den Zustimmungsvorbehalt der Hauptversammlung auf Antrag der Zielgesellschaft außer Kraft zu setzen.

möglicht werden. Die Vollziehung des Verkaufs eines gemäß *Rule 21.1. (d) CC* als wesentlich einzustufenden Vermögensbestandteils ist daher möglich, sofern der Kaufvertrag bereits vor Beginn der Angebotsphase geschlossen wurde. Sinn und Zweck dieser Regelung ist es, die Handlungsfähigkeit der Zielgesellschaft nicht unverhältnismäßig stark zu lähmen. Eine solche Lähmung würde jedoch eintreten, wenn man die Befugnisse der Direktoren zum Abschluss wesentlicher Rechtsgeschäfte unter die auflösende Bedingung der Abgabe eines Übernahmeangebots stellen würde. Mithin ist diese Ausnahme im Interesse der Gesellschaft geboten.
Da die Direktoren bei Abschluss des entsprechenden Vertrages noch keine Kenntnis von dem bevorstehenden Übernahmeangebot hatten, befanden sie sich zu diesem Zeitpunkt (noch) nicht in dem die Zustimmung der Hauptversammlung rechtfertigenden Interessenkonflikt. Deshalb wäre ein nachträgliches Zustimmungserfordernis auch im Lichte der Partikularinteressen der Aktionäre der Zielgesellschaft nicht erforderlich.

(2) Suche nach einem konkurrierenden Angebot (white knight)

Ebenfalls gestattet ist den Direktoren der Zielgesellschaft die Suche nach einem ihr wohlgesonnenen Dritten, der seinerseits ein Übernahmeangebot abgibt, dem sog. *white knight*.
Die Suche nach einem Dritten ist nicht als angebotsvereitelnde Maßnahme im Sinne von General *Principle 7 CC* zu qualifizieren. Denn angebotsvereitelnde Maßnahmen sind nur Maßnahmen, die geeignet sind, den Wertpapierinhabern der Zielgesellschaft die Möglichkeit zu nehmen, selbst über die Vorteilhaftigkeit des Übernahmeangebots zu entscheiden[731]. Die Entscheidungsfreiheit der Aktionäre wird jedoch durch die Einholung eines zweiten Übernahmeangebots nicht beeinträchtigt sondern erweitert. Den Aktionären wird mithin eine weitere Option eröffnet. Die Möglichkeit, das erste Übernahmeangebot anzunehmen, wird jedoch nicht von Seiten der Verwaltung beeinträchtigt[732]. Vielmehr wird die durch das zweite Übernahmeangebot entstehende Auktionssituation im Interesse der Aktionäre liegen, da sich hierdurch ihre Übernahmeprämie erhöht.

---

731 *Weinberg/Blank* in: On Takeovers and Mergers, Rn. 4-7092; *Davies* in: *Hopt/Wymeersch*, European Takeovers, Seite: 195 (202).
732 *Hopt* in: ZGR 1993, 534 (557).

(aa) Gebot der Bietergleichbehandlung in informationeller Hinsicht

Der *CC* normiert eine Gleichbehandlung konkurrierender Bieter in informationeller Hinsicht. Das Management der Zielgesellschaft ist verpflichtet, einem konkurrierenden Bieter auf Nachfrage dieselben Informationen bezüglich der Zielgesellschaft zur Verfügung zu stellen wie dem Konkurrenten, *Rule 20.2. CC*. Unerheblich ist hierbei, ob der konkurrierende Bieter weniger willkommen ist als der erste Bieter, sofern es sich um ein ernsthaftes Übernahmeangebot handelt und der konkurrierende Bieter seine Übernahmeabsicht bereits veröffentlicht hat[733]. Eingeschränkt wird dieser Grundsatz zumindest formell dadurch, dass die Zielgesellschaft dem weniger willkommenen Bieter die Informationen nicht von sich aus zur Verfügung stellen muss, sondern nur auf Anfrage (*on request*), wobei der feindliche Bieter gehalten ist, seine Fragen zu spezifizieren. In der englischen Übernahmepraxis führt diese Einschränkung zur Übersendung von extrem langen Fragenkatalogen[734]. Im Ergebnis bleibt es daher trotz dieser Einschränkung beim strikten Gebot der Bietergleichbehandlung durch den *CC*.
Dies kann dazu führen, dass eine Zielgesellschaft, die einem freundlichen Bieter Zugang zu sensiblen Daten verschafft hat, dieselben vertraulichen Informationen auch dem feindlichen konkurrierenden Bieter zur Verfügung stellen muss. Das Management der Zielgesellschaft muss sich somit bereits vor Weitergabe der Daten an den freundlichen Bieter der Gefahr bewusst sein, dass es unter Umständen die sensiblen Informationen auch an einen feindlichen Bieter herausgeben muss.
Dieses im Interesse der Wertpapierinhaber normierte Gebot der Bietergleichbehandlung kann daher auch zu einem Risiko für die Gesellschaft werden. Eine Befugnis der Direktoren zur Vorenthaltung von Informationen gegenüber einem feindlichen Bieter würde jedoch als angebotsvereitelnde Maßnahme gegen *General Principle 7 CC* verstoßen[735]. Denn die Nichtherausgabe von für die Unternehmensbewertung wesentlichen Informationen könnte potentielle Bieter von der Abgabe eines attraktiven Übernahmeangebots abhalten. Mithin ist das Gebot der Bietergleichbehandlung im Kontext des strengen Verhinderungsverbots des *CCs* konsequent.

733 Panel Statement HSBC Holdings plc/Lloyds Bank plc/Midland Bank plc, 15/1992, Seite: 1 (3); *Pudge* in: *Button*, A Practitioners Guide, Seite: 207 (221); *Morse* in: Company Law; Seite: 612; *Davies* in: *Hopt/Wymeersch*, European Takeovers, Seite: 195 (202).

734 *Hopt* in: ZGR 2002, 333 (358).

735 Panel Statement HSBC Holdings plc/Lloyds Bank plc/Midland Bank plc, 15/1992, Seite: 1 (3); *Davies* in: *Hopt/Wymeersch*, European Takeovers, Seite: 195 (202).

(bb) Zulässigkeit von Verträgen zwischen Bieter und Zielgesellschaft

Eine weitere Frage, die sich in diesem Zusammenhang stellt, ist die Zulässigkeit von Verträgen des ursprünglichen Bieters mit der Zielgesellschaft, in denen sich die Zielgesellschaft verpflichtet, das (erste) Übernahmeangebot seinen Aktionären zur Annahme zu empfehlen und kein weiteres Übernahmeangebot zu veranlassen.
In *Dawson Int. plc. v Coates Patons plc.*[736] verpflichtete sich das Management der Zielgesellschaft gegenüber dem ersten Bieter, dessen Übernahmeofferte zu empfehlen und dazu, nicht mit einem konkurrierenden Bieter zusammen zu arbeiten. Nach Abgabe eines vorteilhafteren Übernahmeangebots durch einen später hinzutretenden konkurrierenden Bieter nahmen die Leitungsorgane der Zielgesellschaft dennoch Gespräche mit dem rivalisierenden Bieter auf und empfahlen ihren Aktionären dessen Offerte anzunehmen. Der erste Bieter machte geltend, dass das *Board* der Zielgesellschaft damit gegen seine Vertragspflichten verstoßen habe und forderte Schadenersatz.
Der mit dem Fall befasste *Scottish Court of Session* erachtete den zwischen dem ersten Bieter und der Zielgesellschaft geschlossenen Vertrag zwar grundsätzlich als wirksam Allerdings stünde ein solcher Vertrag immer unter der konkludent vereinbarten auflösenden Bedingung, dass ein rivalisierender Bieter nicht unaufgefordert ein höheres Übernahmeangebot abgebe[737]. Diese konstruiert wirkende Entscheidung des schottischen Gerichts entspricht im Ergebnis den Vorgaben des *CCs,* da den Aktionären aufgrund der „auflösenden Bedingung“ nicht die Möglichkeit genommen wird, über die Vorteilhaftigkeit des konkurrierenden Übernahmeangebots zu entscheiden. Der Vertrag zwischen dem ersten Bieter und den Direktoren der Zielgesellschaft ist daher bei Beachtung der vom schottischen Gericht vorgegebenen Auslegung nicht als angebotsvereitelnde Maßnahme im Sinne von *General Principle 7 CC* einzuordnen.

2) Ergebnis

Die Analyse der einzelnen zustimmungsbedürftigen Maßnahmen zeigt, dass das *Panel* die in *General Principle 7 CC* getroffene Grundsatzentscheidung konsequent umsetzt. Dogmatisch greift der *CC* damit in die von der Satzung (*articles*) vorgenommene Kompetenzverteilung zwischen dem *Board* und der Hauptversammlung ein. Er entzieht dem *Board* die Kompetenz zur Ergreifung von angebotsvereitelnden Maßnahmen und weist diese Kompetenz der Hauptversammlung

---

736 Dawson Int. plc. v Coates Patons plc., B. C. L. C. 1990, 560 (561).
737 Dawson Int. plc. v Coates Patons plc., B. C. L. C. 1990, 560 (563).

zu. Dadurch wird erreicht, dass alleine die Wertpapierinhaber der Zielgesellschaft über den Erfolg des Übernahmeangebots entscheiden können.
Die Kompetenzen der Leitungsorgane beschränken sich deshalb während der Übernahmephase auf die Fortführung des Tagesgeschäfts der Zielgesellschaft und gegebenenfalls auf die Erfüllung von bereits vor der Angebotsphase eingegangenen Verpflichtungen.
Falls die Leitungsorgane der Meinung sind, dass eine Verhinderung der Übernahme dem wohlverstandenen Gesellschaftsinteresse entspricht, haben sie nur ein sehr eingeschränktes Arsenal an Möglichkeiten. Ihnen verbleibt de facto nur die Möglichkeit, für ihre ablehnende Position bei den Wertpapierinhabern der Zielgesellschaft um Unterstützung zu werben.

b) Das Vereitelungsverbot im deutschem Recht

Die im deutschen Gesetzgebungsverfahren umstrittene Frage der Verhaltenpflichten des Vorstands der Zielgesellschaft bei feindlichen Übernahmeangeboten ist nunmehr in § 33 WpÜG geregelt. Bevor jedoch geklärt werden kann, welche Verhaltenspflichten den Leitungsorgane der Zielgesellschaft während der Übernahmephase obliegen, ist zunächst zu analysieren, wie die Befugnisse in der deutschen Aktiengesellschaft grundsätzlich verteilt sind.
Gemäß § 76 I AktG ist der Vorstand das eigenverantwortliche nicht weisungsgebundene Leitungsorgan der Gesellschaft. Er führt die Geschäfte und vertritt die AG gerichtlich und außergerichtlich, § 78 I AktG. Der Vorstand nimmt die Unternehmerfunktion in der Aktiengesellschaft ein, d.h. sein unternehmerisches Ermessen entscheidet über Zielkonzeption, Organisation, Führungsgrundsätze und Geschäftspolitik der Aktiengesellschaft. Begrenzt wird sein Ermessen zunächst dadurch, dass er neben den Gesetzen, den rechtlichen Verpflichtungen, der Satzung der Gesellschaft, den Entscheidungen des Aufsichtsrats, auch die rechtmäßigen Entscheidungen der Hauptversammlung zu beachten hat[738].
In die Befugnis der Hauptversammlung fallen zunächst die in § 119 I AktG ausdrücklich genannten Maßnahmen. Die Hauptversammlung hat jedoch keine Allgemeinzuständigkeit, etwa derart, dass sie alles regeln und beschließen kann was nicht ausdrücklich Vorstand oder Aufsichtsrat übertragen ist. Vielmehr trifft der umgekehrte Fall zu, d. h. dem Vorstand und Aufsichtsrat sind sämtliche Kompetenzen zugewiesen, es sei denn, die Satzung oder das Gesetz weisen die Kompetenz ausdrücklich der Hauptversammlung zu[739].

---

738 *Mertens* in: KK-AktG, § 76 Rn. 10; *Henn* in: Aktienrecht, Rn. 570; grundlegend *Hopt* in: ZGR 1993, 534 (538).
739 *Henn* in: Aktienrecht, Rn. 688; Hüffer in: Kommentar zum AktG, § 119 Rn.1.

Zu den wichtigsten Beschlusskompetenzen der Hauptversammlung zählen insbesondere die Bestellung der Mitglieder des Aufsichtsrats, die Verwendung des Bilanzgewinns, die Entlastung der Mitglieder des Vorstands und des Aufsichtsrats, Satzungsänderungen, die Befugnis zu kapitalverändernden Maßnahmen und die Liquidation der Gesellschaft[740].
Im Umkehrschluss bedeutet dies, dass alle Maßnahmen der Geschäftsführung ausschließlich dem Vorstand obliegen, da Geschäftsführungsmaßnahmen nicht ausdrücklich der Hauptversammlung zugewiesen sind. Der Vorstand hat jedoch die Möglichkeit, die Zuständigkeit der Hauptversammlung durch Vorlage einer Geschäftsführungsmaßnahme zu begründen, § 119 II AktG. Dieses Ermessen zur Vorlage kann sich nach Ansicht des BGH (Holzmüller) in eine Vorlagepflicht des Vorstandes umwandeln, wenn der Vorstand vernünftigerweise nicht annehmen könne, dass er die Entscheidung in ausschließlich eigener Entscheidung, d. h. ohne Beteiligung der Hauptversammlung treffen dürfe. Diese Vorlagepflicht bestehe insbesondere dann, wenn die Geschäftsführungsmaßnahme tief in die Mitgliedsrechte der Aktionäre und ihr im Anteilseigentum verkörpertes Vermögensinteresse eingreife. Deshalb habe der Vorstand zum Beispiel eine Zustimmung der Hauptversammlung einzuholen, wenn er einen Betrieb, der den überwiegenden Teil des Gesellschaftsvermögens verkörpert, aus dem Gesellschaftsunternehmen ausgliedern möchte[741].
Sieht man einmal von dieser durch die Holzmüller-Entscheidung begründeten ungeschriebenen Kompetenz der Hauptversammlung ab, so ist festzustellen, dass die Machtbefugnisse in der Aktiengesellschaft in der Weise verteilt sind, dass dem Vorstand die alleinige Befugnis zur Geschäftsführung zugewiesen ist.
Bei der Ausübung seines unternehmerischen Ermessens zum Zwecke der Geschäftsführung hat der Vorstand das Gesellschafts- bzw. Unternehmensinteresse zu berücksichtigen. Dieses umfasst als Oberbegriff insbesondere die Interessen der Aktionäre, die Interessen der Arbeitnehmer, die Interessen der Öffentlichkeit und das Interesse am Erfolg des Unternehmens[742].
Das vom Vorstand zu vertretende Unternehmensinteresse ist folglich nicht deckungsgleich mit dem Aktionärsinteresse. Der Vorstand ist weder verpflichtet noch berechtigt sich bei der Erfüllung seiner Leitungsaufgabe ausschließlich am Interesse der Aktionäre zu orientieren[743].

---

740 Die Liste ist nicht vollständig, vergleiche hierzu die ausführliche Darstellung bei *Henn* in: Aktienrecht, Rn. 689ff.

741 BGHZ 83, 122 (131).

742 *Hüffer* in: Kommentar zum AktG, § 76 Rn. 12; *Mertens* in: KK-AktG, § 76 Rn. 16ff; *Lange* in: WM 2002, 1737 (1739f.)

743 *Hopt* in: ZGR 2002, 333 (360); *Underhill/Austmann* in: *Payne,* Takeovers, Seite: 87 (96).

Bei der Verfolgung des Unternehmensinteresses, d.h. bei der Geschäftsführung haben die Vorstandsmitglieder „die Sorgfalt eines ordentlichen und gewissenhaften Geschäftsleiters“ anzuwenden, § 93 I S.1 AktG. Wenden die Vorstandsmitglieder diesen Sorgfaltsmaßstab nicht an, handeln sie pflichtwidrig und machen sich ihrer Gesellschaft gegenüber schadensersatzpflichtig, § 93 II S.1 AktG. Mit der Frage, welche Anforderungen an einen „ordentlichen und gewissenhaften Geschäftsleiter“ zu stellen sind, beschäftigte sich der BGH in der ARAG/Garmenbeck-Entscheidung[744]. Der BGH entschied, dass dem Vorstand bei seiner Entscheidungsfindung ein breites unternehmerisches Ermessen zuzumessen sei. Deshalb seien seine Handlungen, sofern nicht ein Mangel an Entscheidungsfindung oder akuter Interessenkonflikt im Hinblick auf die Entscheidung festzustellen sei, nur dahingehend überprüfbar, ob die Grenzen verantwortlicher Unternehmensführung deutlich überschritten wurden oder unverantwortliche Risiken eingegangen wurden[745]. Die vom Vorstand getroffene Entscheidung ist daher erst dann pflichtwidrig, wenn die Entscheidung als schlechthin unvertretbar zu qualifizieren ist[746]. Bezugspunkt des Vorstandshandelns ist das Unternehmensinteresse, welches sich aus der oben dargestellten Gemengelage von sich teilweise konfligierenden Einzelinteressen zusammensetzt. Da der Vorstand bei seiner Ermessensausübung mal das eine, mal das andere Interesse bevorzugen darf, lässt sich de facto fast jede vom Vorstand getroffene Entscheidung als mit dem Unternehmensinteresse vereinbar deklarieren[747].

Zusammenfassend ist daher festzustellen, dass auch im deutschen Recht den Leitungsorganen ein weites unternehmerisches Ermessen bei der ihnen obliegenden Geschäftsführung zukommt. Die Entscheidungen des Vorstands sind gerade aufgrund dieses weiten Ermessensspielraums nur eingeschränkt justiziabel.

Kontrolliert und überwacht wird die Geschäftsführung des Vorstands im deutschen Aktienrecht allerdings noch durch den Aufsichtsrat, dessen Hauptfunktion die Kontrolle und Überwachung des von ihm bestellten Vorstands ist[748]. Dennoch besteht in der Bundesrepublik Deutschland dieselbe Problematik, die bereits für den britischen Rechtskreis herausgearbeitet wurde: Dem Vorstand wäre es folglich bei gleicher Fortgeltung der oben beschriebenen Kompetenzverteilung während der Angebotsphase möglich, aus eigennützigen Motiven, aber gleichwohl unter Berufung auf ein scheinbar entsprechendes Unternehmensinteresse, Abwehrmaßnahmen zu ergreifen, ohne das ihm dieser Pflichtenverstoß nachgewiesen werden könnte. Da es aber nahe liegt, dass der Vorstand auch aus eigen-

744 BGH ZIP 1997, 883 (885).
745 BGH ZIP 1997, 883 (886).
746 *Drygala* in: ZIP 2001, 1861 (1865), *Kindler* in: ZHR 162 (1998), 101 (106).
747 *Drygala* in: ZIP 2001, 1861 (1865).
748 *Henn* in: Aktienrecht, Rn. 608.

nützigen Motiven versucht, die feindliche Übernahmeofferte zu verändern, stellt sich folglich auch im deutschen Recht die Frage, ob das weite Leitungsermessen des Vorstands während der Angebotsphase einzuschränken ist.
Um zu verhindern, dass der Vorstand seine Leitungsmacht zur Durchsetzung eigennütziger Motive ausnutzt, wurde vor Inkrafttreten des WpÜG in Deutschland bereits ganz überwiegend vertreten, dass der Vorstand nicht die Kompetenz zur Ergreifung von Abwehrmaßnahmen habe, sondern vielmehr zur Neutralität beziehungsweise Zurückhaltung bei Übernahmekämpfen verpflichtet sei[749].
Begründet wurde die Neutralitätspflicht überwiegend damit, dass der Vorstand bei der Ergreifung einer Abwehrmaßnahme in der Absicht handele, den Bieter an der zukünftigen Ausübung seiner Aktionärsrechte zu hindern. Durch diese vorgezogene gezielte Beeinflussung überschreite der Vorstand das ihm zustehende Leitungsermessen aus kompetenzrechtlichen Erwägungen, da er als Organ der Aktiengesellschaft kraft Gesetzes von der Mitwirkung an der Willensbildung in der Hauptversammlung ausgeschlossen sei. Deshalb sei die sich aus § 76 I AktG ergebende Leitungsmacht des Vorstandes während der Übernahmephase im Wege der teleologischen Reduktion zu begrenzen[750]. Denn der Vorstand habe weder das Recht noch die Pflicht auf die Zusammensetzung des Aktionärskreises Einfluss zu nehmen[751].
Demgegenüber sahen lediglich einzelne Vertreter keine Notwendigkeit einer teleologischen Reduktion des Leitungsermessens und billigten dem Vorstand vielmehr auch während der Übernahmephase den durch § 76 AktG eröffneten ganz normalen weiten Ermessensspielraum zu[752]. Entscheidend sei alleine, ob die vom Vorstand getroffene Maßnahme dem Unternehmensinteresse entspreche. Falls

---

749 So etwa *Mertens* in: KK-AktG, § 76 Rn. 26; *Koch* in: Neutralitätspflicht, Seite: 236, *Hopt* in: ZGR 1993 534 (548), *Assmann/Bozenhardt* in: *Assmann/Basaldua/Bozenhardt/Peltzer* in: Übernahmeangebote, Seite: 114, *Dimke/Heiser* in: NZG 2001, 241 (246); *Merkt* in: ZHR 165 (2001), 224 (256); *Maier-Riemer* in: ZHR 165 (2001), 258 (260); *Immenga* in: AG 1992, 79 (81) jeweils mit weiteren Nachweisen.

750 *Merkt* in: ZHR 165 (2001), 224 (247ff.); *Dimke/Heiser* in: NZG 2001, 241 (246), teilweise wurde die Neutralitätspflicht auch aus dem aktienrechtlichen Gleichbehandlungsgebot gefolgert, so etwa *Hopt* in: FS *Lutter*, 1361 (1376) mit weiteren Nachweisen.

751 *Mertens* in: KK-AktG, § 76 Rn. 26. In Ausnahmefällen billigten einige exponierte Vertreter der Neutralitätspflicht, dem Vorstand gleichwohl das Recht bzw. die Pflicht zur Ergreifung von Abwehrmaßnahmen für den Fall zu, dass der Zielgesellschaft durch die Übernahme ein erheblicher Schaden drohe würde. Als (theoretische) Beispiele wurden die Übernahme durch die Mafia oder einen politisch exponierten ausländischen Staat angeführt, so *Mertens* in: KK-AktG, § 76 Rn. 26; *Hopt* in: *Hopt/Wiedemann*, GrossKomm zum AktG, § 93 Rn. 125.

752 *Kirchner* in: WM 2000, 1821 (1825); *Weisner* in: Verteidigungsmaßnahmen, Seite: 144.

dies der Fall sei, könne der Vorstand auch Abwehrmaßnahmen ergreifen, selbst wenn er dadurch Einfluss auf die Aktionärsstruktur nehme[753].
Der deutsche Gesetzgeber hat sich zunächst der herrschenden Auffassung angeschlossen und deshalb im Diskussions- und Referentenentwurf die Zulässigkeit der Ergreifung von Abwehrmaßnahmen von der vorherigen Zustimmung der Hauptversammlung abhängig gemacht. Diese Entwürfe waren maßgeblich von der zu diesem Zeitpunkt noch nicht gescheiterten EU-Übernahmerichtlinie beeinflusst, deren Art. 9 Abs. 1a der Verwaltung der Zielgesellschaft untersagte, angebotsvereitelnde Maßnahmen zu ergreifen. Nach dem von deutscher Seite herbeigeführten Scheitern der Übernahmerichtlinie, sah sich der Gesetzgeber von diesen europarechtlichen Zwängen befreit[754]. Er nutzte diese Freiheit, indem er den § 33 WpÜG gegenüber dem Referentenentwurf signifikant veränderte.
In welcher Art und Weise der Gesetzgeber diese Freiheit genutzt hat, soll im Folgenden kritisch analysiert werden.

1) Grundsatz: Verbot der Ergreifung angebotsvereitelnder Maßnahmen § 33 I S.1 WpÜG

Gemäß § 33 I S.1 WpÜG darf der Vorstand der Zielgesellschaft nach Veröffentlichung der Entscheidung zur Abgabe eines Übernahmeangebots bis zur Veröffentlichung des Ergebnisses keine Maßnahmen vornehmen, durch die der Erfolg des Übernahmeangebots verhindert werden könnte.
Dieses Vereitelungsverbot des Vorstands reicht (theoretisch) ziemlich weit, weil nach dem eindeutigen Gesetzeswortlaut nicht erforderlich ist, dass die ergriffene Maßnahme tatsächlich den Erfolg des Übernahmeangebots verhindert hat, sondern es ausreicht, wenn die Maßnahme zum Zeitpunkt ihrer Vornahme objektiv geeignet erscheint, das Übernahmeangebot zu verhindern. Außerdem ist in subjektiver Hinsicht auch keine Verhinderungsabsicht der Leitungsorgane erforderlich[755].
Ausweislich der Gesetzesbegründung handelt es sich bei der Regelung des § 33 I S.1 WpÜG um die Umsetzung des bereits aus dem geltenden Aktienrechts folgenden Verbots der eigenmächtigen Ergreifung erfolgsverhindernder Maßnahmen durch die Leitungsorgane der Zielgesellschaft[756].

---

753 *Kirchner* in: WM 2000, 1821 (1825).
754 Zum Scheitern der Richtlinie siehe oben: 2. Kap A.
755 Begr.-RegE. BT-Drucks. 14/7034, Seite: 57; *Krause* in: NJW 2002, 705 (711); *Stohlmeier* in: German Takeover Law, Seite: 85; *Mühle* in: Übernahmegesetz, Seite: 285.
756 Begr.-RegE. BT-Drucks. 14/7034, Seite: 57.

In zeitlicher Hinsicht gilt dieses Verhinderungsverbot ab dem Zeitpunkt der Veröffentlichung der Entscheidung zur Abgabe eines Übernahmeangebots. Damit ist der Anwendungsbereich kürzer als im britischen Recht, wo das strenge Vereitelungsverbot bereits eingreift, wenn die Direktoren Kenntnis von einem bevorstehenden Übernahmeangebot erlangt haben. Praktische Relevanz erlangt dieser Unterschied, wenn der Bieter im Vorfeld des Übernahmeangebots mit den Leitungsorganen der Zielgesellschaft Gespräche über die Übernahmekonditionen geführt hat, da er zunächst eine freundliche Übernahme anstrebte, diese Verhandlungen jedoch ergebnislos abgebrochen wurden und der Bieter nunmehr ein feindliches Übernahmeangebot abgibt.
Bei dieser Konstellation besteht der das Verhinderungsverbot rechtfertigende Interessenkonflikt bereits vor Veröffentlichung der Übernahmeabsicht. Denn die Vorstandmitglieder müssen nach dem Scheitern der Verhandlungen in hohem Maße damit rechnen, nach erfolgter Übernahme ausgetauscht zu werden. Deshalb erscheint der britische Weg vorzugswürdig. Der Anwendungsbereich des § 33 WpÜG sollte daher ausgedehnt werden und bereits mit der Kenntnis der Leitungsorgane von einem bevorstehenden Übernahmeangebot beginnen[757]. Sieht man einmal vom zu kurz bemessenen zeitlichen Anwendungsbereich der Norm ab, könnte man bei isolierter Betrachtung des § 33 I S.1 WpÜG den Eindruck gewinnen, dass sich der deutsche Gesetzgeber für ein striktes Vereitelungsverbot entschieden hat. Dieser erste Eindruck verflüchtigt sich jedoch ganz schnell, wenn man seinen Blick den gesetzlich normierten Ausnahmen des grundsätzlichen Verhinderungsverbots zuwendet.

2) Ausnahmen vom Vereitelungsverbot de lege lata

Aufgeweicht wird der Grundsatz durch die zahlreichen in § 33 I S.2 und II WpÜG normierten Ausnahmen. So greift das Vereitelungsverbot nicht bei Handlungen, die auch ein ordentlicher und gewissenhafter Geschäftsleiter einer Gesellschaft vorgenommen hätte, die nicht von einem Übernahmeangebot betroffen ist, § 33 I S.2 1.Var. WpÜG. Außerdem darf der Vorstand potentiell angebotsvereitelnde Maßnahmen vornehmen, sofern der Aufsichtsrat ihrer Ergreifung zugestimmt hat, § 33 I S.2 3.Var. WpÜG. Schließlich darf der Vorstand angebotsvereitelnde Maßnahmen ergreifen, wenn die Hauptversammlung ihn zur Vornahme der Maßnahme ermächtigt hat, § 33 II WpÜG.
Schließlich ist dem Vorstand auch die Suche nach einem konkurrierenden Angebot gestattet, § 33 I S.2 2.Var. WpÜG. Die systematische Stellung dieser Regelung ist verfehlt. Richtigerweise handelt es sich bei der Suche nach einem kon-

757 So im Ergebnis auch: *Mühle* in: Übernahmegesetz, Seite 289.

kurrierenden Angebot nicht um eine angebotsvereitelnde Maßnahme, da ein konkurrierendes Angebot die Handlungsmöglichkeiten der Aktionäre der Zielgesellschaft erweitert, ihnen aber nicht die Möglichkeit nimmt, das erste Übernahmeangebot anzunehmen[758]. Materiell ist der § 33 I S.2 2.Var. WpÜG daher keine Ausnahme vom Vereitelungsverbot[759].
Das WpÜG sieht folglich eine Reihe von Ausnahmen vom Verhinderungsverbot vor. Vom materiellrechtlichen Umfang dieser Ausnahmetatbestände hängt es ab, inwieweit der Grundsatz des Verbots der Ergreifung von angebotsvereitelnden Maßnahmen ausgehöhlt wird.

(a) Maßnahmen der ordnungsgemäßen Geschäftsführung § 33 I S.2 1.Var. WpÜG

Das den Vorstand treffende grundsätzliche Verbot der Ergreifung von Maßnahmen, die geeignet sind, den Erfolg des Übernahmeangebots zu verhindern, gilt gemäß § 33 I S.2 1.Var. WpÜG nicht für Maßnahmen, die auch ein ordentlicher und gewissenhafter Geschäftsleiter einer Gesellschaft, die nicht von einem Übernahmeangebot betroffen ist, vorgenommen hätte.
Angesichts des komplizierten Wortlauts der Norm, erschließt sich ihr Anwendungsbereich, d.h. die Reichweite des Ausnahmetatbestands nicht auf den ersten Blick. Es ist daher eine Auslegung der Norm geboten.
Der Wortlaut der Norm legt insbesondere aufgrund der Anknüpfung an das Verhalten eines „ordentlichen und gewissenhaften Geschäftsleiters" einen weiten Anwendungsbereich dieser Ausnahmebestimmung nahe. Denn mit dem Begriff des „ordentlichen und gewissenhaften Geschäftsleiters" verweist der Gesetzestext auf § 93 I S.1 AktG[760]. Mithin legt die Wortlautanalyse nahe, die Norm dahingehend zu interpretieren, dass eine vom Vorstand vorgenommene potentiell angebotsvereitelnde Maßnahme zulässig sei, wenn er sie bei Außerachtlassung des Übernahmeangebots nach dem Maßstab des § 93 I S.1 AktG hätte vornehmen dürfen[761]. Oder mit anderen Worten, die Wortlautlösung legt den Schluss nahe, dass der Vorstand bei seiner Unternehmensführung nur an die allgemeinen aktienrechtlichen Regeln gebunden sei[762]. Eine angebotsvereitelnde Maßnahme des Vorstandes wäre unter Zugrundelegung der Grundsätze der Arag/Garmenbeck-

758 Vgl. hierzu bereits: 4. Kap. D. I. 2. a) 1) (b) (2).
759 Dennoch soll die Thematik des konkurrierenden Angebots in Anlehnung an die entsprechende Darstellung im britischen Teil dieser Arbeit hier erörtert werden.
760 *Hirte* in: KK-WpÜG, § 33 Rn. 67.
761 In diesem Sinne versteht *Röh* die Norm tatsächlich, vgl. *Röh* in: *Haarmann/Riehmer/Schüppen*, Kommentar zum WpÜG, § 33 Rn. 115.
762 *Röh* in: *Haarmann/Riehmer/Schüppen*, Kommentar zum WpÜG, § 33 Rn. 115.

Entscheidung bei diesem Normverständnis bereits dann zulässig, wenn die Maßnahme in den Zuständigkeitsbereich des Vorstands fällt und die Ergreifung der angebotsvereitelnden Maßnahme im Lichte des Unternehmensinteresses nicht als schlechthin unvertretbar zu qualifizieren ist[763].

Dieses vom missglückten Wortlaut nahe gelegte Normverständnis widerspricht freilich dem Willen des Gesetzgebers. Dieser wollte ausweislich der Regierungsbegründung mit dieser Ausnahmebestimmung lediglich vermeiden, dass die Zielgesellschaft während der Durchführungsphase unangemessen stark in ihrer Geschäftstätigkeit behindert werde[764]. Deshalb könne der Vorstand auch während der Übernahmephase das Tagesgeschäft weiterführen und eine bereits eingeschlagene Unternehmensstrategie weiterverfolgen[765]. Vorausgesetzt, dass auch ein ordentlicher und gewissenhafter Geschäftsleiter diese Maßnahme vorgenommen hätte. Oder mit anderen Worten, die Maßnahme muss im wohlverstandenen Unternehmensinteresse der Zielgesellschaft liegen[766]. Nach dem Willen des Gesetzgebers sollten dem Vorstand daher während der Übernahmephase nicht die umfänglichen Leitungsbefugnisse zustehen, die ihm außerhalb der Übernahmephase zukommen, sondern lediglich die Fortführung des Tagesgeschäfts und die Verfolgung einer eingeschlagenen Unternehmensstrategie soll im Interesse der Zielgesellschaft möglich sein.

Problematisch ist allerdings, dass dieser die Wortlautlösung einschränkende Wille des Gesetzgebers keinen Niederschlag im Gesetztext des § 33 I S.2 1.Var. WpÜG gefunden hat.

Für diese vom Gesetzgeber intendierte einschränkende Auslegung sprechen jedoch systematische Überlegungen. Denn würde § 33 I S.2 1.Var. WpÜG dem Vorstand der Zielgesellschaft tatsächlich die weiten Leitungsbefugnisse auch während der Übernahmephase eröffnen wollen, dann wäre § 33 I WpÜG eine bloße Leerformel, der in materiell-rechtlicher Hinsicht keine einschränkende

---

763 Hinsichtlich der Überprüfbarkeit des Vorstandshandelns sind die Arag/Garmenbeck Grundsätze nach soweit ersichtlich ganz herrschender Auffassung auch im Rahmen des § 33 I S. 2 1. Var. WpÜG anwendbar, vgl. hierzu *Winter/Harbarth* in: ZIP 2002, 1 (7); *Zech* in: Abwehrmaßnamen, Seite: 139f.; *Hirte* in: KK-WpÜG, § 33 Rn. 69; *Röh* in: *Haarmann/Riehmer/Schüppen*, Kommentar zum WpÜG, § 33 Rn. 115. Dies ist im Ergebnis auch sinnvoll, da der Vorstand sich zwar während der Übernahmephase in einem Interessenkonflikt befindet, die fortgeführte Unternehmensstrategie jedoch zu einem Zeitpunkt beschlossen wurde, als sich der Vorstand noch nicht in diesem Interessenkonflikt befand.
Zum Leitungsermessen des Vorstands und zur Arag/Garmenbeck-Entscheidung vgl. oben: 4. Kap. D. I. 2. b).

764 Begr.-RegE. BT-Drucks. 14/7034, Seite: 58.

765 Begr.-RegE. BT-Drucks. 14/7034, Seite: 58.

766 Begr.-RegE. BT-Drucks. 14/7034, Seite: 58.

Funktion zukommen würde. Zudem hätte es bei einem solchen Normverständnis auch nicht des in § 33 I S.2 3.Var. WpÜG normierten Aufsichtsratsvobehalts bedurft. Diese Variante wäre nämlich überflüssig, wenn die Zustimmung des Aufsichtsrats während der Übernahmephase keine Erweiterung der Leitungsbefugnisse des Vorstands im Hinblick auf die Ergreifung von Abwehrmaßnahmen bewirken würde. Mithin spricht die systematische Stellung des § 33 I S.2 1.Var. WpÜG eindeutig für die vom Gesetzgeber intendierte Auslegung.
Die weiten Leitungsbefugnisse des Vorstands sind folglich während der Übernahmephase auf die Fortführung des Tagesgeschäfts und die Weiterverfolgung einer eingeschlagenen Unternehmensstrategie beschränkt[767]. Damit ist dem Vorstand neben der Fortführung des Tagesgeschäfts, zu dem auch die Erfüllung bereits vor Veröffentlichung der Angebotsunterlage begründeter Rechtspflichten zählt[768], die Ergreifung potentiell angebotsvereitelnder Maßnahmen nur erlaubt, soweit dies in Fortführung einer bereits eingeschlagenen Unternehmensstrategie erfolgt. Dem Vorstand wäre demnach auch die Veräußerung einer wesentlichen Beteiligung während der Übernahmephase, die sog.: *crown jewel defense*, gestattet, falls die Veräußerung in Umsetzung einer bereits vor Beginn der Angebotsphase deklarierten Fokussierung auf das Tagesgeschäft erfolgt.
Es stellt sich deshalb die Frage, wie hineichend dokumentiert und publiziert die „eingeschlagene Unternehmensstrategie" zum Zeitpunkt des Bekanntwerdens der Übernahmeabsicht bereits sein muss, damit der Vorstand gemäß § 33 I S.2 1.Var. WpÜG während der Angebotsphase in Fortführung dieser Strategie potentiell angebotsvereitelnde Maßnahmen vornehmen darf.
Vergegenwärtigt man sich, dass Sinn und Zweck des § 33 I S.2 1.Var. WpÜG lediglich ist, eine Lähmung der Zielgesellschaft während der Angebotsphase zu verhindern, spricht dies dafür, strenge Anforderungen an die Dokumentation und Konkretisierung der Unternehmensstrategie zu stellen. Erforderlich ist deshalb, dass die Unternehmensstrategie sich bereits im Handeln der Zielgesellschaft niedergeschlagen hat[769] oder zumindest in den offiziellen Geschäftsberichten publiziert wurden ist[770].
Die Unternehmensstrategie muss konkret und nicht nur vage umschrieben worden sein. Eine generelle Absichtserklärung, sich nunmehr auf das Kerngeschäft kon-

767 So im Ergebnis auch *Winter/Harbarth* in: ZIP 2002,1 (6); *Hirte* in: KK-WpÜG, § 33 Rn. 69; *Krause* in: NJW 2002, 705 (711), *Schwennicke* in: *Geibel/Süßmann*, Kommentar zum WpÜG, § 33 Rn. 45.
768 *Steinmeyer/Häger* in: Kommentar zum WpÜG, § 33 Rn. 14.
769 *Fleischer/Kalls* in: WpÜG , Seite: 127.
770 *Winter/Harbarth* in: ZIP 2002,1 (7); *Zech* in: Abwehrmaßnamen, Seite: 139f; a. A. *Hirte* in: KK-WpÜG, § 33 Rn. 70 der eine vorherige Dokumentation nicht für erforderlich hält.

zentrieren zu wollen und alle Randaktivitäten zu veräußern, reicht deshalb nicht aus, sofern die Absichtserklärung nicht auch sagt, von welchen Geschäftsbereichen sich die Zielgesellschaft in concreto trennen möchte.
Eine weniger restriktive Auslegung dieser Norm würde die Gefahr von Umgehungsmöglichkeiten auf ein nicht hinnehmbares Maß erhöhen. Auch im Hinblick auf die Interessen der Zielgesellschaft ist eine extensivere Auslegung dieses Tatbestandsmerkmals nicht geboten. Denn zum einen droht keine Lähmung während der Angebotsphase, da das Tagesgeschäft fortgeführt werden darf. Zudem besteht für den Vorstand, falls er die Unternehmensstrategie noch nicht im oben beschriebenen Sinne publik gemacht hat, immer noch die Möglichkeit, die Zustimmung des Aufsichtsrats einzuholen und die angebotsvereitelnde Maßnahme dann auf Grundlage des § 33 I S.2 3.Var. WpÜG durchzuführen.
Im Ergebnis darf der Vorstand während der Angebotsphase folglich aus eigener Machtvollkommenheit somit neben dem Tagesgeschäft angebotsvereitelnde Maßnahmen nur ergreifen, sofern dies in Fortführung einer bereits vor der Angebotsphase eingeschlagenen hinreichend publizierten und konkretisierten Unternehmensstrategie erfolgt. Freilich muss die in Fortführung der eingeschlagenen Unternehmensstrategie ergriffene Maßnahme auch aktienrechtlich zulässig sein. Dies bedeutet, dass sie dem wohlverstandenen Unternehmensinteresse entsprechen muss und dass sie in die originäre Vorstandszuständigkeit fallen muss.
Bei der Überprüfbarkeit seiner Ermessensentscheidung genießt der Vorstand die Privilegien der Arag-Grundsätze. Der Einwand, die Arag-Grundsätze seien nicht anwendbar, weil der Vorstand bei Vorliegen eines feindlichen Übernahmeangebots sehr wohl einem Interessenkonflikt ausgesetzt sei, überzeugt im Ergebnis nicht[771]. Zwar befindet sich der Vorstand während der Übernahmephase tatsächlich in einem Interessenkonflikt. Die Entscheidung für die Unternehmensstrategie fiel jedoch vor Bekanntwerden des Übernahmeangebots und damit zu einem Zeitpunkt, als dieser Interessenkonflikt noch nicht bestand. Deshalb ist die Heranziehung der Arag-Privilegien im Ergebnis als sachgerecht zu beurteilen[772].

(b) Zustimmung des Aufsichtsrats § 33 I S.2 3.Var. WpÜG

Erst im Finanzausschuss und somit in letzter Minute wurde der sog. Aufsichtsratsvorbehalt in das WpÜG eingefügt[773]. Dieser ermächtigt den Vorstand zur

---

771 So aber *Ekkenga/Hofschroer* in: DStR 2002, 724 (732).
772 So auch *Winter/Harbarth* in: ZIP 2002,1 (7); *Zech* in: Abwehrmaßnamen, Seite: 139f.; *Hirte* in: KK-WpÜG, § 33 Rn. 69; *Röh* in: *Haarmann/Riehmer/Schüppen*, Kommentar zum WpÜG, § 33 Rn. 115; *Fleischer/Kalls* in: WpÜG, Seite: 127.
773 Beschlussempfehlung und Bericht, BT-Drucks. 14/7477, Seite: 2.

Vornahme von angebotsvereitelnden Handlungen, zu denen der Aufsichtsrat der Zielgesellschaft seine Zustimmung erteilt hat.
Zunächst ist der sachliche Anwendungsbereich dieser Ausnahme vom Vereitelungsverbot festzustellen. Der Wortlaut beschränkt den sachlichen Anwendungsbereich dieser Ausnahmebestimmung nicht explizit. Da der Vorstand gemäß § 33 I S.2 1.Var. WpÜG ohne Aufsichtsratsvorbehalt bereits angebotsvereitelnde Maßnahmen ergreifen darf, sofern die Maßnahme der Fortführung einer eingeschlagenen Unternehmensstrategie dient, muss der sachliche Anwendungsbereich dieser Variante weiter sein als der des § 33 I S.2 1.Var. WpÜG, weil für den Aufsichtsratsvorbehalt ansonsten kein eigenständiger Anwendungsbereich verbleiben würde. Dies bedeutet, dass diese Variante dem Vorstand bei entsprechender Zustimmung des Aufsichtsrats auch die Ergreifung angebotsvereitelnder Maßnahmen ermöglicht, die nicht der Fortführung einer eingeschlagenen Unternehmensstrategie dienen. Vorstand und Aufsichtsrat können daher gemäß § 33 I S.2 3.Var. WpÜG nach Bekanntwerden eines feindlichen Übernahmeangebots auch Abwehrmaßnahmen ergreifen, die vor Bekanntgabe der Übernahmeabsicht noch nicht einmal im Keim angelegt waren[774].
Die Tatsache, dass sich aus dem Wortlaut der Norm überhaupt keine Einschränkung der Leitungsbefugnisse des Vorstandes konstruieren lässt, legt den Schluss nahe, dass die Machtbefugnisse des Vorstands bei entsprechendem Aufsichtsratsvorbehalt lediglich durch die aktienrechtliche Aufgabenverteilung zwischen Vorstand und Hauptversammlung beschränkt werden. Genau dieses vom Wortlaut nahe gelegte Normverständnis ist vom Gesetzgeber auch intendiert. Dieser wollte nämlich ausweislich der Begründung des Finanzausschusses mit der Änderung des § 33 I WpÜG dem Vorstand einer Zielgesellschaft ermöglichen, innerhalb seiner Geschäftsführungskompetenz Abwehrmaßnahmen dann vorzunehmen, sofern der Aufsichtsrat ihnen vorher zugestimmt hat[775]. Klarstellend fügt der Gesetzgeber an, dass Maßnahmen, die nach allgemeinen gesellschaftsrechtlichen Grundsätzen in die Zuständigkeit der Hauptversammlung fallen, in deren Zuständigkeitsbereich verbleiben. Derartige Maßnahmen könne der Vorstand (scil.: mit vorheriger Zustimmung des Aufsichtsrats) nur durchführen, wenn er hierzu von der Hauptversammlung ermächtigt wurde[776].
Der Vorstand kann folglich auch ohne Einschaltung der Hauptversammlung angebotsvereitelnde Maßnahmen ergreifen, sofern er hierfür nach allgemeinem Ak-

774 *Winter/Harbarth* in: ZIP 2002, 1 (8); *Hirte* in: KK-WpÜG, § 33 Rn. 83; *Zech* in: Abwehrmaßnahmen, Seite: 162.
775 Begründung BT-Finanzausschuss, ZIP 2001, 2102 (2104).
776 Begründung BT-Finanzausschuss, ZIP 2001, 2102 (2104).

tienrecht zuständig ist und wenn er von seinem Aufsichtsrat zur Ergreifung der Maßnahme ermächtigt wurde[777].
Zusammenfassend ist daher festzustellen, dass die Ergreifung von Abwehrmaßnahmen im deutschen Recht nicht von einem positiven Votum der Hauptversammlung, sondern lediglich von einem positiven Votum des Aufsichtsrats abhängig ist.
Nachdem nunmehr festgestellt wurde, dass die Handlungsbefugnisse des Vorstands der Zielgesellschaft während der Angebotsphase de lege lata nicht eingeschränkt sind, sofern eine entsprechende Zustimmung des Aufsichtsrats vorliegt, stellt sich die Frage, in welchem Umfang auf den Aufsichtsratsvorbehalt gestützte Maßnahmen überprüfbar sind. Konkret also, ob Vorstand und Aufsichtsrat die Privilegien der Arag-Grundsätze zugute kommen, oder ob hier strengere Maßstäbe anzulegen sind.
Gegen eine Anwendung der Arag-Grundsätze spricht zunächst der Tenor der Arag-Entscheidung des Bundesgerichtshofs. Denn der BGH hat ausgeführt, dass negative Tatbestandsvoraussetzung für das weite Leitungsermessen des Vorstandes unter anderem ist, dass sich dieser nicht in einem Interessenkonflikt befindet[778]. Da der mit einem feindlichen Übernahmeangebot konfrontierte Vorstand sich jedoch in einem Konflikt zwischen der rechtswidrigen Verfolgung von Eigeninteressen und seiner fiduziarischen Pflicht, das Unternehmensinteresse zu fördern, befindet, erscheint die Anwendung der Arag-Grundsätze unter diesem Gesichtspunkt nicht sachgerecht[779]. Zu bedenken ist nämlich, dass im Gegensatz zur ersten Variante die Entscheidung zur Ergreifung einer angebotsvereitelnden Maßnahme hier im Antlitz der feindlichen Übernahmeofferte fällt und damit zu einem Zeitpunkt, zu dem der Interessenkonflikt bereits besteht[780].
Außerdem würde eine Anwendung der Arag-Privilegien das vom Gesetzgeber vorgegebene Regel-Ausnahme Verhältnis zwischen § 33 I S.1 WpÜG und S.2 WpÜG vollends zur Makulatur werden lassen. Deshalb hat der Vorstand bei der Ergreifung von auf § 33 I S.2 3.Var. WpÜG gestützten Abwehrmaßnahmen jedenfalls kein weites unternehmerisches Ermessen, welches nur durch die Schranke des „schlechthin unvertretbaren Vorstandshandelns“ eingeschränkt ist. Auf der anderen Seite würde es aber auch der Systematik des § 33 WpÜG offensichtlich

777 Die von *Zech* vertretene Gegenmeinung, dass es einer Ermächtigung in Form des § 33 II WpÜG bedürfe mag rechtspolitisch wünschenswert sein, widerspricht jedoch dem erkennbaren Willen des Gesetzgebers, vgl. *Zech* in: Abwehrmaßnahmen, Seite: 168ff.
778 BGH ZIP 1997, 883 (886).
779 *Fleischer/Kalls* in: WpÜG, Seite: 127; *Steinmeyer/Häger* in: Kommentar zum WpÜG, § 33 Rn. 22.
780 *Winter/Harbarth in*: ZIP 2002, 1 (9); *Zech* in: Abwehrmaßnahmen, Seite: 172.

widersprechen, wenn man das Vorstandsermessen unter Hinweis auf den bestehenden Interessenkonflikt so weit reduzieren würde, dass dem Vorstand die Ergreifung von Abwehrmaßnahmen generell untersagt wäre[781].
Mithin hat die Lösung zwischen diesen beiden Polen zu liegen.
Insbesondere das Regel-Ausnahme Verhältnis zwischen § 33 I S.1 und S.2 WpÜG und das in den Allgemeinen Grundsätzen niedergelegte Gebot, dass die Wertpapierinhaber über die Vorteilhaftigkeit des Übernahmeangebots entscheiden sollen, § 3 II WpÜG, sprechen dafür, dass der Vorstand eine auf den Aufsichtsratsvorbehalt gestützte Abwehrmaßnahme nur dann ergreifen darf, wenn eine Abwägung zwischen dem Unternehmensinteresse an der Ergreifung der Abwehrmaßnahme und dem Interesse der Wertpapierinhaber, über das Angebot unbeeinflusst zu entscheiden, zugunsten des Unternehmensinteresses ausfällt[782].
Nur wenn das Unternehmensinteresse deutlich überwiegt, ist der Vorstand demnach ermächtigt, ohne Zustimmung der Hauptversammlung eine Abwehrmaßnahme zu ergreifen, die in seinen Geschäftsbereich fällt, jedoch nicht den Anforderungen des § 33 I S.2 1.Var. WpÜG genügt[783].
Die geforderte Abwägung wäre jedoch ein stumpfes Schwert, wenn sie nicht gerichtlich überprüfbar wäre. Deshalb trifft den Vorstand die Darlegungs- und Beweislast. Er hat folglich im Rahmen eines Rechtsstreits substantiiert darzulegen, warum er der Auffassung ist, dass das Unternehmensinteresse an einer schnellen Ergreifung der Abwehrmaßnahme das Aktionärsinteresse eindeutig überwiegt. Falls seine Erwägungen ex-ante betrachtet nicht nachvollziehbar bzw. plausibel erscheinen, ist die ergriffene Abwehrmaßnahme rechtswidrig und der Vorstand macht sich der Gesellschaft gegenüber schadenersatzpflichtig[784].
Trotz dieser restriktiven Auslegung des Aufsichtsratsvorbehalts verbleibt de facto noch ein erheblicher Anwendungsbereich für diesen Ausnahmetatbestand. Denn allen Einschränkungsversuchen zum Trotz wird der Vorstand mit gehörigem Begründungsaufwand immer noch plausibel darlegen können, warum die Ergreifung einer Abwehrmaßnahme keinen Aufschub duldete und deshalb eine Einberufung der Hauptversammlung unterbleiben musste.

---

781 *Winter/Harbarth* in: ZIP 2002, 1 (10); *Zech* in: Abwehrmaßnahmen, Seite: 172.

782 *Hirte* in: KK-WpÜG, § 33 Rn. 83; *Röh* in: *Haarmann/Riehmer/Schüppen*, Kommentar zum WpÜG, § 33 Rn. 126; *Steinmeyer/Häger* in: Kommentar zum WpÜG, § 33 Rn. 22; *Winter/Harbarth* in: ZIP 2002, 1 (10); *Zech* in: Abwehrmaßnahmen, Seite: 173 a. A. ohne Begründung *Schneider* in: AG 2002, 125 (129), der es als ausreichend ansieht, dass Vorstand und Aufsichtsrat dem Unternehmensinteresse verpflichtet sind und dem Schädigungsverbot unterliegen.

783 Dieselbe Abwägung hat auch der Aufsichtsrat vorzunehmen, bei seiner Entscheidung, ob er der Ergreifung einer Abwehrmaßnahme seine Zustimmung erteilt, vgl. ausführlich hierzu: *Zech* in: Abwehrmaßnahmen, Seite: 175ff.

784 *Winter/Harbarth* in: ZIP 2002, 1 (10); *Zech* in: Abwehrmaßnahmen, Seite: 174.

Deshalb erscheint auch die Einschätzung angemessen, dass es sich bei dem Aufsichtsratvorbehalt um die in der Praxis relevanteste Ausnahme vom Vereitelungsverbot handeln werde[785].
Bevor jedoch eine Bewertung dieser Norm erfolgen kann, sind noch die weiteren Ausnahmetatbestände des § 33 II WpÜG darzustellen.

(c) Ermächtigung durch die Hauptversammlung § 33 II WpÜG

Auch im deutschen Recht kann sich der Vorstand durch einen entsprechenden Beschluss der Hauptversammlung zur Ergreifung einer angebotsvereitelnden Maßnahme ermächtigen lassen. Das WpÜG unterscheidet zwischen der in § 33 II ausdrücklich geregelten Ermächtigung durch Vorratsbeschluss und der Möglichkeit der Ermächtigung durch eine während der Angebotsphase abzuhaltende ad hoc Hauptversammlung.

(1) Ermächtigung durch Vorratsbeschluss

Das deutsche Übernahmerecht sieht in § 33 II WpÜG die Möglichkeit der Verabschiedung von sog. Vorratsbeschlüssen vor. Hierbei handelt es sich um einen Beschluss der Hauptversammlung, der den Vorstand im Falle eines künftigen öffentlichen Übernahmeangebots zur Vornahme einer im Vorratsbeschluss der Art nach bestimmten angebotsvereitelnden Maßnahme bestimmt.
Zum Zeitpunkt der Beschlussfassung „auf Vorrat" sind daher weder der konkrete Bieter noch die Konditionen der Übernahmeofferte bekannt. Es handelt sich somit um eine Generalermächtigung zur Abwehr auf jeden Fall, ohne Kenntnis vom Erwerber und den Bedingungen der Offerte[786].
Wird später tatsächlich ein Übernahmeangebot abgegeben, kann der Vorstand mit Zustimmung des Aufsichtsrats von der Ermächtigung Gebrauch machen, ohne erneut die Hauptversammlung befragen zu müssen.
Die im Falle eines Übernahmeangebots vom Vorstand zu ergreifende Abwehrmaßnahme ist im Vorratsbeschluss lediglich „der Art" nach zu bestimmen. Der Gesetzeswortlaut ist weiter als der des Regierungsentwurfs, der noch verlangte, dass die erlaubten Maßnahmen „im Einzelnen" bestimmt sein müssen[787]. Der Gesetzgeber verfolgte mit dieser Aufweichung das Ziel, die beschlossenen Abwehrmaßnahmen für den Bieter weniger berechenbar zu machen. Oder mit anderen Worten, der Zielgesellschaft soll eine effektivere Verteidigung ermöglicht

785 *Krause* in: NJW 2002, 705 (712).
786 *Zschocke* in: DB 2002, 79 (83).
787 BT-Drucks. 14/7034, Seite: 14.

werden[788]. Dies bedeutet, dass nunmehr erforderlich, aber auch ausreichend ist, wenn in der Ermächtigung die Art der Abwehrmaßnahme abstrakt umschrieben wird (z. B. Durchführung einer Kapitalerhöhung, Veräußerung einer Beteiligung, Erwerb eigener Aktien usw.)[789]. Nicht mehr notwendig ist, dass in der Ermächtigung auch Angaben über die Gründe[790] und das Volumen einer Kapitalerhöhung gemacht werden. Lediglich reine Blankettermächtigungen sind nach wie vor unzulässig[791].

In formeller Hinsicht bedarf der Vorratsbeschluss einer qualifizierten Mehrheit von mindestens drei Vierteln des bei der Beschlussfassung vertretenen Grundkapitals, § 33 II S.3 WpÜG. Die Vorratsermächtigung kann für höchstens 18 Monate erteilt werden, § 33 II S.2 WpÜG. Diese im Interesse der Wertpapierinhaber normierte relativ kurze Frist führt dazu, dass in der Praxis jede Hauptversammlung über die Vorratsermächtigung neu beschließen muss[792].

Die Zielgesellschaft hat jedoch zu bedenken, dass ein Vorratsbeschluss dem Kapitalmarkt signalisiert, dass sich die Gesellschaft für einen „Übernahmekandidaten" hält, was dem Ansehen der Gesellschaft sicherlich schadet und zu einem Bewertungsabschlag an der Börse führen kann[793]. Dies spricht neben weiteren noch zu erläuternden Gründen dafür, dass die Unternehmen nur sehr zurückhaltend bzw. gar nicht von dem Instrument des Vorratsbeschlusses Gebrauch machen.

Schließlich bedarf der Vorstand der Zustimmung des Aufsichtsrats, wenn er eine auf einen entsprechenden Vorratsbeschluss gestützte Abwehrmaßnahme ergreifen möchte, § 33 II S. 4 WpÜG. Das Zustimmungserfordernis besteht aufgrund des insoweit eindeutigen Gesetzeswortlauts unabhängig davon, ob es sich auch aus dem allgemeinen Aktienrecht oder der Satzung ableiten ließe[794].

Weitaus interessanter ist jedoch der sachliche Anwendungsbereich dieses Ausnahmetatbestands. Der Gesetzeswortlaut des § 33 II S.1 WpÜG statuiert aus-

788 *Hirte* in: KK-WpÜG, § 33 Rn. 118; *Zschocke* in: DB 2002, 79 (83).

789 Begründung BT-Finanzausschuss, ZIP 2001 2102 (2104); *Röh* in: *Haarmann/Riehmer/Schüppen*, Kommentar zum WpÜG, § 33 Rn. 105,

790 Vgl. aber das Urteil des LG München in: AG 2005,261 (261). Das LG hat entschieden, dass sofern durch den Vorratsbeschluss in schwerwiegende Rechte der Aktionäre eingreift, diese umfassend informiert werden müssen, ergo der Beschluss andernfalls anfechtbar ist.

791 *Hirte* in: KK-WpÜG, § 33 Rn. 118; *Winter/Harbarth* in: ZIP 2002, 1 (13); *Zech* in: Abwehrmaßnahmen, Seite: 183; *Schwennicke* in: *Geibel/Süßmann*, Kommentar zum WpÜG, § 33 Rn. 76.

792 *Hirte* in: KK-WpÜG, § 33 Rn. 121; *Zschocke* in: DB 2002, 79 (83).

793 DAV-Handelsrechtsausschuss in: ZIP 2001, 1736 (1739); *Krause* in: NJW 2002, 705 (712); *Winter/Harbarth in*: ZIP 2002, 1 (12).

794 *Winter/Harbarth* in: ZIP 2002, 1 (13).

drücklich, dass ein Vorratsbeschluss den Vorstand nur zu angebotsvereitelnden Maßnahmen ermächtigen kann, die in die Zuständigkeit der Hauptversammlung fallen[795]. Festzuhalten ist daher zunächst, dass der Vorstand für Maßnahmen, die seinem originären Zuständigkeitsbereich zuzuordnen sind, keines Vorratsbeschlusses bedarf[796].
Fraglich ist jedoch, ob § 33 II WpÜG dahingehend zu verstehen ist, dass der Vorstand für die Ergreifung von Abwehrmaßnahmen, für die er eine Ermächtigung der Hauptversammlung benötigt, nunmehr generell eine den besonderen Anforderungen des § 33 II WpÜG genügenden Ermächtigungsbeschlusses der Hauptversammlung bedarf[797], oder ob es ausreicht, wenn die Ermächtigung den jeweiligen aktienrechtlichen Anforderungen genügt[798].
Praktische Relevanz erlangt diese Problematik beispielsweise bei der Frage, ob der Vorstand ein vor drei Jahren zweckfrei bewilligtes genehmigtes Kapital zur Abwehr eines feindlichen Übernahmeangebots unter Ausschluss des Bezugsrechts ausnutzen darf, oder ob es hierfür eines den Anforderungen des § 33 II WpÜG genügenden Vorratsbeschlusses bedarf[799]. Zwar scheint der Wortlaut der Norm die Erforderlichkeit einer den Anforderungen des § 33 II WpÜG entsprechenden Ermächtigung nahe zu legen[800]. Gegen ein solches Normverständnis und damit für die Möglichkeit der Ausnutzung von (bloß) den aktienrechtlichen Vorschriften genügenden Ermächtigungen sprechen jedoch die Entstehungsgeschichte des § 33 II WpÜG und die Intention des Gesetzgebers.
Denn im Regierungsentwurf war die Beschränkung auf Handlungen, die in die Zuständigkeit der Hauptversammlung fallen, noch nicht enthalten. Nach dem Reg.-E konnte der Vorstand im Voraus vielmehr auch zu Handlungen ermächtigt werden, die nach allgemeinen aktienrechtlichen Grundsätzen seiner eigenen Geschäftsführungsbefugnis zuzurechnen waren, die er aber wegen § 33 I S.1 Reg.-E nicht ergreifen durfte. Vordringlicher Sinn und Zweck der Vorratsermächtigung

795 *Drinkuth* in: AG 2005 597 (603); *Krause/Pötzsch* in: *Assmann/Pötzsch/Schneider*, Kommentar zum WpÜG, § 33 Rn. 206.
796 *Steinmeyer/Häger* in: Kommentar zum WpÜG, § 33 Rn. 28; *Zech* in: Abwehrmaßnahmen, Seite: 181; *Winter/Harbarth* in: ZIP 2002, 1 (12); *Krause* in: NJW 2002, 705 (712); *Hirte* in: KK-WpÜG, § 33 Rn. 98.
797 *Bayer* in: ZGR 2002, 588 (613); *Hirte* in: ZGR 2002, 623 (647); *Hirte* in: KK-WpÜG, § 33 Rn. 101; *Zech* in: Abwehrmaßnahmen, Seite: 205f.
798 *Winter/Harbarth* in: ZIP 2002, 1 (12); *Krause* in: NJW 2002, 705 (712); *Schneider* in: AG 2002, 125 (131); *Röh* in: *Haarmann/Riehmer/Schüppen*, Kommentar zum WpÜG, § 33 Rn. 112; *Thoma* in: NZG 2002, 105 (110); *Schwennicke* in: *Geibel/Süßmann*, Kommentar zum WpÜG, § 33 Rn. 75; *Steinmeyer/Häger* in: Kommentar zum WpÜG, § 33 Rn. 41.
799 Beispiel nach *Bayer* in: ZGR 2002, 588 (613).
800 So aber *Bayer* in: ZGR 2002, 588 (613).

im Regierungsentwurf war es somit, dem Vorstand die Ergreifung von Abwehrmaßnahmen zu ermöglichen, die in seinen Zuständigkeitsbereich fallen[801]. Durch die Einführung des Aufsichtsratsvorbehalts bedarf es nunmehr aber keines zustimmenden Votums der Hauptversammlung mehr, um die durch das Vereitelungsverbot des § 33 I S.1 WpÜG statuierte Limitierung der Geschäftsführungsbefugnisse des Vorstands während der Angebotsphase zu überwinden.

Wenn nun aber dem Vorstand während der Übernahmephase auch ohne Konsens der Hauptversammlung bereits sämtliche originären und derivativen Geschäftsführungsbefugnisse zustehen, kann dies nur bedeuten, dass der Gesetzgeber mit der Beibehaltung des § 33 II WpÜG nicht nur den bei Hinwegdenken des Übernahmeangebots bestehenden status quo herstellen wollte, sondern vielmehr das Ziel verfolgte, der Hauptversammlung die Möglichkeit zu geben, die Geschäftsführungsbefugnisse des Vorstands gegenüber dem allgemeinen aktienrechtlichen Zustand zu erweitern. Sinn und Zweck des § 33 II WpÜG ist daher keinesfalls eine Beschränkung der Handlungsmöglichkeiten des Vorstands. Dieses vom Gesetzgeber intendierte Ergebnis würde man jedoch auf den Kopf stellen, wenn man verlangen würde, dass alle Ermächtigungsbeschlüsse den Anforderungen des § 33 II WpÜG genügen müssten.

Im Ergebnis lässt die in § 33 II WpÜG vorgesehene Möglichkeit, den Vorstand im Voraus zu Abwehrmaßnahmen zu ermächtigen, somit die Befugnis des Vorstandes unberührt, Ermächtigungen, die nach anderen Rechtsvorschriften wirksam erteilt wurden, während der Angebotsphase auszunutzen. § 33 II WpÜG schränkt folglich die Geschäftsführungsbefugnisse des Vorstands nicht ein, sondern erweitert sie um die im jeweiligen Beschluss der Art nach festgelegten Maßnahmen. Dieses Ergebnis mag rechtspolitisch unerwünscht sein, mit dem geltenden Recht lässt sich jedoch die gegenteilige Auffassung nicht vereinbaren.

Der Anwendungsbereich des § 33 II WpÜG erstreckt sich daher auf Maßnahmen, die der Vorstand nicht aus eigener Machtvollkommenheit treffen darf, wie beispielsweise die Schaffung eines genehmigten Kapitals oder die Ermächtigung zum Erwerb eigener Aktien[802].

Limitiert werden die Möglichkeiten des Vorstands bei der Ausnutzung eines Vorratsbeschluss zunächst durch das Erfordernis der Zustimmung des Aufsichtsrats, § 33 II S.4 WpÜG. Aber auch bei einem positiven Votum des Aufsichtsrats darf der Vorstand den Vorratsbeschluss nicht ohne weiteres ausnutzen, sondern nur, wenn die Ausnutzung des Vorratsbeschlusses dem Unternehmensinteresse entspricht. Denn natürlich vermag auch ein wirksamer Vorratsbeschluss den Vor-

801 *Zech* in: Abwehrmaßnahmen, Seite: 181.
802 *Winter/Harbarth* in: ZIP 2002, 1 (12); *Schneider* in: AG 2002, 125 (131).

stand nicht von seiner Pflicht entbinden, nur im Unternehmensinteresse zu handeln[803].

Die praktische Relevanz der Vorratsbeschlüsse tendiert jedoch, wie erwartet, gegen null. Dies zeigt sich daran, dass in der ersten Hauptversammlungssaison 2002 kein dem Anwendungsbereich des WpÜG unterfallendes Unternehmen von der Möglichkeit des Vorratsbeschlusses Gebrauch gemacht hat[804]. Hintergrund dürfte neben der oben bereits angesprochenen befürchteten Abstrafung durch den Kapitalmarkt vor allen Dingen die Überlegung sein, dass die potentiellen Zielgesellschaften es nicht nötig haben, sich mittels Vorratsbeschluss als Übernahmekandidat zu brandmarken, weil ihnen durch den Aufsichtsratsvorbehalt bereits ein breites Arsenal an Abwehrmaßnahmen zur Verfügung steht. Außerdem erscheint es auch sehr unwahrscheinlich, dass 75 % Prozent der Aktionäre sich für die Abwehr eines (künftigen) Übernahmeangebots entscheiden, dessen Konditionen sie noch gar nicht kennen.

(2) Ermächtigung durch ad hoc Hauptversammlungsbeschluss

Eine weitere Ausnahme vom Vereitelungsverbot besteht für angebotsvereitelnde Maßnahmen, deren Ergreifung eine während der Laufzeit des Übernahmeangebots abzuhaltende Hauptversammlung, die sog. ad hoc Hauptversammlung, zugestimmt hat. Die Möglichkeit der Einberufung einer ad hoc Hauptversammlung ergibt sich nicht mehr unmittelbar aus dem WpÜG, da, im Gegensatz zum Regierungsentwurf, der Eilhauptversammlungsbeschluss in der Gesetzesfassung des

---

803 Entgegen der Auffassung von *Zech* in: Abwehrmaßnahmen, Seite: 186 ist jedoch kein dringendes Unternehmensinteresse erforderlich, d. h. der Vorstand darf den Vorratsbeschluss nicht nur dann ausnutzen, wenn ein dringendes Unternehmensinteresse eine sofortige Ausnutzung erfordert und ein Abwarten auf ein entsprechendes Votum der Eilhauptversammlung nicht zulässt. Zwar ist *Zech* zuzugeben, dass sich der Vorstand bei der Ausnutzung des Vorratsbeschlusses in einer der des § 33 I S. 2 3. Var. WpÜG vergleichbaren Situation befindet. Denn bei beiden Konstellationen besteht, zum Zeitpunkt der Ergreifung der potentiell angebotsvereitendeln Maßnahme, ein die rechtswidrige Verfolgung von Eigeninteressen nahelegender Interessenkonflikt. Die Aktionäre der Zielgesellschaft haben jedoch mit ihrem Votum für den Vorratsbeschluss die bei § 33 I S. 2 3. Var. WpÜG zu Recht geforderte Abwägung zugunsten des Unternehmensinteresses bereits vorgenommen, indem sie sich im Rahmen des Vorratsbeschlusses mit großer Mehrheit zugunsten des Unternehmensinteresses und gegen die Möglichkeit entschieden haben, selbst über das Übernahmeangebot zu entschieden haben. Deshalb ist es erforderlich, aber auch ausreichend, dass die Vollziehung des Vorratsbeschlusses dem Unternehmensinteresse entspricht, wie hier auch: *Schwennicke* in: *Geibel/Süßmann*, Kommentar zum WpÜG, § 33 Rn. 75.

804 *Riehmer* in: Practising German Takeover Law, Seite: 19.

§ 33 WpÜG nicht mehr positivrechtlich geregelt ist. Der Gesetzgeber wollte jedoch mit der Änderung des Gesetzestextes der Zielgesellschaft nicht diese Möglichkeit der Legitimation von Abwehrmaßnahmen abschneiden[805]. Dies ergibt sich nicht nur aus den Materialien, sondern hierfür spricht außerdem die in § 16 IV WpÜG nach wie vor vorgesehene Möglichkeit der Einberufung einer Hauptversammlung unter erleichterten Voraussetzungen. Schließlich lässt sich die Zulässigkeit auch mit Hilfe eines Erst Recht Schlusses verifizieren: Denn wenn bereits Abwehrmaßnahmen des Vorstandes zulässig sind, sobald nur der Aufsichtsrat zugestimmt hat und wenn schon die Hauptversammlung den Vorstand im Voraus zu Abwehrmaßnahmen ermächtigen kann, dann muss a maiore ad minus natürlich auch die in der konkreten Übernahmesituation einberufene Hauptversammlung berechtigt sein, angebotsvereitelnde Maßnahmen zu beschließen[806].
Die Einberufung einer Eilhauptversammlung kommt für den Vorstand in Betracht, wenn er eine angebotsvereitelnde Maßnahme für geboten hält, die außerhalb seiner Geschäftsführungsbefugnis liegt[807]. Sie kann dem Vorstand aber auch anzuraten sein, wenn er sich bezüglich der Zweckmäßigkeit einer in seine Geschäftsführungsbefugnis fallenden angebotsvereitelnden Maßnahme nicht sicher ist. Denn die übernahmerechtlich erforderliche Zustimmung des Aufsichtsrats vermag das Risiko einer aktienrechtlichen Haftung nicht zu beseitigen, § 93 IV S.2 AktG. Der Vorwurf eines persönlichen Fehlverhaltens kann dem Vorstand aber bei der Umsetzung einer auf einem rechtmäßigen Hauptversammlungsbeschluss beruhenden Maßnahme nicht mehr gemacht werden, § 93 IV S.1 AktG.
Neben diesem haftungsrechtlichen Argument kommt dem Ermächtigungsbeschluss einer ad hoc Hauptversammlung jedoch auch eine wichtige Signalwirkung an den Bieter zu. Denn alleine mit der Ermächtigung zu Abwehrmaßnahmen zeigt die Mehrheit der stimmberechtigten Aktionäre der Zielgesellschaft dem Bieter an, dass sie nicht willens ist, die aktuelle Übernahmeofferte des Bieters zu akzeptieren.

---

805 Begründung BT-Finanzausschuss, ZIP 2001, 2102 (2104).

806 *Röh* in: *Haarmann/Riehmer/Schüppen*, Kommentar zum WpÜG, § 33 Rn. 101; *Zech* in: Abwehrmaßnahmen, Seite: 189; *Bayer* in: ZGR 2002, 588 (606); *Krause* in: NJW 2002, 705 (713).

807 Nach der hier vertretenen Auffassung bedarf der Vorstand auch für die Ergreifung von in seinen Geschäftsführungsbereich fallenden Maßnahmen der Zustimmung der HV, wenn er die Maßnahme zwar prima facie alleine mit Zustimmung des Aufsichtsrats vornehmen könnte, es jedoch an dem erforderlichen dringenden Unternehmensinteresse mangelt und deshalb eine Entscheidung der HV angezeigt ist. Vgl. zur im Rahmen des § 33 I S.2 3.Var. WpÜG vom Vorstand vorzunehmenden Abwägung: 4. Kap. D. I. 2. b) 2) (b).

Ob der Bieter unter diesen Umständen bereit ist mit seinem Übernahmeangebot fortzufahren, erscheint zweifelhaft[808]. De facto stellt daher bereits der bloße Ermächtigungsbeschluss einer Eilhauptversammlung eine wirksame Abwehrmaßnahme dar. Diese Behauptung verifiziert die Praxis des britischen *Takeover Panels*, welches dem Bieter für gewöhnlich gestattet, von seinem Übernahmeangebot zurückzutreten, sobald die Hauptversammlung das Management zur Ergreifung von Abwehrmaßnahmen ermächtigt hat, *Rule 21 Note 5a CC*.
Die Abwehrmöglichkeiten, zu denen die Eilhauptversammlung ermächtigen kann, werden nicht durch § 33 I S.1 WpÜG beschränkt, denn das übernahmerechtliche Vereitelungsverbot gilt nur für Vorstand und Aufsichtsrat[809]. Die Hauptversammlung kann den Vorstand daher zu allen Maßnahmen ermächtigen, die aus ihrer Sicht geeignet sind, den Erfolg des Übernahmeangebots zu verhindern. Limitiert werden die Möglichkeiten der Hauptversammlung lediglich durch die jeweiligen für die angebotsvereitelnde Maßnahme geltenden aktienrechtlichen Vorschriften. So bedarf selbstverständlich auch die von einer Eilhauptversammlung beschlossene Kapitalerhöhung unter Ausschluss des Bezugsrechts der Aktionäre der von der ganz herrschenden Meinung mit Recht geforderten sachlichen Rechtfertigung[810].
Die dem britischen Recht entsprechende Möglichkeit der Ermächtigung des Vorstandes zur Ergreifung von angebotsvereitelnden Maßnahmen durch einen entsprechenden HV-Beschluss wird freilich keine besondere Bedeutung erlangen, da der Vorstand angesichts der ihm auch ohne Zustimmung der Hauptversammlung vielfältigen Handlungsmöglichkeiten nicht auf die Zustimmung der Aktionäre angewiesen ist.

(d) Suche nach einem konkurrierenden Bieter

Während der Angebotsphase ist dem Vorstand der Zielgesellschaft auch die Suche nach einem konkurrierenden Bieter gestattet, dem sog. *white knight*, § 33 I S.2 2.Alt. WpÜG. Bei dem *white knight* wird es sich regelmäßig um eine dem derzeitigen Vorstand der Zielgesellschaft freundlich gesonnene Person handeln,

808 Freilich kann der Bieter nur von seinem Übernahmeangebot zurücktreten, falls er sich für diesen konkreten Fall in der Angebotsunterlage in eindeutiger Art und Weise ein Rücktrittsrecht vorbehalten hat.
809 *Bayer* in: ZGR 2002, 588 (610).
810 *Schwennicke* in: *Geibel/Süßmann*, Kommentar zum WpÜG, § 33 Rn. 59; zur Aufweichung der Kriterien, die an die sachliche Rechtfertigung zu stellen sind, durch die Siemens/Nold-Entscheidung des BGH vgl.: *Bungert* in: NJW 1998, 488 (490); *Cahn* in: ZHR 163 (1999), 554 (572).

so dass der Vorstand im Falle des Erfolgs der Übernahmeofferte des *white knights* nicht den Verlust seiner Position zu befürchten hat.
Der Begriff des konkurrierenden Angebots ist in § 22 WpÜG legal definiert. Diese Norm regelt zugleich die Rechtsfolgen eines konkurrierenden Angebots. Ein konkurrierendes Angebot ist nach der Legaldefinition ein solches, welches während der Annahmefrist eines Angebots von einem Dritten abgegeben wird.
Rechtsfolge der Abgabe eines konkurrierenden Übernahmeangebots ist zum einen die kraft Gesetzes erfolgende Synchronisation der Annahmefristen der Übernahmeangebote, § 22 II WpÜG. Dies bedeutet, dass sich die Annahmefrist der ersten Übernahmeofferte bis zum Ende der Laufzeit des konkurrierenden Angebots verlängert, mit der Folge, dass beide Annahmefristen gleichzeitig ablaufen[811]. Zweck dieser Synchronisation ist es, für beide Übernahmeangebote die gleichen Rahmenbedingungen zu schaffen, um den Aktionären ausreichend Zeit für eine freie Entscheidung zwischen den beiden Offerten zu gewähren[812].
Zum anderen gewährt § 22 III WpÜG den Wertpapierinhabern der Zielgesellschaft, die das ursprüngliche Übernahmeangebot vor der Veröffentlichung der Angebotsunterlage des konkurrierenden Angebots bereits angenommen hatten, ein gesetzliches Rücktrittsrecht. Ihnen soll die Möglichkeit eröffnet werden, das konkurrierende Übernahmeangebot, welches im Regelfall eine höhere Übernahmeprämie enthält, anzunehmen. Das gesetzliche Rücktrittsrecht ist insofern Ausfluss des allgemeinen Gleichbehandlungsgrundsatzes, § 3 I WpÜG.[813]. Kein Rücktrittsrecht gewährt § 22 III WpÜG freilich denjenigen Aktionären, die das erste Übernahmeangebot nach Veröffentlichung der Angebotsunterlage des konkurrierenden Angebots angenommen haben. Denn diese Wertpapierinhaber hatten die Möglichkeit, sich in Kenntnis aller Umstände endgültig für eine der beiden Offerten zu entscheiden[814].
Die Zulässigkeit von konkurrierenden Übernahmeangeboten ermöglicht die Herstellung einer Auktion um die Zielgesellschaft. Durch die potentielle Möglichkeit von Konkurrenzangeboten mit ihrer preistreibenden Wirkung wird der Verkaufsdruck auf die Wertpapierinhaber vermindert. Ein Bieter kann aufgrund der Zulässigkeit von Konkurrenzangeboten nicht mehr darauf bauen, dass die Wertpapierinhaber ein zu niedrig bemessenes Angebot aus Furcht vor Ausbeutung durch den neuen Mehrheitsaktionär annehmen werden. Konkurrenzangebote sind daher in wirtschaftswissenschaftlicher Hinsicht als Selbstschutzmechanismus des Marktes

---

811 *Thun* in: *Geibel/Süßmann*, Kommentar zum WpÜG, § 22 Rn. 17; *Schröder* in: *Haarmann/Riehmer/Schüppen*, Kommentar zum WpÜG, § 22 Rn. 17.
812 Begr.-RegE. BT-Drucks. 14/7034, Seite: 50.
813 Begr.-RegE. BT-Drucks. 14/7034, Seite: 50; *Schröder* in: *Haarmann/Riehmer/Schüppen*, Kommentar zum WpÜG, § 22 Rn. 17.
814 Begr.-RegE. BT-Drucks. 14/7034, Seite: 50.

gegen die Gefahr des Marktversagens zu qualifizieren[815]. Die Förderung von Konkurrenzangeboten liegt folglich im Interesse der Wertpapierinhaber der Zielgesellschaft an möglichst attraktiven Angebotskonditionen. Deshalb wurde die Zulässigkeit der Suche nach einem konkurrierenden Bieter durch den Vorstand während der Angebotsphase selbst von den Vertretern eines strengen Vereitelungsverbots vor Inkrafttreten des WpÜG nie in Zweifel gezogen[816].

Unabhängig davon handelt es sich bei der Suche nach einem konkurrierenden Angebot auch gar nicht um eine Ausnahme vom Vereitelungsverbot, da die Entscheidungsfreiheit der Aktionäre der Zielgesellschaft nicht beeinträchtigt wird[817]. Die Vorschrift hat daher insofern allenfalls eine klarstellende Funktion. Die Zulässigkeit der Suche nach einem konkurrierenden Bieter ist vollumfänglich zu begrüßen und bedarf keiner weiteren Erläuterung.

Im Zusammenhang mit der Suche nach einem konkurrierenden Übernahmeangebot stellt sich jedoch die Frage, ob der Vorstand berechtigt ist, den konkurrierenden Bieter bevorzugt zu behandeln, ihm beispielsweise die Durchführung einer *Due Diligence*[818] zu gestatten, obwohl er dieselbe dem „feindlichen" Erstbieter verwehrt hat[819]. Eine solche Bevorzugung des „freundlichen" Bieters wäre zu verneinen, wenn das deutsche Übernahmerecht in Anlehnung an *Rule 20.2. CC* ebenfalls konkludent vom Prinzip der Bietergleichbehandlung ausgehen würde. Das deutsche Übernahmegesetz schweigt, anders als sein britisches Pendant, zu dieser praktisch relevanten Frage. Deshalb stellt sich die Frage, ob dem deutschen Übernahmerecht konkludent ein Prinzip der Bietergleichbehandlung innewohnt.

---

815 *Mühle* in: Übernahmegesetz, Seite 338: Die Aktionäre der Zielgesellschaft sind im Rahmen von Übernahmesituationen bereit, ihre Anteile zu einem suboptimalen Preis zu veräußern, da sie sich in dem oben beschriebenen Gefangenendilemma befinden. Vgl. zum Gefangenendilemma der Minderheitsaktionäre während der Angebotsphase: 1. Kap. B. IV. 2.

816 Vgl. nur: *Hopt* in: GrossKomm zum AktG, § 93 Rn. 122; *Maier-Riemer* in: ZHR 165 (2001), 258 (264); *Röh* in: *Haarmann/Riehmer/Schüppen*, Kommentar zum WpÜG, § 33 Rn. 117.

817 *Steinmeyer/Häger* in: Kommentar zum WpÜG, § 33 Rn. 18.

818 Zur allgemeinen Zulässigkeit und den aktienrechtlichen Voraussetzungen einer *Due Diligence*, die natürlich auch bei der Informationsweitergabe im Rahmen von Übernahmeangeboten zu beachten sind, vgl. die ausführliche Darstellung bei *Stoffels* in: ZHR 165 (2001), 362ff. mit weiterführenden Nachweisen.

819 Die gleiche Problematik gilt natürlich auch für die umgekehrte Sachverhaltskonstellation, bei der der Vorstand dem „freundlichen" Erstbieter Informationen zur Verfügung gestellt hat, diese aber dem unwillkommenen konkurrierenden Bieter nicht zugänglich machen möchte. Die folgenden Ausführungen zum Gebot der Bietergleichbehandlung im deutschen Recht gelten daher für diese Konstellation entsprechend.

Für eine Pflicht zur Bietergleichbehandlung des Vorstands könnte der übernahmerechtliche Gleichbehandlungsgrundsatz sprechen[820]. Dieser besagt, dass Inhaber von Wertpapieren der gleichen Gattung gleich zu behandeln sind, § 3 I WpÜG. Falls die konkurrierenden Bieter bei Angebotsabgabe bereits Aktionäre der Zielgesellschaft sind, könnte aus dem Gleichbehandlungsgebot eine Pflicht der Zielgesellschaft zur Bietergleichbehandlung gefolgert werden.
Beim übernahmerechtlichen Gleichbehandlungsgrundsatz wird nicht nur die Zielgesellschaft, sondern, im Gegensatz zum aktienrechtlichen (§ 53a AktG) und zum börsenrechtlichen Gleichbehandlungsgrundsatz (§ 39 I Nr. 1 BörsG), auch der Bieter in die Pflicht genommen[821]. Genau genommen richtet sich der übernahmerechtliche Gleichbehandlungsgrundsatz sogar in erster Linie an den Bieter[822]. Geschützt werden sollen nach dem eindeutigen Wortlaut des § 3 I WpÜG nur die Aktionäre der Zielgesellschaft und keine anderen Gruppen. Zwar werden sowohl freundlicher als auch feindlicher Bieter zum Zeitpunkt der Angebotsabgabe in der Regel bereits Wertpapierinhaber der Zielgesellschaft sein. Demnach fallen sie auch grundsätzlich in den Schutzbereich des § 3 I WpÜG. Allerdings nur im Hinblick auf ihre Position als Aktionär, nicht jedoch im Hinblick auf ihre Position als Bieter. Die Informationsweitergabe bzw. die *Due Diligence* wird einem Bieter jedoch nur im Hinblick auf einen erwarteten erheblichen Ausbau seiner Position gewährt und nicht wegen seiner bereits gehaltenen Papiere[823]. Mit anderen Worten, bei dem Verhältnis zwischen feindlichen Bieter und freundlichen konkurrierenden Bieter geht es somit um das Verhältnis zwischen potentiellen Aktionären, welches nicht vom übernahmerechtlichen Gleichbehandlungsgrundsatz erfasst ist. Der feindliche Bieter ist folglich durch den Nichterhalt von Informationen in seiner Position als Bieter und nicht in seiner Position als Wertpapierinhaber der Zielgesellschaft betroffen[824].
Deshalb lässt sich der übernahmerechtliche Gleichbehandlungsgrundsatz nicht als Rechtfertigung für eine Pflicht zur Bietergleichbehandlung heranziehen[825].
Einige Autoren versuchen, dem deutschen Übernahmerecht mit Hilfe einer behutsamen Verbreiterung des in § 22 III WpÜG enthaltenen Rechtsgedankens eine Pflicht zur Bietergleichbehandlung zu entlocken[826]. Diese Vorschrift verschaffe

820 *Schwennicke* in: *Geibel/Süßmann*, Kommentar zum WpÜG, § 3 Rn. 14; wohl auch *Hopt* in: ZGR 2002, 333 (358).
821 *Schwennicke* in: *Geibel/Süßmann*, Kommentar zum WpÜG, § 3 Rn 4.
822 *Schüppen* in: *Haarmann/Riehmer/Schüppen*, Kommentar zum WpÜG, § 3 Rn. 3.
823 *Zech* in: Abwehrmaßnahmen, Seite: 159.
824 *Fleischer* in: ZIP 2002, 651 (654).
825 Aus denselben Erwägungen lässt sich auch aus dem aktienrechtlichen Gleichbehandlungsgrundsatz keine Pflicht zur Bietergleichbehandlung ableiten.
826 *Fleischer* in: ZIP 2002, 651 (654).

nämlich der übernahmerechtlichen Chancengleichheit für einen Teilausschnitt Geltung, indem sie dem Zweitbieter ermögliche, auch noch jene Aktionäre auf seine Seite zu ziehen, die das Übernahmeangebot bereits angenommen hatten. Damit erweise sie (scil. § 22 III WpÜG) sich als Ausfluss eines normkonzipierenden Prinzips der Bietergleichbehandlung, welches sich zwar nicht unmittelbar in einem Rechtssatz wieder finde, dem WpÜG aber als sinnstiftende Regelung zugrunde liege[827].

Zuzugeben ist diesem Gedanken, dass der § 22 WpÜG tatsächlich eine Chancengleichheit zwischen den konkurrierenden Bietern im Kampf um die Gunst der Aktionäre herstellen möchte. Zu bedenken ist aber, dass diese Chancengleichheit weder der einzige und schon gar nicht der entscheidende Rechtsgedanke des deutschen Übernahmerechts ist. Dies zeigt sich schon daran, dass er in den Allgemeinen Grundsätzen weder ausdrücklich noch konkludent erwähnt wird. Deshalb reicht dieser Rechtsgedanke alleine nicht aus, um ein Gebot der Bietergleichbehandlung zu rechtfertigen. Weiterhin mag man zugestehen, dass eine fehlende Pflicht zur Gleichbehandlung dem in § 33 I S. 1 WpÜG normierten Vereitelungsverbot widersprechen könnte, weil es potentielle konkurrierende Bieter von der Abgabe einer Offerte abhält, da sie nicht bereit sind, die „Katze im Sack" zu kaufen[828]. Hierfür wäre allerdings erforderlich, dass man das Vereitelungsverbot gegen den eindeutigen Wortlaut auf den Zeitraum vor Veröffentlichung der festen Absicht zur Abgabe eines Übernahmeangebots ausdehnt. Bereits eine solche „Vorwirkung" erscheint angesichts des eindeutig widersprechenden Wortlauts jedoch nicht nur nicht gewollt, sondern auch de lege lata nicht konstruierbar. Entscheidend gegen diese Argumentationskette spricht jedoch, dass das Vereitelungsverbot nicht schrankenlos gilt, sondern vielmehr eine Reihe von weitreichenden Ausnahmen vorgesehen sind. Wenn nun aber der Vorstand, ggf. mit entsprechender Zustimmung des Aufsichtrats, sogar aktiv eine Übernahmeofferte bekämpfen darf, dann muss ihm erst recht die bloße Unterlassung der Förderung eines feindlichen Übernahmeangebots möglich sein. Das gegenteilige Ergebnis, dass der Vorstand durch die Herausgabe von Informationen zur Förderung einer feindlichen Übernahmeofferte verpflichtet sei, gleichzeitig aber ohne Zustimmung der Aktionäre dieselbe Übernahmeofferte vereiteln dürfe, wäre mehr als widersprüchlich.

Im Ergebnis bleibt deshalb festzuhalten, dass den Vorstand im deutschen Recht de lege lata keine Pflicht zur Bietergleichbehandlung trifft. Die Gegenansicht

827 *Fleischer* in: ZIP 2002, 651 (654); ihm folgend *Hirte* in: KK-WpÜG, § 33 Rn. 77.
828 Zitat nach *Fleischer* in: ZIP 2002, 651 (654).

mag rechtspolitisch wünschenswert sein, wird jedoch durch das geltende Recht falsifiziert[829].

3) Zwischenergebnis

Die Analyse des in § 33 I S.1 WpÜG nach wie vor als Grundsatz normierten Vereitelungsverbots hat gezeigt, dass es diesen Namen nicht verdient.
Denn während sowohl der Art. 19 des Übernahmekodex, als auch der Diskussions-[830]- und der Referentenentwurf noch eine grundsätzliche Pflicht des Vorstands normierten, nur mit Zustimmung der Aktionäre angebotsvereitelnde Maßnahmen zu ergreifen, hat die Gesetzesfassung einen anderen Weg eingeschlagen. Maßnahmen, die nach allgemeinen aktienrechtlichen Grundsätzen in die Zuständigkeit des Vorstands fallen, darf dieser während der Angebotsphase nunmehr auch dann vornehmen, wenn der Maßnahme ein angebotsvereitelnder Charakter beizumessen ist. Einer Zustimmung der Aktionäre bedarf es hierfür im deutschen Recht nicht. Vielmehr kann der Vorstand die Maßnahme sogar aus eigener Machtvollkommenheit vornehmen, falls sie sich als Fortführung einer bereits eingeschlagenen Unternehmensstrategie qualifizieren lässt, § 33 I S.2 1.Var. WpÜG. Falls ihm diese Qualifizierung nicht gelingt, bedarf er für sämtliche in seine Geschäftsführungsbefugnis fallenden Maßnahmen dennoch nicht der Zustimmung der Eigentümer des Unternehmens, sondern (nur) der seines Aufsichtsrats, § 33 I S.2 3.Var. WpÜG.
Ebenfalls kein (erneutes) Votum der Aktionäre ist erforderlich für angebotsvereitelnde Maßnahmen, zu denen der Vorstand von einer Hauptversammlung wirksam ermächtigt wurde und zwar nach der hier vertretenen Auffassung unabhängig davon, ob der Beschluss den Anforderungen des § 33 II WpÜG genügt oder nicht.
Von einem Vereitelungsverbot bzw. einer Stillhaltepflicht des Vorstands kann deshalb keine Rede sein.
Vielmehr führt der vom Gesetzgeber beschrittene Weg in der Rechtswirklichkeit zu dem Ergebnis, dass der Vorstand im deutschen Recht folgende repressive Maßnahmen während der Angebotsphase ohne Einschaltung der Aktionäre ergreifen darf[831].

---

829 Ob eine Pflicht zur Bietergleichbehandlung tatsächlich als rechtspolitisch erstrebenswert zu qualifizieren ist, soll im Rahmen der rechtsvergleichenden Stellungnahme am Ende dieses Abschnitts diskutiert werden. Siehe hierzu: 4. Kap. D. I. 2. c).

830 § 31 III Nr. 2 DiskE.

831 Die folgende Aufzählung erhebt keinen Anspruch auf Vollständigkeit, sondern möchte lediglich die wichtigsten Abwehrmittel darstellen. Wobei die Auswahl der

Zunächst kann der Vorstand im deutschen Recht auch während der Angebotsphase eigenkapitalverändernde Maßnahmen vornehmen. Als wirksames Abwehrmittel erweist sich hierbei die Ausnutzung von genehmigtem Kapital, §§ 182ff. AktG, zur Abwehr des Übernahmeangebots. Der Abwehreffekt besteht in der Verteuerung der Transaktionskosten für den Bieter, der jetzt mehr Kapital zur Finanzierung der vollständigen Übernahme aufbringen muss. Die Ausgabe genehmigten Kapitals erschwert daher die Übernahme für den Bieter. Sie kann sie sogar unmöglich machen, falls der Vorstand die Möglichkeit hat, das genehmigte Kapital unter Ausschluss des Bezugsrechts an einen befreundeten Dritten auszugeben[832]. Erforderlich ist hierfür de lege lata lediglich ein entsprechender wirksamer Hauptversammlungsbeschluss[833]. Innerhalb der Ermächtigungsdauer von fünf Jahren ist der Vorstand dann frei, dieses genehmigte Kapital auszunutzen. Aufgrund des angebotsvereitelnden Charakters dieser Maßnahme bedarf er hierfür allerdings der Zustimmung des Aufsichtsrats, § 33 I S.2 3.Var. WpÜG, sofern sich die Ausnutzung nicht als Fortsetzung einer bereits eingeschlagenen Unternehmensstrategie qualifizieren lässt. Falls ein solcher Ermächtigungsbeschluss vorliegt, hat der Vorstand die Möglichkeit, das genehmigte Kapital, welches gemäß § 202 III S. 1 AktG die Hälfte des Grundkapitals der Zielgesellschaft erreichen kann, an einen ihm freundlich gesonnenen Dritten auszugeben.
Des weiteren darf der Vorstand, ggf. mit Zustimmung seines Aufsichtsrats, einen vor Bekanntwerden des feindlichen Übernahmeangebots gefassten Ermächtigungsbeschluss der Hauptversammlung zum Rückerwerb eigener Aktien gemäß § 71 I Nr. 8 AktG während der Angebotsphase zur Abwehr einer Übernahmeofferte einsetzen. Auch diese Maßnahme hat einen angebotsvereitelnden Charakter, da sie die Nachfrage nach Papieren der Zielgesellschaft erhöht, was ceteris paribus zu einem Ansteigen des Börsenkurses führt und damit den Bieter zur Vorlegung eines höheren Übernahmeangebots zwingt. Der Rückerwerb eigener Aktien verteuert folglich die Transaktionskosten für den Bieter[834].

---

wichtigsten Abwehrmittel, zum einen in Anlehnung an die Darstellung im britischen Teil dieser Arbeit erfolgte. Zum anderen wurde unterstellt, dass den in der deutschen Literatur und vom *Takeover Panel* gleichermaßen diskutierten Maßnahmen, auch am ehesten eine praktische Relevanz beizumessen ist.

832 Eine vergleichbare Wirkung, wie dem genehmigten Kapital kommt der Ausgabe von Wandel- und Optionsanleihen zu,

833 Vgl. zu den beim Bezugsrechtsauschluss zu beachtenden formellen und materiellen Voraussetzungen statt aller die ausführliche Darstellung von *Zech* in: Abwehrmaßnahmen, Seite: 207-209 m. w. N.

834 Freilich erweist sich der Rückerwerb eigener Aktien, insbesondere im Vergleich zur Ausgabe von genehmigtem Kapital unter Ausschluss des Bezugsrechts aus zwei Gründen als stumpfes Schwert. Zum einen ist der Rückerwerb gesetzlich auf 10 Prozent des Grundkapitals beschränkt, § 71 II S.1 AktG. Zum anderen steht der

Schließlich darf der Vorstand unter Ausschluss der Aktionäre auch für den Bieter besonders attraktive Vermögensbestandteile hinzuerwerben oder veräußern (*crown jewel defense*). Dieser Maßnahme ist ein angebotsvereitelnder Charakter beizumessen, da mit ihr beabsichtigt wird, dass der Bieter sein Interesse am Erwerb der Zielgesellschaft nach der Veräußerung der „Kronjuwelen" verliert. Übernahmerechtlich hat der Vorstand hierbei nur die Voraussetzungen des § 33 I S.2 WpÜG zu beachten, d. h. er hat gegebenenfalls die Zustimmung des Aufsichtsrats einzuholen.

Aktienrechtlich hat der Vorstand beim Beteiligungserwerb jedoch einige weitere Schranken zu beachten. Die wichtigste aktienrechtliche Schranke stellt das sich aus der Verpflichtung des Vorstands auf das Unternehmensinteresse ableitende aktienrechtliche Schädigungsverbot dar, welches es dem Vorstand untersagt, die Beteiligung unter Wert zu veräußern[835]. Deshalb dürfte in der Praxis oftmals die Veräußerung daran scheitern, dass es dem Vorstand nicht gelingt, innerhalb der relativ kurz bemessenen Angebotsfrist, einen Käufer zu finden, der bereit ist, einen angemessenen Preis für den Unternehmensbestandteil zu bezahlen. Daneben bedarf die Veräußerung ab einer bestimmten Größenordnung nach der Rechtsprechung des Bundesgerichtshofs eines „Holzmüller-Beschlusses" der Hauptversammlung[836].

Die rechtlichen Hürden bei der Ergreifung dieser Abwehrmaßnahme stellt folglich in erster Linie das Aktienrecht und nicht das Übernahmerecht auf.

Die Analyse der wichtigsten Abwehrmaßnahmen ergibt, dass die Geschäftsführungsbefugnisse des Vorstands während der Angebotsphase nur dahingehend eingeschränkt sind, dass er nunmehr für ihre Ergreifung die Zustimmung des Aufsichtsrats benötigt. Positiv ausgedrückt ist es dem Vorstand somit möglich, sämtliche in seinem originären und derivativen Zuständigkeitsbereich fallenden Maßnahmen ohne Votum der Hauptversammlung zu ergreifen.

Die dabei zu überwindende übernahmerechtliche Schranke stellt in der Gesetzesfassung im Gegensatz zu den Entwürfen nicht mehr die Hauptversammlung, sondern der Aufsichtsrat dar. Nach der Systematik des deutschen Rechts wacht folglich der Aufsichtsrat darüber, ob der sich in einem Interessenkonflikt befindende Vorstand tatsächlich noch im wohlverstandenen Unternehmensinteresse handelt

---

Zielgesellschaft an den zurückerworbenen Maßnahmen kein Stimmrecht zu, § 71b AktG. Der Bieter muss folglich nunmehr weniger Aktien erwerben. An der Qualifikation als Abwehrmaßnahme ändert dieses Ergebnis freilich nichts, da es gemäß § 33 I S.1 WpÜG ausreicht, wenn die Maßnahme zum Zeitpunkt ihrer Vornahme objektiv geeignet erscheint, das Übernahmeangebot zu verhindern, vgl. *Hirte* in: KK-WpÜG, § 33 Rn. 61.

835 *Winter/Harbarth* in: ZIP 2002, 1 (15).

836 *Krause* in: NJW 2002, 705 (712).

oder in Verfolgung rechtswidriger Eigeninteressen eine Abwehrmaßnahme ergreifen möchte.
Dieses Ergebnis führt unweigerlich zu der Frage, ob der Aufsichtsrat das geeignete Organ zur Überwachung des mit einem feindlichen Übernahmeangebot konfrontierten Vorstands ist.
Festzuhalten bleibt jedoch zunächst, dass das WpÜG mit der Installierung des Aufsichtsrats als Überwachungsorgan zugleich anerkennt, dass sich der Vorstand bei feindlichen Übernahmeofferten in einem Interessenkonflikt befindet. Denn einzig die abstrakt generelle Unterstellung eines Interessenkonflikts des Vorstands rechtfertigt überhaupt eine Einschränkung seiner Geschäftsführungsbefugnisse während der Angebotsphase. Denn würde man annehmen, dass der Vorstand auch während der Angebotsphase sein Handeln ausschließlich am Unternehmensinteresse ausrichte, bedürfte es keiner Einschränkung seiner Geschäftsführungsbefugnisse, da er auch während der Übernahmephase im Unternehmensinteresse und nicht etwa nur im Aktionärsinteresse zu handeln hat, § 3 III WpÜG. Nur wenn das deutsche Übernahmegesetz den Vorstand verpflichten würde, während der Übernahmephase ausschließlich im Aktionärsinteresse zu handeln, wäre eine Einschränkung seiner Geschäftsführungsbefugnisse auch gerechtfertigt, ohne dass man den oben genannten Interessenkonflikt zwingend unterstellen müsste[837].
Indem das WpÜG in Form des Aufsichtsratsvorbehalts die Geschäftsführungsbefugnisse beschränkt hat, erkennt es damit zugleich den oben behaupteten Interessenkonflikt des Vorstands an. Es löst diesen Interessenkonflikt rechtstechnisch auf eine generalisierende Art und Weise, indem es dem Vorstand für bestimmte Bereiche generell die Geschäftsführungsbefugnis entzieht. Das Gegenmodell wäre eine konkrete Regelungstechnik, die dem Vorstand immer nur dann die Geschäftsführungsbefugnis entzieht, wenn er sich tatsächlich in einem Interessenkonflikt befindet, wobei freilich der Vorstand die Beweislast dafür zu tragen hätte, dass er sich nicht in einem Interessenkonflikt befindet[838].
Nachdem nun verifiziert wurde, dass auch das deutsche Übernahmerecht unterstellt, dass sich der Vorstand in einem Interessenkonflikt befindet, der befürchten lässt, dass er seine Rolle als Leitungsorgan missbraucht, muss noch die Ausgangsfrage beantwortet werden: Ist der Aufsichtsrat das geeignete Kontrollorgan zur Auflösung dieses Interessenkonflikts?

837 In diesem Fall ließe sich eine Limitierung der Geschäftsführungsbefugnisse des Vorstands noch mit der Befürchtung rechtfertigen, dass er auch während der Angebotphase sein Handeln weiterhin am Unternehmensinteresse und nicht nur am Aktionärsinteresse ausrichte.
838 dazu *Hopt* in: ZGR 1993, 534 (547).

Die Eignung für diese Aufgabe wird dem Aufsichtsrat in der rechtswissenschaftlichen Diskussion oftmals bereits schon deshalb abgesprochen, weil es sich bei dem Aufsichtsrat nicht um eine Art Aktionärsauschuss handele. Da bei börsennotierten Aktiengesellschaften der Aufsichtsrat nach Maßgabe des MitbestG 1976 qualifiziert mitbestimmt sei, sei er gerade kein Aktionärsausschuss. Daraus wiederum wird gefolgert, dass der Aufsichtsrat nicht die Hauptversammlung widerspiegele und deshalb nicht das geeignete Kontrollorgan sei[839]. Diese Argumentationskette impliziert jedoch, dass die Hauptversammlung das geeignete Kontrollorgan sei. Sie setzt folglich etwas voraus, was es erst noch zu beweisen gilt und ist deshalb nicht weiterführend.
Erste Voraussetzung dafür, dass der Aufsichtsrat das geeignete Organ zur Kontrolle des Vorstands ist, ist vielmehr, dass der Aufsichtsrat selbst dem Unternehmensinteresse verpflichtet ist. Denn nur ein Kontrollorgan, das selbst der Förderung des Unternehmensinteresses verpflichtet ist, ist geeignet, die Förderung des Unternehmensinteresses während der Angebotsphase durch den Vorstand zu überwachen. Gemäß § 3 III WpÜG ist der Aufsichtsrat verpflichtet, ausschließlich im Interesse der Zielgesellschaft, d. h. im Unternehmensinteresse zu handeln. Unter diesem Gesichtspunkt bestehen folglich keine Bedenken gegen die Implementierung des Aufsichtsrats als Kontrollorgan des Vorstands während der Angebotsphase.
Zweite und weitaus kritischere Voraussetzung ist allerdings, dass der Aufsichtsrat sich nicht seinerseits in einem Interessenkonflikt befindet.
Es sei an dieser Stelle nochmals in Erinnerung gerufen, dass das WpÜG unabhängig vom konkreten Einzelfall unterstellt, dass der mit einem feindlichen Übernahmeangebot konfrontierte Vorstand sich in einem die rechtswidrige Verfolgung von Eigeninteressen nicht ausschließenden Interessenkonflikt befindet. Die Unterstellung der rechtswidrigen Verfolgung von Eigeninteressen ist in der Angebotsphase deshalb angebracht, weil das jeweilige Vorstandsmitglied mit dem Verlust seiner Position rechnen muss, was weniger einen monetären als vielmehr einen sozialen Absturz für ihn bedeutet.
Zumindest für die Aktionärsvertreter im Aufsichtsrat gilt aber nichts anderes als für den Vorstand. Denn auch sie müssen befürchten, im Falle einer erfolgreichen Übernahme durch den Bieter ausgetauscht zu werden.
Einwenden ließe sich gegen diese Argumentation zwar, dass die Gefahr bei Aufsichtsratsmitgliedern nicht in demselben Maße besteht wie bei Vorstandsmitgliedern, da die Aufsichtsratsmitglieder ein geringeres finanzielles Interesse an dem Erhalt ihrer Position haben. Dieses Argument übersieht jedoch, dass die unterstellte rechtswidrige Verfolgung von Eigeninteressen nicht in erster Linie mit ei-

839 *Winter/Harbarth* in: ZIP 2002, 1 (8); *Zech* in: Abwehrmaßnahmen, Seite: 178.

nem finanziellen Verlust begründet wird, sondern mit dem mit der feindlichen Übernahme verbundenen Prestigeverlust innerhalb der Gesellschaft[840]. Der gesellschaftliche Prestigeverlust der Aktionärsvertreter des Aufsichtsrats ist mit dem des Vorstands jedoch vergleichbar. Dies gilt in besonderem Maße für den Aufsichtsratsvorsitzenden, wenn dieser, wie in börsennotierten deutschen Grossunternehmen nach wie vor üblich, ehemaliger Vorsitzender des Vorstands der betreffenden Aktiengesellschaft gewesen ist[841]. Da mit Hilfe der Stimme des Aufsichtsratsvorsitzenden die Aktionärsvertreter im Zweifel die Mehrheit im Aufsichtsrat repräsentieren, scheint die Befürchtung der rechtswidrigen Verfolgung von Eigeninteressen durch den Aufsichtsrat während der Angebotsphase nicht fern liegender als beim Vorstand.
Im Ergebnis bedeutet dies, dass beim Aufsichtsrat dieselbe abstrakte Gefahr der rechtswidrigen Verfolgung von Eigeninteressen besteht wie beim Vorstand. Der Aufsichtrat ist deshalb als Kontrollorgan des Vorstands ungeeignet.
Das WpÜG ist folglich insofern inkonsequent, als es zwei gleichgelagerte Sachverhalte unterschiedlich behandelt, indem es beim Vorstand einen Interessenkonflikt generell unterstellt, denselben beim Aufsichtsrat jedoch ignoriert.
Dieses Ergebnis kann auf zwei Ursachen beruhen. Zum einen könnte es sich einfach um eine inadäquate Regelung des Gesetzgebers handeln. Oder der Gesetzgeber hat die vom Aufsichtsrat abstrakt ausgehende Gefahr für die Zielgesellschaft bewusst zur Erreichung eines anderen gesetzgeberischen Ziels in Kauf genommen.
Da nicht unterstellt werden kann, dass der Gesetzgeber diesen Interessenkonflikt nicht gesehen hat, gelangt man zu dem Ergebnis, dass er das Bestehenlassen des Interessenkonflikts zur Verfolgung eines anderen Ziels billigend in Kauf genommen hat.
Diese These wird durch die Begründung, mit der die Bundesregierung die Implementierung des Aufsichtsratsvorbehalts begründet, gestützt. Der Gesetzgeber verfolgte mit der Einführung des Aufsichtsratsvorbehalts das Ziel, der deutschen Wirtschaft eine effektive Verteidigungsmöglichkeit gegen feindliche Übernahmeversuche von ausländischen Bietern an die Hand zu geben[842]. Hergestellt werden sollte eine „Waffengleichheit" zwischen deutschen und ausländischen insbesondere US-amerikanischen Gesellschaften[843]. Ob dieses gesetzgeberische Re-

840 Zum Interessenkonflikt des Vorstand bei feindlichen Übernahmeangeboten bereits ausführlich oben: 1. Kap. B. IV und 4. Kap. D. 2 jeweils mit weiteren Nachweisen.

841 Man denke nur an die seit langem übliche Praxis bei vielen deutschen Dax-Unternehmen wie Deutsche Bank AG, Volkswagen AG, Allianz AG etc.

842 *Wackerbarth* in: WM 2001, 1741 (1741) mit weiteren Nachweisen.

843 *Wackerbarth* in: WM 2001, 1741 (1741) mit weiteren Nachweisen; *Zech* in: Abwehrmaßnahmen, Seite: 4.

gelungsziel die dadurch entstandenen Nachteile nicht nur für die Aktionäre der Zielgesellschaft, sondern auch für die Zielgesellschaft selbst rechtfertigt, soll innerhalb der rechtsvergleichenden Analyse am Ende dieses Abschnitts untersucht werden.
Festzuhalten bleibt im Hinblick auf das Vereitelungsverbot im deutschen Recht zunächst folgendes: Das deutsche Recht etabliert zur Überwachung des Vorstandes bei feindlichen Übernahmeangeboten den Aufsichtsrat der Zielgesellschaft. Dieser ist jedoch als Kontrollorgan ungeeignet, da er dem gleichen Interessenkonflikt unterliegt wie der Vorstand. Das deutsche Übernahmerecht löst den erkannten Interessenkonflikt folglich nicht auf, sondern nimmt ihn vielmehr billigend in Kauf, weil es die Zulässigkeit von Abwehrmaßnahmen während der Übernahmephase als zum Schutze von deutschen Unternehmen notwendig erachtet.

c) Rechtsvergleichende Stellungnahme

Die folgende rechtsvergleichende Stellungnahme stellt in gewisser Weise ein Novum im Rahmen dieser Arbeit dar. Denn während bisher die Differenzen zwischen deutschem und britischem Recht im Detail gesucht werden mussten, unterscheiden sich die beiden Rechtsordnungen bei der Ausgestaltung des Vereitelungsverbots fundamental.
Einzige Gemeinsamkeit ist, dass beide Rechtsordnungen das Vereitelungsverbot als Grundregel festschreiben, *General Principle 7 CC* bzw. § 33 I S.1 WpÜG. Doch während das britische Recht diese Grundregel konsequent umsetzt, wird dieselbe aufgrund der weitreichenden Ausnahmen im deutschen Übernahmerecht zur Makulatur.
Dies führt im Ergebnis dazu, dass lediglich das britische Recht die Befugnisse des Managements auf die Fortführung des Tagesgeschäfts beschränkt. Abwehrmaßnahmen können nach den Regeln des *CCs* deshalb nur ergriffen werden, sofern eine entsprechende Zustimmung der Hauptversammlung vorliegt. Ohne Votum der Hauptversammlung ist das der Übernahmeofferte ablehnend gegenüberstehende Management darauf beschränkt, für seine Position zu werben und seine Aktionäre damit von seiner Position zu überzeugen.
Das britische Recht fördert daher mittelbar einen *„battle of words"* zwischen dem Bieter und dem Management der Zielgesellschaft.
Die Entscheidung über die Vorteilhaftigkeit und damit über den Erfolg des Übernahmeangebots verbleibt aber uneingeschränkt bei den Aktionären der Zielgesellschaft. Die Beschränkung der Kompetenzen des *Board of directors* hat zur Konsequenz, dass die Leitungsorgane daran gehindert sind, zum Zwecke der Sicherung der eigenen Position und damit unter rechtswidriger Verfolgung von Ei-

geninteressen angebotsvereitelnde Maßnahmen zu ergreifen. Denn anders als das deutsche Recht implementiert das britische Recht mit der Hauptversammlung ein Aufsichtsorgan, welches keinem Interessenkonflikt ausgesetzt ist.
Der *CC* löst daher den abstrakt generell unterstellten Interessenkonflikt des Managements zugunsten des Aktionärsinteresses auf.
Auf der anderen Seite der Medaille bedeutet die vom *CC* gewählte Regelung aber auch, dass bei der Frage, ob Abwehrmaßnahmen ergriffen werden sollen, nur das Aktionärsinteresse maßgeblich ist. Denn im Gegensatz zu Vorstand und Aufsichtsrat sind die Aktionäre nicht zur Verfolgung des Unternehmensinteresses verpflichtet und verfolgen demnach nur ihre eigenen (Aktionärs-) Interessen. Dies bedeutet, dass die anderen Partikularinteressen des Unternehmensinteresses, insbesondere die Arbeitnehmerinteressen, bei dieser Entscheidung im britischen Recht irrelevant sind.
Demgegenüber können und müssen Arbeitnehmerinteressen im deutschen Recht bei der Entscheidungsfindung von Vorstand und Aufsichtsrat berücksichtigt werden, da beide Organe im Unternehmensinteresse handeln, welches auch die Partikularinteressen der Arbeitnehmer umfasst. Deshalb hätten die Leitungsorgane im deutschen Recht beispielsweise die Möglichkeit eine feindliche Übernahme unter Hinweis auf ein entgegenstehendes Arbeitnehmerinteresse zu bekämpfen.
Es stellt sich deshalb die Frage, ob die Möglichkeit der Berücksichtigung von Arbeitnehmerinteressen die Zulässigkeit der Ergreifung von Abwehrmaßnahmen zu rechtfertigen vermag.
Gegen diese These spricht, dass die Rechtsstellung der Arbeitnehmer durch die Übernahme nicht beeinträchtigt wird. Vielmehr ändert sich an ihrer Rechtsbeziehung zu ihrem Arbeitgeber, der juristischen Person Zielgesellschaft, durch die Erfüllung der Kaufverträge zwischen dem Bieter und den Aktionären der Zielgesellschaft nichts. Sehr wohl beeinträchtigt wird allerdings die Rechtsstellung der Aktionäre der Zielgesellschaft durch die Zulässigkeit von Vereitelungsmaßnahmen ohne Votum der Hauptversammlung, da hierdurch ihre Veräußerungsmöglickeit eingeschränkt wird.
Außerdem ist zu bedenken, dass das Übernahmerecht dem Bereich des Kapitalmarktrechts zuzuordnen ist. Aufgabe des Kapitalmarkts ist es, die Rechtsbeziehungen zwischen den Kapitalmarktakteuren in geeigneter Weise zu regeln, nicht jedoch der Arbeitnehmerschutz. Dieser soll vielmehr durch die einschlägigen Regelwerke des Arbeitsrechts im weiteren Sinne gewährleistet werden. Das Übernahmerecht ist hierfür jedoch ungeeignet, weil es eine ganz andere Zielsetzung verfolgt.
Als Zwischenergebnis ist daher festzuhalten, dass die Zulässigkeit von Abwehrmaßnahmen ohne entsprechendes Votum der Hauptversammlung sich nicht damit

rechtfertigen lässt, dass auf diese Weise die Rechte der Arbeitnehmer bei der Entscheidungsfindung berücksichtigt werden könnten.

Deshalb ist weiter zu fragen, ob die vom deutschen Gesetzgeber mit der Implementierung des Aufsichtsrats als Kontrollorgan angestrebte „Waffengleichheit" zwischen Bieter und Zielgesellschaft bei internationalen Unternehmensübernahmen die dadurch verursachten Nachteile für die Zielgesellschaft und insbesondere für ihre Aktionäre aufzuwiegen vermag.

Die Bundesregierung befürchtete, dass bei einem strengen Vereitelungsverbot deutsche Firmen mangels effektiver Abwehrmöglichkeiten zu einem bevorzugten Ziel ausländischer Unternehmen werden würden. Dies ergibt sich zwar nicht unmittelbar aus den Gesetzesmaterialien, wohl aber aus der Entstehungsgeschichte des WpÜG und der Haltung der Bundesregierung zur EU-Übernahmerichtlinie[844].

Dieses „ungeschriebene" Regelungsziel konfligiert freilich mit dem offiziellen rechtspolitischen Ziel des deutschen Übernahmegesetzes, die Attraktivität des Finanzstandortes Deutschlands zu steigern. Eine Regelung, die der Verhinderung von Unternehmensübernahmen durch ausländische Investoren dient, schreckt diese ab. Zwar wird nur der Beteiligungserwerb oberhalb der Kontrollschwelle erschwert. Dies wirkt sich jedoch auch negativ auf jeglichen Beteiligungserwerb auf, da eine Kapitalbeteiligung für einen Investor weniger attraktiv ist, wenn er nicht die Möglichkeit hat, seine Beteiligung jederzeit ungehindert auszubauen.

Der Finanzstandort Deutschland im Allgemeinen und deutsche börsennotierte Aktiengesellschaften im Besonderen sind jedoch auf ausländische Investoren angewiesen. Als Zwischenergebnis ist daher festzuhalten, dass die vom Gesetzgeber befürwortete Zulässigkeit von Abwehrmaßnahmen dem rechtspolitischen Regelungsziel, die Attraktivität des Finanzplatzes zu steigern, widerspricht.

Die durch die Zulässigkeit von Abwehrmaßnahmen für deutsche börsennotierte Aktiengesellschaften am Kapitalmarkt verursachten Nachteile werden auch nicht durch das dadurch vermeintlich geschaffene *level playing field* zwischen deutschen und ausländischen insbesondere US-amerikanischen Unternehmen aufgewogen.

Zwar sind in den Vereinigten Staaten von Amerika aufgrund der dort geltenden *qualified business judgement rule* Abwehrmaßnahmen des Managements der Zielgesellschaft tatsächlich de lege lata in weitreichendem Umfang zulässig[845].

Es verbietet sich aber eine isolierte Betrachtung der in den beiden Rechtsordnungen möglichen Abwehrmaßnahmen. Eine solche isolierte Betrachtung übersieht

---

844 Zur Entstehungsgeschichte des WpÜG und der EU-Übernahmerichtlinie siehe oben: 3. Kap. B. (WpÜG) bzw. 2. Kap. A. (Richtlinie).

845 ausführlich hierzu Weisner in: Verteidigungsmaßnahmen, Seite: 60.

nämlich, dass sich das gesamte Rechts- und Kapitalmarktumfeld in den USA erheblich vom deutschen und europäischen Modell unterscheidet. So sind in den USA in sehr weitgehendem Umfang Aktionärsklagen unmittelbar gegen die Direktoren der Zielgesellschaft möglich[846]. Diese Möglichkeit der gerichtlichen Überprüfung wirkt disziplinierend auf die Leitungsorgane der Zielgesellschaft und verhindert damit die Verfolgung von Eigeninteressen.
Ein weiterer Unterschied besteht darin, dass potentielle amerikanische Bieter die strengen europäischen Kapitalerhaltungsregeln zu beachten haben, die aufgrund der Transformation der Kapitalschutzrichtlinie in allen Mitgliedsstaaten der EU gelten. Vergleichbare Regeln sind in den USA unbekannt. Dies führt in der Praxis dazu, dass europäische Bieter die Aktiva der amerikanischen Zielgesellschaft als Kreditunterlage zur Finanzierung einer Übernahmeofferte verwenden können, was einem amerikanischen Bieter verwehrt ist[847]. Bei isolierter Betrachtung dieser beiden Aspekte wären daher europäische Unternehmen gegenüber ihren amerikanischen Pendants jeweils „im Vorteil".
Festzuhalten bleibt daher, dass der deutsche Gesetzgeber mit der Entscheidung für die Zulässigkeit von Abwehrmaßnahmen kein *level playing field* zwischen deutschen und US-amerikanischen Unternehmen geschaffen hat.
Auch innereuropäisch hat der deutsche Gesetzgeber kein *level playing field* hergestellt. Hier ist allerdings zuzugeben, dass die Regelwerke einiger Mitgliedsstaaten präventive Abwehrmaßnahmen als zulässig erachten, die im deutschen Recht nicht mehr möglich sind. Auch hier verbietet sich aber eine isolierte Betrachtung, vielmehr ist ebenfalls eine Gesamtschau erforderlich. Ein *level playing field* kann nämlich auch innereuropäisch nicht dadurch hergestellt werden, dass man als Reaktion auf die Zulässigkeit von präventiven Übernahmehindernissen in anderen Mitgliedsstaaten mit der Implementierung von repressiven Übernahmehindernissen in der Bundesrepublik Deutschland reagiert. Vielmehr kann ein *level playing field* nur durch den konsequenten Abbau von repressiven und präventiven Übernahmehindernissen erreicht werden, keinesfalls jedoch durch die Schaffung neuer Hindernisse. Der vom deutschen Gesetzgeber mit § 33 WpÜG beschrittene Weg ist somit zur Erreichung eines *level playing field* bzw. zur Herstellung von Waffengleichheit ungeeignet. Deshalb lassen sich die durch die Zulässigkeit von Abwehrmaßnahmen im deutschen Recht verursachten Nachteile für die Aktionäre der Zielgesellschaft und den Finanzstandort Deutschland nicht mit der beabsichtigten Herstellung eines *level playing field* rechtfertigen.
Im Ergebnis bleibt somit festzuhalten, dass sich die im deutschen Recht vorgesehene Möglichkeit der Zulässigkeit von Abwehrmaßnahmen ohne aktuelles Votum

846 Weisner in: Verteidigungsmaßnahmen, Seite: 318.
847 Weisner in: Verteidigungsmaßnahmen, Seite: 294.

der Hauptversammlung auch nicht mit einem diffusen (rechts-) politischen Wunsch nach Herstellung von Waffengleichheit rechtfertigen lässt.
Deshalb bleibt es bei dem oben bereits angedeuteten Befund, dass die deutsche Regelung des Vereitelungsverbots nachteilig für die Aktionäre der Zielgesellschaft ist, da sie die Verfolgung von Eigeninteressen durch die Leitungsorgane nicht verhindert. Sie stärkt deshalb nicht, wie vom Gesetzgeber beabsichtigt, die Attraktivität des Finanzstandortes Deutschlands, sondern verringert sie.
Demgegenüber verhindert das strenge Vereitelungsverbot des britischen Rechts die rechtswidrige Verfolgung von Eigeninteressen durch die Leitungsorgane, indem es der Hauptversammlung die Kompetenz zur Ergreifung von Abwehrmaßnahmen während der Angebotsphase zuweist.
Die britische Regelung findet damit eine angemessene und konsequente Lösung auf den bei feindlichen Übernahmeangeboten bestehenden Interessenkonflikt der Leitungsorgane. Diese schafft klare Vorgaben für die Beteiligten, insbesondere natürlich für die Aktionäre der Zielgesellschaft, aber auch für potentielle Bieter und für die Leitungsorgane selbst. Im Gegensatz zum deutschen Recht, bei dem die rechtlichen konkreten Befugnisse der Leitungsorgane sich weder unmittelbar aus dem Gesetz ergeben noch in der rechtswissenschaftlichen Literatur unumstritten sind, stellt die britische Regelung einen klaren Rechtsrahmen für die Kapitalmarktakteure zur Verfügung. Das britische Recht ist daher nicht nur im Sinne des Anlegerschutzes, sondern auch im Interesse der Rechtssicherheit als Vorbildregelung zu qualifizieren. Der deutsche Gesetzgeber sollte deshalb eine Kehrtwende vollziehen und den § 33 WpÜG entsprechend der dargestellten britischen Reglung abändern.
Ebenfalls normiert werden sollte im deutschen Recht ein Gebot der Bietergleichbehandlung bei konkurrierenden Übernahmeangeboten, wie es der *CC* bereits vorsieht. Dieses Gebot entspricht einer konsequenten Umsetzung des Vereitelungsverbots, da ansonsten der Vorstand die Möglichkeit hätte, weniger willkommene potentielle Bieter unter Hinweis auf ein scheinbar entgegenstehendes Unternehmensinteresse zu benachteiligen.
Außerdem ist auch der zeitliche Anwendungsbereich des Vereitelungsverbots auszudehnen. Dieser sollte im Interesse einer effektiven Verhinderung der Verfolgung von Eigeninteressen durch die Leitungsorgane nicht erst mit der Veröffentlichung der festen Absicht, ein Übernahmeangebot abgeben zu wollen, beginnen. Vielmehr sollte das strenge Vereitelungsverbot bereits gelten, sobald der Vorstand zuverlässige Kenntnis von einer glaubhaften unmittelbar bevorstehenden Übernahmeofferte erlangt hat, spätestens jedoch mit der Ankündigung der festen Absicht des Bieters.

III. Weitere dem Bieter und der Zielgesellschaft während der Angebotsphase obliegende Pflichten

Neben der das deutsche Gesetzgebungsverfahren beherrschenden Diskussion um die Reichweite des Vereitelungsverbots haben Bieter und Zielgesellschaft während der Angebotsphase noch eine Reihe weiterer Regeln zu beachten, deren praktische Relevanz nicht zu unterschätzen ist.

Vergegenwärtigt man sich, dass die meisten Übernahmeschlachten nicht durch den massiven Einsatz von Abwehrmaßnahmen entschieden werden, sondern Bieter und Zielgesellschaft vielmehr um die Gunst der Aktionäre werben, stellt sich die Frage, welche Regeln sie beim Einsatz des Kommunikationsmittels „Werbung“ zu beachten haben.[848] Da Bieter und Zielgesellschaft oftmals gezielt um die Unterstützung der Großaktionäre der Zielgesellschaft werben werden, ist in diesem Zusammenhang auch zu klären, ob sie berechtigt sind, dem umworbenen Großaktionär exklusiv Informationen (beispielsweise über angestrebte Synergieeffekte) zur Verfügung zu stellen oder ob sie die einem Aktionär offenbarten Informationen unverzüglich allen Anteilseignern zugänglich machen müssen.

Es ist außerdem zu klären, ob Bieter und Zielgesellschaft während der Angebotsphase die Möglichkeit haben, Aktien der Zielgesellschaft außerhalb des Übernahmeverfahrens (d. h. über die Börse oder auf sonstige Art und Weise) zu erwerben und gegebenenfalls welche Rechtsfolgen derartige Parallelerwerbe auslösen[849].

Ebenfalls in diesem Kontext ist die Frage zu untersuchen, ob und ggf. in welchem Umfang der Bieter verpflichtet ist, während der Laufzeit des Übernahmeangebots über die von ihm aktuell gehaltenen Wertpapiere und die ihm bereits zugegangenen Annahmeerklärungen zu informieren[850].

Schließlich stellt sich noch die Frage, welche Rechtsfolgen eine Veränderung der Angebotskonditionen, d. h. in der Praxis eine Erhöhung der Gegenleistung, nach sich zieht[851].

---

848 Dazu unter 1.
849 Dazu unter 2.
850 Dazu unter 3.
851 Dazu unter 4.

1. Informationsverbreitung während der Angebotsphase insbesondere Zulässigkeit und Reglementierung von Werbung

Der Einsatz von Kommunikationsmitteln und insbesondere von Werbung[852] spielt im Rahmen von Übernahmeangeboten eine kaum zu überschätzende Rolle, weil in der internationalen Praxis Übernahmeschlachten überwiegend als „Wettbewerb der Konzepte" zwischen Bieter und Zielgesellschaft ausgetragen werden. Ein massiver Einsatz von technischen Abwehrmaßnahmen ist dagegen kaum festzustellen[853].

Inhaltlich geht es beim Einsatz von Werbung in erster Linie um die Maximierung des realisierbaren Wertes der Aktien, den Bieter bzw. Zielgesellschaft den Aktionären der Zielgesellschaft in Aussicht stellen. Der vom Bieter angebotenen Gegenleistung steht das Wertpotential der Zielgesellschaft im Falle der Eigenständigkeit oder im Rahmen einer alternativen Transaktion gegenüber[854].

Mithin kommt insbesondere bei feindlichen Übernahmeversuchen dem Einsatz von Werbung eine entscheidende Bedeutung zu[855]. So setzten im Rahmen der Übernahme der Mannesmann AG durch die *Vodafone Airtouch plc.* sowohl Bieter als auch Zielgesellschaft, insbesondere im feindlichen Teil des Übernahmeverfahrens, unter Einschaltung professioneller Werbeagenturen, massiv auf den Einsatz von Werbemaßnahmen, die alleine auf Seiten der Zielgesellschaft Kosten in Höhe von 400 Millionen DM verursachten[856]. Beide Seiten schalteten Anzeigen, die teilweise nüchterne Informationen, teilweise Wertungen und Empfehlungen enthielten, teilweise aber auch in völlig aussageloser, rein gefühlsbetonter Werbung bestanden[857].

---

852 Der Begriff Werbung ist im Folgenden in einem weiten Sinn zu verstehen. Er umfasst nicht nur klassische Werbemittel wie Zeitungsanzeigen, sondern alle Arten von Kommunikationsmitteln mit denen Bieter oder Zielgesellschaft versuchen, die Gunst der Aktionäre zu gewinnen.
Erfasst sind daher im Folgenden auch Veranstaltungen wie *road shows*, Rundschreiben an die Aktionäre, Telefonkonferenzen etc.

853 *Becker* in: ZHR 165 (2001), 280 (281); *Kümpel* in: Bank- und Kapitalmarktrecht, Rn. 8335; *Underhill/Austmann* in: *Payne,* Takeovers, Seite: 87 (119): Der Grund für den Nichteinsatz von Abwehrmaßnahmen dürfte darin liegen, dass es sich eine Zielgesellschaft nicht leisten kann eine Abwehrmaßnahme zu ergreifen, da sie hierfür an den Kapitalmärkten mit einem Bewertungsabschlag bestraft werden würde.

854 *Becker* in: ZHR 165 (2001), 280 (281).

855 *Schwennicke* in: *Geibel/Süßmann*, Kommentar zum WpÜG, § 28 Rn. 1; Begr.-RegE. BT-Drucks. 14/7034, Seite: 52.

856 *Schwennicke* in: *Geibel/Süßmann*, Kommentar zum WpÜG, § 28 Rn. 1.

857 *Kort* in: FS *Lutter*, 1421 (1439).

Aber auch bei der weitaus größeren Zahl der freundlichen Übernahmen setzen Bieter und Zielgesellschaft oftmals Werbung ein, um die Zustimmung der Aktionäre zum Zusammenwachsen der beiden Unternehmen zu gewinnen.
Der Einsatz von Werbung ist zwar grundsätzlich nicht zu beanstanden. Zu bedenken ist allerdings, dass der Einsatz von Werbung als Kommunikationsmittel, insbesondere im Vergleich zur Angebotsunterlage aufgrund des emotionalen und oftmals unsachlichen Charakters der Werbung geeignet ist, bei den Aktionären der Zielgesellschaft einen falschen Eindruck bezüglich der Konditionen und Umstände der Übernahmeofferte zu erwecken.
Der Einsatz von Werbung steht daher in einem Spannungsverhältnis zum Transparenzgebot, welches bekanntlich in beiden Rechtsordnungen fordert, dass die Aktionäre in Kenntnis der Sachlage über die Vorteilhaftigkeit der Übernahmeofferte entscheiden müssen.
Vor diesem Hintergrund haben sich das britische und das deutsche Recht deshalb im Grundsatz dafür entschieden, den Einsatz von Werbung während der Angebotsphase zu reglementieren.
Daneben kann der Einsatz von Werbung aber auch mit dem Gleichbehandlungsgebot konfligieren, welches für Bieter und Zielgesellschaft gleichermaßen gilt, etwa wenn der Bieter oder die Zielgesellschaft im Rahmen von *road shows* gezielt Großaktionäre ansprechen, um sie von ihrer jeweiligen Strategie zu überzeugen. In diesem Zusammenhang stellt sich die Frage, ob sie verpflichtet sind, die dem Großaktionär zur Verfügung gestellten Informationen, sämtlichen Aktionären der Zielgesellschaft zugänglich zu machen.

a) Werbung während der Angebotsphase im britischem Recht

Der *CC* reglementiert den Informationsfluss mit Hilfe von Kommunikationsmitteln aller Art und insbesondere von Werbeträgern zwischen Bieter bzw. Zielgesellschaft und den Wertpapierinhabern in einer restriktiven Art und Weise.
Dies zeigt sich bereits daran, dass Bieter und Zielgesellschaft bei jeglicher Informationsverbreitung während der Angebotsphase die strengen Vorgaben von *Rule 19.1. CC* zu beachten haben.
Diese Norm verlangt, dass jede Aussage des Bieters und der Zielgesellschaft unter Anwendung der höchsten Sorgfaltsanforderungen erstellt werden muss[858].

---

858 Panel Statement, Enterprise Oil/Lasmo, 3/1995, Seite: 1 (2); *Evans* in: *Button,* A Practitioners Guide, Seite: 183 (185); *Stedman* in: Takeovers, Seite: 241; *Weinberg/Blank* in: On Takeovers and Mergers, Rn. 4-5002; *Davies* in: Gowers Company Law, Seite: 734.

Im Ergebnis gelten daher für jede während der Angebotsphase gemachte Aussage, unabhängig davon, ob es sich um eine Zeitungsanzeige, ein Interview, eine Analystenkonferenz oder ein Rundschreiben handelt, dieselben hohen Sorgfaltsmaßstäbe[859], die Bieter und Zielgesellschaft bereits bei der Abfassung der Angebotsunterlage bzw. der Stellungnahme zu beachten haben[860].
Daneben muss jede von den Parteien selbst oder auf ihr Verlangen hin publizierte Erklärung auf zwischenzeitlich eingetretene wesentliche Veränderungen der Rahmenbedingungen des Übernahmeangebots hinweisen, bzw. eine Erklärung enthalten, dass keine solchen Veränderungen eingetreten sind, *Rule 27.1. CC*[861]. Außerdem haben Bieter und Zielgesellschaft für jede veröffentlichte Erklärung ausdrücklich die rechtliche Verantwortung zu übernehmen, *Rule 19.2. CC*. Damit möchte der *CC* erreichen, dass die Aktionäre gegenüber den Direktoren einen Schadenersatzanspruch nach den Grundsätzen der Entscheidung *Hedley Byrne v. Heller*[862] haben. Voraussetzung eines solchen Anspruchs im Rahmen des Übernahmeverfahrens ist zunächst, dass die Direktoren fahrlässig den von *Rule 19.1. CC* geforderten Sorgfaltsmaßstab nicht beachtet haben und deshalb missverständliche Informationen verbreiteten[863]. Außerdem muss der klageberechtigte Aktionär im Vertrauen auf die Richtigkeit der publizierten Informationen einen Schaden erlitten haben[864].
Von dieser Klagemöglichkeit geht eine disziplinierende Wirkung auf die Parteien während der Angebotsphase aus, die sie dazu anhält, keine möglicherweise missverständlichen oder irreführenden Informationen zu verbreiten. Verstärkt wird diese disziplinierende Wirkung noch dadurch, dass das *Panel* die Möglichkeit hat, die Parteien noch während der Angebotsphase zur Richtig- bzw. Klarstellung

---

859 Bezüglich der Einzelheiten (Veröffentlichung von *profit forecasts* etc.) kann somit auf die im Rahmen der Angebotsunterlage gemachten Ausführungen verwiesen werden, da die einzuhaltenden Sorgfaltsanforderungen insofern dieselben sind, vgl. daher: 4. Kap. C. I. 1. b) 5).

860 *Thomas* in: *Thorne/Prentice*, Butterworths Company Law Guide, 367 (387); *Pudge* in: *Button*, A Practitioners Guide, 207 (208); *Stamp* in: Company Law I, Seite: 346.

861 *Stamp* in: Company Law I, Seite: 346; *Weinberg/Blank* in: On Takeovers and Mergers, Rn. 4-5006; *Morse* in: Company Law, Seite: 613.

862 *Hedley Byrne v. Heller* (1964) AC 465 (481).

863 *Evans* in: *Button*, A Practitioners Guide, Seite: 183 (185); *Stamp* in: Company Law I, Seite: 346; *Stedman* in: Takeovers, Seite: 246.

864 *Evans* in: *Button*, A Practitioners Guide, Seite: 183 (186): Die Kausalität zwischen Fehlinformationen und Schaden des Aktionärs wird dabei regelmäßig vermutet werden können, wenn die Fehlinformation zumindest auch an ihn adressiert gewesen ist.

zu zwingen[865]. Diese, die Reputation der zur Richtigstellung gezwungenen Partei schädigende Befugnis des *Panels*, wird in der Praxis als die wahre Sanktion für die Verbreitung von Falschinformationen empfunden und führt dazu, dass während eines Übernahmekampfes fast täglich Beschwerden über die Verbreitung missverständlicher Informationen durch die jeweilige Gegenseite beim *Panel* eingehen[866].
Die Pflicht zur sorgfältigen Abgabe von Statements aller Art obliegt nicht nur den jeweiligen Organen des Bieters und der Zielgesellschaft. Vielmehr ergibt sich aus der gesonderten Erwähnung der *„financial adviser"* in *Rule 19.3. CC* zumindest mittelbar, dass sie die gleichen höchsten Sorgfaltsmaßstäbe zu beachten haben, wenn sie im Rahmen des Übernahmeangebots für ihren jeweiligen Auftraggeber tätig werden.
Ziel dieser strengen Regelungen ist es zu verhindern, dass die Aktionäre der Zielgesellschaft durch irreführende oder zweideutige Aussagen ein verzerrtes Bild von den Fakten und Rahmenbedingungen der Übernahmeofferte erlangen.
Falls die Parteien (Bieter und Zielgesellschaft) während der Angebotsphase Werbeträger im engeren Sinne (wie z. B. Zeitungsanzeigen, Fernsehwerbung, Wurfsendungen[867]) einsetzen wollen oder versuchen, die Aktionäre telefonisch von ihrem Standpunkt zu überzeugen, dann haben sie darüber hinaus noch die weitergehenden Beschränkungen von *Rule 19.4. CC* und *Rule 19.5. CC* zu beachten.
Die strenge Reglementierung des Einsatzes von Werbeträgern ist eine Reaktion des *Panels* auf den extensiven Einsatz von Werbung in den frühen 80er Jahren[868]. Als Verstoß gegen die Grundprinzipien des *CCs* erachtete das *Panel* damals unter anderem Äußerungen von Parteien wie „bei einem Scheitern des Übernahmeangebots werden die Aktien der Zielgesellschaft fallen" oder „ihre Geschäfte laufen so schlecht, dass die Firma ihre Fabrik für zwei Wochen schließen musste"[869].
Als Reaktion auf diese Statements hat das *Panel* deshalb 1986 *Rule 19.4. CC* eingeführt, welche den Beteiligten den Einsatz von Werbung grundsätzlich unter-

---

865 *Stamp* in: Company Law I, Seite: 346; Dies erwog das *Panel* im Rahmen der Übernahme der *Lasmo plc* durch die *Enterprise Oil* plc. im Jahre 1995, vgl. Panel Statement, Enterprise Oil/Lasmo, 3/1995, Seite: 1 (1).

866 Panel Statement, Enterprise Oil/Lasmo, 4/1995, Seite: 1 (1); *Evans* in: *Button,* A Practitioners Guide, 183 (187).

867 Der *CC* erachtet neben Zeitungsanzeigen auch Fernsehwerbung, Radiowerbung, Posterwerbung, sowie den Einsatz von Video- und Audiobändern als Werbung im engeren Sinne, *Note 4 on Rule 19.4. CC.*

868 *Underhill/Austmann* in: *Payne,* Takeovers, Seite: 87 (120); *Pudge* in: *Button,* A Practitioners Guide, 207 (212).

869 *Panel Report Year Ended 31 March* 1985, Seite: 8.

sagt, es sei denn, es handelt sich um eine der in *Rule 19.4. CC (i)-(ix)* abschließend aufgezählten Arten von Werbung.
Zu den wichtigsten den Parteien demnach ausnahmsweise noch erlaubten Arten der Werbung gehören zunächst die Werbung für die hergestellten Produkte[870] und für das Unternehmen als solches[871] (*corporate image*), sofern damit kein Bezug zur Übernahmeofferte hergestellt wird.
Den Parteien ist auch die Veröffentlichung von in Zusammenhang mit der Übernahmeofferte stehenden Anzeigen gestattet, sofern diese lediglich unstreitige Tatsachen enthalten und sich jeder Argumentation oder Einflussnahme enthalten[872]. Zulässig ist demzufolge der Hinweis des Bieters auf den Wert der angebotenen Gegenleistung und das Ende der Annahmefrist. Schließlich ist auch die Veröffentlichung der aktuellen Annahmequote zulässig, sofern diese Veröffentlichung sich ebenfalls jeglicher Argumentation oder Beeinflussung enthält[873].
Falls sich einer der Beteiligten dazu entschließt, die Gunst der Aktionäre der Zielgesellschaft mittels einer Telefonkampagne (*telephon campaign*) zu gewinnen, haben er und seine Berater hierbei die Restriktionen von *Rule 19.5. CC* zu beachten. Diese Regel verlangt, dass die gesamte Aktion unter der Aufsicht eines Beraters steht, der mit den Regeln des *CCs* vertraut ist und der ihre strikte Einhaltung während der Telefonate überwacht[874]. Insbesondere hat er darauf zu achten, dass während der Kampagne keine bisher unveröffentlichten Fakten kommuniziert werden und dass die Aktionäre der Zielgesellschaft nicht unter Druck gesetzt werden.
Festzustellen ist, dass der *CC* auch beim Einsatz von klassischen Werbeträgern das Transparenzgebot außerordentlich ernst nimmt und deshalb präventiv die Verwendung von missverständlichen oder unsachlichen Werbebotschaften untersagt. Die Parteien haben somit auch bei der weiteren Kommunikation mit den Aktionären der Zielgesellschaft das Qualitätsniveau einzuhalten, welches ihnen für die Angebotsunterlage bzw. das *defence document* vorgeschrieben ist. Die Gefahr der Fehlinformation besteht daher für die Kleinaktionäre der Zielgesellschaft im britischen Recht selbst dann nicht, wenn sie die oftmals sehr ausführliche und ein gewisses wirtschaftsrechtliches Vorwissen voraussetzende Angebotsunterlage nicht gelesen bzw. nicht verstanden haben.

---

870 *Rule 19.4. (i) CC.*
871 *Rule 19.4. (ii) CC.*
872 *Rule 19.4.(iii) CC*
873 *Rule 19.4. (iv) CC*
874 *Weinberg/Blank* in: On Takeovers and Mergers, Rn. 4-3008: Der *financial adviser* muss einen vorbereiteten Text an die Call Center Mitarbeiter austeilen und sie eindringlich darauf hinweisen, nicht von diesem Manuskript abzuweichen.

Auch bei der Frage, ob es den Parteien gestattet sein soll, gezielt Großaktionäre und institutionelle Investoren zu umwerben, entscheidet sich der *CC* im Ergebnis für die Interessen der breiten Masse der Kleinaktionäre. Zwar ist dem Bieter und der Zielgesellschaft die gezielte Ansprache von einzelnen Aktionären nicht untersagt. Die Durchführung derartiger Veranstaltungen wie Analystenkonferenzen oder *road shows* unterliegt aber gewissen Beschränkungen.

Die wichtigste Beschränkung für Bieter und Zielgesellschaft besteht darin, dass sie weder bei Treffen mit wichtigen Anteilseignern (*road shows*) noch bei Analystenkonferenzen oder sonstigen Interviews wesentliche neue Informationen (*material new information*[875]) oder Sichtweisen präsentieren dürfen, *Rule 20.1. Note 1 and 2 CC*. Diese Bestimmung steht freilich zumindest aus Sicht der Parteien und ihrer Berater in einem gewissen Spannungsverhältnis zum Sinn und Zweck derartiger Veranstaltungen. Denn eine Analystenkonferenz, bei der keine neuen Informationen publiziert werden, sondern nur bereits bekannte Fakten wiederholt werden dürfen, wird das kritische Auditorium kaum von der Vorteilhaftigkeit der Strategie des Veranstalters überzeugen können, sondern schlimmstenfalls das Gegenteil bewirken.

Deshalb ist es auch im Vereinigten Königreich keine Seltenheit, dass auf derartigen Meetings wesentliche Informationen erstmals veröffentlicht werden[876].

In diesem Fall folgt allerdings bereits aus *General Principle No. 2 CC*[877], dass die Informationen unverzüglich allen weiteren Anteilseignern der Zielgesellschaft

875 Mit der Frage, wann eine neue Information als wesentlich zu qualifizieren ist, hat sich das *Panel* im Jahre 1992 im Rahmen des Übernahmeverfahrens *Petrocon Group plc./James Wilkes plc.* auseinandergesetzt, vgl. *Panel Statement Petrocon/ Wilkes,* 11/1992 vom 3. April 1992. In diesem Übernahmeverfahren hatte die Zielgesellschaft (*Wilkes*) einzelnen Aktionären gegenüber angekündigt, dass zwei ihrer Direktoren die Gesellschaft im Falle des Scheiterns des Übernahmeversuchs wahrscheinlich verlassen werden. Der Bieter (*Petrocon)* machte gegenüber dem *Panel* geltend, dass es sich hierbei um *material new information* handele, die allen Anteilseignern hätten zugänglich gemacht werden müssten. Das *Panel* erachtete die Informationen nach Durchführung der Beweisaufnahme nicht als wesentlich im Sinne von *Rule 20.1. CC*, weil zum einen das Ausscheiden der Direktoren von den als Zeugen befragten Aktionären nicht als kausal für ihre Desinvestitionentscheidung deklariert wurde und zum anderen das Ausscheiden nur als wahrscheinlich und nicht als sicher angekündigt wurde. Das *Panel* unterließ es allerdings eine exakte Definition des Begriffs "*material new Information*" zu liefern.

876 *Weinberg/Blank* in: On Takeovers and Mergers, Rn. 4-3005; *Davies* in: Gowers Company Law, Seite: 739.

877 *General Principle No. 2 CC: "During the course of an offer, or when an offer is in contemplation, neither an offeror, nor the offeree company, nor any of their respective advisers may furnish information to some shareholders which is not made available to all shareholders (...)*".

zugänglich gemacht werden müssen. Konkretisiert wird dieser Grundgedanke durch *Rule 20.1. CC*, die vorschreibt, dass sämtliche Informationen über alle an einem Übernahmeverfahren beteiligten Gesellschaften allen Aktionären zeitgleich und in der gleichen Art und Weise zugänglich gemacht werden müssen.
Das *Panel* verlangt deshalb im Falle der Vorabinformation von ausgewählten Aktionären, dass die betroffene Partei ein Rundschreiben an die übrigen Wertpapierinhaber schickt bzw. entsprechende Zeitungsanzeigen schaltet und ihnen damit die Möglichkeit gibt, von den neuen Informationen in gleicher Weise Kenntnis zu nehmen[878].
Im Ergebnis statuiert das britische Übernahmerecht damit eine strikte Gleichbehandlung aller Anteileigner in informationeller Hinsicht. Eine Bevorzugung von besonders wichtigen Aktionären ist den Parteien weder in finanzieller noch in informationeller Hinsicht gestattet.

b) Werbung während der Angebotsphase im deutschem Recht

Das deutsche Übernahmerecht regelt die Zulässigkeit der Informationsverbreitung durch die an einem Übernahmeverfahren beteiligten Parteien nur rudimentär. Die einzige Norm, die sich mit der Verbreitung von im Zusammenhang mit der Übernahmeofferte stehenden Informationen während der Angebotphase beschäftigt, ist § 28 WpÜG.
Geregelt wird dort eine aufsichtsrechtliche Anordnungsbefugnis der BaFin, Missständen bei der Verwendung von Werbung im Rahmen von Übernahmeverfahren durch Untersagung bestimmter Arten von Werbung entgegenzutreten.
§ 28 WpÜG regelt die kapitalmarktrechtliche Seite des Werbeverbotes und ist daher lex specialis gegenüber § 23 KWG und § 36b WpHG, denen er allerdings bewusst nachgebildet ist[879].
Der Adressatenkreis dieser Norm ist nicht eingegrenzt, so dass die Norm sowohl bei Werbemaßnahmen des Bieter als auch bei solchen der Zielgesellschaft Anwendung findet[880].
Eine Legaldefinition des Begriffs „Werbung" enthält das Übernahmegesetz nicht. Berücksichtigt man, dass die in § 28 WpÜG geregelte Missstandsaufsicht nach dem Willen des Gesetzgebers eine Ausformung des in § 3 II WpÜG geregelten Transparenzgebots darstellt, spricht dies dafür, den Begriff „Werbung" im Rah-

878 *Stamp* in: Company Law I, Seite: 346; *Pudge* in: *Button,* A Practitioners Guide, 207 (215); *Weinberg/Blank* in: On Takeovers and Mergers, Rn. 4-3005.
879 Begr.-RegE. BT-Drucks. 14/7034, Seite: 52; *Röh* in: *Haarmann/Riehmer/Schüppen,* Kommentar zum WpÜG, § 28 Rn. 6; *Hirte* in: KK-WpÜG, § 28 Rn. 32.
880 *Röh* in: *Haarmann/Riehmer/Schüppen*, Kommentar zum WpÜG, § 28 Rn. 12; *Zech* in: Abwehrmaßnahmen, Seite: 115.

men von § 28 WpÜG in einem weiten Sinn zu verstehen. Denn nur bei einem weiten Normverständnis wird dem Regelungsziel des Transparenzgebotes Genüge getan. § 28 WpÜG erfasst deshalb jegliche Informationsverbreitung, die unmittelbar oder mittelbar das Ziel verfolgt, den Entscheidungsfindungsprozess der Adressaten zu beeinflussen[881]. Da die Beteiligten (Bieter und Zielgesellschaft) während der Angebotsphase typischerweise das Ziel verfolgen, die Gunst der Aktionäre zu gewinnen, spricht eine widerlegbare Vermutung dafür, dass jegliche von den Beteiligten in Richtung auf die Aktionäre der Zielgesellschaft freiwillig abgegebene Information als Werbung im Sinne von § 28 WpÜG zu qualifizieren ist.

Keine Werbung stellen daher nur die Angebotsunterlage, die Stellungnahme der Zielgesellschaft sowie die weiteren den Beteiligten kraft Gesetzes obliegenden Veröffentlichungspflichten dar.

Indem das Gesetz der BaFin die Möglichkeit gibt, bestimmte Arten der Werbung zu untersagen, erklärt es im Umkehrschluss damit zugleich die Verwendung von Werbung für grundsätzlich zulässig[882]. Keine Aussagen macht das Gesetz freilich darüber, bei welchen konkreten Sachverhalten eine Untersagungsverfügung durch die BaFin in Betracht kommt, sprich wann die Grenze zulässiger Werbung überschritten ist.

Die Regierungsbegründung weist darauf hin, dass für den Erlass einer Untersagungsverfügung nicht erforderlich sei, dass bereits ein Missstand eingetreten sei, sondern auch vorbeugende Maßnahmen in Betracht kämen[883]. Denn die Maßnahmen der BaFin können den Inhalt, den Umfang oder die zu ihrer Übermittlung eingesetzten Medien zum Gegenstand haben[884]. Das Bundesaufsichtsamt könne nicht nur einzelnen Werbemaßnahmen begegnen, sondern auch generell bestimmte Werbemaßnahmen oder Werbemethoden untersagen[885].Welche materiellen Anforderungen § 28 WpÜG an die Verbreitung von Werbung stellt, beantwortet die Regierungsbegründung damit allerdings auch nicht.

Zur Ermittlung der nach deutschem Recht zulässigen Arten von Werbung ist deshalb eine teleologische Auslegung dieser Norm erforderlich. Berücksichtigt man,

---

881 *Hirte* in: KK-WpÜG, § 28 Rn. 15; *Röh* in: *Haarmann/Riehmer/Schüppen*, Kommentar zum WpÜG, § 28 Rn. 7; enger *Schwennicke* in: *Geibel/Süßmann*, Kommentar zum WpÜG, § 28 Rn. 5.

882 *Hirte* in: KK-WpÜG, § 28 Rn. 12; *Steinmeyer/Häger* in: *Steinmeyer/Häger*, Kommentar zum WpÜG, § 28 Rn. 2; *Hopt* in: FS Lutter, 1361 (1382); *Winter/Harbarth* in: ZIP 2002, 1 (16); *Zschocke* in: DB 2002, 79 (84); *Schwennicke* in: *Geibel/Süßmann*, Kommentar zum WpÜG, § 28 Rn. 7; *Grunewald* in: AG 2001, 288 (288).

883 Begr.-RegE. BT-Drucks. 14/7034, Seite: 52.

884 Begr.-RegE. BT-Drucks. 14/7034, Seite: 52.

885 Begr.-RegE. BT-Drucks. 14/7034, Seite: 52.

dass Sinn und Zweck der Missstandsaufsicht die Verwirklichung des in § 3 II WpÜG geregelten Transparenzgebotes ist[886], gelangt man zu dem Ergebnis, dass jede Verwendung von Werbung unzulässig ist, die dem gesetzgeberischen Ziel ein faires und transparentes Angebotsverfahren zu gewährleisten, zuwiderläuft[887]. Nicht zulässig ist folglich in jedem Fall die Verbreitung unrichtiger oder falscher Informationen[888], da zum einen die Parteien kein schutzwürdiges Interesse an der Verbreitung unrichtiger Informationen haben und dies auch dazu führen würde, dass die Aktionäre nicht mehr in „Kenntnis der Sachlage" im Sinne von § 3 II WpÜG über die Vorteilhaftigkeit der Übernahmeofferte entscheiden würden.
Darüber hinaus dürfte ein Verstoß gegen das Transparenzgebot auch immer dann vorliegen, wenn die Werbung bei einer Beurteilung nach den Grundsätzen des UWG als unlauter anzusehen wäre[889]. Werbung ist immer dann als unlauter anzusehen, wenn sie die freie Willensentschließung des Umworbenen beeinträchtigt und sich deshalb die Entschließung des Umworbenen nicht mehr hinreichend an den Kriterien des Leistungswettbewerbs orientiert[890]. Unzulässig sind demnach insbesondere die Beeinflussung der Aktionäre durch Täuschung, Nötigung, Belästigung, Verlockung, Behinderung oder der Aufbau einer Zwangslage für die Wertpapierinhaber[891]. Als Beispiel für einen unzulässigen Inhalt von Werbung wird in der rechtswissenschaftlichen Literatur das sog. *mudsliding* genannt, bei dem der Bieter die Zielgesellschaft bewusst in ein derart schlechtes Licht zu rükken versucht, dass den Aktionären ein Verbleib in der Zielgesellschaft als schlicht unvernünftig vorkommen muss[892]. Außerdem kann gefühlsbetonte Werbung, die mehr auf die Suggestivkraft der Aussagen als auf ihren wirtschaftlichen Kern abstellt, als unzulässig zu qualifizieren sein[893].
Ein Verstoß gegen die Regeln des UWG ist zwar eine hinreichende, jedoch keine notwendige Voraussetzung für eine Untersagungsverfügung, da auch unterhalb dieser recht hohen Schwelle angesiedelte Werbemaßnahmen geeignet sind, die

---

886 Zum Normzweck vgl. *Hirte* in: KK-WpÜG, § 28 Rn 2.

887 *Steinmeyer/Häger* in: *Steinmeyer/Häger*, Kommentar zum WpÜG, § 28 Rn 3.

888 *Hopt* in: FS *Lutter*, 1361 (1383); *Schwennicke* in: *Geibel/Süßmann*, Kommentar zum WpÜG, § 28 Rn. 14; *Hirte* in: KK-WpÜG, § 28 Rn. 22.

889 *Hirte* in: KK-WpÜG, § 28, Rn. 22; *Steinmeyer/Häger* in: *Steinmeyer/Häger*, Kommentar zum WpÜG, § 28 Rn. 4.

890 *Steinmeyer/Häger* in: *Steinmeyer/Häger*, Kommentar zum WpÜG, § 28 Rn. 2 mit weiteren Nachweisen.

891 *Hirte* in: KK-WpÜG, § 28 Rn. 22.

892 *Steinmeyer/Häger* in: *Steinmeyer/Häger*, Kommentar zum WpÜG, § 28 Rn. 4; *Hirte* in: KK-WpÜG, § 28 Rn. 22.

893 *Hirte* in: KK-WpÜG, § 28, Rn. 22; a.A. allerdings *Schwennicke* in: *Geibel/Süßmann*, Kommentar zum WpÜG, § 28 Rn. 14.

Aktionäre der Zielgesellschaft in irreführender Art und Weise zu beeinflussen[894]. Eine weitere abstrakte Konkretisierung ist jedoch angesichts des unbestimmten Wortlauts der Norm weder möglich noch vom Gesetzgeber gewollt.

Dies führt im Ergebnis dazu, dass in dem praktisch sehr relevanten Graubereich zwischen reiner Tatsachenwiedergabe einerseits und einem Verstoß gegen die §§ 1, 3 UWG andererseits eine erhebliche Rechtsunsicherheit für die Beteiligten besteht. Dies wiederum widerspricht dem gesetzgeberischen Ziel, klare Rahmenbedingungen für die Beteiligten, hier insbesondere Bieter und Zielgesellschaft, zu schaffen. Deshalb erscheint eine Novellierung dieser Vorschrift geboten. Das britische Recht kann insofern als Vorbild dienen, da es mit Hilfe der abschließenden enumerativen Aufzählung der zulässigen Arten der Werbung im Interesse der Rechtssicherheit klare Rahmenbedingungen für die Beteiligten schafft.

Diese vom *Panel* gewählte Regelungstechnik dient aber nicht nur dem Bieter und der Zielgesellschaft, sondern auch bzw. vor allen Dingen den Aktionären der Zielgesellschaft selbst. Zu bedenken ist nämlich, dass eine Untersagungsverfügung gemäß § 28 WpÜG in der Regel erst nach Veröffentlichung der beanstandeten Werbemaßnahme in Betracht kommt. Zwar hat die BaFin auch die Möglichkeit, vorbeugende Maßnahmen zu erlassen. Gerade im oben dargestellten Graubereich dürfte jedoch eine vorbeugende Untersagungsverfügung angesichts des grundgesetzlichen Schutzes der Verbreitung von Werbung nur schwer zu begründen sein[895].

Dies führt im Ergebnis dazu, dass die BaFin in den meisten Fällen auf repressive Maßnahmen beschränkt ist, was für die Aktionäre der Zielgesellschaft die Konsequenz hat, dass ihnen die unsachgemäßen und irreführenden Informationen bereits zugegangen sind, bevor eine Untersagungsverfügung ergehen kann. Es besteht daher nach deutschem Recht die Gefahr, dass ein Aktionär, der nur die Werbeanzeigen zur Kenntnis nimmt, nicht jedoch die oftmals für den Durchschnittsbürger schwer verständliche Angebotsunterlage, sich nicht wie von § 3 II WpÜG gefordert „in Kenntnis der Sachlage“ für oder gegen die Annahme des Übernahmeangebots entscheidet, sondern auf Basis einer irreführenden und damit unzureichenden Informationsgrundlage. Im britischen Recht besteht diese Gefahr dank der sehr eingeschränkten Zulässigkeit von Werbung nicht.

Hervorzuheben ist außerdem, dass im britischen Recht alle während der Angebotsphase publizierten Dokumente den für die Angebotsunterlage geltenden Sorgfaltsanforderungen genügen müssen. Eine vergleichbare Regelung lässt sich dem deutschen Recht schwerlich entnehmen, so dass es hierzulande Bieter und

---

894 *Hirte* in: KK-WpÜG, § 28 Rn. 22.

895 Zur Grundrechtsrelevanz eines Eingriffs in die Werbefreiheit vgl. *Hirte* in: KK-WpÜG, § 28 Rn. 14 mit weiteren Nachweisen.

Zielgesellschaft gestattet ist, zwar sachlich richtige, aber aufgrund der gewählten Darstellungsweise den Aktionär irreführende vergleichende Charts oder Grafiken zu veröffentlichen.
Im Ergebnis kann dies dazu führen, dass der durch die hohen Informations- und Sorgfaltspflichten bei der Erstellung der Angebotsunterlage erreichte Informationsstandard durch nachfolgende Veröffentlichungen unterminiert wird. Dies widerspricht jedoch dem Transparenzgrundsatz. Eine repressivere Regelung der Zulässigkeit von Werbung ist daher im Interesse des Transparenzgrundsatzes bzw. zur Verwirklichung des Anlegerschutzes geboten. Zwar kann nicht verlangt werden, dass eine Werbeanzeige alle wesentlichen Informationen der Angebotsunterlage wiedergibt. Die Veröffentlichung einer Werbeanzeige sollte jedoch nur dann zulässig sein, wenn sich aus dem Inhalt der Anzeige bei objektiver Betrachtung kein anderer Grundtenor entnehmen lässt als aus der Angebotsunterlage selbst.
Nachdem nunmehr festgestellt wurde, dass die vom deutschen Gesetzgeber gewählte Regelungstechnik im Widerspruch zum Transparenzgrundsatz steht und damit reformbedürftig ist, soll sich der Blick nunmehr auf das Gleichbehandlungsgebot richten. Es stellt sich in diesem Kontext auch für das deutsche Recht die Frage, ob der Bieter berechtigt ist, Großaktionären im Rahmen von *road shows* oder ähnlichen Veranstaltungen exklusiv Informationen zur Verfügung zu stellen, oder ob auch das deutsche Übernahmerecht konkludent die Gleichbehandlung der Anteilseigner der Zielgesellschaft in informationeller Hinsicht verlangt.
Eine der *Rule 20.1. CC* vergleichbare Regelung kennt das deutsche Übernahmerecht nicht, so dass allenfalls eine konkludente Regelung dieser Problematik in Betracht kommt.
Die Abhaltung von Veranstaltungen, bei denen sich Bieter oder Zielgesellschaft gezielt um die Unterstützung besonders wichtiger Aktionäre bemühen (*road shows*), ist als Werbung im Sinne des § 28 WpÜG zu qualifizieren und deshalb grundsätzlich zulässig.[896].

896 *Röh* in: *Haarmann/Riehmer/Schüppen*, Kommentar zum WpÜG, § 28 Rn. 9; *Zech* in: Abwehrmaßnahmen, Seite: 118; a.A. *Hirte* in: KK-WpÜG, § 28 Rn. 22; *Schwennicke* in: *Geibel/Süßmann*, Kommentar zum WpÜG, § 28 Rn. 10. Die Gegenansicht ist abzulehnen, da sie den Sinn und Zweck des § 28 WpÜG, die Verwirklichung des Transparenzgebots, nicht berücksichtigt. Entscheidend für die Qualifizierung einer Maßnahme als Werbung ist deshalb entgegen *Hirte* nicht, ob es sich um ein einmaliges oder mehrfaches Fehlverhalten handelt. Vielmehr kommt im Lichte des Transparenzgrundsatzes bereits bei einem bloß einmaligen Fehlverhalten eine Untersagungsverfügung im Hinblick auf zukünftige Veranstaltungen in Betracht. Des Weiteren handelt es sich bei *road shows* auch keineswegs um typischerweise einmalige Veranstaltungen. Vielmehr werden die Beteiligten versuchen, die

Es stellt sich deshalb nur noch die Frage, ob die Parteien eine Pflicht trifft, die auf dieser Veranstaltung veröffentlichten neuen Informationen, auch den übrigen Anteilseignern der Zielgesellschaft zugänglich zu machen.
Das LG Düsseldorf hat im Jahre 2000 obiter dicta angenommen, dass es jedenfalls keinen Verstoß gegen den aktienrechtlichen Gleichbehandlungsgrundsatz des § 53a AktG darstelle, wenn institutionelle Investoren gezielt mit *road shows* umworben werden, zu denen Kleinanlegern der Zutritt verwehrt sei[897]. Zu der oben aufgeworfenen weitergehenden Frage, ob wenigstens eine nachträgliche Informationspflicht gegenüber den Kleinaktionären besteht, brauchte es allerdings keine Ausführungen zu machen.
Jedenfalls im Lichte des in § 3 I WpÜG normierten Gleichbehandlungsgrundsatzes spricht jedoch vieles für eine nachträgliche Informationspflicht. Gemäß § 3 I WpÜG sind Bieter und Zielgesellschaft nämlich verpflichtet, alle Wertpapierinhaber derselben Gattung gleich zu behandeln. Zwar hatte der Gesetzgeber hierbei in erster Linie eine Gleichbehandlung in finanzieller Hinsicht vor Augen, d. h. er wollte die Zahlung von Paketzuschlägen an Großaktionäre verhindern. Eine solche Einschränkung ergibt sich aber nicht aus dem Wortlaut, vielmehr spricht dieser für eine Gleichbehandlung auch in informationeller Hinsicht. Da auch kein anerkennenswertes rechtliches Interesse von Bieter oder Zielgesellschaft erkennbar ist, welches gegen eine solche Gleichbehandlungspflicht sprechen könnte, ist im Ergebnis festzuhalten, dass sie verpflichtet sind, allen Wertpapierinhabern dieselben Informationen zur Verfügung zu stellen. Eine Differenzierung nach der Größe des gehaltenen Anteils lässt § 3 I WpÜG folglich nicht zu[898].
Im deutschen Recht gilt daher genauso wie im britischen Recht das Gebot der Gleichbehandlung der Wertpapierinhaber der Zielgesellschaft in informationeller Hinsicht. Freilich bedarf es im deutschen Recht mehr als eines flüchtigen Blicks in das Gesetz, um zu diesem Ergebnis zu gelangen.

c) Rechtsvergleichende Diskussion und Stellungnahme

Die Zulässigkeit des Einsatzes des Informationsträgers Werbung ist im deutschen Recht nur unzureichend geregelt. Dem allgemein gehaltenen § 28 WpÜG lässt sich nicht mit der notwendigen Sicherheit entnehmen, welche Art und Weise der Verwendung von Werbung während der Übernahmephase zulässig sein soll und

---

Großaktionäre einzeln zu überzeugen, so dass es regelmäßig mehrerer *road shows* bedarf.
Auswirken tut sich dieser Streit zumindest in diesem Kontext jedoch nicht, da auch die Gegenmeinung *road shows* als zulässig erachtet.

897 LG Düsseldorf AG 2000, 233 (234); zustimmend *Krause* in: AG 2000, 217 (220).

898 *Schwennicke* in: *Geibel/Süßmann*, Kommentar zum WpÜG, § 3 Rn. 9.

wann eine Untersagungsverfügung der BaFin in Betracht kommt. Deshalb fehlt es an der für die Beteiligten notwendigen Rechtssicherheit. Das WpÜG stellt somit in diesem Punkt gerade „keinen zuverlässigen Rahmen für den geordneten Ablauf des Übernahmeverfahrens" zur Verfügung.

Der zweite Nachteil des § 28 WpÜG ist, dass er die BaFin de facto auf den Einsatz repressiver Maßnahmen beschränkt. Repressive Maßnahmen, selbst eine Verpflichtung zur Richtigstellung, können aber den durch irreführende Werbeaussagen entstandenen Schaden nicht vollends wieder beheben. Zu denken ist etwa an den Fall, dass ein Aktionär der Zielgesellschaft die Annahme des Übernahmeangebotes erklärt, nachdem er eine irreführende und missverständliche Werbeanzeige des Bieters zur Kenntnis genommen hat. Eine Richtigstellung kommt für ihn zu spät.

Beide aufgezeigten Nachteile vermeidet der restriktive Regelungsansatz des britischen *CCs*. Zum einen wird durch den enumerativen Katalog der zulässigen Arten von Werbung die für die Beteiligten notwendige Rechtssicherheit hergestellt. Zum anderen verhindern die umfangreichen von *Rule 19.4. CC* und *Rule 19.5. CC* aufgestellten Vorgaben für den Einsatz klassischer Werbeträger bereits präventiv die Verbreitung irreführender Werbebotschaften, zumal sich der jeweilige Absender und sein jeweiliger Berater ansonsten schadenersatzpflichtig machen würden.

Bei der gebotenen Neufassung des § 28 WpÜG empfiehlt sich daher eine Orientierung an der britischen Parallelregelung.

Insbesondere ist im Interesse der Rechtssicherheit und des Transparenzgebotes eine enumerative Aufzählung der zulässigen Arten von Werbung erforderlich. Bieter und Zielgesellschaft sollte allein die Werbung für die jeweils hergestellten Produkte und für das Unternehmen als solches gestattet sein. Diese beiden Arten von Werbung stehen in keinem Zusammenhang mit dem Übernahmeangebot und bedürfen daher keiner Einschränkung.

Werbebotschaften, die im Zusammenhang mit dem Übernahmeangebot stehen, dürfen hingegen nur dann verbreitet werden, wenn sie sich inhaltlich auf die Wiedergabe bereits bekannter Tatsachen (z. B.: Angebotspreis, Annahmefrist etc.) beschränken.

Kein materiell-rechtlicher Unterschied besteht bei der Frage der Gleichbehandlung der Anleger in informationeller Hinsicht. Hier verpflichten beide Rechtsordnungen Bieter und Zielgesellschaft zu einer strikten Gleichbehandlung. Eine selektive Veröffentlichung von relevanten Informationen gegenüber wichtigen Großaktionären ist unzulässig. Dies ergibt sich für den britischen Rechtskreis aus *Rule 20.1. CC* und für das deutsche Recht aus § 3 I WpÜG.

2. Restriktionen und Rechtsfolgen von Transaktionen mit Wertpapieren der Zielgesellschaft während der Angebotsphase

In diesem Abschnitt ist zu untersuchen, welche Restriktionen die Beteiligten beim Erwerb bzw. der Veräußerung von Wertpapieren der Zielgesellschaft während der Angebotsphase zu beachten haben und welche Rechtsfolgen solche Parallelerwerbe in beiden Rechtsordnungen auslösen.
Hierbei ist zwischen Aktiengeschäften des Bieters oder einer ihm zuzurechnenden Person (*person acting in concert*) und Transaktionen sonstiger Personen während der Angebotsphase zu differenzieren.

a) Restriktionen und Rechtsfolgen von Transaktionen mit Wertpapieren der Zielgesellschaft während der Angebotsphase im britischem Recht

Im britischen Recht ist es dem Bieter grundsätzlich gestattet, während der Angebotsphase Wertpapiere der Zielgesellschaft außerhalb des Übernahmeverfahrens zu erwerben. Dies folgt mittelbar aus *Rule 6.2. (a) CC*, die den Bieter verpflichtet, sein Übernahmeangebot zu erhöhen, falls er oder eine ihm zuzurechnende Person während der Angebotsphase Wertpapiere zu einem höheren als dem in der Angebotsunterlage genannten Preis erworben haben. Dieser Nachbesserungspflicht bedürfte es nicht, wenn dem Bieter Parallelerwerbe während der Angebotsphase schlechthin untersagt wären.
Tätigt der Bieter oder eine ihm zuzurechnende Person derartige Parallelerwerbe, hat er dies unter Angabe der Anzahl der erworbenen Wertpapiere und der gezahlten Gegenleistung unverzüglich in geeigneter Art und Weise zu veröffentlichen, *Rule 7.1. CC*.
In materieller Hinsicht beschränkt sich die Nachbesserungspflicht nicht nur auf die Erhöhung der Gegenleistung, vielmehr ist der Bieter darüber hinaus auch verpflichtet, sein Übernahmeangebot mit einer Barangebotsalternative auszustatten, *Rule 11.1. (b) CC*[899]. Diese Nachbesserungspflicht des Bieters ist Ausfluss des in *General Principle No. 1 CC* als magna charta des britischen Übernahmerechts normierten Gleichbehandlungsgrundsatzes. Durch die unverzügliche Veröffentlichungspflicht wird sichergestellt, dass der Bieter die Nachbesserungspflicht nicht umgeht.

899 Bezüglich der Einzelheiten der Bestimmung und Angemessenheit der Gegenleistung, auch im Zusammenhang mit Parallelerwerben des Bieters, kann auf die umfangreichen Ausführungen im Rahmen der Angebotsunterlage verwiesen werden. Vgl.: 4. Kap. C. I. 1. b) 2).

Während der Angebotsphase obliegt jedoch nicht nur dem Bieter eine Veröffentlichungspflicht. Vielmehr verpflichten der *Companies Act 1985* und der *CC* auch weitere Beteiligte zur Offenlegung ihrer während der Angebotsphase mit Papieren der Zielgesellschaft getätigten Transaktionen.
Zunächst trifft nach den allgemeinen, d. h. unabhängig vom Vorhandensein eines Übernahmeangebots geltenden Regeln des *Companies Act 1985*, jede Person, die an mehr als 3 Prozent des Stammkapitals der Zielgesellschaft ein *„notifiable interest"* erwirbt, eine Veröffentlichungspflicht gemäß *sec. 198 (1) (a) Companies Act 1985* i. V. m. *sec. 199 (2) (a) Companies Act 1985*[900].
Der Begriff des *notifiable interest* ist in *sec. 208 Companies Act 1985* legaldefiniert. Es kann gemäß *sec. 208 Companies Act 1985* aus jedem Recht an Aktien der Zielgesellschaft entstehen, unabhängig davon, ob sich dieses Recht lediglich aus einem noch nicht erfüllten oder bedingten Vertrag ableiten lässt. Ein *notifiable interest* begründet auch die bloße Einräumung einer Option auf den Erwerb einer Beteiligung in Höhe von 3 Prozent des Eigenkapitals. Kein *notifiable interest* und damit keine Veröffentlichungspflicht begründen aber die dem Bieter im Rahmen des Übernahmeverfahrens von den Aktionären der Zielgesellschaft zugegangenen Annahmeerklärungen, *sec. 209 (1) Companies Act 1985*[901].
Die Veröffentlichungspflicht besteht nicht nur beim erstmaligen Überschreiten dieser Grenze, sondern auch bei jedem weiteren Über- bzw. Unterschreiten[902].
Eine weitere Veröffentlichungspflicht entsteht jedes Mal, wenn der Verpflichtete Kenntnis davon erlangt, dass sich sein *„notifiable interest"* um einen Prozentpunkt erhöht oder ermäßigt hat, *sec. 199 (5) (a) Companies Act 1985.*
Eine Veröffentlichungspflicht besteht im britischen Recht somit bereits dann, wenn eine Person ihren Anteil am Stammkapital der Zielgesellschaft von 3 auf 4 Prozent erhöht oder sich ihr Anteil infolge einer Veräußerung von 7 auf 6 Prozent reduziert.
Insbesondere im Rahmen der Angebotsphase stellen diese weitreichenden Veröffentlichungspflichten die Transparenz der Beteiligungsverhältnisse an der Zielgesellschaft sicher.

---

900 Die Art und Weise der Veröffentlichung bestimmt *sec. 202 Companies Act 1985.* Demnach muss die Veröffentlichung innerhalb von zwei Tagen nach Kenntniserlangung erfolgen, ferner muss die Summe derjenigen Papiere angegeben werden, an denen der Verpflichtete ein *„interest"* hat, vgl. zu den Einzelheiten *Arden/Prentice* in: *Buckley on Companies Act I, sec. 202/1 ff.*

901 *Boardman/Ryde* in: *Button*, A Practitioners Guide, 53 (67f.); *Stamp* in: Company Law I, Seite: 71.

902 *Boardman/Ryde* in: *Button*, A Practitioners Guide, 53 (67); *Stamp* in: Company Law I, Seite: 66.

Der *CC* geht über dieses hohe Regelungsniveau des *Companies Act 1985* jedoch noch hinaus, indem er in *Rule 8 CC* umfassende Veröffentlichungspflichten für Erwerber und Veräußerer von Wertpapieren der Zielgesellschaft während der Angebotsphase festschreibt. Offenzulegen sind zunächst alle Erwerbe oder Veräußerungen, die der Bieter oder die Zielgesellschaft selbst oder mittels eines *associate*[903] auf eigene Rechnung während der Angebotsphase tätigen, *Rule 8.1. (a) CC*. Ein *associate* im Sinne des *CCs* ist entsprechend der Legaldefinition in der *Definition Section* jede Person, die ein wirtschaftliches, finanzielles, persönliches oder sonstiges Interesse am Ausgang des Angebotsverfahrens hat. Die Legaldefinition enthält außerdem eine nicht abschließende Aufzählung von natürlichen und juristischen Personen, bei denen regelmäßig vermutet wird, dass sie als *associate* im Sinne des *CCs* zu qualifizieren sind, vgl. *Definition Section CC*. Insbesondere sind demnach als *associate* des Bieters bzw. der Zielgesellschaft zu qualifizieren: Die Tochter- und Enkelgesellschaften, alle kontrollierten Gesellschaften (wobei Kontrolle in diesem Zusammenhang bereits bei einer Beteiligungsquote von 20 % vermutet wird), die jeweiligen Berater der Parteien (d. h. Banken, Rechtsanwälte etc.), die jeweiligen Direktoren, die jeweiligen Pensionsfonds, sowie alle Personen, die wichtige wirtschaftliche Beziehungen zum Bieter oder der Zielgesellschaft unterhalten.

Zudem sind alle Aktiengeschäfte von Anteilseignern, die direkt oder indirekt mindestens ein Prozent der Wertpapiere der Zielgesellschaft innehalten (*1 % shareholder*), zu veröffentlichen, *Rule 8.3. CC*[904].

Die Veröffentlichungspflichten betreffen somit nicht nur die beiden Kontrahenten des Übernahmeverfahrens (Bieter und Zielgesellschaft) und die ihnen zuzurechnenden Personen (*persons acting in concert*). Vielmehr sind alle wesentlichen Transaktionen mit Wertpapieren der Zielgesellschaft zu veröffentlichen, die in irgendeinem Zusammenhang mit dem Übernahmeangebot stehen könnten. Wobei sich der Zusammenhang mit dem Übernahmeangebot entweder daraus ableiten lässt, dass der Erwerber bzw. Veräußerer mit einer der Parteien des Übernahmeverfahrens assoziiert ist, oder allein deshalb, weil er aufgrund seines Anteils von mehr als einem Prozent vom *CC* als wesentlicher Aktionär der Zielgesellschaft qualifiziert wird.

903 Die Legaldefinition enthält noch weitere Sachverhalte, bei deren Vorliegen eine Person regelmäßig als *associate* zu behandeln sein wird. Ihre Aufzählung soll allerdings hier mangels Relevanz für diese Arbeit unterbleiben.

904 Ausreichend ist hierbei, dass der während der Angebotsphase getätigte Aktienerwerb dazu führt, dass die Person nunmehr 1 Prozent der Stimmrechte innehält, *Rule 8.3. (a) CC*.

Für die Aktionäre der Zielgesellschaft bedeuten diese umfassenden Veröffentlichungspflichten, dass sie über alle relevanten Geschäfte mit Wertpapieren der Zielgesellschaft während der Angebotsphase informiert werden.

Der *CC* belässt es jedoch nicht bei diesen umfassenden Veröffentlichungspflichten, sondern beschränkt zudem sowohl für den Bieter als auch für die Berater der Zielgesellschaft die Möglichkeit, mit Papieren der Zielgesellschaft während der Angebotsphase zu handeln, *Rule 4.2.* bzw. *Rule 4.4. CC.*

Dem Bieter und allen ihm zuzurechnenden Personen ist es während der Angebotsphase untersagt, Wertpapiere der Zielgesellschaft ohne vorherige Zustimmung des *Panels* zu veräußern, *Rule 4.2. CC.* Mit diesem Veräußerungsverbot möchte der *CC* dem Bieter die Möglichkeit nehmen, sein Übernahmeangebot mittels Aktienverkäufen vorteilhafter erscheinen zu lassen, als es tatsächlich ist. Denn Aktienverkäufe des Bieters würden zu einem erhöhten Angebot von Wertpapieren der Zielgesellschaft führen, was ceteris paribus ein Absinken des Aktienkurses derselben zur Folge hätte. Dadurch würde sich die Differenz zwischen dem aktuellen Börsenkurs der Wertpapiere der Zielgesellschaft und des vom Bieter in der Angebotsunterlage in Aussicht gestellten Preises vergrößern. Der Börsenkurs würde daher die Vorteilhaftigkeit des Übernahmeangebots verzerrt widerspiegeln. Regelungsziel des *CCs* ist es jedoch, Marktverzerrungen zu vermeiden, wie sich bereits aus *General Principle No. 6*[905] ergibt. Deshalb stellt diese Veräußerungsbeschränkung ein wirksames Mittel zur Verhinderung von Marktverzerrungen während der Angebotsphase dar.

Genau das gleiche Regelungsziel verfolgt auch die an die Berater der Zielgesellschaft adressierte *Rule 4.4. CC*, indem sie den in der Norm genannten Personen und Institutionen während der Angebotsphase untersagt, Papiere der Zielgesellschaft zu erwerben[906]. Denn auch der Erwerb von Aktien der Zielgesellschaft bewirkt eine erhöhte Nachfrage nach diesen Papieren an der Wertpapierbörse. Dies wiederum führt ceteris paribus zu einem Ansteigen des Börsenkurses der Aktien der Zielgesellschaft, wodurch das Übernahmeangebot unattraktiver erscheint als es tatsächlich ist.

Im Interesse der Anleger und des Kapitalmarkts selbst an der Verhinderung von Marktverzerrungen sind deshalb diese Handelsbeschränkungen während der Angebotsphase als sachgerecht und notwendig zu qualifizieren.

---

905 *General Principle No. 6 CC: „All parties to an offer must use every endeavour to prevent the creation of a false market in the securities of an offeror or an offeree company (...).“*

906 Der Zielgesellschaft selbst ist der Erwerb eigener Aktien bereits gemäß *Rule 21 CC* untersagt.

b) Restriktionen und Rechtsfolgen des Handels mit Wertpapieren der Zielgesellschaft während der Angebotsphase im deutschem Recht

Hinsichtlich der Regelung von Parallelerwerben durch den Bieter oder eine mit ihm gemeinsam handelnden Person während der Angebotsphase, ähnelt das deutsche Recht seinem britischen Pendant. So ergibt sich die Zulässigkeit solcher Parallelerwerbe e contrario aus § 31 IV WpÜG, der die Rechtsfolgen von Parallelerwerben regelt[907].
Erwirbt der Bieter oder eine mit ihm gemeinsam handelnde Person im Sinne von § 2 V WpÜG tatsächlich während der Angebotsphase Papiere der Zielgesellschaft und hat er hierfür eine wertmäßig höhere als die im Übernahmeangebot genannte Gegenleistung gewährt, dann erhöht sich ipso jure die im Rahmen des Übernahmeangebots zu gewährende Gegenleistung um den Differenzbetrag, § 31 IV WpÜG[908]. Das deutsche Recht gewährt den Aktionären damit nicht nur einen selbständigen, auf den Differenzbetrag gerichteten Nachbesserungsanspruch, sondern modifiziert die geschuldete Gegenleistung kraft Gesetzes[909].
Falls der Bieter oder eine mit ihm gemeinsam handelnde Person in diesem Zeitraum mindestens ein Prozent der Stimmrechte der Zielgesellschaft außerhalb des Übernahmeverfahrens gegen Zahlung einer Geldleistung erwirbt, hat er sein Übernahmeangebot darüber hinaus auch mit einer Barangebotsalternative auszustatten, § 31 III WpÜG[910].
Auch im deutschen Recht ist diese kraft Gesetzes erfolgende Anpassung der Gegenleistung Ausfluss des in § 3 I WpÜG an exponierter Stelle normierten Gleichbehandlungsgebotes. Parallelerwerbe des Bieters lösen somit im britischen und deutschen Recht dieselbe Rechtsfolge aus. Dies ist im Interesse der Gleichbehandlung der Anteilseigner als konsequent und sachgerecht zu beurteilen und bedarf daher keiner weiteren Erörterung.
Deshalb soll der Blick nunmehr auf die Publizitätspflicht des Handels mit Wertpapieren der Zielgesellschaft für die Beteiligten während der Angebotsphase gelenkt werden.
Die Veröffentlichungspflicht jeglicher Parallelerwerbe des Bieters oder mit ihm gemeinsam handelnder Personen ergibt sich aus § 23 II WpÜG. Demnach sind alle Parallelerwerbe während der Angebotsphase unverzüglich unter Angabe der

907 *Mühle* in: Übernahmegesetz, Seite: 344.

908 Begr.-RegE. BT-Drucks. 14/7034, Seite: 56; *Thun* in: *Geibel/Süßmann,* Kommentar zum WpÜG, § 31 Rn. 52.

909 *Thun* in: *Geibel/Süßmann,* Kommentar zum WpÜG; § 31 Rn. 52, *Mühle* in: Übernahmegesetz, Seite: 344.

910 Vgl. bezüglich Art und Höhe der Gegenleistung im deutschen Recht die ausführliche Darstellung im Rahmen der Angebotsunterlage: 4. Kap. C. I. 2. c) 2).

Art und Höhe der für jeden Anteil gewährten Gegenleistung in der von § 14 III WpÜG geforderten Art und Weise zu veröffentlichen[911].
Veräußerungsgeschäfte des Bieters lassen sich dagegen lediglich anhand der vom Bieter gemäß § 23 I WpÜG zu veröffentlichen „Wasserstandsmeldungen“[912] errechnen, indem man die in der jeweiligen „Wasserstandsmeldung“ genannte aktuelle Beteiligungsquote von der in der Angebotsunterlage angegebenen Beteiligungsquote subtrahiert. Eine ggf. positive Differenz würde der Summe der vom Bieter veräußerten Wertpapiere der Zielgesellschaft entsprechen. Angesichts dieser umständlichen Berechnungsmethode kann allerdings von der für die Verhinderung von Marktverzerrungen notwendigen Transparenz keine Rede sein.
Dieses Fazit gilt umso mehr für die Wertpapiertransaktionen aller sonstigen Personen, die während der Angebotsphase mit Wertpapieren der Zielgesellschaft handeln. Denn ihnen legt das deutsche Übernahmegesetz keine besonderen Veröffentlichungspflichten auf. Es bleibt daher für diese Personen, zu denen auch die Zielgesellschaft zählt, bei den durch § 21 I WpHG festgelegten Veröffentlichungspflichten. Ihre Erwerbe und Veräußerungen von Wertpapieren der Zielgesellschaft sind daher nur dann zu veröffentlichen, wenn sie dadurch die Beteiligungsschwelle von 5, 25, 50 oder 75 Prozent über- oder unterschreiten.

c) Rechtsvergleichende Diskussion und Stellungnahme

Im deutschen Recht ist es den Beteiligten (Bieter und Zielgesellschaft) möglich, durch die Veräußerung (Bieter) oder den Erwerb (Zielgesellschaft) von Wertpapieren der Zielgesellschaft ein verzerrtes Bild von der Vorteilhaftigkeit des Übernahmeangebots zu zeichnen, obwohl auch das deutsche Übernahmegesetz in seinen Allgemeinen Grundsätzen postuliert, dass beim Handel mit Wertpapieren der durch das Angebot betroffenen Gesellschaften keine Marktverzerrungen geschaffen werden dürfen, § 3 V WpÜG. Zweck dieses Verbotes ist es, zu verhindern, dass die Aktionäre der Zielgesellschaft im Eindruck manipulativ zustande gekommener Kurse über die Vorteilhaftigkeit des Übernahmeangebots entscheiden und damit zu sachlich ungerechtfertigen Entscheidungen gelangen[913].
Freilich ist nicht jeder Handel von Aktien der Zielgesellschaft als Marktverzerrung im Sinne von § 3 V WpÜG zu qualifizieren. Erforderlich ist vielmehr der subjektive Wille des Handelnden, mit der Transaktion eine gewisse Kursent-

911 *Thun* in: *Geibel/Süßmann*, Kommentar zum WpÜG, § 23 Rn. 41.
912 Zu den „Wasserstandsmeldung“ genannten Veröffentlichungspflichten des Bieters gemäß § 23 I WpÜG sogleich ausführlich im folgenden Abschnitt.
913 Begr.-RegE. BT-Drucks. 14/7034, Seite: 35; *Schwennicke* in: *Geibel/Süßmann*, Kommentar zum WpÜG, § 3 Rn. 42.

wicklung auszulösen[914]. Dieser Wille ist immer dann zu bejahen, wenn die vorgenommene Transaktion ohne diese Zwecksetzung unterblieben wäre[915].
Bei den von *Rule 4.2.* und *4.4. CC* erfassten Transaktionen dürfte allerdings eine widerlegbare Vermutung dafür sprechen, dass diese Zwecksetzung beim Handelnden zum Zeitpunkt der Vornahme der Transaktionen vorgelegen hat. Denn sowohl die Veräußerungen des Bieters als auch die Erwerbe aus dem Lager der Zielgesellschaft wären bei Hinwegdenken des Übernahmeangebots wohl kaum getätigt worden.
Als Zwischenergebnis ist damit festzuhalten, dass die vom *CC* normierten Transaktionsbeschränkungen der Verhinderung von Marktverzerrungen dienen und damit auch der Zielsetzung des deutschen Übernahmerechts entsprechen würden. Es wäre daher sinnvoll, wenn das deutsche Übernahmerecht den an einem Übernahmeverfahren Beteiligten im weiteren Sinne (d. h. einschließlich aller für Bieter und Zielgesellschaft tätigen Berater) zumindest die Pflicht auferlegt, während der Angebotsphase alle Transaktionen mit Wertpapieren der Zielgesellschaft zu veröffentlichen. Die vom deutschen Gesetzgeber von § 23 I WpÜG normierten Veröffentlichungspflichten sind unzureichend und bedürfen somit einer Reformierung im oben genannten Sinne. Derartige Veröffentlichungspflichten würden gewährleisten, dass die Marktteilnehmer und insbesondere die Aktionäre der Zielgesellschaft zumindest Kenntnis von der künstlichen Beeinflussung des Kurses ihrer Wertpapiere erlangen würden.

3. Pflicht zur Veröffentlichung der vom Bieter aktuell gehaltenen Wertpapiere der Zielgesellschaft („Wasserstandsmeldung")

Neben der soeben dargestellten erforderlichen umfassenden Transparenz aller mit Wertpapieren der Zielgesellschaft während der Angebotsphase getätigten wesentlichen Transaktionen ist für die Aktionäre der Zielgesellschaft auch relevant, wie sich die jeweils anderen Wertpapierinhaber in Bezug auf das Übernahmeangebot verhalten bzw. wie hoch die aktuell vom Bieter gehaltene Beteiligungsquote an der Zielgesellschaft ist. Zwar enthält in beiden Rechtsordnungen bereits die Angebotsunterlage Informationen zur Anzahl der vom Bieter selbst gehaltenen und ihm zuzurechnenden Stimmrechte. Für die Aktionäre der Zielgesellschaft ist zum Zwecke der sachgerechten Beurteilung der Erfolgsaussichten des Übernahmeangebots jedoch gerade wichtig, wie sich diese Beteiligungsquote während der Angebotsphase verändert. Zweck dieser Information ist eine Abmilderung der Folgen des *Prisoners dilemma*, in welchem sich die Wertpapierinhaber der Ziel-

914 *Versteegen* in: KK-WpÜG, § 3 Rn. 50.
915 *Versteegen* in: KK-WpÜG, § 3 Rn. 50.

gesellschaft während der Angebotsphase mangels der Möglichkeit einer koordinierten Entscheidung befinden[916].
Der Begriff *Prisoners Dilemma* beschreibt eine Situation, in der sich Personen befinden, die ein drohendes Übel gemeinsam abwenden oder eine Entscheidungssituation gemeinsam optimieren könnten, sich jedoch mangels Absprache-, Koordinations- und Kooperationsmöglichkeiten jeweils zu einem geringeren Übel entschließen, um nicht das größtmögliche Übel auf sich zu ziehen.
Übertragen auf die Situation des Übernahmeangebots könnten sich die Aktionäre der Zielgesellschaft theoretisch solidarisieren, um den Übernahmeversuch gemeinsam abzuwehren oder um mit dem Bieter günstigere Konditionen auszuhandeln. Da ein solches koordiniertes Vorgehen aber bei einer Vielzahl von Aktionären in der Realität unmöglich ist, muss jeder einzelne Aktionär damit rechnen, dass seine Mitaktionäre das Angebot annehmen und er in einer Minderheitenposition zurückbleibt. Um dieses größtmögliche Übel zu verhindern, nimmt er das aus seiner Sicht suboptimale Übernahmeangebot ebenfalls an, weil es sich für ihn -im Vergleich zum Verbleib in einer Minderheitenposition- als das kleinere Übel darstellt.
Durch die auch Wasserstandsmeldung genannte Veröffentlichung der aktuellen Beteiligungsquote sollen die Aktionäre erfahren, wie wahrscheinlich ein Erfolg der Übernahmeofferte ist. Dies ermöglicht es ihnen abzuschätzen, wie wahrscheinlich das Schicksal eines Minderheitsaktionärs bei persönlicher Ablehnung des Übernahmeangebots ist[917].
Beide Rechtsordnungen haben sich zumindest im Grundsatz für die Veröffentlichung von aktuellen Beteiligungsquoten während der Angebotsphase entschieden.

a) Pflicht zur Veröffentlichung der aktuellen Beteiligungsquote des Bieters im britischem Recht

Im Vereinigten Königreich bestimmt *Rule 17.1. CC* in welchem Umfang der Bieter die während der Angebotsphase aktuell gehaltene Beteiligungsquote zu veröffentlichen hat. *Rule 17.1. CC* verpflichtet den Bieter zur Veröffentlichung der Anzahl der von ihm aktuell gehaltenen Wertpapiere der Zielgesellschaft bei Eintritt eines der in der Norm abschließend aufgezählten Ereignisse.
Demgemäß ist der Bieter zur Veröffentlichung der aktuell gehaltenen Beteiligungsquote um 8 Uhr morgens des dem Scheitern des Übernahmeangebots, dem

916 *Witt* in: NZG 2000, 809 (813); *Thun* in: *Geibel/Süßmann,* Kommentar zum WpÜG, § 23 Rn. 2; *Möllers* in: KK-WpÜG, § 23 Rn. 11.
917 *Witt* in: NZG 2000, 809 (813); *Möllers* in: KK-WpÜG, § 23 Rn. 11.

Erreichen der Annahmeschwelle, der Veränderung der Angebotskonditionen oder der Verlängerung der Laufzeit nachfolgenden Werktages verpflichtet.

Enthalten muss diese Mitteilung jeweils getrennte Angaben über die Gesamtzahl der Aktien und Rechte an Aktien, für die dem Bieter während der Übernahmephase Annahmeerklärungen zugegangen sind[918], die der Bieter vor Beginn der Angebotsphase bereits gehalten hat[919], die er während der Angebotsphase erworben hat bzw. zu deren Erwerb er sich während der Angebotsphase verpflichtet hat[920]. Dieselben Angaben muss der Bieter auch bezüglich aller Wertpapiere machen, die ihm von *persons acting in concert* zugegangen sind, *Note 7 on Rule 17.1. CC*[921].

Welches Gewicht das *Panel* dieser Veröffentlichungspflicht beimisst, zeigt sich an den Sanktionen, die deren Verletzung nach sich zieht.

So werden, falls der Bieter seiner Veröffentlichungspflicht nach *Rule 17.1. CC* nicht oder nicht ordnungsgemäß nachgekommen ist, zunächst die Wertpapiere des Bieters durch die jeweilige Börse solange vom Handel ausgesetzt, bis er seine Pflicht vollständig erfüllt hat, *Rule 17.2. (a) CC*. Falls ein Bieter, der erklärt hat, dass alle Bedingungen seines Angebots erfüllt seien (*declared his offer unconditional as to acceptances*), am relevanten Werktag nicht bis 15:30 Uhr seine ihm gemäß *Rule 17.1. CC* obliegenden Veröffentlichungspflichten vollständig erfüllt, gewährt *Rule 17.2. (b) CC* denjenigen Aktionären der Zielgesellschaft, die das Übernahmeangebot angenommen haben, ein Rücktrittsrecht[922].

Der *CC* nimmt daher diese Veröffentlichungspflicht außerordentlich ernst, denn nur so lassen sich die schon nach kurzer Zeit greifenden erheblichen Sanktionen erklären, die, ebenfalls untypisch für den *CC*, sogar noch ausdrücklich geregelt worden sind.

Eine genauere Analyse der dargestellten Regeln führt jedoch zu dem Ergebnis, dass *Rule 17 CC* das oben beschriebene Gefangenendilemma für die Aktionäre der Zielgesellschaft nur sehr bedingt mildert. Denn geht man einmal vom Grundfall des erfolgreichen und während der Laufzeit nicht veränderten Übernahmeangebots aus, ist der Bieter nur einmal zur Veröffentlichung der Beteiligungsquote verpflichtet, nämlich am Tag nach dem Ablauf der Annahmefrist. Während der regulären Laufzeit des Übernahmeangebots erhalten die Aktionäre daher keine

918 *Rule 17.1. (a) CC.*

919 *Rule 17.1. (b) CC.*

920 *Rule 17.1. (c) CC.*

921 *Stedman* in: Takeovers, Seite: 231.

922 Dieses Rücktrittsrecht steht dem jeweiligen Aktionär der Zielgesellschaft höchstens 8 Tage zu, *Stedman* in: Takeovers, Seite: 231.

aktuellen Informationen über die Erfolgsaussichten des Übernahmeangebots[923]. Der auf ihnen lastende Verkaufsdruck wird folglich im britischen Recht nicht durch regelmäßige „Wasserstandsmeldungen“ abgemildert.
Sinn und Zweck von *Rule 17 CC* kann daher gar nicht die Abmilderung des Verkaufsdrucks für die Kleinaktionäre sein. Vielmehr möchte diese Norm erreichen, dass die Beteiligten und der Kapitalmarkt nach Ablauf der Angebotsfrist möglichst schnell und umfassend über den Ausgang des Übernahmeverfahrens informiert werden.
Das britische Recht hat gleichwohl erkannt, dass sich die Aktionäre während des Übernahmeverfahrens in einem Gefangenendilemma befinden, welches sie aus Furcht vor dem Verbleib in einer Minderheitsposition zur Annahme eines aus ihrer Sicht suboptimalen Übernahmeangebots zwingen kann. Zum Schutze der Wertpapierinhaber der Zielgesellschaft sieht *Rule 31.4. CC* deshalb vor, dass ein erfolgreiches Übernahmeangebot den Aktionären der Zielgesellschaft nach der Veröffentlichung im Sinne von *Rule 17.1. CC* noch mindestens 14 weitere Tage zur Annahme offen steht. Diese weitere Annahmefrist gewährt den Aktionären der Zielgesellschaft, die das Übernahmeangebot nicht innerhalb der regulären Annahmefrist angenommen haben, eine weitere Option zur Vermeidung einer Position als Minderheitsaktionär.
Diese weitere Annahmefrist vermindert daher den auf den Aktionären der Zielgesellschaft lastenden Entscheidungsdruck erheblich, indem sie ihnen die Möglichkeit gibt, in Kenntnis des sicheren Kontrollwechsels über die Vorteilhaftigkeit des Angebots noch einmal zu entscheiden.
Im Ergebnis bleibt somit festzuhalten, dass das britische Recht den Bieter zwar nicht zur Abgabe von sog. „Wasserstandsmeldungen“ verpflichtet, sondern den Entscheidungsdruck durch die Implementierung einer weiteren Annahmefrist abmildert.

b) Pflicht zur Veröffentlichung der aktuellen Beteiligungsquote des Bieters im deutschem Recht

Im Gegensatz zum britischen Recht ist der Bieter im deutschen Recht gemäß § 23 I WpÜG sehr wohl zur Abgabe regelmäßiger Wasserstandsmeldungen verpflichtet.
Diese Norm verpflichtet den Bieter zur regelmäßigen Veröffentlichung der aktuell von ihm gehaltenen Wertpapiere der Zielgesellschaft. Dabei hat er jeweils

---

923 Unrichtig gibt *Witt* in: AG 2000, 809 (817) den Regelungsgehalt von *Rule 17. 1. CC* wieder, indem er konstatiert, dass die Aktionäre der Zielgesellschaft im britischen Recht sehr wohl regelmäßige Zwischenberichte erhalten.

getrennt nach Zurechnungstatbeständen, erstens die Anzahl der ihm selbst zustehenden Wertpapiere der Zielgesellschaft, zweitens die Anzahl der mit ihm gemeinsam handelnden Personen und deren Tochterunternehmen zustehenden Wertpapiere, drittens die Anzahl der ihm gemäß § 30 WpÜG zuzurechnenden Stimmrechtsanteile und viertens die Höhe der Wertpapier- und Stimmrechtsanteile für die ihm bereits Annahmeerklärungen zugegangen sind, zu veröffentlichen[924].

Im Rahmen der Veröffentlichung hat der Bieter sowohl hinsichtlich der Anzahl als auch hinsichtlich der Höhe zwischen den oben genannten vier Varianten klar zu differenzieren[925].

Hinsichtlich des Zeitpunktes, zu dem der Stand der Beteiligungsverhältnisse und der zugegangenen Annahmeerklärungen aktualisiert werden müssen, differenziert die Norm nach dem Zeitlauf des Übernahmeangebots. So hat die Veröffentlichung vom Beginn der Annahmefrist an zunächst wöchentlich zu erfolgen[926]. Innerhalb der letzten Woche vor Ablauf der Annahmefrist hat der Bieter die entsprechende Veröffentlichung (börsen-) täglich vorzunehmen[927]. Hiermit soll ausweislich der Regierungsbegründung der Tatsache Rechnung getragen werden, dass ein Großteil der institutionellen Investoren erst kurz vor Ablauf der Annahmefrist eine Entscheidung über die Annahme des Übernahmeangebots treffe[928].

---

924 *Thun* in: *Geibel/Süßmann,* Kommentar zum WpÜG, § 23 Rn. 8.

925 *Möllers* in: KK-WpÜG, § 23 Rn. 64; a.A. offenbar *Thun* in: *Geibel/Süßmann,* Kommentar zum WpÜG, § 23 Rn. 12.
Die Übernahmepraxis in der Bundesrepublik Deutschland seit in Kraft treten des WpÜG hat jedoch gezeigt, dass die Bieter in ihren „Wasserstandsmeldungen" jeweils im hier vertretenen Sinne zwischen den oben genannten vier Varianten differenzieren, vgl. zur Verifizierung dieser These statt aller: 1. Das Pflichtangebot der Siemens AG an die Aktionäre der Cycos AG vom 16. Juli 2003 (alle Wasserstandsmeldungen der Siemens AG sind abrufbar unter: www.siemens.com/cycos), 2. Das Übernahmeangebot an die Aktionäre der Buderus AG durch die Robert Bosch GmbH vom 8. Mai 2003 (alle Wasserstandsmeldungen der Robert Bosch GmbH sind abrufbar unter: www.bosch-presse.de/buderus-übernahmeangebot/de/pflichtveröffentlichung/übernahmeangebot.htm), 3. Das Übernahmeangebot der Procter & Gamble Management GmbH an die Aktionäre der Wella AG vom 28. 4. 2003 (alle diesbezüglichen Mitteilungen im Sinne des § 23 I WpÜG sind abrufbar unter: www.procterundgamble.de/unternehmen/übernahme/index.shtml)

926 *Thun* in: *Geibel/Süßmann,* Kommentar zum WpÜG, § 23 Rn. 19.

927 *Möllers* in: KK-WpÜG, § 23 Rn. 75; *Thun* in: *Geibel/Süßmann,* Kommentar zum WpÜG, § 23 Rn. 20. Unter täglich im Sinne des § 23 I Nr. 1 WpÜG ist börsentäglich zu verstehen, dies ergibt sich aus der entsprechenden Anwendung des § 188 I BGB bei der Fristberechnung, so auch *Thun* in: *Geibel/Süßmann,* Kommentar zum WpÜG, § 23 Rn. 20; *Möllers* in: KK-WpÜG, § 23 Rn. 74.

928 Begr.-RegE. BT-Drucks. 14/7034, Seite: 50.

Eine weitere Veröffentlichung hat unverzüglich nach Ablauf der eigentlichen Annahmefrist zu erfolgen, § 23 I S.1 Nr. 2 WpÜG. Diese Veröffentlichung entspricht der in *Rule 17.1. CC* normierten Veröffentlichungspflicht. Sie hat folglich auch den gleichen Zweck wie ihr britisches Pendant, nämlich die unverzügliche Information der Aktionäre und des Kapitalmarkts über den Ausgang des Übernahmeverfahrens[929].

Falls das Übernahmeangebot erfolgreich gewesen ist und deshalb gemäß § 16 II WpÜG die weitere Annahmefrist in Gang gesetzt worden ist, hat der Bieter nach Ablauf dieser weiteren Annahmefrist eine erneute Mitteilung über den Stand der Beteiligungsverhältnisse und Annahmeerklärungen zu veröffentlichen, § 23 I S.1 Nr. 3 WpÜG.

Mit diesen Veröffentlichungspflichten verfolgt das Übernahmegesetz zwei Regelungsziele. Zum einen soll die Transparenz der Beteiligungsverhältnisse des Bieters während der Angebotsphase gewährleistet werden[930]. Zum anderen soll durch die Veröffentlichung der zugegangenen Annahmeerklärungen den Aktionären der Zielgesellschaft ein Überblick über die Akzeptanz des Angebots vermittelt werden[931]. Damit soll der auf den Angebotsadressaten lastende Entscheidungsdruck abgemildert werden.

Flankiert wird diese Maßnahme dadurch, dass auch das deutsche Recht entsprechend der britischen Regelung in *Rule 31.4. CC* vorsieht, dass ein erfolgreiches Übernahmeangebot den Aktionären der Zielgesellschaft weitere zwei Wochen zur Annahme offen steht, § 16 II WpÜG. Mit Hilfe dieser auch als Zaunkönigregelung bezeichneten weiteren Annahmefrist wird der Annahmedruck daher weiter vermindert, weil die Aktionäre die Möglichkeit haben, zunächst den Ausgang des Übernahmeverfahrens abzuwarten, um dann in Kenntnis des sicheren Kontrollwechsels über die Vorteilhaftigkeit des Angebots zu entscheiden[932].

c) Rechtsvergleichende Diskussion und Stellungnahme

In rechtsvergleichender Hinsicht ist zu konstatieren, dass beide Rechtsordnungen die Transparenz der Beteiligungsverhältnisse des Bieters an der Zielgesellschaft vor, während und nach Abschluss der Angebotsphase herstellen. Der Bieter hat in der Angebotsunterlage in beiden Ländern die Anzahl und Höhe der von ihm selbst gehaltenen bzw. ihm zuzurechnenden Wertpapiere der Zielgesellschaft zu veröffentlichen. Auch nach Ende der regulären Annahmefrist normieren beide

---

929 Begr.-RegE. BT-Drucks. 14/7034, Seite: 50, *Mühle* in: Übernahmegesetz, Seite: 268.

930 Begr.-RegE. BT-Drucks. 14/7034, Seite: 50.

931 Begr.-RegE. BT-Drucks. 14/7034, Seite: 50.

932 Begr.-RegE. BT-Drucks. 14/7034, Seite: 46.

Rechtsordnungen die gleichlaufende Pflicht zur Veröffentlichung der Beteiligungsverhältnisse und der Anzahl der zugegangenen Annahmeerklärungen, *Rule 17.1. CC* bzw. § 23 I WpÜG.

Unterschiedlich ausgestaltet sind freilich die dem Bieter während der Angebotsphase obliegenden Veröffentlichungspflichten hinsichtlich der Beteiligungsverhältnisse und der aktuellen Annahmequote.

Während das deutsche Recht den Bieter zur ständigen Veröffentlichung der aktuellen Quote verpflichtet, begnügt sich der britische *CC* mit der oben beschriebenen Veröffentlichungspflicht nach Ende der regulären Annahmefrist. Hinsichtlich der aktuellen Beteiligungsverhältnisse an der Zielgesellschaft besteht aufgrund der gemäß *Rule 8 CC* bestehenden Publizitätspflicht von Transaktionen, die während der Angebotsphase getätigt werden, für den interessierten Kapitalmarktteilnehmer noch die Möglichkeit die jeweils aktuelle Beteiligungsquote des Bieters zu errechnen. Für den aktuellen Stand der zugegangenen Annahmeerklärungen besteht diese Möglichkeit im britischen Recht mangels Veröffentlichungspflicht nicht. Als Zwischenergebnis ist daher festzustellen, dass im deutschen Recht die aktuelle potentielle Beteiligungsquote des Bieters, d. h. die Beteiligungsquote unter Hinzurechnung der eingegangenen Annahmeerklärungen, für die Kapitalmarktteilnehmer transparenter ist.

Dies führt zwangsläufig zu der Frage, ob diese Transparenz notwendig ist, oder ob durch die umfassenden Veröffentlichungspflichten nicht lediglich die Transaktionskosten des Bieters erhöht werden.

Der deutsche Gesetzgeber verfolgt ausweislich der Regierungsbegründung mit der Normierung der Zwischenberichte das Ziel, den Aktionären der Zielgesellschaft einen Überblick über die Akzeptanz des Übernahmeangebots zu vermitteln[933].

Diese Information diene der Abmilderung der Folgen des oben beschriebenen *Prisoners dilemma*, weil die Aktionäre mit ihrer Hilfe während der Laufzeit des Übernahmeangebots abschätzen könnten, ob zu erwarten sei, dass sie nach Ablauf der Annahmefrist als Minderheitsaktionäre in der Zielgesellschaft verbleiben werden[934]. Falls sich während der Annahmefrist eine hohe Annahmequote abzeichne, so könne der einzelne Aktionär entsprechend reagieren[935].

Die Wasserstandmeldungen verbreitern daher die Informationsgrundlage der Aktionäre der Zielgesellschaft und sind deshalb als Ausformung des Transparenzgebots, zumindest theoretisch, durchaus geeignet, den auf den Aktionären der Ziel-

933 Begr.-RegE. BT-Drucks. 14/7034, Seite: 50.

934 *Witt* in: AG 2000, 809 (813); *Thun* in: *Geibel/Süßmann,* Kommentar zum WpÜG, § 23 Rn. 2; *Möllers* in: KK-WpÜG, § 23 Rn. 9.

935 *Witt* in: AG 2000, 809 (813).

gesellschaft lastenden Entscheidungsdruck zu mindern. Zu bedenken ist aber, dass in der internationalen Übernahmepraxis insbesondere die für den Erfolg des Übernahmeangebots maßgeblichen institutionellen Investoren sich erst in letzter Minute entscheiden[936]. Dieses Desinvestitionsverhalten der Großaktionäre der Zielgesellschaft führt dazu, dass der Bieter in seinen Wasserstandsmeldungen oftmals sehr niedrige Annahmequoten vermeldet. Dadurch können insbesondere die weiter vom Markt entfernten Kleinaktionäre ein verzerrtes Bild von den tatsächlichen Erfolgsaussichten der Übernahmeofferte bekommen, indem sie, in Unkenntnis der Usancen von Finanzinvestoren und Großaktionären, aufgrund der niedrigen Annahmequote den Übernahmeversuch vorschnell als gescheitert erachten.

Im Ergebnis ist daher festzuhalten, dass den „Wasserstandsmeldungen" nicht nur eine geringe Aussagekraft beizumessen ist, sondern sie vielmehr auch die Gefahr in sich bergen, den weiter vom Markt entfernten Kleinaktionären ein verzerrtes Bild von den Erfolgsaussichten der Übernahmeofferte zu vermitteln.

Der deutsche Gesetzgeber hat diese Ambivalenz der Zwischenberichte zwar auch erkannt[937]. Er versucht diese Problematik durch eine tägliche Aktualisierungspflicht in der letzten Angebotswoche zu lösen.

Investoren, die sich innerhalb der letzten 24 Stunden vor Ablauf der Annahmefrist zur Angebotsannahme entscheiden, können aber selbst in der letzten, während der regulären Annahmefrist veröffentlichten „Wasserstandsmeldung", nicht mehr berücksichtigt werden[938]. Mithin kann auch mit Hilfe der (börsen-) täglich aktualisierten Zwischenberichte kein klares Bild der Erfolgsaussichten der Übernahmeofferte gezeichnet werden.

Zwischenberichte während der regulären Annahmefrist sind jedoch nicht nur ein gefährliches Mittel zur Abmilderung des *Prisoners Dilemma*, sondern darüber hinaus angesichts der in beiden Rechtsordnungen vorgesehenen weiteren Annahmefrist, *Rule 31.4. CC* bzw. § 16 II WpÜG, auch ein zur Abmilderung des *Prisoners Dilemma* nicht Erforderliches. Durch diese weitere Annahmefrist erhalten die Aktionäre der Zielgesellschaft nämlich die Option, sich in der sicheren Kenntnis von einem zukünftigen Schicksal als Minderheitsaktionär, doch noch für die Annahme des Übernahmeangebots zu entscheiden[939].

936 *Assmann/Bozenhardt* in: *Assmann/Basaldua/Bozenhardt/Peltzer*, Übernahmeangebote, Seite: 96; *Möllers* in: KK-WpÜG, § 23 Rn. 12; *Thun* in: *Geibel/Süßmann*, Kommentar zum WpÜG, § 23 Rn. 20; Begr.-RegE. BT-Drucks. 14/7034, Seite: 50; *Stedman* in: Takeovers, Seite: 290.

937 Begr.-RegE. BT-Drucks. 14/7034, Seite: 50.

938 *Möllers* in: KK-WpÜG, § 23 Rn. 12.

939 *Weinberg/Blank* in: On Takeovers and Mergers, Rn. 4-4041.

Die im Vereinigten Königreich und in Deutschland normierte Zaunkönigregelung ist deshalb ein zur Abmilderung des auf den Aktionären der Zielgesellschaft lastenden Verkaufsdrucks mindestens gleichgeeignetes Mittel. Gegenüber der Abgabe von „Wasserstandsmeldungen“ während der regulären Angebotsphase hat dieses Regelungsinstrument jedoch den Vorteil, dass es nicht die Gefahr in sich birgt, ein verzerrtes Bild von den Erfolgsaussichten der Übernahmeofferte zu zeichnen.
Dieser Befund führt zu dem Ergebnis, dass die gemäß § 23 I WpÜG im deutschen Recht vorgesehenen Publizitätspflichten nicht dem Informationsinteresse der Aktionäre der Zielgesellschaft und des Kapitalmarkts dienen. Ihre Normierung ist daher nicht erforderlich, sondern angesichts der ambivalenten Aussagekraft derartiger „Wasserstandsmeldungen“ eher schädlich für die Transparenz des Übernahmeverfahrens.
Es wäre daher konsequent, wenn der deutsche Gesetzgeber auf „Wasserstandsmeldungen“ während der Angebotsphase verzichten würde und sich mit einer Veröffentlichungspflicht am Ende der regulären Annahmefrist begnügen würde. Dies ist notwendig, im Lichte der Zaunkönigregelung aber auch ausreichend.

4. Veränderung der Angebotskonditionen (revised offer)

Für den Bieter kann es während der Angebotphase erforderlich sein, die Konditionen seines Übernahmeangebotes zu ändern. Sei es, weil er die Aktionäre der Zielgesellschaft von der Attraktivität seines Übernahmeangebots überzeugen möchte, weil er präventiv konkurrierende Bieter übertrumpfen möchte, oder aber weil er auf ein zwischenzeitlich publiziertes höheres Konkurrenzangebot reagieren muss[940].
In der Praxis bedeutet eine Änderung der Konditionen meistens eine Verbesserung derselben, sprich eine Erhöhung der Gegenleistung. Denn Intention des Bieters wird oftmals sein, die Aktionäre der Zielgesellschaft mit Hilfe der Angebotsverbesserung zur Annahme seiner Offerte zu bewegen[941]. Die Zulässigkeit der Veränderung der Angebotskonditionen während der Annahmefrist liegt daher prima facie im Interesse der Aktionäre der Zielgesellschaft, weil sie hierdurch die Chance auf eine Erhöhung der Kontrollprämie erhalten. Durch die Zulässigkeit der Veränderung der Angebotskonditionen wird außerdem die Entstehung einer

940 *Weinberg/Blank* in: On Takeovers and Mergers, Rn. 4-4052; *Steinmeyer/Häger* in: *Steinmeyer/Häger*, Kommentar zum WpÜG, § 21 Rn. 1; *Mühle* in: Übernahmegesetz, Seite: 334.
941 *Weinberg/Blank* in: On Takeovers and Mergers, Rn. 4-4052.

Auktion um die Zielgesellschaft gefördert, was wiederum im Interesse der Aktionäre der Zielgesellschaft liegt.
Zu bedenken ist aber, dass eine schrankenlose Zulässigkeit auch negative Konsequenzen hätte. Zunächst wäre in diesem Fall das Vertrauen in die Verbindlichkeit des veröffentlichten Übernahmeangebots beeinträchtigt, da die Aktionäre der Zielgesellschaft immer damit rechnen müssten, dass der Bieter sein Angebot noch verändert. Insbesondere Veränderungen kurz vor Ablauf der Annahmefrist würden mit dem in beiden Rechtsordnungen geltenden Transparenzgebot konfligieren, weil den Aktionären in diesem Fall nicht mehr ausreichend Zeit zur Verfügung stünde, um eine sachgerechte und wohlinformierte Entscheidung zu treffen. Mildert man diese Problematik mit einer Verlängerung der Annahmefrist, dann droht ein Konflikt mit dem Gebot, das Übernahmeverfahren rasch und zügig durchzuführen. Denn die Zielgesellschaft wäre bei mehrmaligen Angebotsveränderungen sehr lange von ihrer eigentlichen Geschäftstätigkeit abgelenkt[942].
Aufgrund dieser Erwägungen steht daher fest, dass die Veränderung der Angebotskonditionen eines rechtlichen Regelungsrahmens bedarf, um die soeben beschriebenen unerwünschten Effekte zu vermeiden. Im Folgenden soll daher analysiert werden, mit Hilfe welcher Normen die beiden Rechtsordnungen die Veränderung der Angebotskonditionen während der Angebotsphase reglementieren.

a) Veränderung der Angebotskonditionen im britischem Recht

Im britischen Recht ist dem Bieter die Veränderung seiner Angebotskonditionen während der Annahmefrist grundsätzlich gestattet. Dies folgt aus *Rule 32.1. CC*, die statuiert, dass eine Veränderung der Angebotskonditionen innerhalb der letzten vierzehn Tage vor Ablauf der Annahmefrist unzulässig sei. Zulässig ist eine Veränderung der Angebotskonditionen somit im Umkehrschluss immer dann, wenn die reguläre Annahmefrist zum Zeitpunkt der Angebotsveränderung noch mehr als vierzehn Tage beträgt. Die reguläre Annahmefrist kann im Vereinigten Königreich zwischen 21 und 60 Tagen betragen. Wählt der Bieter die längste Annahmefrist kann er sein Angebot folglich bis zum Ablauf des 46ten Tages nach Veröffentlichung der Angebotsunterlage noch abändern[943]. Damit der Bieter diese Beschränkung nicht umgeht, indem er an der Börse oder auf sonstige Weise während der letzten 14 Tage Aktien der Zielgesellschaft zu einem höheren Preis

942 *Pudge* in: *Button,* A Practitioners Guide, 207 (222); Begr.-RegE. BT-Drucks. 14/7034, Seite: 50.
943 *Stedman* in: Takeovers, Seite: 294; *Weinberg/Blank* in: On Takeovers and Mergers, Rn. 4-4054; *Morse* in: Company Law, Seite: 614.

erwirbt und damit gemäß *Rule 6.2. CC* gesetzlich zur Nachbesserung verpflichtet wäre, sind ihm Parallelerwerbe in diesem Zeitraum untersagt[944].

Der *CC* hat sich folglich für das Interesse der Zielgesellschaft an der schnellen Durchführung des Übernahmeverfahrens entschieden, indem er auf Angebotsveränderungen nicht pauschal mit einer Verlängerung der Laufzeit des Übernahmeangebots reagiert, sondern die Möglichkeit der Herauslegung eines verbesserten Angebots in zeitlicher Hinsicht limitiert (*46th day rule*). Für die Aktionäre der Zielgesellschaft bedeutet dies, dass sie in jedem Fall vierzehn Tage Zeit haben, um sich über die Vorteilhaftigkeit des veränderten Angebots zu beraten, wodurch der durch die Revision des Übernahmeangebots entstehende Entscheidungsdruck abgemildert wird.

Die isolierte Anwendung der *46th day Rule* hat für sie aber auch die Konsequenz, dass ihnen bei konkurrierenden Angeboten möglicherweise die Erzielung einer höheren Übernahmeprämie vorenthalten bleibt. Zwar werden bei konkurrierenden Übernahmeangeboten die Angebotslaufzeiten im Vereinigten Königreich auf Antrag des Erstbieters grundsätzlich synchronisiert. Das Angebot des Erstbieters kann folglich mehr als 60 Tage offen stehen[945]. Die in *Rule 32.1. CC* niedergelegte *46th day Rule* findet aber auch bei konkurrierenden Angeboten entsprechende Anwendung. Dies bedeutet, dass ein Bieter auf das verbesserte Übernahmeangebot seines Konkurrenten dann nicht mehr reagieren kann, wenn der dieses genau vierzehn Tage vor Ablauf der gemeinsamen Annahmefrist veröffentlicht. Die strikte Anwendung von *Rule 32.1. CC* kann daher die Entstehung einer Auktion um die Zielgesellschaft verhindern. Alternativ könnte sich das *Panel* im Einzelfall für eine Verlängerung der synchronisierten Laufzeit der konkurrierenden Übernahmeangebote entscheiden. Dies würde jedoch dazu führen, dass die Zielgesellschaft aufgrund eines monatelangen Übernahmekampfes sehr lange von ihrer eigentlichen Geschäftstätigkeit abgelenkt wäre.

Im Interesse eines raschen Verfahrens hat sich das *Panel* deshalb sowohl im Rahmen des Übernahmekampfes um die *Energy Group plc* zwischen *TU Acquisitions (Texas)* und *Pacificorp Acquisitions* im Jahre 1998[946] als auch bei den konkurrierenden Übernahmeangeboten von *WPD Limited* und *Nomura* für *Hyder* im Jahre 2000 jeweils gegen eine Verlängerung der Annahmefrist entschieden.

---

944 *Weinberg/Blank* in: On Takeovers and Mergers, Rn. 4-4056; *Stedman* in: Takeovers, Seite: 294.

945 *Pudge* in: *Button*, A Practitioners Guide, 207 (226f.); *Stedman* in: Takeovers, Seite: 294.

946 Hierzu Panel Statement Pacificorp/Texas/Energy, 7/1998 vom 23. April 1998 (Entscheidung des *Panel Executive*) und Panel Statement Pacificorp/Texas/Energy, 8/1998 vom 29. April 1998 (Entscheidung des *Full Panel*).

Das *Panel* erachtete die Einhaltung von *Rule 32.1. CC* als notwendig, weil es Aufgabe des *CCs* sei, einen fairen und berechenbaren Rahmen für Übernahmeangebote zur Verfügung zu stellen[947]. Mit dieser Entscheidung wollte das *Full Panel* nicht nur die Zielgesellschaft schützen, sondern auch diejenigen ehemaligen Aktionäre der Zielgesellschaft, die im Vertrauen auf die Einhaltung von *Rule 32.1. CC* annahmen, dass eine höhere Übernahmeprämie nicht mehr erzielt werden könne und deshalb ihre Papiere an der Börse verkauft haben[948].
Um dennoch eine effektive Auktion um die Zielgesellschaft zu ermöglichen, hat das *Panel* im Februar 2002 *Rule 32.5. CC* neu eingefügt[949]. Diese Vorschrift sieht vor, dass konkurrierende Angebote in der Endphase der Annahmefrist in eine Auktion übergeleitet werden. Die hierbei zu beachtenden Regeln bestimmt das *Panel* zwar für jeden Einzelfall neu. Grundsätzlich haben die konkurrierenden Bieter entsprechend *Rule 32.1. CC* aber auch hier bis zum 46 Tag der regulären Annahmefrist ein verändertes Übernahmeangebot herauszulegen. Falls ein Bieter am letzten Tag sein Angebot erhöht, setzt das *Panel* dem Konkurrenten eine Frist, innerhalb derer er sein Übernahmeangebot ebenfalls erhöhen darf. Macht er hiervon Gebrauch, setzt das *Panel* seinem Kontrahenten ebenfalls eine Frist zur Nachbesserung. Diese vom *Panel* geleitete Auktion wird solange fortgeführt, bis nur noch ein Bieter übrig bleibt[950]. Das *Panel* kann aber im Interesse der Zielgesellschaft an einer raschen Verfahrensdurchführung auch eine *deadline* für das endgültige Ende der Auktion festsetzen, *Note 1 on Rule 32.5. CC* (die sog.: *Guillotine Rule*).
Das *Panel* erreicht mit dieser Art von Auktion dreierlei: Erstens ermöglicht sie den Aktionären der Zielgesellschaft, die höchste erzielbare Übernahmeprämie zu erlangen. Zweitens wird durch die regelmäßig kurzen Fristen die Zielgesellschaft nicht länger als zur Maximierung der Übernahmeprämie unbedingt notwendig belastet. Und drittens dient dieses Auktionsverfahren auch der Transparenz des Übernahmeverfahrens insgesamt, indem das *Panel* Klarheit über die maximale Laufzeit des Übernahmeangebots schafft und die dem konkurrierenden Bieter gesetzte Frist publiziert, verhindert es nämlich auch, dass die Aktionäre ihre Anteile im Lichte von *Rule 32.1. CC* vorschnell veräußern.
Die Auktion schafft daher bei Maximierung des *shareholder value* verlässliche und transparente Rahmenbedingungen und erfüllt deshalb eine Vorbildfunktion.
Hinsichtlich der zulässigen Arten der Angebotsveränderung differenziert der *CC* zwischen Veränderungen der Laufzeit des Übernahmeangebots, Veränderungen

947 Panel Statement Pacificorp/Texas/Energy, 8/1998, Seite: 1 (2).
948 Panel Statement Pacificorp/Texas/Energy, 8/1998, Seite: 1 (2).
949 The Takeover Panel, Code Committee, Response Statements 6, 7, 8, and Code Amendments vom 21 Februar 2002, Seite: 1 6).
950 *Pudge* in: *Button*, A Practitioners Guide, 207 (234).

der Gegenleistung und sonstigen Angebotsveränderungen (z. B. Verzicht auf einzelne Bedingungen, Herabsetzung der Mindesterwerbsschwelle). Die bei der Vornahme von Angebotsmodifikationen zu beachtenden zeitlichen Maßgaben sind jedoch stets dieselben. Zu beachten ist weiterhin, dass der Bieter sein Angebot nur zugunsten der Aktionäre verändern kann[951]. Er kann daher weder die Gegenleistung im Laufe des Übernahmeverfahrens herabsetzen, noch ist es ihm gestattet, sein Angebot von zusätzlichen Bedingungen abhängig zu machen. Dies folgt bereits aus dem in *General Principle No. 1 CC* normiertem Gleichbehandlungsgebot.

Dem Bieter ist aber selbst eine Verbesserung der Übernahmebedingungen bzw. eine Erhöhung der Gegenleistung untersagt, wenn er oder eine ihm zuzurechnende in irgendeinem während der Angebotphase zugegangenen Schreiben an die Aktionäre der Zielgesellschaft erklärt hat, dass die Gegenleistung unverändert bleibe (*no increase statement*), *Rule 32.2. CC*[952]. Die Abgabe einer solchen Erklärung kann durchaus im Interesse des Bieters liegen, da sie den Druck auf die Aktionäre der Zielgesellschaft erhöht, das ursprüngliche Übernahmeangebot anzunehmen und nicht auf eine spätere Verbesserung der Angebotskonditionen zu hoffen[953].

Ausnahmsweise ist dem Bieter die spätere Erhöhung seines Übernahmeangebots trotz vorangegangener Abgabe eines „*no increase statements*" dennoch gestattet, sofern entweder gänzlich außergewöhnliche Umstände vorliegen oder er sich die Erhöhung für bestimmte nachträglich eintretende Sachverhalte ausdrücklich und konkret vorbehalten hat. Dabei ist der Bieter gehalten, ausdrücklich und eindeu-

951 Die Flexibilität, mit der das *Panel* den *CC* im Lichte der konkreten Umstände des Einzelfalles anwendet, demonstrierte es auch im oben genannten Kontext, indem es in einem Übernahmeverfahren auch eine Reduzierung der angebotenen Gegenleistung für zulässig erachtete. So gestattete es während der Übernahme der *Charter plc.* durch die *Lincoln Electric Holding Inc.* dem Bieter (*Lincoln*) die Reduzierung seiner Gegenleistung . Weil sich nach Abgabe des ursprünglichen Angebots heraus stellte, dass das Angebot aufgrund von -im Angebot nicht berücksichtigten- Auflagen der us-amerikanischen Aufsichtsbehörden erst nach für den Bieter mit erheblichen wirtschaftlichen Nachteilen verbundenen Beteiligungsverkäufen durchgeführt werden konnte. Der Bieter erklärte daraufhin mit Zustimmung des *Panels* sein Angebot für erloschen und gab ein neues Angebot ab. Hierbei handelt es sich jedoch um einen Einzelfall, der die oben beschriebene These nicht zu falsifizieren vermag.

952 Untersagt ist dem Bieter auch eine Verlängerung der Annahmefrist (innerhalb der 60 Tage Frist), wenn er zuvor ein *statement* abgegeben hat, dass die Laufzeit nicht verlängert werde (*no extension statement*), *Rule 31.5. CC.* Die Regelungstechnik und die Rechtsfolgen von *„no extension"* und *„no increase" statement*s sind folglich identisch.

953 *Weinberg/Blank* in: On Takeovers and Mergers, Rn. 4-4058; *Stedman* in: Takeovers, Seite: 296.

tig zu erklären, bei welcher Konstellation sein *no increase statement* ihn nicht zu binden vermag, *Note 1 on Rule 32.2. CC.* Der praktisch häufigste Fall ist, dass sich der Bieter die Erhöhung für den Fall der späteren Abgabe eines konkurrierenden Übernahmeangebots vorbehält.
Wie restriktiv das *Panel* allerdings diese Ausnahmeregelung interpretiert, zeigte sich im Rahmen des Übernahmekampfes um *CALA plc.* zwischen den konkurrierenden Bietern *Dotterel Limited* und *Miller plc.* im Jahre 1999.
In dieser umkämpften Übernahme erhöhte *Miller* sein Übernahmeangebot von 175p auf *200p* pro *CALA*-Aktie und versah es mit folgender Erklärung: „Dieses Übernahmeangebot ist endgültig und wird nicht weiter erhöht. Für den Fall, dass *Dotterel* oder ein Dritter ein Übernahmeangebot veröffentlicht, dessen Gegenleistung höher ist als die in diesem Angebot gewährte, behält sich *Miller* das Recht vor, sein Übernahmeangebot um *10p* auf max. *210p* zu erhöhen (*no increase statement*)“[954]. Daraufhin erhöhte *Dotterel* (ein MBO-Vehikel der meisten Direktoren von *CALA*) am selben Tage sein Übernahmeangebot seinerseits von *190p* auf *200p* und ließ beim *Panel* anfragen, ob *Miller* nunmehr befugt sei, seine Offerte zu erhöhen, oder ob *Miller* weiterhin an sein *no increase statement* gebunden sei. Das *Panel* entschied nach Anhörung aller Parteien, dass *Miller* nur bei wertmäßig höheren Offerten nicht an sein Statement gebunden sei. Da die offerierten Gegenleistungen hier aber gleichwertig seien, stehe das oben wiedergegebene *no increase statement* einer weiteren Erhöhung entgegen[955].
Die Entscheidung des *Panels* zeigt, dass es dem *Panel* vor allem darum geht, verlässliche Rahmenbedingungen für die Durchführung jedes einzelnen Übernahmeverfahrens zu gewährleisten[956]. Eine etwaige Unsicherheit über die Konditionen des jeweiligen Übernahmeangebots soll durch diese restriktive Anwendung von *Rule 32.2. CC* vermieden werden. Letztendlich räumt der *CC* damit der Transparenz und der Verlässlichkeit des Übernahmeverfahrens den Vorrang vor den Interessen der Wertpapierinhaber an der Gewinnmaximierung ein. Dies ist im Lichte der Prinzipien des *CCs* nur konsequent. Denn schließlich stellt die Transparenz des Übernahmeverfahrens ein wichtiges Regelungsziel dar, nicht aber die Maximierung der Gegenleistung.
Rechtsfolge einer Revision des Übernahmeangebots ist, dass die Aktionäre der Zielgesellschaft, die das ursprüngliche Angebot bereits angenommen hatten, au-

954 Sachverhalt leicht verkürzt dargestellt anhand von Panel Statement CALA/Dotterel/Miller, 8/1999, Seite: 1 (2).
955 Panel Statement CALA/Dotterel/Miller, 8/1999, Seite: 1 (6).
956 Panel Statement CALA/Dotterel/Miller, 8/1999, Seite: 1 (4): Regelungsziel von *Rule 32. 2.* ist die Herstellung eines ordentlichen und verlässlichen Rahmens für die Durchführung von Übernahmeangeboten, um die Aktionäre und alle anderen Marktteilnehmer vor missverständlichen Erklärungen und Unsicherheit zu schützen.

tomatisch einen Anspruch auf die höhere Gegenleistung haben, *Rule 32.3. CC*[957]. In Anbetracht des Gleichbehandlungsgebots ist diese Lösung wohl auch die einzig vertretbare.

b) Veränderung der Angebotskonditionen im deutschem Recht

Die Voraussetzungen und Rechtsfolgen der Veränderung der Angebotskonditionen im deutschen Recht regelt § 21 WpÜG.
In zeitlicher Hinsicht ist dem Bieter die Änderung des Angebots bis zum letzten Werktag vor Ablauf der (regulären) Annahmefrist gestattet, § 21 I WpÜG.
Damit durch eine späte Angebotsveränderung der auf den Aktionären lastende Entscheidungsdruck nicht derart immens wird, dass diese keine sachgerechte Anlageentscheidung in Kenntnis der Sachlage mehr treffen können, verlängert sich die Annahmefrist gemäß § 23 V WpÜG ipso jure um zwei Wochen, sofern die Änderung innerhalb der letzten zwei Wochen der ursprünglichen Annahmefrist erfolgte.
Im deutschen Recht ist folglich im Gegensatz zum britischen Recht auch in den letzten Tagen vor Ablauf der Annahmefrist eine Angebotsveränderung möglich. Durch die automatische Verlängerung der Annahmefrist wird jedoch in gleichgeeigneter Art und Weise sichergestellt, dass den Aktionären der Zielgesellschaft in jedem Fall genügend Zeit verbleibt, um über das neue Angebot zu entscheiden[958]. Eine mehrfache Verlängerung der Annahmefrist würde jedoch die Zielgesellschaft über Gebühr an der Ausübung ihrer Geschäftstätigkeit hindern und deshalb mit dem in § 3 IV WpÜG normierten Beschleunigungsgrundsatz konfligieren. Die Konkordanz zwischen dem Interesse der Aktionäre an einer wohlinformierten Entscheidung und dem Interesse der Zielgesellschaft an einer schnellen Durchführung des Übernahmeverfahrens wird durch § 21 VI WpÜG gebildet. Diese Norm statuiert, dass eine erneute Änderung des Angebots innerhalb der von Absatz 5 gesetzten Frist unzulässig ist[959]. Damit soll ausweislich der Regierungsbegründung einerseits sichergestellt werden, dass der Bieter mehrfache Änderungen nicht als Mittel einsetzt, um die Zielgesellschaft über einen angemessenen Zeitraum hinaus in ihrer Geschäftstätigkeit zu behindern[960]. Andererseits werde dadurch gewährleistet, dass die Aktionäre der Zielgesellschaft in jedem

957 *Pudge* in: *Button*, A Practitioners Guide, 207 (236).
958 Begr.-RegE. BT-Drucks. 14/7034, Seite: 49.
959 *Steinmeyer/Häger* in: *Steinmeyer/Häger*, Kommentar zum WpÜG, § 21 Rn. 43. § 21 VI WpÜG enthält ein gesetzliches Verbot im Sinne des § 134 BGB. Verträge mit Aktionären, die das innerhalb der verlängerten Annahmefrist veränderte Angebot annehmen, sind daher unwirksam.
960 Begr.-RegE. BT-Drucks. 14/7034, Seite: 49.

Fall mindestens zwei Wochen Zeit haben, um über die Vorteilhaftigkeit der Offerte zu entscheiden[961].

Damit hat das WpÜG für den Grundfall des Übernahmeangebots mit nur einem Bieter einen angemessenen Ausgleich gefunden. Nicht ausdrücklich geregelt hat es jedoch die oben im Rahmen des Übernahmekampfes um die *Energy Group plc.* durch *TU Acquisitions (Texas)* und *Pacificorp Acquisitions* diskutierte Problematik der Zulässigkeit von Angebotsveränderungen, wenn in der Endphase noch mindestens zwei konkurrierende Bieter um die Gunst der Aktionäre werben[962].

Denn das gesetzliche Verbot des § 21 VI WpÜG richtet sich aufgrund des insoweit eindeutigen Wortlauts nur an den Bieter, der den Lauf der Frist ausgelöst hat. Der konkurrierende Bieter kann daher innerhalb der gemäß § 21 V WpÜG verlängerten Annahmefrist sein Übernahmeangebot noch verbessern[963]. Die Änderung des konkurrierenden Angebots führt dann ausnahmsweise zu einer weiteren Verlängerung der Annahmefrist um zwei Wochen[964].

Fraglich ist allerdings, ob dies dazu führt, dass der Erstbieter nun seinerseits sein Angebot wieder nachbessern darf, oder ob ihm § 21 VI WpÜG dies weiterhin untersagt[965]. Diese Frage soll im Rahmen der rechtsvergleichenden Diskussion am Ende dieses Abschnitts beantwortet werden.

In materieller Hinsicht begrenzt der Katalog des § 21 I Nr. 1-Nr. 4 WpÜG die Änderungsmöglichkeiten für den Bieter auf solche Punkte, die für die Aktionäre der Zielgesellschaft rechtlich oder wirtschaftlich vorteilhaft sind[966].

Vornehmen kann der Bieter gemäß dem abschließenden Katalog des § 21 I WpÜG folgende Änderungen: Er kann die Gegenleistung erhöhen (Nr. 1), er kann sein Angebot um eine andere Gegenleistung erweitern (Nr. 2), er kann die Mindesterwerbsschwelle herabsetzen (Nr. 3) und er kann auf Bedingungen verzichten (Nr. 4). Gemeinsames Merkmal aller vier Fallgruppen ist, dass die Änderung aus der Sicht der Zielgesellschaft eine Verbesserung des Angebots darstellt[967]. Eine Veränderung der Angebotsbedingungen zum Nachteil der Aktionäre ist daher nach deutschem Recht ausdrücklich unzulässig.

---

961 Begr.-RegE. BT-Drucks. 14/7034, Seite: 49.

962 Panel Statement Pacificorp/Texas/Energy, 8/1998, Seite: 1 (1).

963 *Steinmeyer/Häger* in: *Steinmeyer/Häger*, Kommentar zum WpÜG, § 21 Rn. 46; *Hasselbach* in: KK-WpÜG, § 21 Rn. 53.

964 *Steinmeyer/Häger* in: *Steinmeyer/Häger*, Kommentar zum WpÜG, § 21 Rn. 46.

965 So ohne Begründung *Hasselbach* in: KK-WpÜG, § 21 Rn. 53; a. A. allerdings ebenfalls ohne Begründung *Steinmeyer/Häger* in: *Steinmeyer/Häger*, Kommentar zum WpÜG, § 21 Rn. 46.

966 *Steinmeyer/Häger* in: *Steinmeyer/Häger*, Kommentar zum WpÜG, § 21 Rn. 1.

967 *Thun* in: *Geibel/Süßmann*, Kommentar zum WpÜG, § 21 Rn. 3; Begr.-RegE. BT-Drucks. 14/7034, Seite: 49; *Mühle* in: Übernahmegesetz, Seite: 335.

Nicht ausdrücklich geregelt hat der deutsche Gesetzgeber allerdings die Frage, ob sich der Bieter auch im deutschen Recht mit der Abgabe einer Erklärung, dass er sein Angebot nicht erhöhen werde (*no increase statement*), die Möglichkeit nimmt, die Gegenleistung zu erhöhen. Teilweise wird eine solche Selbstbindung des Bieters bejaht, sofern er in der Angebotsunterlage erklärt hat, die Gegenleistung werde nicht erhöht. Falls er diese Erklärung in einem anderen Schreiben an die Aktionäre abgegeben habe erzeugt sie keine Bindungswirkung[968]. Diese Differenzierung überzeugt inhaltlich jedoch nicht, da das Vertrauen in eine Erklärung des Bieters nicht davon abhängen kann, in welchem Medium er sie abgegeben hat. Vielmehr müssen die Aktionäre, der in einem Schreiben des Bieters enthaltenen Erklärung das gleiche Vertrauen schenken dürfen, wie einer in der Angebotsunterlage enthaltenen. Eine Differenzierung im oben vorgeschlagenen Sinne würde daher gerade keine Rechtssicherheit herstellen, sondern nur zu Verunsicherung an den Kapitalmärkten führen und ist daher abzulehnen.
Andere Autoren lehnen eine Selbstbindung des Bieters kategorisch ab, da eine Erhöhung der Gegenleistung für die Aktionäre der Zielgesellschaft vorteilhaft sei und sie deshalb nicht schutzbedürftig seien[969].
Bei der Frage, ob der Bieter an seine Erklärung gebunden sein soll, kommt es jedoch nicht nur auf das Gewinnmaximierungsinteresse der Aktionäre der Zielgesellschaft an. Wäre dies der Fall, spräche tatsächlich nichts für eine Selbstbindung. Vielmehr möchte der *CC* mit der strengen Selbstbindung verlässliche Rahmenbedingungen für alle am konkreten Übernahmeverfahren beteiligten Parteien gewährleisten. Gesteigert werden soll das Vertrauen in die Verlässlichkeit der Angebotskonditionen und damit die Transparenz des Übernahmeverfahrens. Da die Transparenz des Übernahmeverfahrens und die Herstellung zuverlässiger Rahmenbedingungen auch zu den Regelungszielen des deutschen Übernahmegesetzes gehören, spricht viel dafür, das Gewinnmaximierungsinteresse der Aktionäre hintanzustellen. Im Lichte der Rechtsicherheit und des Transparenzgebots ist dem Bieter eine Angebotserhöhung somit auch dann nicht gestattet, wenn er zuvor während der Angebotsphase erklärt hat, er werde die Gegenleistung nicht erhöhen.
Denjenigen Aktionären, die das (ursprüngliche) Übernahmeangebot vor Veröffentlichung der Änderung bereits angenommen haben, gewährt § 21 IV WpÜG ein Rücktrittsrecht bis zum Ablauf der Annahmefrist. Durch dieses gesetzliche Rücktrittsrecht soll allen Wertpapierinhabern der Zielgesellschaft ermöglicht werden, dass abgeänderte verbesserte Angebot anzunehmen. Es bildet damit zugleich eine Ausprägung des übernahmerechtlichen Gleichbehandlungsgrundsat-

968 *Hasselbach* in: KK-WpÜG, § 21 Rn. 23.
969 *Thun* in: *Geibel/Süßmann*, Kommentar zum WpÜG, § 21 Rn. 18.

zes. Inhaltlich gleichen sich somit die Rechtsfolgen für die Aktionäre der Zielgesellschaft im britischen und deutschen Recht. Lediglich die formelle Verwirklichung des Gleichbehandlungsgebotes differiert. Während es im deutschen Recht einer Rücktrittserklärung bedarf, erhalten die Aktionäre im britischen Recht automatisch die höhere bzw. veränderte Gegenleistung.

c) Rechtsvergleichende Diskussion und Stellungnahme

Beide Rechtsordnungen erachten Angebotsveränderungen zu Gunsten der Wertpapierinhaber der Zielgesellschaft für zulässig. Um eine angemessene und sachgerechte Entscheidung der Aktionäre zu gewährleisten, reagieren beide Regelwerke auf eine Veränderung der Angebotskonditionen mit einer Verlängerung der Annahmefrist. Insofern herrscht somit inhaltliche Übereinstimmung.
Nicht positivrechtlich geregelt hat der deutsche Gesetzgeber allerdings die Frage, ob ein Bieter, der bereits sein Angebot revidiert hat, zu einer erneuten Modifikation berechtigt sein soll, sofern ein konkurrierender Bieter sein Übernahmeangebot nach der Revision des Erstbieters ebenfalls nachgebessert hat.
Der Wortlaut der Norm spricht für die Zulässigkeit einer weiteren Verbesserung durch den Erstbieter. § 21 VI WpÜG untersagt nämlich nur „eine erneute Änderung des Angebots innerhalb der von Absatz 5 genannten Frist“. Gemeint ist damit eine erneute Änderung desjenigen Angebots, welches den Lauf der in Absatz 5 bezeichneten Frist ausgelöst hat. Im beschriebenen Fall hat jedoch die Änderung des konkurrierenden Angebots die aktuelle Frist zum Laufen gebracht. Vom Wortlaut her wäre daher eine erneute Änderung zulässig. Die bei diesem Normverständnis erreichte Auktion um die Zielgesellschaft würde freilich auf der anderen Seite eine unbestimmte Verlängerung des Übernahmeverfahrens zum Nachteil der Zielgesellschaft bedeuten. Dies würde dem in § 3 IV WpÜG niedergelegten Beschleunigungsgrundsatz widersprechen. Außerdem würde eine solche Auktion auch zu Rechtsunsicherheit bei den Aktionären der Zielgesellschaft und den weiteren Kapitalmarktteilnehmern führen, weil insbesondere die Aktionäre der Zielgesellschaft bis zum letzten Tag des Ablaufs der Annahmefrist damit rechnen müssten, dass der jeweils konkurrierende Bieter sein Angebot noch einmal nachbessert. Diese Unsicherheit über die Endgültigkeit der vorliegenden Übernahmeofferte wird die Aktionäre tendenziell eher von der Annahme des vorliegenden Angebots abhalten bzw. zumindest ihre Tendenz zur Annahme des Angebots in letzter Minute noch weiter verstärken[970]. Der Transparenz und Berechenbarkeit des Angebotsverfahrens dient eine in diesem Sinne durchgeführte Auktion um die Zielgesellschaft daher nicht. Aus dieser Erkenntnis kann aber

970 Zum Annahmeverhalten der Aktionäre der Zielgesellschaft, vgl.: 4. Kap. D. II. 3.

nicht ohne weiteres der Umkehrschluss gezogen werden, dass eine Auktion nicht mit den Allgemeinen Grundsätzen des WpÜG vereinbar sei und deshalb im konkreten Fall der konkurrierende Bieter nicht zur Nachbesserung berechtigt ist[971]. Vielmehr entspricht die Herstellung einer Auktion sehr wohl dem Interesse der Aktionäre der Zielgesellschaft an einer möglichst hohen Übernahmeprämie und dem gesamtwirtschaftlichen Interesse an einer effizienten Ressourcenallokation. Deshalb ist eine Auktion erstrebenwert. Zu beachten ist aber, dass das Auktionsverfahren zügig durchgeführt wird und die Transparenz des Übernahmeverfahrens nicht leidet.

Das britische Recht weist hier mit *Rule 32.5. CC* wieder einmal den Weg für den deutschen Gesetzgeber, der diese Problematik bei Erlass des Gesetzes offensichtlich nicht gesehen hat. Diese *Rule* implementiert ein flexibles Auktionsverfahren am Ende der regulären Annahmefrist. Bei diesem geben die konkurrierenden Bieter ihre Angebotserhöhungen zunächst gegenüber dem *Panel* ab, welches seinerseits erst nach Ende dieser internen Auktion verkündet, welches Angebot obsiegt hat. Dadurch vermeidet der *CC* die Entstehung von Unsicherheit über die Verbindlichkeit der aktuellen Angebotsbedingungen. Mit anderen Worten, die notwendige Transparenz und Verlässlichkeit des Übernahmeverfahrens bleibt erhalten. Auch das Interesse der Zielgesellschaft an einer raschen Verfahrensdurchführung wird vom *CC* gewahrt. Zum einen durch die Implementierung von kurzen Fristen für die Nachbesserung des jeweiligen Angebots. Und zum anderen durch die nur martialisch klingende, aber sachgerechte Guillotinen-Klausel[972], die dem *Panel* die Möglichkeit gibt, die Auktion zu beenden, wenn ansonsten eine unangemessen lange Beeinträchtigung der Zielgesellschaft zu befürchten wäre.

Im Ergebnis erreicht der *CC* damit einen angemessenen Ausgleich zwischen den widerstreitenden Interessen. Der deutsche Gesetzgeber sollte daher auch im deutschen Recht eine inhaltlich entsprechende Regelung normieren und der BaFin die Aufsicht über die dann ggf. durchzuführende Auktion zuweisen.

Aber auch wenn kein konkurrierendes Übernahmeangebot hinzutritt, erscheint der vom britischen Recht mit *Rule 32.1. CC* beschrittene Weg gegenüber der deutschen Regelung vorzugswürdig. Zwar gewährleisten beide Rechtsordnungen, dass den Aktionären der Zielgesellschaft nach einer Angebotsveränderung noch ausreichend Zeit zur Verfügung steht. Die vom *CC* gewählte Lösung verschafft den Marktteilnehmern jedoch eine größere Sicherheit hinsichtlich der Rahmenbedingungen und der Beständigkeit des konkreten Übernahmeangebots in der für

---

971 So aber im Ergebnis *Steinmeyer/Häger* in: *Steinmeyer/Häger*, Kommentar zum WpÜG, § 21 Rn. 46.

972 *Note 2 on Rule 32.5. CC.*

den Erfolg entscheidenden Phase am Ende der Annahmefrist, indem sie dem Bieter eine Veränderung seines Angebotes in den letzten zwei Wochen untersagt, *Rule 32.1. CC.*
Demgegenüber müssen die Kapitalmarktteilnehmer im deutschen Recht bis zum Ablauf des letzten Werktages vor Ablauf der regulären Annahmefrist mit einer Änderung rechnen. Dies fördert nicht nur die Neigung der Aktionäre, das Angebot erst in letzter Minute anzunehmen, sondern mindert auch das Vertrauen in die Verbindlichkeit des Angebots und verringert daher die Transparenz des Übernahmeverfahrens insgesamt.
Hinsichtlich der zeitlichen Befristung von Angebotsveränderungen ist dem noch jungen deutschen Recht daher noch ein immenser Berichtigungsbedarf zu attestieren.

E. Die Nachangebotsphase

Auch in der Nachangebotsphase haben die Beteiligten noch einige Regeln zu beachten. Die Nachangebotsphase beginnt in beiden Rechtsordnungen mit dem Ablauf der regulären Annahmefrist. Im Mittelpunkt steht in dieser Phase der Bieter. Welchen Pflichtenkanon die beiden Rechtsordnungen an ihn adressieren, hängt entscheidend vom Ausgang des Übernahmeverfahrens ab.
Es ist deshalb im Folgenden zwischen einem gescheiterten Übernahmeversuch und einem erfolgreichen Übernahmeangebot zu differenzieren. Hierfür muss jedoch zunächst festgestellt werden, ob das konkrete Übernahmeangebot erfolgreich gewesen ist oder nicht. Erfolgreich ist ein Übernahmeangebot, wenn alle aufschiebenden Bedingungen bis zum Ende der Annahmefrist eingetreten sind und keine auflösende Bedingung eingetreten ist, so dass die zwischen dem Bieter und dem jeweiligen Aktionär der Zielgesellschaft geschlossenen Kaufverträge mit Ablauf der Annahmefrist endgültig wirksam sind. Zwar ist unter Zuhilfenahme der Angebotsunterlage rechtlich ohne weiteres überprüfbar, ob alle vom Bieter gesetzten Bedingungen erfüllt worden sind. Im Interesse der Transparenz des Übernahmeverfahrens muss jedoch für die Beteiligten und die Kapitalmarktakteure auch ohne genaues Studium der Angebotsunterlage nach Ablauf der Annahmefrist erkennbar sein, ob der Bieter nunmehr die Zielgesellschaft kontrolliert, oder ob sein Übernahmeangebots gescheitert ist.
Es ist deshalb zunächst zu analysieren, wie die Aktionäre und die Öffentlichkeit darüber informiert werden, ob ein Übernahmeangebot erfolgreich ist, d. h. ob alle Bedingungen eingetreten sind.
Die in beiden Rechtsordnungen in der Praxis wichtigste Bedingung stellt sicherlich die im Vereinigten Königreich obligatorische und in Deutschland fakultative

Mindestakzeptanzschwelle dar. Zum Zwecke der Überprüfung, ob diese Bedingung erfüllt ist, d. h. ob dem Bieter die erforderliche Anzahl von Annahmeerklärungen zugegangen ist, hat der Bieter in beiden Rechtsordnungen unmittelbar nach Ablauf der regulären Annahmefrist die Annahmequote und die sich daraus ergebende Beteiligungsquote zu veröffentlichen, *Rule 17.1. CC* bzw. § 23 I Nr. 2 WpÜG.
Hieraus lässt sich mittelbar, d. h. unter Zuhilfenahme der Angebotsunterlage errechnen, ob die Mindestakzeptanzschwelle erreicht worden ist, oder ob das Übernahmeangebot erlischt.
Darüber hinaus beginnt die in beiden Rechtsordnungen vorgesehene weitere Annahmefrist nur zu laufen, wenn die Mindestakzeptanzschwelle innerhalb der regulären Annahmefrist erreicht worden ist, *Rule 31.4. CC* bzw. § 16 II S.2 WpÜG. Am in Gang setzen dieser weiteren Annahmefrist ist daher für den Kapitalmarkt und die Aktionäre der Zielgesellschaft auch ohne Angebotsunterlage und ohne mathematische Fähigkeiten ohne weiteres erkennbar, dass die Mindestakzeptanzschwelle erreicht worden ist. Hinsichtlich des Eintritts dieser praktisch wichtigsten Bedingung ist daher die notwendige Transparenz gewährleistet.
Fraglich ist jedoch, ob die beiden Regelwerke die notwendige Rechtssicherheit auch hinsichtlich des Eintritts bzw. Nichteintritts aller sonstigen Bedingungen sicherstellen, beispielsweise, wenn der Bieter sein Übernahmeangebot von der auflösenden Bedingung abhängig gemacht hat, dass die Leitungsorgane der Zielgesellschaft während der Angebotsphase keine Kapitalerhöhung durchführen.
Klarstellend sei hierzu vorangestellt, dass einer etwaigen Erklärung des Bieters, dass keine auflösende Bedingung eingetreten sei, lediglich eine deklaratorische und keine konstitutive Wirkung beizumessen wäre. Denn das Übernahmeangebot erlischt bereits mit dem Eintritt der Bedingung und nicht erst mit einer entsprechenden Erklärung des Bieters. Zwar lässt sich bei genauer Beobachtung des Kapitalmarkts und der Zielgesellschaft ohne weiteres erkennen, ob die Zielgesellschaft eine Kapitalerhöhung durchgeführt hat. Dennoch haben insbesondere die weiter vom Markt entfernten Kleinaktionäre ein Interesse daran zu erfahren, ob das Übernahmeangebot nunmehr wirksam ist und sie daher einen fälligen, durchsetzbaren Anspruch auf Zahlung der Gegenleistung gegenüber dem Bieter haben
Dieses Schutzbedürfnis der weiter vom Markt entfernten Kleinaktionäre erkennt das deutsche Recht allerdings nicht an, indem es für den Bieter keine ausdrückliche Pflicht normiert, zu erklären, ob alle weiteren Bedingungen ebenfalls erfüllt worden sind, so dass sein Übernahmeangebot nunmehr verbindlich bzw. die einzelnen Kaufverträge wirksam sind.
Ähnlich verhält sich auch der *CC*, der den Bieter nur verpflichtet bis zum Ablauf der regulären Annahmefrist, spätestens jedoch bis Mitternacht des 60ten Tages der Annahmefrist (dem letzten Tag der regulären Annahmefrist, falls der Bieter

die längste reguläre Annahmefrist wählt) zu erklären, ob die Mindestakzeptanzschwelle erreicht worden ist, *Rule 31.6. CC*. Zwar hat der Bieter im britischen Recht nach Ablauf der regulären Annahmefrist nur noch drei Wochen Zeit, die Erfüllung aller weiteren Bedingungen sicher zu stellen, *Rule 31.7. CC*, da ansonsten sein Angebot automatisch scheitert. Diese Bestimmung hat aber mehr die Erfüllung von kartellrechtlichen Auflagen und Bedingungen zum Reglungsgegenstand, als die oben beispielhaft angeführte Bedingung. Dies zeigt sich schon daran, dass eine auflösende Bedingung des Inhalts, dass die Zielgesellschaft keine Kapitalerhöhung während der regulären Annahmefrist durchführe, nur während der Annahmefrist eintreten kann und nicht danach. Zum anderen hat der Bieter auf den Bedingungseintritt auch keinen Einfluss, wovon *Rule 31.7. CC* aber ausgeht. Sehr wohl beeinflussen kann er aber die Erfüllung von Auflagen und Bedingungen, die ihm die britischen Kartellbehörden auferlegt haben. *Rule 31.7. CC* passt somit nicht auf den hier diskutierten Fall.
Als Zwischenergebnis ist festzustellen, dass beide Rechtsordnungen den Bieter lediglich verpflichten, zu erklären, ob die gesetzte Mindestakzeptanzschwelle erreicht worden ist, hinsichtlich aller weiteren Bedingungen dem Bieter aber keine Veröffentlichungspflicht auferlegen. Dieses Ergebnis verträgt sich nicht mit dem Transparenzgebot. Es ist deshalb über eine Reform der einschlägigen Normen nachzudenken.
Eine Veröffentlichungspflicht nach Ablauf der regulären Annahmefrist mit dem Inhalt, dass das Übernahmeangebot wirksam ist, da alle aufschiebenden Bedingungen eingetreten sind bzw. keine auflösende Bedingung eingetreten ist, entspräche auch der Systematik der beiden Regelwerke. Denn *CC* und WpÜG statuieren zwar ausdrücklich nur, dass es für den Beginn der weiteren Annahmefrist nur darauf ankomme, ob die Mindestakzeptanzschwelle erreicht worden sei. Dass eine weitere Annahmefrist nicht zu Laufen beginnt, wenn das Übernahmeangebot zuvor wegen des Eintritts einer auflösenden Bedingung (z. B.: Durchführung einer Kapitalerhöhung) nichtig geworden ist, liegt auf der Hand. Beide Rechtsordnungen setzen für den Beginn der weiteren Annahmefrist somit stillschweigend voraus, dass das Übernahmeangebot nicht wegen des Eintritts einer auflösenden Bedingung bzw. des Nichteintritts einer aufschiebenden Bedingung während der regulären Annahmefrist gescheitert ist.
Vor diesem Hintergrund erscheint ein deklaratorisches Statement des Bieters nach Ablauf der Annahmefrist, dass sein Übernahmeangebot wirksam sei, da sowohl die Mindestakzeptanzschwelle erreicht worden sei und auch alle weiteren Bedingungen eingetreten seien, umso angemessener.
Im deutschen Recht könnte man dieses im Sinne der Transparenz des Übernahmeverfahrens wünschenswerte Ergebnis erreichen, indem man in § 23 WpÜG folgenden dritten Absatz einfügt: Nach Ablauf der regulären Annahmefrist hat

der Bieter unverzüglich zu erklären, ob sein Angebot wirksam ist. Die Erklärung ist gemäß § 14 III Satz 1 WpÜG zu veröffentlichen und dem Bundesaufsichtsamt mitzuteilen.
Anhand dieser deklaratorischen Äußerung des Bieters könnten die Aktionäre der Zielgesellschaft und die übrigen Kapitalmarktakteure erkennen, ob das Übernahmeangebot erfolgreich war oder gescheitert ist.
Die sich daraus jeweils ergebenden Rechtsfolgen sollen im Folgenden kurz dargestellt werden.

I. Pflichten des Bieters bei einem Scheitern des Übernahmeangebots

Für das Rechtsverhältnis zwischen Aktionär und Bieter bedeutet ein Scheitern des Übernahmeangebots, dass die alte, vor Abgabe des Übernahmeangebots bestehende Rechtslage wiederhergestellt wird. Die Aktionäre bleiben daher weiter Eigentümer ihrer zur Annahme eingereichten Wertpapiere, haben aber im Gegenzug auch keinen Anspruch auf die Gegenleistung.
Falls das Übernahmeangebot scheitert, untersagen beide Rechtsordnungen dem Bieter die Abgabe eines weiteren freiwilligen Übernahmeangebots innerhalb der nächsten 12 Monate, *Rule 35.1. CC* bzw. § 26 I S.2 WpÜG. Diese einjährige Sperrfrist ist eine Ausprägung des in beiden Rechtsordnungen niedergelegten Grundsatzes, dass die Zielgesellschaft in ihrer Geschäftstätigkeit nicht über einen angemessenen Zeitraum behindert werden dürfe[973]. Beide Rechtsordnungen erachten somit das Interesse der Zielgesellschaft an einer unbehinderten Fortführung ihrer Geschäfte gegenüber dem Interesse des Bieters an einer erneuten Angebotsabgabe innerhalb eines Jahres als grundsätzlich vorrangig an.
Ein erster inhaltlicher Unterschied zwischen den beiden Rechtsordnungen besteht darin, dass gemäß § 26 I. S.2 WpÜG die Sperrfrist nur zu laufen beginnt, wenn der Bieter die Mindesterwerbsschwelle nicht erreicht hat. Folgt man dem Wortlaut, würde daher keine Sperrfrist gelten, wenn das Übernahmeangebot wegen des Nichteintritts einer anderen Bedingung nicht wirksam geworden ist. Demgegenüber differenziert der *CC* nicht, vielmehr gilt die Sperrfrist unabhängig von der Ursache des Scheiterns der Übernahmeofferte.
Es ist materiell-rechtlich nicht ersichtlich, warum eine Sperrfrist ausschließlich im Falle des Nichterreichens der Annahmequote gelten soll[974]. Vielmehr ist die

---

973 Panel Statement Trafalger House plc/Northern Electric plc, 5/1995, Seite: 1 (2); *Pudge* in: *Button*, A Practitioners Guide, 207 (237); *Weinberg/Blank* in: On Takeovers and Mergers, Rn. 4-6043; *Angerer* in: *Geibel/Süßmann*, Kommentar zum WpÜG, § 26 Rn. 2; *Seydel* in: KK-WpÜG, 26 Rn. 2.

974 So auch *Seydel* in: KK-WpÜG, 26 Rn. 15.

Zielgesellschaft in gleichem Maße schutzbedürftig, wenn das Übernahmeangebot wegen des Nichteintritts einer anderen vom Bieter gesetzten Bedingung nicht wirksam wird. Die vom deutschen Gesetzgeber vorgenommene Differenzierung ist daher sachlich nicht zu begründen. Geboten ist deshalb eine Novellierung bzw. Erweiterung des Anwendungsbereiches des § 26 I S.2 WpÜG.

Der zweite materielle Unterschied besteht darin, dass der *CC* dem erfolglosen Bieter nicht nur die Abgabe eines weiteres freiwilligen Übernahmeangebotes untersagt, sondern ihm zugleich auch jeglichen Aktienerwerb verbietet, der ihn dazu verpflichten würde, ein Pflichtangebot für die Zielgesellschaft abgeben zu müssen, *Rule 35. 1. (a) (ii) CC*[975].

Demgegenüber statuiert § 26 I S.3 WpÜG ausdrücklich, dass die einjährige Sperrfrist nicht gelte, wenn der Bieter zur Abgabe eines Angebots gemäß § 35 WpÜG verpflichtet sei. Ausweislich der Regierungsbegründung sollen hierdurch die Aktionäre der Zielgesellschaft geschützt werden[976]. Der deutsche Gesetzgeber sieht folglich die Interessen der Minderheitsaktionäre an einem Pflichtangebot, gegenüber dem Interesse der Zielgesellschaft an ungestörter Fortführung der Geschäfte als vorrangig an[977].

Diese Wertung mag zwar angemessen sein, indem der britische *CC* dem Bieter jedoch jeglichen ein Pflichtangebot auslösenden Aktienerwerb untersagt, vermeidet er zugleich eine die Abgabe eines Pflichtangebots rechtfertigende Beeinträchtigung der Interessen der Aktionäre der Zielgesellschaft. Damit stellt sich im britischen Recht gar nicht die Frage, ob die Interessen der Aktionäre oder die Interessen der Zielgesellschaft vorzugswürdig sind. Die Lösung des britischen Rechts ist konsequent, weil der Bieter nach einem gescheiterten Angebot kein schutzwürdiges Interesse am sofortigen Erwerb von Aktien der Zielgesellschaft hat, die Zielgesellschaft aber sehr wohl vor einem erneuten Angebot zu schützen ist. Außerdem vermeidet der *CC* mit dieser konsequenten Regelung, dass der Bieter die Sperrfrist durch den Zukauf weiterer Aktien unterläuft. Genau diese Umgehungsgefahr besteht aber im deutschen Recht. Deshalb wäre es sachgerecht, dem Bieter auch im deutschen Recht nicht nur die Abgabe eines weiteren Übernahmeangebots gemäß § 26 WpÜG zu untersagen, sondern auch jeglichen die Angebotspflicht gemäß § 35 WpÜG auslösenden Aktienerwerb.

Eine weitere Umgehungsmöglichkeit der Sperrfristregelung offenbart sich im deutschen Recht, wenn man seinen Blick dem Kreis der Normadressaten zuwendet. Während im deutschen Recht nur der Bieter selbst an einer erneuten Ange-

---

975 *Weinberg/Blank* in: On Takeovers and Mergers, Rn. 4-6043; *Stamp* in: Company Law I, Seite: 354.

976 Begr.-RegE. BT-Drucks. 14/7034, Seite: 51.

977 *Seydel* in: KK-WpÜG, 26 Rn. 26.

botsabgabe gehindert ist, erstreckt sich die Sperrfrist im britischen Recht gemäß *Rule 35.1. (a) CC* auch auf alle dem Bieter zuzurechnenden Personen (*person acting in concert*). Im deutschen Recht kann der Bieter durch Einschaltung eines Dritten daher ohne weiteres die Sperrfrist unterlaufen[978]. Deshalb wäre es im Hinblick auf den Schutz der Zielgesellschaft konsequenter, wenn der deutsche Gesetzgeber den Anwendungsbereich auf alle dem Bieter gemäß § 2 V WpÜG und § 30 II WpÜG zuzurechnenden Personen ausdehnen würde.
Zusammenfassend ist daher zu konstatieren, dass die Sperrfristreglung des § 26 WpÜG zwar im Ansatz richtig, aber in ihrer Reichweite unzureichend und daher reformbedürftig ist.
Weitere spezielle übernahmerechtliche Pflichten hat der Bieter neben der Sperrfrist in beiden Rechtsordnungen nicht zu beachten. Es steht im deshalb nach dem Scheitern seines Übernahmeversuchs frei, die von ihm gehaltenen Wertpapiere der Zielgesellschaft zu veräußern.

II. Pflichten des Bieters bei einem erfolgreichem Übernahmeangebot

Unwesentlich umfangreicher gestaltet sich der Pflichtenkanon des Bieters, sofern sein Übernahmeangebot erfolgreich ist.
Die zwischen dem einzelnen Aktionär und dem jeweiligen Bieter abgeschlossenen Kaufverträge werden mit dem Eintritt aller Bedingungen wirksam. Ihre Erfüllung richtet sich grundsätzlich nach dem jeweiligen Vertragsrecht der beiden Rechtsordnungen. Der *CC* modifiziert das britische *Contract Law* jedoch in einigen Punkten. Demgegenüber sieht das WpÜG keine speziellen Regelungen vor, so dass allein die allgemeinen Vorschriften des deutschen Kaufrechts maßgeblich sind.
Zunächst ist jedoch zu bemerken, dass der Bieter im Falle der erfolgreichen Kontrollerlangung in beiden Rechtsordnungen nicht daran gehindert ist, weitere Anteile der Zielgesellschaft zu erwerben.
Im deutschen Recht obliegt ihm jedoch eine Nachbesserungspflicht, sofern er selbst, eine mit ihm gemeinsam handelnde Person oder ein Tochterunternehmen innerhalb von zwölf Monaten nach Veröffentlichung des Ergebnisses gemäß § 23 I S.1 Nr. 2 WpÜG außerbörslich Wertpapiere der Zielgesellschaft zu einem über den im Übernahmeangebot gebotenen Preis erwirbt, § 31 V WpÜG. Unabhängig davon, ob der Erwerb einen Nachbesserungsanspruch auslöst, ist der Bieter gemäß § 23 II WpÜG verpflichtet, diesen in einer den Anforderungen des § 14 III WpÜG entsprechenden Art und Weise zu veröffentlichen. Durch die Beschrän-

978 *Seydel* in: KK-WpÜG, 26 Rn. 12.

kung des Anwendungsbereichs auf außerbörsliche Nacherwerbe soll eine übermäßige Verengung der Handlungsmöglichkeiten des Bieters vermieden werden[979]. Im Regierungsentwurf war diese Regelung noch nicht enthalten[980]. Sachlich gerechtfertigt ist diese Einschränkung durch den Umstand, dass der Bieter bei börslichen Zukäufen grundsätzlich keinen Einfluss auf den für die Aktien zu zahlenden Preis hat.
Ebenfalls kein Nachbesserungsanspruch entsteht gemäß § 35 V S.2 WpÜG, wenn der Bieter die Papiere in Zusammenhang mit einer gesetzlichen Pflicht zur Gewährung einer Abfindung erwirbt. Gemeint sind hiermit insbesondere die Abfindungspflichten gemäß § 305 AktG bei Beherrschungs- und Gewinnabführungsverträgen, gemäß § 320b AktG bei Eingliederungen, sowie die Fälle des § 327a AktG bei einem *Squeeze-Out*[981]. Bei diesen strukturverändernden Maßnahmen könne die dort gesetzlich geforderte Gegenleistung in der Höhe von der gesetzlich vom WpÜG geforderten Gegenleistung abweichen. Auch stehe die endgültige Höhe oftmals erst nach einem mehrjährigen Spruchstellenverfahren fest. Deshalb seien Erwerbsvorgänge in Zusammenhang mit strukturverändernden Maßnahmen aus dem Anwendungsbereich des Nachbesserungsanspruches herauszunehmen, da ansonsten der Bieter über einen unverhältnismäßig langen Zeitraum unkalkulierbaren Kosten ausgesetzt wäre[982]. Die Minderheitsaktionäre seien darüber hinaus auch hinreichend durch die vom Bieter jeweils zu beachtenden Normen des Aktien- und Umwandlungsrechts geschützt und bedürften deshalb keines zusätzlichen Nachbesserungsanspruchs[983].
Lediglich eine deklaratorische Funktion hat der Hinweis des Gesetzgebers in § 31 V S.2 WpÜG a.E., dass auch kein Nachbesserungsanspruch entstehe, wenn der Bieter das Vermögen der Zielgesellschaft im Wege der Spaltung, Verschmelzung oder Vermögensübertragung erwerbe. Dies folgt bereits daraus, dass in diesen Fällen kein Erwerb von Aktien, sondern ein Erwerb von Vermögen erfolgt. Der deutsche Gesetzgeber hat folglich eine Reihe von Fallgruppen ausgenommen, so dass im Ergebnis nur noch beim freiwilligen außerbörslichen Erwerb des Bieters im Referenzzeitraum ein eigenständiger Nachbesserungsanspruch für die Aktionäre entsteht. Dies scheint im Hinblick auf den übernahmerechtlichen Gleichbehandlungsgrundsatzes angemessen. Denn zum einen kann der Bieter beim außerbörslichen Erwerb die Konditionen frei aushandeln. Und zum anderen

979 BT-Drucks. 14/7477, Seite: 53.
980 Vgl. Begr.-RegE. BT-Drucks. 14/7034, Seite: 56.
981 *Thun* in: *Geibel/Süßmann*, Kommentar zum WpÜG, § 31 Rn. 64; *Steinmeyer/Häger* in: *Steinmeyer/Häger*, Kommentar zum WpÜG, § 31 Rn. 76; Begr.-RegE. BT-Drucks. 14/7034, Seite: 56.
982 Begr.-RegE. BT-Drucks. 14/7034, Seite: 56.
983 Begr.-RegE. BT-Drucks. 14/7034, Seite: 56.

begründet die zeitliche Nähe zum Übernahmeangebot auch die Vermutung, dass der Bieter mit dem nachgelagerten Erwerb die Bestimmungen des Übernahmegesetzes umgehen möchte. Die deutsche Regelung ist deshalb der britischen (Nicht-) regelung vorzuziehen.

Im britischen Recht hat der Bieter bei der Erfüllung der Kaufverträge *Rule 31.8. CC* zu beachten. Demgemäß hat der Bieter die im Übernahmeangebot genannte Gegenleistung grundsätzlich innerhalb von vierzehn Tagen zu erfüllen, es sei denn das *Panel* gewährt im ausnahmsweise eine längere Frist. Diese Frist beginnt entweder am dem Tag zu laufen, an dem die reguläre Annahmefrist endet, an dem Tag, an dem der Bieter erklärt dass alle Bedingungen erfüllt seien oder an dem Tag, an dem ihm alle Annahmeerklärungen vollständig zugegangen sind, je nachdem welcher dieser drei Zeitpunkte im konkreten Fall der spätere ist[984]. Falls der Bieter nicht innerhalb dieser 14 Tage leistet, scheitert das Übernahmeangebot, *Rule 31.8. CC.*

Demgegenüber richtet sich die Erfüllung der einzelnen Kaufverträge im deutschen Recht ausschließlich nach den allgemeinen Regeln des BGB.

Nachdem der Bieter seine Gegenleistung erbracht hat, haben die Parteien, abgesehen von der Nachbesserungspflicht im deutschen Recht, keine speziellen übernahmerechtlichen Restriktionen mehr zu beachten.

---

984 *Stedman* in: Takeovers, Seite: 292; *Pudge* in: *Button*, A Practitioners Guide, 207 (236).

5. Kapitel: Zusammenfassung der Ergebnisse

A. Ergebnisse des Rechtsvergleichs

Im Rahmen der rechtsvergleichenden Diskussion im Rahmen dieser Arbeit wurde bereits dargelegt, an welchen Stellen der Gesetzgeber dem insgesamt gelungenen Regelwerk noch den letzten Feinschliff zu geben hat. Die im Rahmen der rechtsvergleichenden Analyse für die Weiterentwicklung des deutschen Übernahmerechts gewonnenen Ergebnisse führten zur Aufstellung der folgenden Thesen.

B. Thesen in Bezug auf die Weiterentwicklung des deutschen Übernahmerechts

- Auch im deutschen Recht ist der Bieter vor der Veröffentlichung seiner Übernahmeabsicht im Sinne von § 10 WpÜG grundsätzlich zur strikten Geheimhaltung seiner Übernahmepläne verpflichtet. Mangels einer *Rule 2.1. CC* vergleichbaren speziellen übernahmerechtlichen Geheimhaltungspflicht ergibt sich dieses Ergebnis aus einem Rückgriff auf die §§ 12-14 WpHG.
  Ausdrückliche Ausnahmen von der Geheimhaltungspflicht sehen diese Normen freilich nicht vor. In begrenztem Umfang sind Ausnahmen jedoch geboten, weil dem Bieter ansonsten die Vorbereitung seines Übernahmeangebotes unverhältnismäßig erschwert wäre. Namentlich sollte dem Bieter die Einschaltung seiner eigenen Finanz- und Rechtsberater gestattet sein. Auch sollten ihm Gespräche mit Investoren, mit wichtigen Großaktionären und mit den Leitungsorganen der Zielgesellschaft in begrenztem Umfang möglich sein, sofern die Angesprochenen eine ausdrückliche Geheimhaltungsvereinbarung unterzeichnen und die BaFin von den Gesprächen in Kenntnis gesetzt wurden ist.
- In der Planungsphase, d. h. in dem Zeitraum bevor eine Entscheidung zur Abgabe eines Übernahmeangebotes gefallen ist, kann eine inhaltlich *Rule 2.2. CC* nachgebildete Vorabveröffentlichung auch im deutschen Recht geboten sein, falls das Geheimhaltungsgebot und das Insiderhandelsverbot im Einzelfall nicht ausreichen, um Marktverzerrungen zu verhindern. Allerdings ist diese Veröffentlichung nicht, wie von *Rule 2.3. CC* vorgesehen, durch den

Bieter oder die Zielgesellschaft vorzunehmen. Vielmehr ist allein die BaFin der geeignete Absender für diese Veröffentlichung.

- Die Höhe der vom Bieter bei freiwilligen Übernahmeangeboten zu gewährenden Gegenleistung sollte auch im deutschen Recht grundsätzlich dem Ermessen des Bieters überlassen bleiben. Ein Mindestpreis lässt sich erst dann mit dem in § 3 I WpÜG normierten Gleichbehandlungsgebot rechtfertigen, wenn der Bieter Vor- oder Parallelerwerbe tätigt. Fehlt es an beidem, lässt sich eine Einschränkung der Privatautonomie nicht aus dem Gleichbehandlungsgebot herleiten. Deshalb sollte das WpÜG in diesem Fall bei freiwilligen Übernahmeangeboten dem Beispiel des *CCs* folgen und die Preisgestaltung der ökonomischen Vernunft des Bieters überlassen. Der Gesetzgeber sollte deshalb den § 31 I S.1 WpÜG dahingehend novellieren, dass die Angemessenheitsklausel nur bei obligatorischen Übernahmeangeboten gelte.
- Im Interesse der Wertpapierinhaber der Zielgesellschaft darf der Bieter in beiden Rechtsordnungen sein freiwilliges Übernahmeangebot nur von solchen Bedingungen abhängig machen, deren Eintritt bzw. Nichteintritt vollständig außerhalb seines Einflussbereiches liegt. Zudem muss die Bedingung eindeutig und objektiv in der Angebotsunterlage formuliert sein. Das britische Recht verlangt darüber hinaus noch, dass der Bedingungseintritt zu einer wesentlichen Veränderung der Gesamtumstände geführt hat, so dass dem Bieter ein Festhalten am Übernahmeangebot nicht mehr schlechthin zugemutet werden kann, *Rule 13 Note 2 CC*. Eine solche Wesentlichkeitsprüfung ist dem deutschen Übernahmerecht fremd. Sie widerspräche auch der Systematik des deutschen Privatrechts, denn gemäß § 158 BGB tritt die Rechtfolge, d. h. die Nichtigkeit des Übernahmeangebots, ipso jure mit dem Eintritt der auflösenden Bedingung bzw. dem Nichteintritt der aufschiebenden Bedingung ein. Dennoch wäre in materiell-rechtlicher Hinsicht die Implementierung einer Wesentlichkeitsprüfung im deutschen Recht sachgerecht, weil sie der Rechtssicherheit und der Verlässlichkeit des Übernahmeverfahrens dient. Rechtstechnisch ließe sich dies umsetzen, indem die BaFin im Rahmen der Vorprüfung der Angebotsunterlage, die vom Bieter gesetzten auflösenden Bedingungen dahingehend überprüft, ob der Bedingungseintritt ex ante tatsächlich zu einer wesentlichen Verschlechterung der Gesamtumstände führen würde, oder ob ihm unter Würdigung der Gesamtumstände ein Festhalten an seinem Übernahmeangebot trotz Bedingungseintritt zugemutet werden könne. Kommt die BaFin eindeutig zu letzterem Ergebnis, hat sie dem Bieter die Herauslegung der Angebotsunterlage mit der Bedingung gemäß § 15 WpÜG zu untersagen.
- Der Tatbestand der Zurechnungsnorm des § 30 II WpÜG ist zu weit geraten und damit konturenlos. Eine einschränkende Auslegung dieser Norm ist ge-

boten, weil ansonsten die Angebotspflicht auch bei Sachverhalten ausgelöst wäre, bei denen es zur Verwirklichung des Gleichbehandlungsgrundsatzes keines Pflichtangebots bedarf. Erforderlich ist deshalb eine einschränkende Auslegung des Wortlauts der Norm, die sich an der Interpretation der Zurechnungsfigur der *persons acting in concert* durch das *Takeover Panel* orientiert. Ausreichend für eine Zurechnung von Stimmrechten gemäß § 30 II WpÜG ist deshalb nicht bereits jede Vereinbarung in Bezug auf die Zielgesellschaft. Vielmehr ist für eine Zurechnung gemäß § 30 II WpÜG und damit für ein Auslösen der Angebotspflicht des § 35 WpÜG erforderlich, dass sich die Vereinbarung auf den Erwerb von Stimmrechten an der Zielgesellschaft bezieht und dass die Beteiligten im Anschluss an die Vereinbarung Wertpapiere der Zielgesellschaft erwerben. Erst das kumulative Vorliegen dieser beiden Tatbestandsmerkmale rechtfertigt es, dem Bieter die Angebotspflicht aufzuerlegen. Die Norm sollte deshalb inhaltlich novelliert werden, da nur Vereinbarungen in Bezug auf den Erwerb von Anteilen der Zielgesellschaft eine Zurechnung gemäß § 30 II WpÜG begründen können, der aktuelle Wortlaut jedoch eine extensivere Interpretation nahe legt. Außerdem sollte entsprechend *Rule 9.1. Note 1 CC* klargestellt werden, dass erst der der Vereinbarung nachfolgende Anteilserwerb die Angebotspflicht auszulösen vermag, nicht jedoch die Vereinbarung selbst.

- Im Rahmen der in § 37 WpÜG vorgesehenen Dispensmöglichkeiten von der Angebotspflicht sollte auch das deutsche Recht eine der *Whitewash Procedure* inhaltlich nachgebildete Befreiungsmöglichkeit vorsehen. Denn es ist sachgerechter, den wirklichen Willen der Wertpapierinhaber der Zielgesellschaft im Einzelfall zu ermitteln, als generell zu fingieren, dass die Wertpapierinhaber ein größeres Interesse am Fortbestand ihrer Gesellschaft als am Erhalt eines Pflichtangebots haben. Diese Fiktion ist vielmehr nur dann angebracht, wenn aufgrund hoher Eilbedürftigkeit eine Erforschung des tatsächlichen Willens der Anteilseigner der Zielgesellschaft nicht mehr in Betracht kommt. Liegt diese Eilbedürftigkeit nicht vor, sollte namentlich ein Dispens gemäß § 9 Nr. 4 WpÜG-VO nur dann gewährt werden, wenn sich die Mehrheit der Wertpapierinhaber der Zielgesellschaft zuvor ausdrücklich gegen den Erhalt eines Pflichtangebots ausgesprochen hat.
- Eine *Rule 9.1. (b) CC* inhaltlich vergleichbare Regelung existiert im deutschen WpÜG nicht. Dennoch sollte der weitere Ausbau einer Beteiligung von mehr als 30 Prozent auch hierzulande nicht pflichtangebotsfrei möglich sein. Denn selbst wenn dem Bieter bei Überschreiten der 30 Prozent Schwelle ein Dispens zu gewähren ist, weil von ihm zu diesem Zeitpunkt nicht die ein Pflichtangebot rechtfertigende Gefahr für die Minderheitsaktionäre der Zielgesellschaft ausgeht, bedeutet dies nicht, dass ihm die weitere Vergrößerung

seiner Beteiligung gestattet ist. Vielmehr kann eine Vergrößerung seiner Beteiligung natürlich zu einer Veränderung der Herrschaftsverhältnisse innerhalb der Zielgesellschaft führen, so dass ein Pflichtangebot nunmehr erforderlich sein kann. Deshalb sollte die BaFin von der ihr gemäß § 36 VwVfG eingeräumten Möglichkeit Gebrauch machen und die auf § 37 WpÜG gestützte Entscheidung über die Befreiung von der Angebotspflicht mit Nebenstimmungen, namentlich mit einem Widerrufsvorbehalt, versehen. Macht die BaFin von dieser Option Gebrauch, kann sie den die Befreiung enthaltenden begünstigenden Verwaltungsakt widerrufen, wenn der Bieter so viele weitere Anteile der Zielgesellschaft erwirbt, dass eine Befreiung von der Angebotspflicht materiell rechtlich nicht mehr verhältnismäßig erscheint.

- Das deutsche Recht etabliert zur Überwachung des Vorstandes bei feindlichen Übernahmeangeboten den Aufsichtsrat der Zielgesellschaft als Kontrollorgan. Dieser ist jedoch als Kontrollorgan ungeeignet, da er dem gleichen Interessenkonflikt wie der Vorstand der Zielgesellschaft unterliegt. Das deutsche Übernahmerecht löst den erkannten Interessenkonflikt folglich nicht auf, sondern nimmt ihn vielmehr billigend in Kauf, weil es die Zulässigkeit von Abwehrmaßnahmen während der Übernahmephase als zum Schutze von deutschen Unternehmen notwendig erachtet. Die durch die Implementierung des Aufsichtsratsvorbehalts verursachten Nachteile für die Aktionäre der Zielgesellschaft und den Finanzstandort Deutschland lassen sich jedoch schon deshalb nicht mit der beabsichtigten Herstellung eines *level playing field* rechtfertigen, weil der Aufsichtsratsvorbehalt kein geeignetes Mittel zur Erreichung dieses politischen Regelungszieles ist. Im Ergebnis ist festzuhalten, dass sich die im deutschen Recht vorgesehene Möglichkeit der Zulässigkeit von Abwehrmaßnahmen ohne aktuelles Votum der Hauptversammlung auch nicht mit einem diffusen (rechts-) politischen Wunsch nach Herstellung von Waffengleichheit rechtfertigen lässt.
- Die deutsche Regelung des Vereitelungsverbots ist nachteilig für die Aktionäre der Zielgesellschaft, da sie die Verfolgung von Eigeninteressen durch die Leitungsorgane nicht verhindert. Sie stärkt deshalb nicht, wie vom Gesetzgeber beabsichtigt, die Attraktivität des Finanzstandortes Deutschlands, sondern verringert sie. Demgegenüber verhindert das strenge Vereitelungsverbot des britischen Rechts die rechtswidrige Verfolgung von Eigeninteressen durch die Leitungsorgane, indem es der Hauptversammlung die Kompetenz zur Ergreifung von Abwehrmaßnahmen während der Angebotsphase zuweist. Die britische Regelung findet damit eine angemessene und konsequente Lösung auf den bei feindlichen Übernahmeangeboten bestehenden Interessenkonflikt der Leitungsorgane. Sie schafft klare Vorgaben für die Beteiligten, insbesondere natürlich für die Aktionäre der Zielgesellschaft, aber auch für potentielle

Bieter und die Leitungsorgane selbst. Im Gegensatz zum deutschen Recht, bei dem sich die rechtlichen konkreten Befugnisse der Leitungsorgane weder unmittelbar aus dem Gesetz ergeben noch in der rechtswissenschaftlichen Literatur unumstritten sind, stellt das britische Regelung einen klaren Rechtsrahmen für die Kapitalmarktakteure zur Verfügung. Das britische Recht ist daher nicht nur im Sinne des Anlegerschutzes, sondern auch im Interesse der Rechtssicherheit als Vorbildregelung zu qualifizieren. Der deutsche Gesetzgeber sollte deshalb eine Kehrtwende vollziehen und den § 33 WpÜG entsprechend der dargestellten britischen Reglung novellieren

- Der zeitliche Anwendungsbereich des Vereitelungsverbots ist im deutschen Recht zu kurz bemessen. Der die Einschränkung der Leitungsbefugnisse rechtfertigende Interessenkonflikt besteht nämlich nicht erst ab dem Zeitpunkt der Veröffentlichung der Übernahmeabsicht im Sinne von § 10 WpÜG, sondern bereits dann, wenn der Vorstand zuverlässige Kenntnis von den Übernahmeplänen des Bieters erlangt hat. Deshalb sollte der zeitliche Anwendungsbereich des § 33 WpÜG ausgedehnt werden. Einsetzen sollte das Vereitelungsverbot bereits mit der Kenntniserlangung des Vorstandes von einem seriösen Übernahmeangebot, spätestens jedoch mit der Veröffentlichung der Übernahmeabsicht.
- Ebenfalls normiert werden sollte im deutschen Recht ein Gebot der Bietergleichbehandlung bei konkurrierenden Übernahmeangeboten, wie es der *CC* bereits vorsieht. Dieses Gebot entspricht einer konsequenten Umsetzung des Vereitelungsverbot, da ansonsten der Vorstand die Möglichkeit hätte, weniger willkommene potentielle Bieter unter Hinweis auf ein scheinbar entgegenstehendes Unternehmensinteresse zu benachteiligen.
- Der § 28 WpÜG regelt die Zulässigkeit von Werbung während der Angebotsphase nur unzureichend und ist daher novellierungsbedürftig. Im Interesse der Rechtssicherheit und des Transparenzgebotes ist eine enumerative Aufzählung der zulässigen Arten der Verbreitung von Werbung erforderlich. Gestattet werden sollte dem Bieter und der Zielgesellschaft allein die Werbung für die jeweils hergestellten Produkte und für das Unternehmen als solches. Werbebotschaften, die im Zusammenhang mit dem Übernahmeangebot stehen dürfen hingegen nur dann verbreitet werden, wenn sie sich inhaltlich ausschließlich auf die Wiedergabe bereits bekannter Tatsachen beschränken.
- Beide Rechtsordnungen verpflichten den Bieter und die Zielgesellschaft zu einer Gleichbehandlung aller Wertpapierinhaber der Zielgesellschaft auch in informationeller Hinsicht. Dieses Gebot der Anlegergleichbehandlung in informationeller Hinsicht ergibt sich für das deutsche Recht aus § 3 I WpÜG.
- Im Interesse der Verhinderung von Marktverzerrungen ist es erforderlich, dass alle im weiteren Sinne an einem Übernahmeverfahren beteiligten Perso-

nen sämtliche während der Angebotsphase getätigten Transaktionen mit Wertpapieren der Zielgesellschaft veröffentlichen. Eine solche Veröffentlichungspflicht sollte in das deutsche WpÜG eingefügt werden.

- Die gemäß § 23 I WpÜG im deutschen Recht vorgesehenen Publizitätspflichten dienen nicht dem Informationsinteresse der Aktionäre der Zielgesellschaft und des Kapitalmarkts. Ihre Normierung ist daher nicht erforderlich, sondern angesichts der ambivalenten Aussagekraft derartiger „Wasserstandsmeldungen“ eher schädlich für die Transparenz des Übernahmeverfahrens. Das hinter § 23 I WpÜG stehende gesetzgeberische Ziel, eine Abmilderung der Folgen des *Prisoners Dilemma*, erreichen beide Rechtsordnungen vielmehr bereits durch die Implementierung einer weiteren Annahmefrist, § 16 II WpÜG bzw. *Rule 31.4. CC*. § 23 I WpÜG bewirkt damit lediglich eine Erhöhung der Transaktionskosten des Bieters und sollte daher gestrichen werden.
- Im Interesse der Rechtssicherheit sollte dem Bieter auch im deutschen Recht die Veränderung der Konditionen seines Übernahmeangebotes innerhalb der letzten zwei Wochen vor Ablauf der Annahmefrist untersagt sein, sofern kein konkurrierender Bieter in diesem Zeitraum seinerseits ein Übernahmeangebot herauslegt.
- Die Herstellung einer Auktion entspricht dem Interesse der Aktionäre der Zielgesellschaft an einer möglichst hohen Übernahmeprämie und dem gesamtwirtschaftlichen Interesse an einer effizienten Ressourcenallokation. Deshalb sollte es auch im deutschen Recht dem Erstbieter möglich sein, sein Übernahmeangebot mehrmals nachzubessern, sofern ein konkurrierender Bieter ebenfalls ein Übernahmeangebot herausgelegt hat. Um zu verhindern, dass die Zielgesellschaft durch die somit hergestellte Auktion über Gebühr behindert wird, ist die Installation eines inhaltlich *Rule 32. 5. CC* nachgebildeten Auktionsverfahrens erforderlich. Geleitet werden sollte dieses Verfahren von der BaFin. Diese hat den Beteiligten insbesondere kurze Fristen zur Angebotsverbesserung zu setzen und die vollständige Veröffentlichung des Ergebnisses der Auktion zu gewährleisten. Durch die Implementierung einer Guillotinen-Klausel ist sicherzustellen, dass die Zielgesellschaft nicht unverhältnismäßig lange in ihrer Geschäftstätigkeit beeinträchtigt wird.
- Im Sinne des Transparenzgebotes ist eine deklaratorische Erklärung des Bieters nach Ablauf der Annahmefrist mit dem Inhalt, dass sein Übernahmeangebot wirksam sei, da sowohl die Mindestakzeptanzschwelle erreicht worden sei und auch alle weiteren Bedingungen eingetreten seien, in beiden Rechtsordnungen geboten. Im deutschen Recht könnte man dieses Ergebnis erreichen, indem man in § 23 WpÜG folgenden dritten Absatz einfügt: Nach Ablauf der regulären Annahmefrist hat der Bieter unverzüglich zu erklären, ob sein An-

gebot wirksam ist. Die Erklärung ist gemäß § 14 III Satz 1 WpÜG zu veröffentlichen und dem Bundesaufsichtsamt mitzuteilen.

- Der Anwendungsbereich des § 26 I S.2 WpÜG ist zu eng. Die einjährige Sperrfrist sollte für den Bieter nicht nur gelten, wenn das Übernahmeangebot des Bieters infolge des Nichterreichens der Mindesterwerbsschwelle gescheitert ist. Vielmehr ist die Zielgesellschaft in gleichem Maße schutzbedürftig, wenn das Übernahmeangebot wegen des Nichteintritts einer anderen vom Bieter gesetzten Bedingung nicht wirksam wird. Die einjährige Sperrfrist sollte deshalb immer gelten, wenn ein vorangegangenes Übernahmeangebot gescheitert ist.
- Im deutschen Recht kann der Bieter durch Einschaltung eines Dritten die Sperrfrist des § 26 WpÜG unterlaufen. Um dies zu verhindern und im Hinblick auf den Schutz der Zielgesellschaft ist es deshalb geboten, dass der deutsche Gesetzgeber den Anwendungsbereich des § 26 WpÜG auf alle dem Bieter gemäß § 2 V WpÜG und § 30 II WpÜG zuzurechnenden Personen ausdehnt.

Literaturverzeichnis

Adams, Michael — Der Markt für Unternehmenskontrolle und sein Missbrauch, in: Die Aktiengesellschaft 1989, Seite: 333-338

Adams, Michael — Unbehinderte Übertragbarkeit der im Unternehmen gebundenen Ressourcen, in: Die Aktiengesellschaft 1990, Seite: 243-252

Arden, Mary/ Prentice, Dan — Buckley on the Companies Acts, Volume 1, London, Stand: Issue 5. August 2003

Arnold, Marc — Entschädigung von Mehrstimmrechten bei Übernahmen, in: Der Betriebsberater 2003, Seite: 267-270

Assmann, Heinz-Dieter Basaldua, Nathalie Bozenhardt, Friedrich Peltzer, Martin — Übernahmeangebote, ZGR-Sonderheft 9, Berlin New York 1990

Assmann, Heinz-Dieter — Directors' Duties and Liabilities in Transfers of Control under Continental Legal Systems, in: Hopt/Wymeersch, European Takeovers, Seite: 268-294

Assmann, Heinz-Dieter — Das künftige deutsche Insiderrecht (II), in: Die Aktiengesellschaft 1994, Seite: 237-258

Assmann, Heinz-Dieter — Rechtanwendungsprobleme des Insiderrechts, in: Die Aktiengesellschaft 1997, Seite: 50-58

Assmann, Heinz-Dieter Lenz, Jürgen Ritz, Corinna — Kommentar zum Verkaufsprospektgesetz, Köln 2001 (zit.: *Bear.* in: *Assmann/Lenz/Ritz*, Kommentar zum VerkProspG)

Assmann, Heinz-Dieter	Erwerbs-, Übernahme und Pflichtangebote nach dem Wertpapiererwerbs- und Übernahmegesetz aus der Sicht der Bietergesellschaft, in: Die Aktiengesellschaft 2002, Seite: 114-125
Assmann, Heinz-Dieter	Die Haftung für die Richtigkeit und Vollständigkeit der Angebotsunterlage nach § 12 WpÜG, in: Die Aktiengesellschaft 2002, Seite: 153-159
Assmann, Heinz-Dieter	Übernahmeangebote im Gefüge des Kapitalmarktrechts, insbesondere im Lichte des Insiderrechts, der Ad Hoc Publizität und des Manipulationsverbots, in: Zeitschrift für Unternehmens- und Gesellschaftsrecht 2002, Seite: 697-727
Assmann, Heinz-Dieter Schneider, Uwe H.	Kommentar zum Wertpapierhandelsgesetz, 3. Auflage Köln 2003, (zit.: *Bear.* in: *Assmann/Schneider*, Kommentar zum WpHG)
Assmann, Heinz-Dieter Pötzsch, Torsten Schneider, Uwe H.	Kommentar zu Wertpapiererwerbs- und Übernahmegesetz, Köln 2005, (zit.: *Bear.* in: *Assmann/Pötzsch/Schneider*, Kommentar zum WpÜG)
van Aubel, Thomas	Vorstandspflichten bei Übernahmeangeboten, München 1996
Baumbach, Adolf Hopt, Klaus J.	Kommentar zum Handelsgesetzbuch, 31. Auflage München 2003
Baums, Theodor	Übernahmeregeln in der Europäischen Gemeinschaft, in: Zeitschrift für Wirtschaftsrecht 1989, Seite: 1376-1381
Baums, Theodor Thoma, Georg F.	Kommentar zum WpÜG, Köln 2004, Stand: 1. Lieferung Mai 2004

Bayer, Walter — Vorsorge- und präventive Abwehrmaßnahmen gegen feindliche Übernahmen, in: Zeitschrift für Unternehmens- und Gesellschaftsrecht 2002, Seite: 588-622

Bayer, Walter — Zulässige und unzulässige Einschränkungen der europäischen Grundfreiheiten im Gesellschaftsrecht, in: Der Betriebsberater 2002, Seite: 2289-2291

Bayer, Walter — Aktuelle Entwicklungen im Europäischen Gesellschaftsrecht, in: Der Betriebsberater 2004, Seite: 1-11

Becker, Dietrich — Verhaltenspflichten des Vorstands der Ziel-Gesellschaft bei feindlichen Übernahmen, in: Zeitschrift für das gesamte Handels- und Wirtschaftsrecht, Band 165 (2001), Seite: 280-287

Beckmann, Ralph — Übernahmeangebote in Europa, Münster 1995

Beckmann, Ralph — Der Richtlinienvorschlag betreffend Übernahmeangebote auf dem Weg zu einer Europäischen Rechtsangleichung, in: Der Betrieb 1995, Seite: 2407-2411

Beckmann, Ralph
Kersting, Mark Oliver
Mielke, Werner — Das neue Übernahmerecht, München 2003

Begg, P. F. C. — Corporate Acquisitions and Mergers, Third Edition, London Dordrecht Boston 1991

Behrens, Peter — Rechtspolitische Grundsatzfragen zu einer Europäischen Regelung für Übernahmeangebote, in: Zeitschrift für Unternehmens- und Gesellschaftsrecht 1975, Seite: 434-458.

Bernau, Timo — Die Befreiung vom Pflichtangebot nach § 37 WpÜG, in: Wertpapiermitteilungen 2004, Seite: 809-818

Bess, Jürgen — Eine europäische Regelung für Übernahme-Angebote (Teil II und Schluß), in: Die Aktiengesellschaft 1976, Seite: 206-210

Billstein, Jürgen — Die Bewertung eines Unternehmens, in: v. Rosen/Seifert, Die Übernahme börsennotierter Unternehmen, Eschborn 1999, Seite: 223-252

Bittner, Claudia — Die EG-Übernahme-Richtlinie aus englischer Sicht, in: Recht der Internationalen Wirtschaft 1992, Seite: 182-189

Blättchen, Wolfgang
Wegen, Gerhard — Übernahme börsennotierter Unternehmen, Stuttgart 2003, (zit.: *Bear.* in: *Blättchen/Wegen*, Übernahme)

Boardman, Nigel
Ryde, Andy — Share Dealings - Restrictions and Disclosure Requirements, in: Button (Hrsg.), A Practitioners Guide to the City Code on Takeovers and Mergers 2002/2003, Seite: 53-124

Boisi, Geoffrey T.
O´ Toole, Terrence M. — Merger of Equals, in: Rock, The Mergers and Acquisitions Handbook, New York 1987, Seite: 357-372

Bozenhardt, Friedrich — Feindliche Übernahmeangebote im deutschen Recht, Tübingen 1990

Brennan, Niamh — Voluntary Disclosure of Profit Forecasts: Factors Influencing Information Disclosed during UK Takeover Bids, in: Rechnungswesen als Instrument für Führungsentscheidungen, Festschrift für Adolf G. Coenenberg zum 60 Geburtstag , Hrsg. von: Hans Peter Möller und Franz Schmidt, Stuttgart 1998, Seite: 447-475

Bruce, Martha — Rights and Duties of Directors, Fifth Edition, London 2002

Bungert, Hartwin — Die Liberalisierung des Bezugrechtsauschlusses im Aktienrecht, in: Neue Juristische Wochenschrift 1997, Seite: 488-492

Busch, Torsten — Bedingungen in Übernahmeangeboten, in: Die Aktiengesellschaft 2002, Seite: 145-152

Butcher, Bruce S. — Directors' Duties, A new Millenium, A new Approach?, The Hague London Boston 2000

Button, Maurice — A Practitioner`s Guide to the City Code on Takeovers and Mergers 2002/2003, Old Woking 2002, (*Bear.* in: *Button,* Practitioners Guide)

Cahn, Andreas — Grenzen des Markt- und Anlegerschutzes durch das WpHG, in: Zeitschrift für das gesamte Handels- und Wirtschaftsrecht, Band 162 (1998), Seite: 1-50

Cahn, Andreas — Pflichten des Vorstandes beim genehmigten Kapital mit Bezugrechtsausschluss, in: Zeitschrift für das gesamte Handels- und Wirtschaftsrecht, Band 163 (1999), Seite: 554-593

Danzinger, Yoram Felix — The Duties of Directors of Target Companies in Take-Overs, London 1983

Dauner-Lieb, Barbara — Das Tauziehen um eine Übernahmerichtlinie – eine Momentaufnahme, in: Deutsches Steuerrecht 2003, Seite: 555-556

Dauner-Lieb, Barbara; Lamandini, Marco — Der neue Kommissionsvorschlag einer EU-Übernahmerichtlinie – Stellungnahme der Gutachter des EU-Parlaments –, in: Der Betriebsberater 2003, Seite: 265-267

Davies, Paul L. — The Regulation of Defensive Tactics in the United Kingdom and the United States, in: Hopt/Wymeersch, European Takeovers, London 1992, Seite: 195-216

Davies, Paul L.	Gower's Principles of Modern Company Law, Seventh Edition, London 2003
Decher, Christian E.	The Daimler-Chrysler Merger, in: Horn, Cross-Border Mergers and Acquisitions and the Law, Seite: 106-114
Defriez, Alistar	Takeover Regulation in the United Kingdom, in: v. Rosen/Seifert Die Übernahme börsen-notierter Unternehmen, Eschborn 1999, Seite: 29-40
Deutscher Anwaltsverein e. V.	Stellungnahme des Handelsrechtsauschusses des DAV e. V. zum Referentenentwurf eines Gesetzes zur Regelung von öffentlichen Angeboten zum Erwerb von Wertpapieren und von Unternehmensübernahmen (WÜG), in: Neue Zeitschrift für Gesellschaftsrecht 2001, Seite: 420-432
Dimke, Andreas W. Heiser, Kristian J.	Neutralitätspflicht, Übernahmegesetz und Richtlinienvorschlag 2000, in: Neue Zeitschrift für Gesellschaftsrecht 2001, Seite: 241-259
Drayton, Patrick	Regulatory Structures: The Relationship between The Takeover Panel, the FSA and the Courts, in: Payne, Jennifer, Takeovers in English and German Law, Oxford, Portland 2002, Seite: 65-72
Drinkuth, Henrik	Informationspflichten bei Ermächtigungsbeschlüssen nach § 33 WpÜG, in: Die Aktiengesellschaft 2005, Seite: 597-606
Drygala, Tim	Die neue deutsche Übernahmeskepsis und ihre Auswirkungen auf die Vorstandspflichten nach § 33 WpÜG, in: Zeitschrift für Wirtschaftsrecht 2001, Seite: 1861-1871
Easterbrook, Frank H. Fischel, Daniel R.	The Proper Role of a Target's Management in Responding to a Tender Offer, in: Harvard Law Review 1981, Volume 94, Seite: 1161-1204

Easterbrook, Frank H.
Fischel, Daniel R.
The Proper Role of a Target's Management in Responding to a Tender Offer, in: Romano, Roberta (Hrsg.), Foundations of Corporate Law, Oxford New York 1993, Seite: 267-271

Ebenroth, Thomas
Rapp, Angela
Abwehr von Unternehmensübernahmen, in: Deutsche Zeitschrift für Wirtschaftsrecht 1991, Seite: 2-10

Ebenroth, Thomas
Daum, Thomas
Die Kompetenzen des Vorstands einer Aktiengesellschaft bei der Durchführung und Abwehr unkoordinierter Übernahmen (Teil II), in: Der Betrieb 1991, Seite: 1157-1161

Ehricke, Ulrich
Ekkenga, Jens
Oechsler, Jürgen
Kommentar zum WpÜG, München 2003

Ekkenga, Jens
Hofschoer, Josef
Das Wertpapiererwerbs- und Übernahmegesetz, (Teil I), in: Deutsches Steuerrecht 2002, Seite: 724-734

Ekkenga, Jens
Hofschoer, Josef
Das Wertpapiererwerbs- und Übernahmegesetz, (Teil II), in: Deutsches Steuerrecht 2002, Seite: 768-777

Evans, Carlton
Documents from the Offeror and the Offeree Board, in: Button (Hrsg.), A Practitioners Guide to the City Code on Takeovers and Mergers 2002/2003, Seite: 183-206

Farrar, John H.
Furey, Nigel E.
Hannigan, Brenda M.
Wylie, Philip
Farrar's Company Law, Fourth Edition, London Dublin Edinburgh 1998

Ferrarini, Guido
Shareholder Value and the Modernization of European Corporate Law, in: Hopt/Wymeersch, Capital Markets Law, Oxford New York 2003, Seite: 223-259

Ffrench, Leigh H. — International Law of Takeovers and Mergers, The EEC, Northern Europe and Scandinavia, New York Westport Connecticut London 1986

Fleischer, Holger — Finanzielle Unterstützung des Aktienerwerbs und Leveraged Buyout, in: Die Aktiengesellschaft 1996, Seite: 494-507

Fleischer, Holger — Der Financial Services and Markets Act 2000: Neues Börsen- und Kapitalmarktrecht für das Vereinigte Königreich, in: Recht der Internationalen Wirtschaft 2001, Seite: 817-825

Fleischer, Holger — Zum Begriff des öffentlichen Angebots im Wertpapiererwerbs- und Übernahmegesetz, in: Zeitschrift für Wirtschaftsrecht 2001, Seite: 1653-1660

Fleischer, Holger
Körber, Torsten — Der Rückerwerb eigener Aktien und das Wertpapiererwerbs- und Übernahmegesetz, in: Der Betriebsberater 2001, Seite: 2589-2595

Fleischer, Holger — Konkurrenzangebote und Due Diligence, in: Zeitschrift für Wirtschaftsrecht 2002, Seite: 651-656

Fleischer, Holger
Kalss, Susanne — Das neue Wertpapierwerbs- und Übernahmegesetz, Einführende Gesamtdarstellung und Materialien, München 2002, (zit.: *Fleischer/Kalss* in: WpÜG)

Francis, Julian — The Takeover Directive, in: Button (Hrsg.), A Practitioners Guide to the City Code on Takeovers and Mergers 2002/2003, Seite: 271-285

Frei, Stephan Niklaus — Öffentliche Übernahmeangebote in der Schweiz mit besonderer Berücksichtigung der Übernahmeregelung im Bundesgesetz über die Börsen und den Effektenhandel, Zürich Stuttgart Wien 1996

Fürhoff, Jens
Wölk, Armin

Aktuelle Fragen zur Ad hoc Publizität, in: Wertpapiermitteilungen 1997, Seite: 449-460

Gearing, Mark

Provisions applicable to all Offers, Partial Offers and redemption or purchase by a Company of its own Securities, in: Button (Hrsg.), A Practitioners Guide to the City Code on Takeovers and Mergers 2002/2003, Seite: 153-182

Geibel, Stephan
Süßmann, Rainer
(Hrsg.)

Kommentar zum WpÜG, München 2002, (zit.: *Bear.* in: *Geibel/Süßmann*, Kommentar zum WpÜG)

Geiger, Rudolf

Kommentar zum EUV/EGV, 3. Auflage München 2001

Gilson, Ronald J.

Seeking Competitive Bids versus Pure Passivity in Tender Offer Defense, in: Romano, Roberta (Hrsg.), Foundations of Corporate Law, Oxford New York 1993, Seite: 271-274

Großfeld, Bernhard

Zur Stellung des Kleinaktionärs im Wirtschaftssystem, in: Die Aktiengesellschaft 1985, Seite: 1-7

Großkommentar zum Aktiengesetz
(Hrsg.: Hopt, Klaus J., Wiedemann, Herbert)

Kommentar zum Aktiengesetz, 4. Auflage 1999, 11. Lieferung (§§ 92-94), Stand: 1. 1. 1999

Grunewald, Barbara

Was bringt der Vorschlag einer 13. EG-Richtlinie über Übernahmeangebote für das deutsche Recht, in: Wertpapiermitteilungen 1989, Seite: 1233-1239

Grunewald, Barbara

Der geänderte Vorschlag einer 13. EG-Richtlinie betreffend Übernahmeangebote, in: Wertpapiermitteilungen 1991, Seite: 1362-1366

Grunewald, Barbara — Gesellschaftsrecht, 4. Auflage Tübingen 2000

Grunewald, Barbara — Europäisierung des Übernahmerechts, in: Die Aktiengesellschaft 2001, Seite: 288-291

Haarmann, Wilhelm; Riehmer, Klaus; Schüppen, Matthias (Hrsg.) — Öffentliche Übernahmeangebote, Kommentar zum WpÜG, Heidelberg 2002, (zit.: *Bear.* in: *Haarmann/Riehmer/Schüppen,* Kommentar zum WpÜG)

Haarmann, Wilhelm; Riehmer, Klaus; Schüppen, Matthias — Das neue Übernahmerecht in der Praxis- eine Halbjahresbilanz, in: Der Betriebsberater 2002, Heft 28/29, Seite: 1

Habersack, Mathias; Mayer, Christian — Der neue Vorschlag 1997 einer Takeover-Richtlinie – Überlegungen zur Umsetzung in das nationale Recht-, in: Zeitschrift für Wirtschaftsrecht 1997, Seite: 2141-2146

Hamann, Uwe — Die Angebotsunterlage nach dem WpÜG – ein praxisorientierter Überblick –, in: Zeitschrift für Wirtschaftsrecht 2001, Seite: 2249-2257

Hannigan, Brenda — Management, Directors and Secretary, in: Thorne/Prentice, Butterworths Company Law Guide, Seite: 193-262

Happ, Wilhelm; Semler, Johannes — Ad hoc Publizität im Spannungsfeld von Gesellschaftsrecht und Anlegerschutz, – Zum Begriff der „Tatsache“ in § 15 WpHG bei mehrstufigen Entscheidungsprozessen –, in: Zeitschrift für Unternehmens- und Gesellschaftsrecht 1998, Seite: 116-141

Harbarth, Stephan — Kontrollerlangung und Pflichtangebot, in: Zeitschrift für Wirtschaftsrecht 2002, Seite: 321-332

Harbarth, Stephan — Die Stellungnahme des Vorstands und Aufsichtsrats zur Gegenleistung bei Übernahmeangeboten, in: Zeitschrift für Wirtschaftsrecht 2004, Seite: 3-12

Harrer, Herbert
Erbacher, Peter

Die Bedeutung der Due Diligence Prüfung im Rahmen einer Unternehmensübernahme oder eines Unternehmenskaufs, in: v. Rosen/Seifert Die Übernahme börsennotierter Unternehmen, Eschborn 1999, Seite: 253-268

Hauschka, Christoph E.
Roth, Thomas

Übernahmeangebote und deren Abwehr im deutschen Recht, in: Die Aktiengesellschaft 1988, Seite: 181-196

Heinle, Daniel C.

City Code und Übernahmekodex, Frankfurt am Main Berlin Bern Bruxelles New York Oxford Wien 2000

Heiser, Kristian J.

Interessenkonflikte in der Aktiengesellschaft und ihre Lösung am Beispiel des Zwangsangebots, Münster Hamburg London 1999

Henn, Günter

Handbuch des Aktienrechts, 7. Auflage Heidelberg 2001

Herkenroth, Klaus E.

Konzernierungsprozesse im Schnittfeld von Konzernrecht und Übernahmerecht, Berlin 1994 (zit.: *Herkenroth* in: Konzernierungsprozesse)

Herrmann, Marcus

Zivilrechtliche Abwehrmaßnahmen gegen unfreundliche Übernahmeversuche in Deutschland und Großbritannien, Heidelberg 1993

Hirte, Heribert

Der Kampf um Belgien – Zur Abwehr feindlicher Übernahmen –, in: Zeitschrift für Wirtschaftsrecht 1989, Seite: 1233-1246

Hirte, Heribert

Wertpapiererwerbs- und Übernahmegesetz, Gesetzestexte Quellen Materialien, Köln Berlin Bonn München 2002

Hirte, Heribert

Verteidigung gegen Übernahmeangebote und Rechtsschutz des Aktionärs gegen die Verteidigung, in: Zeitschrift für Unternehmens- und Gesellschaftsrecht 2002, Seite: 623-663

Holzborn, Timo Blank, Joachim	Die Nichtzurechnung nach §§ 20, 36 WpÜG und die Befreiung vom Pflichtangebot nach §§ 37 WpÜG, §§ 8ff. WpÜGAngVO, in: Neue Zeitschrift für Gesellschaftsrecht 2002, Seite: 948-954
Holzborn, Timo Friedhoff, Martin	Die gebundenen Ausnahmen der Zurechnung nach dem WpÜG, in: Wertpapiermitteilungen 2002, Seite: 948-951
Holzborn, Timo Israel, Alexander	Die Befreiung vom Pflichtangebot aufgrund eines Sanierungsfalls, in: Wertpapiermitteilungen 2004, Seite: 309-317
Hommelhoff, Peter Kleindiek, Detlef	Takeover Richtlinie und europäisches Konzernrecht, in: Die Aktiengesellschaft 1990, Seite: 106-111
Hommelhoff, Peter Witt, Carl-Heinz	Bemerkungen zum deutschen Übernahmegesetz nach dem Scheitern der Richtlinie, in: Recht der internationalen Wirtschaft 2001, Seite: 561-569
Hommelhoff, Peter Hopt, Klaus J. Lutter, Marcus (Hrsg.)	Konzernrecht und Kapitalmarktrecht, München 2001, (zit.: *Bear.* in: *Hommelhoff/Hopt/Lutter*, Konzernrecht)
Hopt, Klaus J.	Europäisches und deutsches Insiderrecht, in: Zeitschrift für Unternehmens- und Gesellschaftsrecht 1991, Seite: 18-73
Hopt, Klaus J. Wymeersch, Eddy	European Takeovers – Law and Practice –, London 1992
Hopt, Klaus J.	Harmonisierung des europäischen Gesell-Schaftsrechts, in: Zeitschrift für Unternehmens- und Gesellschaftsrecht 1992, Seite: 265-293
Hopt, Klaus J.	Aktionärskreis und Vorstandsneutralität, in: Zeitschrift für Unternehmens- und Gesellschaftsrecht 1993, Seite: 534-566

Hopt, Klaus J.	Grundsatz- und Praxisprobleme nach dem Wertpapierhandelsgesetz, in: Zeitschrift für das gesamte Handels und Wirtschaftsrecht, Band 159 (1995), Seite: 135-163
Hopt, Klaus J.	Familien- und Aktienpool unter dem Wertpapierhandelsgesetz, in: Zeitschrift für Unternehmens- und Gesellschaftsrecht 1997, Seite: 1-31
Hopt, Klaus J.	Europäisches und deutsches Übernahmerecht, in: Zeitschrift für das gesamte Handels- und Wirtschaftsrecht, Band 161 (1997), Seite: 368-420
Hopt, Klaus J.	Verhaltenspflichten des Vorstands der Zielgesellschaft bei feindlichen Übernahmeangeboten, in: Festschrift für Marcus Lutter zum 70. Geburtstag, Hrsg.: Uwe H. Schneider u. a, Köln 2000, Seite: 1361 1400
Hopt, Klaus J.	Auf dem Weg zum deutschen Übernahmegesetz, in: Festschrift für Hans-Georg Koppensteiner zum 70. Geburtstag, Hrsg.: Ernst A. Kramer und Wolfgang Schuhmacher, Wien 2001, Seite: 61-90
Hopt, Klaus J.	Übernahmen, Geheimhaltung und Interessenkonflikte: Probleme für Vorstände, Aufsichtsräte, und Banken, in: Zeitschrift für Unternehmens- und Gesellschaftsrecht 2002, Seite: 333-376
Hopt, Klaus J.	Grundsatz- und Praxisprobleme nach dem Wertpapiererwerbs- und Übernahmegesetz, in: Zeitschrift für das gesamte Handels- und Wirtschaftsrecht, Band 166 (2002), Seite: 383-432
Hopt, Klaus J. Wymeersch, Eddy (Hrsg.)	Capital Markets and Company Law, Oxford New York 2003, (zit.: *Bear.* in: *Hopt/Wymeersch,* Capital Markets Law)

Hopt, Klaus J.
Mülbert, Peter O.
Kumpan, Christoph
Reformbedarf im Übernahmerecht, in: Die Aktiengesellschaft 2005, Seite: 109-119

Horn, Norbert (Hrsg.)
Cross-Border Mergers and Acquisitions and the Law, Studies in Transnational International Economic Law, Volume 15, The Hague London New York 2001, (zit.: *Bear* in: *Horn*, Cross Border Merger)

Horn, Norbert
Cross-Border Mergers and Acquisitions and the Law: A General Introduction, in: Horn, Cross-Border Mergers and Acquisitions and the Law, Seite: 3-28

Houben, Eike
Die Gestaltung des Pflichtangebots unter dem Aspekt des Minderheitenschutzes und der effizienten Allokation der Unternehmenskontrolle, in: Wertpapiermitteilungen 2000, Seite: 1873-1883

Houben, Eike
Das Pflichtangebot – Überflüssig für den Minderheitenschutz und schädlich für die Volkswirtschaft –, in: Manuskripte aus den Instituten für Betriebs-Wirtschaftslehre der Universität Kiel, Nr. 523, Kiel 2000

Hüffer, Uwe
Kommentar zum Aktiengesetz, 6. Auflage München 2004

Immenga, Ulrich
Öffentliche Übernahmeangebote (Take over bids), in: Schweizerische Aktiengesellschaft 1975, Seite: 89-104

Immenga, Ulrich
Vertragliche Vinkulierung von Aktien?, in: Die Aktiengesellschaft 1992, Seite: 79-83

Jensen, Michael C.
Ruback, Richard S.
The Market for Corporate Control: The Scientific Evidence, in: Romano, Roberta (Hrsg.), Foundations of Corporate Law, Oxford New York 1993, Seite: 244-251

Johnston, Alexander	The City Take-Over Code, Oxford 1980
Kallmeyer, Harald	Die Mängel des Übernahmekodex der Börsensachverständigenkommission, in: Zeitschrift für das gesamte Handels- und Wirtschaftsrecht, Band 161 (1997), Seite: 435-454
Kallmeyer, Harald	Zum neuen Kommissionsvorschlag für eine Übernahmerichtlinie, in: Der Betrieb 2002, Seite: 2695
von Kapff, Klaus	Übernahmeangebote (Take-over bids und offres publiques d' achat) in England und Frankreich, Augsburg 1975, (zit.: *v. Kapff* in: Übernahmeangebote)
Kiem, Roger	Der Hauptversammlungsentscheid zur Legitimation von Abwehrmaßnahmen nach dem neuen Übernahmegesetz, in: Zeitschrift für Wirtschaftsrecht 2000, Seite: 1509-1517
Kindler, Peter	Unternehmerisches Ermessen und Pflichtenbindung, in: Zeitschrift für das gesamte Handels- und Wirtschaftsrecht, Band 162 (1998), Seite: 101-109
Kirchner, Christian Ehricke, Ulrich	Funktionsdefizite des Übernahmekodex der Börsensachverständigenkommission, in: Die Aktiengesellschaft 1998, Seite: 105-116
Kirchner, Christian	Managementpflichten bei „feindlichen" Übernahmeangeboten, in: Wertpapiermitteilungen 2000, Seite: 1821-1830
Knoll, Heinz-Christian	Die Übernahme von Kapitalgesellschaften – Unter besonderer Berücksichtigung des Schutzes von Minderheitsaktionären nach amerikanischem, englischem und deutschem Recht –, Baden Baden 1992

Koch, Bastian	Die Neutralitätspflicht des Vorstandes einer börsennotierten Aktiengesellschaft bei Abwehrmaßnahmen gegen feindliche Übernahmeangebote, Kiel 2001
Kort, Michael	Rechte und Pflichten des Vorstands der Ziel-Gesellschaft bei Übernahmeversuchen, in: Festschrift für Marcus Lutter zum 70. Geburtstag, Hrsg.: Uwe H. Schneider u. a., Köln 2000, Seite: 1421-1448
Kölner Kommentar zum Aktiengesetz (Hrsg.: Zöllner, Wolfgang)	§§ 76-117 AktG und Band 2, Mitbestimmung im Aufsichtsrat, 2. Auflage Köln Berlin Bonn München 1985 (zit.: *Bear.* in: KK-AktG)
Kölner Kommentar zum WpÜG (Hrsg.: Hirte, Heribert und von Bülow, Christoph)	Kommentar zum WpÜG mit AngebVO §§ 327a-327 f AktG, (zit.: *Bear.* in: KK-WpÜG) Köln Berlin Bonn München 2003
Kraft, Alfons Kreutz, Peter	Gesellschaftsrecht, 11. Auflage Neuwied 2000
Kramer, Ernst A. Schuhmacher, Wolfgang	Beiträge zum Unternehmensrecht, Festschrift für Hans Georg Koppensteiner zum 65. Geburtstag, Wien 2001 (zit.: *Bear.* in: FS Koppensteiner)
Krause, Hartmut	Der revidierte Vorschlag einer Takeover-Richtlinie (1996), in: Die Aktiengesellschaft 1996, Seite: 209-217
Krause, Hartmut	Das obligatorische Übernahmeangebot, Baden Baden 1996
Krause, Hartmut	Die geplante Takeover-Richtlinie der Europäischen Union mit Ausblick auf das geplante deutsche Übernahmegesetz, in: Neue Zeitschrift für Gesellschaftsrecht 2000, Seite: 905-913

Krause, Hartmut	Zur „Pool- und Frontenbildung“ im Übernahmekampf und zur Organzuständigkeit für Abwehrmaßnahmen gegen „feindliche“ Übernahmeangebote, in: Die Aktiengesellschaft 2000, Seite: 217-222
Krause, Hartmut	Das neue Übernahmerecht, in: Neue Juristische Wochenschrift 2002, Seite: 705-716
Krause, Hartmut	Das deutsche Übernahmegesetz vor dem Hintergrund der EU-Richtlinie, in: Zeitschrift für Unternehmens- und Gesellschaftsrecht 2002, Seite: 500-519
Krause, Hartmut	Der Kommissionsvorschlag für die Revitalisierung der EU-Übernahmerichtlinie, in: Der Betriebsberater 2002, Seite: 2341-2347
Krause, Hartmut	Von „goldenen Aktien“, dem VW-Gesetz und der Übernahmerichtlinie, in: Neue Juristische Wochenschrift 2002, Seite: 2747-2751
Krause, Hartmut	BB-Europareport: Die EU-Übernahmerichtlinie – Anpassungsbedarf im Wertpapiererwerbs- und Übernahmegesetz –, in: Der Betriebsberater 2004, Seite: 113-119
Kreuzer, Karl	Öffentliche Übernahmeangebote, Baden Baden 1992
Kübler, Friedrich Schmidt, Reinhard H.	Gesellschaftsrecht und Konzentration, Berlin 1988
Kümpel, Siegfried	Insiderrecht und Ad hoc Publizität aus Bankensicht, in: Wertpapiermitteilungen 1996, Seite: 653-662
Kümpel, Siegfried	Aktuelle Fragen der Ad hoc Publizität, in: Die Aktiengesellschaft 1997, Seite: 66-73
Kümpel, Siegfried	Bank- und Kapitalmarktrecht, 3. Auflage Köln 2004

Land, Volker — Das neue deutsche Wertpapiererwerbs- und Übernahmegesetz, in: Der Betrieb 2001, Seite: 1707-1713

Lange, Oliver — Das Unternehmensinteresse der Zielgesellschaft und sein Einfluss auf die Rechtstellung der die Übernahme fördernden Aufsichtsratsmitglieder, in: Wertpapiermitteilungen 2002, Seite: 1737-1747

Lee, Peter — Takeover Regulation in the United Kingdom, in: Europäisches Wirtschafts- und Steuerrecht 1990, Seite: 241-246

Lee, Peter — Regulation of Takeovers in Selected National Legal Systems, (a) Takeover Regulation in the United Kingdom, in: Hopt/Wymeersch, European Takeovers, London 1992, Seite: 133-142

Letzel, Hans-Joachim — Das Pflichtangebot nach dem Übernahmekodex – mit Vorausschau auf das Pflichtangebot nach dem ÜbG –, in: Neue Zeitschrift für Gesellschaftsrecht 2001, Seite: 260-268

Liebscher, Thomas — Das Übernahmeverfahren nach dem neuen Übernahmegesetz, in: Zeitschrift für Wirtschaftsrecht 2001, Seite: 853-869

Liebscher, Thomas — Die Zurechnungstatbestände des WpHG und des WpÜG, in: Zeitschrift für Wirtschaftsrecht 2002, Seite: 1005-1017

Loritz, Karl-Georg
Wagner, Klaus-R. — Das „Zwangsübernahmeangebot" der EG-Richtlinie aus verfassungsrechtlicher Sicht, in: Wertpapiermitteilungen 1991, Seite: 709-722

Lowenstein, Louis — Pruning Deadwood in Hostile Takeovers: A Proposal for Legislation, in: Columbia Law Review Volume 83, 1983, Seite: 249-334

Lutter, Marcus — Due Diligence des Erwerbers beim Kauf einer Beteiligung, in: Zeitschrift für Wirtschaftsrecht 1997, Seite: 613-618

Lutter, Marcus; Möller, Andreas — Der Buyout: Amerikanische Fälle und das neue Übernahmerecht – Der Regierungsentwurf vom 11. Juli 2001–, in: Zeitschrift für Wirtschaftsrecht 2001, Seite: 1256-1300

Marchant, Simon — The Approach, Announcements and independent Advice, in: Button (Hrsg.), A Practitioners Guide to the City Code on Takeovers and Mergers 2002/2003, Seite: 23-51

Maier-Riemer, Georg — Verhaltenspflichten des Vorstands der Zielgesellschaft bei feindlichen Übernahmen, in: Zeitschrift für das gesamte Handels- und Wirtschaftsrecht, Band 165 (2001), Seite: 258-279

Meier-Schatz, Christian — Managermacht und Marktkontrolle, in: Zeitschrift für das gesamte Handels- und Wirtschaftsrecht, Band 149 (1985), Seite: 76-108

Merkt, Hanno — Verhaltenspflichten des Vorstands der Zielgesellschaft bei feindlichen Übernahmen, in: Zeitschrift für das gesamte Handels- und Wirtschaftsrecht, Band 165 (2001), Seite: 224-257

Mertens, Hans-Joachim — Förderung von, Schutz vor, Zwang zu Übernahmeangeboten?, in: Die Aktiengesellschaft 1990, Seite: 252-259

Michalski, Lutz — Abwehrmaßnahmen gegen unfreundliche Übernahmeangebote (unfriendly takeovers) nach deutschem Aktienrecht, in: Die Aktiengesellschaft 1997, Seite: 152-163

Morse, Geoffrey — Companies Securities Regulation, in: Journal of Business Law 1991, Seite: 65-68

Morse, Geoffrey	The City Code on Takeovers and Mergers – Self Regulation or Self Protection?, in: Journal of Business Law 1991, Seite: 509-524
Morse, Geoffrey	Companies (Securities Legislation), in: Journal of Business Law 1992, Seite: 428-433
Morse, Geoffrey	Charlesworth & Morse, Company Law, Sixteenth Edition, London 1999
Möller, Andreas Pötzsch, Thorsten	Das neue Übernahmerecht – Der Regierungsentwurf vom 11. Juli 2001–, in: Zeitschrift für Wirtschaftsrecht 2001, Seite: 1256-1300
Möller, Barbara	Die Stellung des Aktionärs bei Übernahmen börsenkotierter Unternehmen, Frankfurt am Main 1998
Mühle, Sabine	Das Wertpapiererwerbs- und Übernahmegesetz, Baden Baden 2002
Mülbert, Peter O.	Übernahmerecht zwischen Kapitalmarktrecht und Aktien (konzern) recht – die konzeptionelle Schwachstelle des RegEWpÜG –, in: Zeitschrift für Wirtschaftsrecht 2001, Seite: 1221-1229
Münchener Kommentar	Kommentar zum Aktiengesetz, Band 1, §§ 1-53, 2. Auflage München 2000
Neye, Hans-Werner	Der neue Vorschlag der Kommission für eine dreizehnte Richtlinie über Übernahmeangebote, in: Der Betrieb 1996, Seite: 1121-1125
Neye, Hans-Werner	Der gemeinsame Standpunkt des Rates zur 13. Richtlinie – ein entscheidender Schritt auf dem Weg zu einem europäischen Übernahmerecht –, in: Die Aktiengesellschaft 2000, Seite: 289-301

Neye, Hans-Werner — Die EU-Übernahmerichtlinie auf der Zielgeraden, in: Zeitschrift für Wirtschaftsrecht 2001, Seite: 1120-1128

Nicholson, Rosalind — Table A Articles of Association, London 1997

Nobel, Peter — Das Schweizerische Gesetz über die Börsen und den Effektenhandel (BEHG), in: Wertpapiermitteilungen 1996, Seite: 100-103

Nörr, Rudolf
Stiefenhofer, Alfred — Takeover Law in Germany, A Handbook and Practitioner's Guide, München 2003

Oechsler, Jürgen — Der Regierungsentwurf zum Wertpapiererwerbs und Übernahmegesetz – Regelungsbedarf auf der Zielgeraden –, in: Neue Zeitschrift für Gesellschaftsrecht 2001, Seite: 817-826

Otto, Hans-Jochen — Übernahmeversuche bei Aktiengesellschaften und Strategien der Abwehr, in: Der Betrieb 1988, Beilage Nr. 12/88, Seite: 1-12

Palandt, Otto — Kommentar zum BGB, 64. Auflage München 2005

Pawlowski, H. M.
Wiese, Günther
Wüst, Günther — Festschrift für Konrad Duden zum 70. Geburtstag, München 1977

Payne, Jennifer — Takeovers in English and German Law, Oxford Portland 2002 (zit.: *Bear.* in: *Payne*, Takeovers)

Pearson, Christopher — Mandatory and voluntary Offers and their Terms, in: Button (Hrsg.), A Practitioners Guide to the City Code on Takeovers and Mergers 2002/2003, Seite: 125-152

Peltzer, Martin — Takeovers in den Vereinigten Staaten – Können ihre Spielregeln übertragen werden? –, in: Festschrift für Carl Zimmerer, Frankfurt am Main 1986, Seite: 271-286

Peltzer, Martin — Takeovers in der Bundesrepublik Deutschland?, in: Zeitschrift für Wirtschaftsrecht 1989, Seite: 69-79

Peltzer, Martin — Der Kommissionsentwurf für eine 13. Richtlinie über Übernahmeangebote vom 7. 2. 1996, in: Die Aktiengesellschaft 1997, Seite: 145-151

Pennington, Robert R. — The City Code on Takeovers and Mergers, in: Festschrift für Konrad Duden zum 70. Geburtstag, Hrsg.: H. M. Pawlowski, Günther Wiese, Günther Wüst, München 1977, Seite: 379-398

Pennington, Robert R. — Company Law, Eighth Edition, London Dublin Edinburgh 2001

Perry, James (Hrsg.) — The Financial Services and Markets Act: A Practical Legal Guide, London 2001, (zit.: *Bear.* in: Perry, FSAMA Act)

Perry, James — Authorisation and Permission, in: Perry (Hrsg.), The Financial Services and Markets Act: A Practical Legal Guide, London 2001, Seite: 79-107

Picot, Gerhard — Handbuch Mergers & Acquisitions, Stuttgart 2000, (*Bearbeiter* in: *Picot,* M & A)

Pötzsch, Thorsten; Möller, Andreas — Das künftige Übernahmerecht – Der Diskussionsentwurf des Bundesministeriums der Finanzen zu einem Gesetz zur Regelung von Unternehmensübernahmen und der Gemeinsame Standpunkt des Rates zur europäischen Übernahmerichtlinie –, in: Wertpapiermitteilungen 2000, Sonderbeilage Nr. 2, Seite: 1-38

Pötzsch, Thorsten — Das neue Übernahmerecht: Texte, Materialien, Erläuterungen, Köln 2002

Prentice, D. — Regulation of Takeover Bids in the United Kingdom, in: Kreuzer (Hrsg.), Öffentliche Übernahmeangebote, Baden Baden 1992, Seite: 133-162

Pudge, David — Conduct during the Offer, Timing and Revision and Restrictions following Offers, in: Button (Hrsg.), A Practitioners Guide to the City Code on Takeovers and Mergers 2002/2003, Seite: 207-238

Remnant, Philip — The Takeover Panel, in: Button (Hrsg.), A Practitioners Guide to the City Code on Takeovers and Mergers 2002/2003, Seite: 1-21

Reul, Jürgen — Die Pflicht zur Gleichbehandlung der Aktionäre bei privaten Kontrollwechseltransaktionen, Tübingen 1991

Reutter, Thomas — Das bedingte Übernahmeangebot, Zürich 2002

Riehmer, Klaus — Practising German Takeover Law I, Frankfurt 2003

Riehmer, Klaus; Schröder, Oliver — Der Entwurf des Übernahmegesetzes im Lichte von Vodafone/Mannesmann, in: Neue Zeitschrift für Gesellschaftsrecht 2000, Seite: 820-824

Riehmer, Klaus; Schröder, Oliver — Praktische Aspekte bei der Planung, Durchführung und Abwicklung eines Übernahmeangebots, in: Betriebsberater 2001, Beilage 5, Seite: 1-16

Rock, Milton J. (Hrsg.) — The Mergers and Acquisitions Handbook, New York 1987, (zit.: *Bear.* in: Rock, M & A)

Rohdewald, Jörg; Siems, Mathias M. — Der Preis ist heiß – Zur Angemessenheit der Gegenleistung bei Übernahmeangeboten –, in: Zeitschrift für Wirtschaftsrecht 2002, Seite: 926-929

Romano, Roberta — Foundations of Corporate Law, Oxford New York 1993, (zit: *Bear.* in: *Romano*, Corporate Law)

Roos, Michael — Der neue Vorschlag für eine EG-Übernahme Richtlinie, in: Wertpapiermitteilungen 1996, Seite: 2177-2188

von Rosen, Rüdiger
Seifert, Werner G. — Die Übernahme börsennotierter Unternehmen, Schriften zum Kapitalmarkt Band 2, Eschborn 1999, (zit.: *Bear.* in: Übernahme börsennotierter Unternehmen)

Rossi, Guido — Takeovers in Europe: A Patchwork in Regulations, Brüssel 2002

Röhrich, Martina — Feindliche Übernahmeangebote, Baden Baden 1992

Röhrich, Martina — Gleichbehandlungspflicht bei Kontrollakquisitionen: Eine Analyse der dreizehnten EG-Richtlinie aus ökonomischer Sicht, in: Recht der Internationalen Wirtschaft 1993, Seite: 93-98

Ryan, Christopher — Company Directors, Liabilities, Rights and Duties, Third Edition London 1990

Santelmann, Matthias — Notwendige Mindesterwerbsschwellen bei Übernahmeangeboten, in: Die Aktiengesellschaft 2002, Seite: 497-503

Schaaf, Petra — Möglichkeiten der Abwehr von takeover bids in Großbritannien und USA, in: Recht der Internationalen Wirtschaft 1985, Seite: 273-280

Schäfer, Frank A. (Hrsg.) — Kommentar zum Wertpapierhandelsgesetz, Börsengesetz mit BörsZulV, Verkaufsprospektgesetz mit VerkProspV, Stuttgart Berlin Köln 1999, (zit.: *Bear.* in: *Schäfer*, Kommentar zum WpHG/BörsG/VerkProspG)

Schander, Albert A.
Lucas, Johannes H. — Die Ad hoc Publizität im Rahmen von Übernahmevorhaben, in: Der Betrieb 1997, Seite: 2109-2112

Schiessl, Maximilian — Ist das deutsche Aktienrecht kapitalmarkttauglich?, in: Die Aktiengesellschaft 1999, Seite: 442-452

Schmitt, Oliver — Deutsches und französisches Übernahmerecht im Vergleich und die Auswirkungen der 13. EG-Richtlinie, Erlangen Nürnberg 2001,

Schmitz, Winfried F. — Hostile Takeovers and Public Offers, in: Triebel/ Droste (Hrsg.), Mergers, and Acquisitions in Germany, Oxfordshire 1995, Seite: 259-281

Schneider, Uwe H.
Hommelhoff, Peter
Schmidt, Karsten
Timm, Wolfgang
Grunewald, Barbara
Drygala, Tim — Festschrift für Marcus Lutter zum 70. Geburtstag, Köln 2000

Schneider, Uwe H.
Burgard, Ulrich — Übernahmeangebote und Konzerngründung – Zum Verhältnis von Übernahmerecht, Gesellschaftsrecht und Konzernrecht –, in: Der Betrieb 2001, Seite: 963-969

Schneider, Uwe H. — Die Zielgesellschaft nach Abgabe eines Übernahme oder Pflichtangebots, in: Die Aktiengesellschaft 2002, Seite: 125-133

Schroeder, Ulrich — Darf der Vorstand der Aktiengesellschaft dem Aktienkäufer eine Due Diligence gestatten?, in: Der Betrieb 1997, Seite: 2161-2166

Schuberth, Ernst-Markus — Konzernrelevante Regelungen im britischen Recht, München 1997

Schüppen, Matthias — Übernahmegesetz ante portas!, in: Die Wirtschaftsprüfung 2001, Seite: 958-976

Schwark, Eberhard (Hrsg.) — Kapitalmarktrechtskommentar, 3. Auflage München 2004

Seibt, Christoph H.
Heiser, Kristian J. — Regelungskonkurrenz zwischen neuem Übernahmerecht und Umwandlungsrecht, in: Zeitschrift für das gesamte Handelsrecht und Wirtschaftsrecht, Band 165 (2001), Seite: 466-494

Seibt, Christoph H.
Heiser, Kristian J. — Der neue Vorschlag einer EU-Übernahmerichtlinie und das deutsche Übernahmerecht, in: Zeitschrift für Wirtschaftsrecht 2002, Seite: 2193-2203

Seibt, Christoph H.
Heiser, Kristian J. — Analyse der EU-Übernahmerichtlinie und für eine Reform des deutschen Übernahmerechts, in: Zeitschrift für Unternehmens- und Gesellschaftsrecht, Seite: 200-251

Semler, Johannes
Volhard, Rüdiger — Arbeitshandbuch für Unternehmensübernahmen, Band 2: Das neue Übernahmerecht, München 2003, (zit.: *Bear.* in: *Semler/Volhard*, Arbeitshandbuch)

Singhof, Bernd
Weber, Christian — Bestätigung der Finanzierungsmaßnahmen und Barabfindungsgewährleistung nach dem Wertpapiererwerbs- und Übernahmegesetz, in: Wertpapiermitteilungen 2002, Seite: 1158-1169

Sölter, Arno
Zimmerer, Carl — Handbuch der Unternehmenszusammenschlüsse, München 1972

Stamp, Mark — Practical Company Law, Volume 1, 11th Edition London 1998

Steinmeyer, Roland
Häger, Michael — Kommentar zum Wertpapiererwerbs- und Übernahmegesetz mit Erläuterungen zum Minderheitenausschluss nach §§ 327a ff AktG, Berlin 2002

Stern, Elisabeth — Übernahmeangebote im englischen Recht: The City Code on Takeovers and Mergers, Teil 1, in: Österreichisches Bankarchiv 1992, Seite: 1065-1073

Stockenhuber, Peter — Take-Overs nach österreichischem Übernahmerecht, in: Recht der Internationalen Wirtschaft 1999, Seite: 752-760

Stoffels, Markus — Grenzen der Informationsweitergabe durch den Vorstand einer Aktiengesellschaft im Rahmen einer „Due Diligence", in: Zeitschrift für das gesamte Handels- und Unternehmensrecht, Band 165 (2002), Seite: 362-382

Stohlmeier, Thomas — German Public Takeover Law, The Hague London New York 2002

Stoll, Jutta — Zum Vorschlag der EG-Kommission für die 13. Richtlinie auf dem Gebiet des Gesellschaftsrechts über Übernahmeangebote, in: Betriebsberater 1989, Seite: 1489-1491

Strenger, Christian — Das deutsche Übernahmegesetz, in: Wertpapiermitteilungen 2000, Seite: 952-953

Strotmann, Christian — Feindliche Unternehmensübernahmen in den USA, Münster 1994

Sudmeyer, Jan — Mitteilungs- und Veröffentlichungspflichten, nach §§ 21, 22 WpHG, in: Der Betriebsberater 2002, Seite: 685-692

Sünner, Eckart — Take-Overs made in USA, in: Die Aktiengesellschaft 1987, Seite: 276-284

Sykes, Annabel — Application of the new Market Abuse Regime to Takeovers, in: Button (Hrsg.), A Practitioners Guide to the City Code on Takeovers and Mergers 2002/2003, Seite: 255-270

Technau, Konstantin — Übernahmerechtliche Austrittsrechte in Verschmelzungsfällen, in: Die Aktiengesellschaft 2002, Seite: 260-266

Thaeter, Ralf
Barth, Daniel — RefE eines Wertpapiererwerbs- und Übernahmegesetzes, in: Neue Zeitschrift für Gesellschaftsrecht 2001, Seite: 545-550

Thoma, Georg F. — Das Wertpapiererwerbs- und Übernahmegesetz im Überblick, in: Neue Zeitschrift für Gesellschaftsrecht 2002, Seite: 105-112

Thomas, Alan — Takeovers and Mergers, in: Thorne/Prentice, Butterworths Company, Law Guide, Seite: 367-402

Thorne, James
Prentice, Dan — Butterworths Company Law Guide, Fourth Edition London 2002, (zit.: *Bear.* in: *Thorne/Prentice*, Butterworths Company Law Guide)

Thümmel, Roderich — Haftungsrisiken von Vorständen und Aufsichtsräten bei der Abwehr von Übernahmeversuchen, in: Der Betrieb 2000, Seite: 461-465

Toube, David — Background to U. K. Regulation, in: Perry (Hrsg.), The Financial Services and Markets Act: A Practical Legal Guide, London 2001, Seite: 1-8

Toube, David — Market Abuse, in: Perry (Hrsg.), The Financial Services and Markets Act: A Practical Legal Guide, London 2001, Seite: 193-227

Triebel, Volker (Hrsg.) — Droste, Mergers and Acquisitions in Germany, Oxfordshire 1995, (zit.: *Bear.* in: Droste, M & A)

Underhill, William
Austmann, Andreas — Defence Tactics, in: Payne, Jennifer, Takeovers in English and German Law, Oxford, Portland 2002 Seite: 87-122

Vaupel, Christoph F.	Die Haftung der Banken für die Richtigkeit der Angebotsunterlage bei Umtauschangeboten nach dem WpÜG, in: Wertpapiermitteilungen 2002, Seite: 1170-1176
Vorpeil, Klaus	Neuere Entwicklungen im englischen Handels- und Wirtschaftsrecht, in: Recht der internationalen Wirtschaft 1993, Seite: 944-949
Wackerbarth, Ulrich	Von golden shares und poison pills: Waffengleichheit bei internationalen Übernahmeangeboten, in: Wertpapiermitteilungen 2001, Seite: 1741-1753
Wahlers, Henning	Regeln des deutschen Rechts, in: Die Aktiengesellschaft 1989, Seite: 1-17
Walmsley, Keith	Butterworths Company Law Handbook, Seventeenth Edition, London 2003
Weaver, Richard	Profit Forecasts and Asset Valuations, in: Button (Hrsg.), A Practitioners Guide to the City Code on Takeovers and Mergers 2002/2003, Seite: 239-254
of Weedon, Lord Alexander	Judicial Review and City Regulators, in: Modern Law Review, Volume 52 (1989), Seite: 640-648
of Weedon, Lord Alexander	Takeovers, The Regulatory Scene, in: Journal of Business Law 1990, Seite: 203-217
Weinberg, Mark Aubrey Blank, M. V.	Weinberg & Blank on Takeovers and Mergers, Stand: Release 25. April 2002, London 2002
Weisgerber, Thomas	Der Übernahmekodex in der Praxis in: Zeitschrift für das gesamte Handels- und Unternehmensrecht, Band 161 (1997), Seite: 421-434

Weisner, Arnd	Verteidigungsmaßnahmen gegen unfreundliche Übernahmeversuche in den USA, Deutschland und nach europäischem Recht, Hamburg 2000
Weisser, Ralf D.	Feindliche Übernahmeangebote und Verhaltenspflichten der Leitungsorgane, Konstanz 1993
Werlen, Stephan	Die Rechtstellung der Zielgesellschaft im Übernahmekampf, Zürich 2001
Werner, Winfried	Probleme „feindlicher" Übernahmeangebote im Aktienrecht, Berlin New York 1989
Wiese, Götz Tobias Demisch, Dominik	Unternehmensführung bei feindlichen Übernahmeangeboten, in: Der Betrieb 2001, Seite: 849-852
Wiesner, Arnd	Verteidigungsmaßnahmen gegen unfreundliche Übernahmeversuche in den USA, Deutschland und nach europäischem Recht, Hamburg 2000 (zit.: Verteidigungsmaßnahmen)
Wiesner, Peter M.	Protektionismus oder Marktöffnung? – Zur Übernahmerichtlinie zeichnet sich ein Paradigmenwechsel ab –, in: Zeitschrift für Wirtschaftsrecht 2002, Seite: 208-210
Wiesner, Peter M.	Binnenmarkt und Wettbewerb bleiben auf der Strecke – Zum Kommissionsvorschlag für eine neue Übernahmerichtlinie –, in: Zeitschrift für Wirtschaftsrecht 2002, Seite: 1967
Wiesner, Peter M.	Die neue Übernahmerichtlinie und ihre Folgen, in: Zeitschrift für Wirtschaftsrecht 2004, Seite: 343-350

Winter, Jaap Schans-Christensen, Jan Garrido-Garcia, Jose Maria Hopt, Klaus J. Rickford, Jonathan Rossi, Guido Simon, Joelle	Bericht der hochrangigen Gruppe von Experten auf dem Gebiet des Gesellschaftsrechts über die Abwicklung von Übernahmeangeboten, Brüssel 2002 (zit.: Winter-Bericht)
Winter, Martin Harbarth, Stephan	Verhaltenspflichten von Vorstand und Aufsichtsrat der Zielgesellschaft bei feindlichen Übernahmeangeboten nach dem WpÜG, in: Zeitschrift für Wirtschaftsrecht 2002, Seite: 1-17
Witt, Carl-Heinz	Die Änderungen der Mitteilungs- und Veröffentlichungspflichten nach §§ 21 ff. WpHG durch dasgeplante Wertpapiererwerbs- und Übernahmegesetz, in: Die Aktiengesellschaft 2001, Seite: 233-241
Witt, Carl-Heinz	Regelmäßige „Wasserstandsmeldungen“ – Unverzichtbarer Bestandteil eines künftigen Übernahmegesetzes –, in: Neue Zeitschrift für Gesellschaftsrecht 2000, Seite: 809 - 819
Wittich, Georg	Übernahmen und die Regelungen des Wertpapierhandelsgesetzes, in: v. Rosen/Seifert, Die Übernahme börsennotierter Unternehmen, Eschborn 1999, Seite: 29-40
Wölk, Armin	Ad hoc Publizität – Erfahrungen aus der Sicht des Bundesaufsichtsamtes für den Wertpapierhandel –, in: Die Aktiengesellschaft 1997, Seite: 73-80
Wymeersch, Eddy	Unternehmensführung in Westeuropa, in: Die Aktiengesellschaft 1995, Seite: 299-316

Zech, Alexandra	Verhaltenspflichten des Vorstands der Ziel-Gesellschaft in Bezug auf Abwehrmaßnahmen nach dem Wertpapiererwerbs- und Übernahmegesetz (WpÜG), Münster 2003 (zit.: *Zech* in: Abwehrmaßnahmen)
Zinser, Alexander	Unternehmensübernahmen in Europa und den USA, in: Recht der Internationalen Wirtschaft 1999, Seite: 844-850
Zinser, Alexander	Übernahmeangebote (takeover bids) im englischen und deutschen Recht, Frankfurt am Main 2000
Zinser, Alexander	Pflichtangebotsregeln in europäischen Staaten, in: Neue Zeitschrift für Gesellschaftsrecht 2000, Seite: 573-578
Zinser, Alexander	Der britische City Code on Takeovers and Mergers in der Fassung vom 9. 3. 2001, in: Recht der Internationalen Wirtschaft 2001, Seite: 481-488
Zinser, Alexander	Das neue Gesetz zur Regelung von öffentlichen Angeboten zum Erwerb von Wertpapieren und von Unternehmensübernahmen vom 1. Januar 2002, in: Wertpapiermitteilungen 2002, Seite: 15-22
Zschocke, Christian	Europapolitische Mission: Das neue Wertpapiererwerbs- und Übernahmegesetz, in: Der Betrieb 2002, Seite: 79-85
Zschocke, Christian Schuster, Stephan	Bad Homburger Handbuch zum Übernahmerecht, Heidelberg 2002, (zit.: *Bear.* in: *Zschocke/Schuster,* Übernahmerecht)

Abkürzungsverzeichnis

a. A.	anderer Ansicht
a. a. O.	am angegebenen Ort
ABl. EG	Amtsblatt der Europäischen Gemeinschaften
Abs.	Absatz
abw.	abweichend
AC	Appeal Cases, House of Lords, Law Reports
a. E.	am Ende
a. F.	alte Fassung
AG	Aktiengesellschaft
AktG	Aktiengesetz
All ER	All England Law Reports
Alt.	Altcrnative
Anh.	Anhang
Anm.	Anmerkung
arg.	argumentum
Art.	Artikel
Aufl.	Auflage
Az.	Aktenzeichen
BaFin	Bundesanstalt für Finanzdienstleistungsaufsicht
BB	Der Betriebsberater
B. C. L. C.	Butterworth Company Law Cases
Bd.	Band
BDA	Bund der deutschen
BDI	Bund der deutschen Industrie
Bear.	Bearbeiter
Begr.	Begründung
Begr. – RegE	Begründung des Regierungs-entwurfes
BEHG	Bundesgesetz über die Börsen und den Effektenhandel
Beil.	Beilage
BGB	Bürgerliches Gesetzbuch
BGBl. I, II	Bundesgesetzblatt, Teil I und II
BGH	Bundesgerichtshof
BMF	Bundesministerium der Finanzen
BörsG	Börsengesetz

BR-Drucks.	Drucksachen des Deutschen Bundesrats
BSK	Börsensachverständigenkommission
BT-Drucks.	Drucksachen des Deutschen Bundestags
Bull.	Bulletin
BVerfG	Bundesverfassungsgericht
bzgl.	bezüglich
bzw.	beziehungsweise
C. A.	Court of Appeal
Ch. D.	High Court Chancery Division
City Code	The City Code on Takeovers and Mergers
C. L. R.	Columbia Law Review
CMF	Conseil des marches financiers
CNMF	Comision Nacional del Mercato de Valores
COB	Commission des Operations de Bourse
DAI	Deutsches Aktieninstitut e. V.
DAV	Deutscher Anwaltverein
DAX	Deutscher Aktienindex
DB	Der Betrieb
DGB	Deutscher Gewerkschaftsbund
d. h.	das heißt
DM	Deutsche Mark
Dok.	Dokument
DStR	Deutsches Steuerrecht
DTI	Department of Trade and Industry
Ed.	Editor, Edition
EG	Europäische Gemeinschaft
Einf.	Einführung
Einl.	Einleitung
endg.	endgültig
etc.	et cetera
EU	Europäische Union
e. V.	eingetragener Verein
EWG	Europäische Wirtschaftsgemeinschaft
F. 2d	Federal Reporter, 2d Series
f.	folgende
FAZ	Frankfurter Allgemeine Zeitung
ff.	fortfolgende
Fn	Fußnote
FS	Festschrift
FSA	Financial Services Authority

FSAMA	Financial Services and Markets Act 2000
FT	Financial Times
FTD	Financial Times Deutschland
GbR	Gesellschaft bürgerlichen Rechts
GG	Grundgesetz
ggf.	gegebenenfalls
GmbH	Gesellschaft mit beschränkter Haftung
HGB	Handelsgesetzbuch
H. L. R.	Harvard Law Review
Hrsg.	Herausgeber
HS	Halbsatz
i. d. F.	in der Fassung
i. d. R.	in der Regel
i. E.	im Ergebnis
i.e. S.	im engeren Sinne
InsO	Insolvenzordnung
i. S. d.	im Sinne des
i. S. v.	im Sinne von
i. V. m.	in Verbindung mit
InvG	Investmentgesetz
JBL.	Journal of Business Law
KGaA	Kommanditgesellschaft auf Aktien
Kap.	Kapitel
KOM	Kommission
KonTraG	Gesetz zur Kontrolle und Transparenz im Unternehmensbereich
krit.	kritisch
KWG	Gesetz über das Kreditwesen
LBO	Leveraged Buy Out
LG	Landgericht
lit.	litera (Buchstabe)
LMV	Ley 24/1988 del Mercado de Valores
LS	Leitsätze
LSE	London Stock Exchange
Ltd.	Limited
M & A	Mergers and Acquisitions
MBO	Management Buy Out
M DAX	Deutscher Aktienindex - Midcaps
MDP	Multidisziplinäre Praxis
m. E.	meines Erachtens

M. L. R.	Modern Law Review
m. w. N.	mit weiteren Nachweisen
NBK	Näringslivets Börskommitte
NJW	Neue Juristische Wochenschrift
No.	Numero
Nr.	Nummer
Nrn.	Nummern
NZG	Neue Zeitschrift für Gesellschaftsrecht
ÖBA	Österreichisches Bankarchiv
o. g.	oben genannte
OLG	Oberlandesgericht
OPA	Offertas publicas de adquisicion de valores
p.	page
Panel	The Panel on Takeovers and Mergers
para.	Paragraph
plc.	public limited company
Q. B.	Queen´s Bench Division, Law Reports
RCOB	Reglement Commission des Operations de Bourse
R. D.	Real decreto
R. E..	Regolamento Emittentti
Ref. - E.	Referentenentwurf
RIW	Recht der internationalen Wirtschaft
RMCF	Reglement General des Conseils des Marches Financier
Rn.	Randnummer
RS	Rechtssache
Rspr.	Rechtsprechung
S.	Satz (auch Seite)
sec.	Section
SAG	Schweizerische Aktiengesellschaft
SARS	Rules Governing a Substantial Acquisition of Shares
SEC	Securities and Exchange Commission
SER	Social-economische Raad
s. o.	siehe oben
sog.	sogenannte/r
SPD	Sozialdemokratische Partei Deutschlands
StGB	Strafgesetzbuch
TOR	Take-over-rekommendation
T. U.	Testo unico delle dispozioni in materia di intermediazione finanziaria
u. A.	unter anderem

u. a.	und andere
UmwG	Umwandlungsgesetz
USA	United States of America
ÜbG	Übernahmegesetz (Österreich)
u. g.	unten genannte
ÜK	Übernahmekodex
v.	vom
Var.	Variante
VerkProspG	Verkaufsprospektgesetz
VerkProspG-VO	Verordnung über Wertpapier-Verkaufsprospekte
vgl.	vergleiche
Vol.	Volume
VwVfG	Verwaltungsverfahrensgesetz
WM	Wertpapiermitteilungen
WpHG	Wertpapierhandelsgesetz
WpÜG	Wertpapiererwerbs- und Übernahmegesetz
z. B.	zum Beispiel
ZGR	Zeitschrift für Unternehmens- und Gesellschaftsrecht
ZHR	Zeitschrift für das gesamte Handels- und Wirtschaftsrecht
Ziff.	Ziffer
ZIP	Zeitschrift für Wirtschaftsrecht
ZPO	Zivilprozessordnung
z. T.	zum Teil

Kolibri 360 GmbH
Ferdinand-Jühlke-Straße 7
99095 Erfurt, Deutschland
produktsicherheit@kolibri360.de

Druck:
CPI Druckdienstleistungen GmbH
im Auftrag der
Kolibri 360 GmbH
Ferdinand-Jühlke-Str. 7
99095 Erfurt